JN293449

韓国労働法の展開

―経済的効率化・政治的民主化・社会的衡平化―

金　裕　盛　著

信　山　社

序　文

　私には本当に難しい作業であった。私は以前から韓国の労働法制の変遷史を整理しようと思い準備してきたものの，実際の作業の進行に際しては，その内容の膨大さに気圧されてしまうほどであった。執筆の途中にも絶えなかった社会・経済的環境の変化と，これにつながる法改正および判例の変化などのため，追加的に手を加える作業も避けられないことであった。また，事物にアクセスする関心の方向というのは国によって偏差が存するものであるため，外国人に韓国法を紹介することが決して簡単な作業ではないということも痛感した。とにかく，3年余の本格的な研究を通じて本書が出版されるようになって，一息入れられるようになったのである。

　日本や米国で韓国の労働法制を紹介した論文にときおり接しながら，私は韓国の労働関係法制の全貌をより総合的に紹介する必要性を感じるようになった。労働法は他の法領域よりも社会性と歴史性が占める比重が多くて，法内容の平面的な記述だけではその実体の把握がしがたいという点は多言を要しないだろう。しかも，このような現象は，韓国のように変化が速い社会ではより明らかなことである。全体的な視角から労使関係と労働法制のダイナミックスを把握することは，韓国労働法の理解の基本的な前提となる。労働法制の社会経済的な地盤とも言える労働市場と労働運動に対して本書が持つ特別な関心の根拠はこのためである。法学者として労働市場と労働運動の流れを整理することは簡単な作業ではなかったものの，本書の第1章では韓国の労働法制の変遷に影響を及ぼした重要な事実を記そうとした。その上で第2章では労働市場および労働運動の間の一定の照応を堅持しながら現行法が形成されてきた過程を時期別に叙述した。私は韓国の労働法の変遷過程を，効率性指向の時期―衡平性摸索の時期―効率性と衡平性の調和の時期の3つに区分しているが，これは読者が韓国の労働法制の全体的な枠を把握する一助になると思う。しかし他方では，この

ような時期の区切りは図式化の危険をともなう恐れもあるが，立法過程と法改正の内容および判例法の形成などを注意して調べてみると，韓国ではこれらの過程が単線的に進行したとは限らないわけである。第3章では現在議論になっている主な争点に対して，より微視的に立法論的・解釈論的議論を分析・紹介したが，本章の記述から，読者はより立体的に韓国の労働法制や労使関係の現実に接近できると思われる。私は韓国労働法の変遷史を歴史的・通時代的な観点から総合的に眺望するのに力を注いだが，これに対し，読者の御批判と御叱正をお願いしたい。

　本書の刊行に至るまでたいへんお世話いただいた李哲洙教授（梨花女子大学校），鄭仁燮教授（水原大学校），姜成泰教授（大邱大学校），李承昱教授（釜山大学校），宋剛直教授（暁星カトリック大学）に感謝の意を表したい。
　特に東京大学の菅野和夫教授の激励と厚意に厚く感謝したい。
　最後に，信山社の渡辺左近社長をはじめとする社員各位にも御礼を申し上げたい。
　　　　2001年9月

　　　　　　　　　　　　　　　　　　　　　　金　　裕　盛

韓国労働法の展開

目　次

序　文

はじめに
　――開発体制の労働法制から社会的衡平性の労働法制へ――　………1

第1章　韓国の労働市場の変化と労働運動の発展……6

第1節　韓国の労働市場　……………………………………6

Ⅰ　総　説　………………………………………………………6

Ⅱ　韓国労働市場の概要　………………………………………7
　1　経済活動人口――雇用率・失業率の推移………………7
　2　労働力構成の変化　………………………………………11
　3　労働力需給構造の変化　…………………………………19

Ⅲ　最近の雇用動向　……………………………………………24
　1　1990年代の雇用動向と特徴　……………………………24
　2　IMF管理体制以後の特徴的変化　………………………29

Ⅳ　賃金政策と賃金構造の変化　………………………………31
　1　1987年以前の賃金政策と賃金構造　……………………32
　2　1987年以後の賃金政策と賃金構造　……………………43
　3　IMF管理体制以後の特徴的な変化　……………………54

第2節　韓国の労働運動と労働組合組織　………………………58

Ⅰ　総　説　………………………………………………………58

Ⅱ　1987年以前の労働運動　……………………………………58
　1　解放後の労働運動　………………………………………58
　2　4・19民主化革命以降の労働運動（1960.4.19 - 1961.5.16）……63

　　　　3　第3共和国での労働運動（1961.5.16－1972.12.26）……………64
　　　　4　1972年の維新時代の労働運動 ……………………………………67
　　　　5　第5共和国での労働運動 ……………………………………………69
　　Ⅲ　1987年以降の労働運動 ………………………………………………75
　　　　1　1987年の労働者大闘争 ……………………………………………75
　　　　2　1988－1989年の労働運動 …………………………………………81
　　　　3　1980年代末労働運動の成果と含意 ………………………………82
　　　　4　1990年代の労働運動の変化様相 …………………………………85
　　Ⅳ　現在の労働組合組織——韓国労総と民主労総の二大体系…93
　　　　1　組織的側面 ……………………………………………………………93
　　　　2　理念的側面 ……………………………………………………………95
　　　　3　労働政策に対する対応方式 ………………………………………97
　　　　4　産別体制への転換 ……………………………………………………99
　第3節　総　括 ……………………………………………………………101

第2章　韓国における労働関係法の変遷 ………………105

　第1節　韓国労働法の形成 ………………………………………………105
　　Ⅰ　米軍政下における労働法制 ………………………………………105
　　　　1　はじめに ………………………………………………………………105
　　　　2　集団的労使関係法 …………………………………………………106
　　　　3　個別的労働関係法 …………………………………………………121
　　Ⅱ　憲法と労働関係法の制定 …………………………………………122
　　　　1　制憲憲法上の労働基本権 …………………………………………122
　　　　2　労働関係法の制定 …………………………………………………127
　　Ⅲ　生成期の韓国労働法の特徴 ………………………………………136
　第2節　効率性の指向（1961－1986年）……………………………139
　　Ⅰ　効率性指向の整地作業（1960年代初め）………………………139

	1 背景と展開過程 ………………………………………139
	2 労働関係法の改正内容 …………………………………140
Ⅱ	効率性指向のための再編（1970年代）……………………149
	1 維新体制の成立 …………………………………………149
	2 労働関係法の改正内容 …………………………………151
Ⅲ	効率性極大化のための再編（1980年代初め）……………155
	1 1980年労働関係法改正の背景 …………………………155
	2 労働関係法の改正内容 …………………………………156
	3 1986年の労働関係法改正 ………………………………161
Ⅳ	効率性時代の特徴とその評価 ………………………………163

第 3 節　衡平性の模索（1987－1997年）………………………167
　Ⅰ　1987年憲法・労働関係法の改正 ……………………………167
　　　1 背景と経緯 ………………………………………………167
　　　2 1987年の憲法上の労働関連条項 ………………………171
　　　3 労働関係法の改正内容 …………………………………172
　Ⅱ　1989年の労働関係法の改正の試み …………………………177
　　　1 背景と経緯 ………………………………………………177
　　　2 労組法案と労争法案および改正勤基法の内容 ………178
　Ⅲ　1997年労働関係法の制定 ……………………………………180
　　　1 労働関係法制定の背景 …………………………………180
　　　2 労改委における労働関係法の改正論議 ………………184
　　　3 1996年労働関係法の強行採決と総罷業 ………………193
　　　4 1997年制定労働関係法の内容 …………………………199
　　　5 制度改善のための第 2 期労改委の議論 ………………204
　Ⅳ　政治的民主化と社会的衡平化の模索 ………………………207

第 4 節　効率性と衡平性の調和の試み（1998年－現在）……211
　Ⅰ　外貨・国際的金融危機と労働関係法改正の必要性…………211

Ⅱ　労使政委員会の構成と活動 …………………………………211
　　　　1　第1期労使政委員会の発足と主要活動内容
　　　　　　（1998.1.15‐1998.6.2） ……………………………………211
　　　　2　第2期・第3期労使政委員会の発足と主要活動内容
　　　　　　（1998.6.3‐現在）……………………………………………215
　　Ⅲ　最近（1998‐2000年）の労働関係法の制定・改正内容 …218
　　　　1　整理解雇法制……………………………………………………218
　　　　2　労働者派遣制の導入……………………………………………220
　　　　3　賃金債権最優先弁済条項の改正と賃金債権保障法の制定…223
　　　　4　教員労組法と公務員職場協議会法の制定……………………228
　　　　5　労働組合の政治活動の許容……………………………………228
　　Ⅳ　意義と課題 ……………………………………………………230

　第5節　総　括…………………………………………………………232

第3章　韓国労働関係法の主要争点 ……………………………235

　第1節　集団的労使関係法 ……………………………………………236
　　Ⅰ　複数組合と交渉窓口の単一化：民主化・衡平化への
　　　　傾向と効率性の加味……………………………………………236
　　　　1　問題状況 ………………………………………………………236
　　　　2　複数組合禁止関連の学説・判例の傾向 ……………………238
　　　　3　労改委における論議過程 ……………………………………239
　　　　4　現在の論議 ……………………………………………………241
　　　　5　小　結 …………………………………………………………249
　　Ⅱ　組合専従者に対する給与の支払い：衡平性と効率性の
　　　　緊張と調和の模索 ………………………………………………250
　　　　1　問題状況 ………………………………………………………250
　　　　2　旧労組法上の学説・判例の動向 ……………………………252
　　　　3　労改委における論議過程 ……………………………………254
　　　　4　現在の論議 ……………………………………………………256

　　　　5　小　結 …………………………………………………265
　Ⅲ　'解雇の効力を争う者'の労働法上の地位：企業レベルでの
　　　衡平性と効率性の調和 ………………………………………266
　　　　1　'解雇の効力を争う者'の法的地位の明文化の背景 …………266
　　　　2　'解雇の効力を争う者'の法的地位の明文化 ………………267
　　　　3　小　結 …………………………………………………271
　Ⅳ　組合代表者の労働協約締結権：経済的効率性の強調 ……272
　　　　1　問題の所在 ………………………………………………272
　　　　2　労働協約締結権に対する最高裁全員合議体の判決 …………273
　　　　3　労組法規定の改正 ………………………………………275
　　　　4　小　結 …………………………………………………277
　Ⅴ　争議行為の抑制：韓国的特殊性と効率性の強調 …………278
　　　　1　争議行為正当性論の機能 …………………………………278
　　　　2　争議行為の正当性判断基準に対する判例法理 ………………279
　　　　3　小　結 …………………………………………………286
　Ⅵ　公務員および教員の団結権：国際基準の採用と
　　　社会的衡平化 …………………………………………………287
　　　　1　問題状況 …………………………………………………287
　　　　2　公 務 員 …………………………………………………288
　　　　3　教　員 ……………………………………………………296
　　　　4　小　結 …………………………………………………311

第2節　個別的労働関係法 ……………………………………………313
　Ⅰ　賃金債権優先弁済：衡平性と効率性との調和 ……………313
　　　　1　賃金債権と労働条件の保護 ………………………………313
　　　　2　賃金債権に対する解釈論上の争点 …………………………315
　　　　3　小　結 …………………………………………………321
　Ⅱ　法定労働時間の短縮：衡平性と効率性との緊張と
　　　調和の模索 ……………………………………………………321

1　問題状況 …………………………………………………321
　　　2　労働時間に関する現行法の主要内容 ……………………323
　　　3　現在の論議の状況 ………………………………………324
　　　4　小　結 ……………………………………………………335
　　Ⅲ　就業規則の不利益変更：衡平性の強化と効率性の加味 …336
　　　1　韓国就業規則法理の特徴 ………………………………336
　　　2　解釈論上の争点 …………………………………………337
　　　3　小　結 ……………………………………………………346
　　Ⅳ　整理解雇：衡平性と効率性との緊張と調和 ……………347
　　　1　韓国における整理解雇法理の比重 ……………………347
　　　2　判例法理の展開 …………………………………………348
　　　3　小　結 ……………………………………………………372
　第3節　総　括 …………………………………………………374

おわりに

──韓国労働関係法の特徴と展望── ……………………………377
　　　1　韓国労働関係法の発展過程の現状と特徴 ……………377
　　　2　韓国労働関係法の今後の方向 …………………………378

図 目 次

〈図1-1-1〉 経済活動人口の推移（1963-2000年） ……………………8
〈図1-1-2〉 経済活動人口増減率と就業者増減率の比較（1963-2000年） …8
〈図1-1-3〉 失業率の推移（1963-2000年） ……………………………9
〈図1-1-4〉 産業別労働力構成比の推移（1963-2000年） ………………11
〈図1-1-5〉 職業別の労働力構成比の推移（1963-2000年） ……………13
〈図1-1-6〉 従事上地位別の労働力構成比の推移（1963-2000年） ………15
〈図1-1-7〉 賃金労働者中，非正規職（非典型的労働者）の拡大推移
　　　　　（1989-2000年） …………………………………………16
〈図1-1-8〉 非正規職の拡大推移の性別比較（1989-1999年） ……………17
〈図1-1-9〉 事業規模別の就業者構成の推移（1980-1998年） ……………19
〈図1-1-10〉 学歴別失業率の推移（1970-1997年） ………………………26
〈図1-1-11〉 最近の失業率の推移（1997年1/4-2000年4/4分期） …………29
〈図1-2-1〉 労働生産性対比の実質賃金・名目賃金の上昇率推移
　　　　　（1971-1979年） …………………………………………33
〈図1-2-2〉 労働生産性対比の実質賃金・名目賃金の上昇率推移
　　　　　（1980-1989年） …………………………………………35
〈図1-2-3〉 産業別の賃金格差の推移（1980-1989年） ……………………36
〈図1-2-4〉 職業別の賃金格差の推移（1980-1989年） ……………………37
〈図1-2-5〉 学歴別の賃金格差の推移（1980-1989年） ……………………39
〈図1-2-6〉 事業規模別の賃金格差の推移（1980-1989年） ………………40
〈図1-2-7〉 非農全産業の性別の賃金格差の推移（1980-1989年） ………41
〈図1-2-8〉 非農全産業の経歴別の賃金格差の推移（1980-1989年） ……42
〈図1-2-9〉 労働生産性対比非農全産業の名目賃金・実質賃金
　　　　　の推移（1980-1998年） …………………………………47

〈図1-2-10〉職種別の相対賃金の推移（1980－1996年）…………………48
〈図1-2-11〉学歴別の相対賃金の推移（1980－1997年）…………………48
〈図1-2-12〉経歴別の相対賃金の推移（1980－1997年）…………………51
〈図1-2-13〉事業規模別の相対賃金の推移（1980－1998年）……………52
〈図1-2-14〉産業別の相対賃金の推移（1980－1998年）…………………53
〈図1-2-15〉性別の相対賃金の推移（1980－1998年）……………………54
〈図1-3-1〉組織率の変動推移（1980－1999年）……………………………85
〈図1-3-2〉争議発生件数の推移（1977－2000年）…………………………87
〈図1-3-3〉民主労総の全国的組織化過程（1987年以後）…………………91

表 目 次

⟨表1-1-1⟩ 経済活動人口，就業者，失業率 …………………………… 10
⟨表1-1-2⟩ 産業別の就業者 …………………………………………… 12
⟨表1-1-3⟩ 職業別の就業者 …………………………………………… 14
⟨表1-1-4⟩ 賃金労働者中雇用形態別の構成比の性別比較
　　　　　（1989－1999年）………………………………………… 17
⟨表1-1-5⟩ 従事上地位別の就業者（1963－2000年）………………… 18
⟨表1-1-6⟩ 事業規模別の事業体数および就業者数 ………………… 20
⟨表1-1-7⟩ 職種別の労働力不足率（1983－1999年）………………… 22
⟨表1-1-8⟩ 事業規模別の労働力不足率（1983－1999年）…………… 23
⟨表1-1-9⟩ 新規学卒者の就業率推移 ………………………………… 26
⟨表1-1-10⟩ 産業別の就業者構成比の推移（1992－2000年）………… 27
⟨表1-1-11⟩ 労働者派遣（1998－1999年）……………………………… 28
⟨表1-1-12⟩ 自発的失業者の推移（2000年）…………………………… 30
⟨表1-1-13⟩ 分期別の最近雇用指標の推移（1998年1/1－2000年4/4分期）… 31
⟨表1-2-1⟩ 賃金上昇率（1971－1979年）……………………………… 33
⟨表1-2-2⟩ 賃金上昇率（1980－1989年）……………………………… 35
⟨表1-2-3⟩ 産業別の賃金格差（1980－1989年）……………………… 37
⟨表1-2-4⟩ 職種別の賃金格差（1980－1989年）……………………… 38
⟨表1-2-5⟩ 学歴別の賃金格差（1980－1989年）……………………… 39
⟨表1-2-6⟩ 事業体規模別の賃金格差（1980－1989年）……………… 40
⟨表1-2-7⟩ 非農全産業の性別の賃金格差（1980－1989年）………… 42
⟨表1-2-8⟩ 非農全産業の経歴別の賃金格差（1980－1989年）……… 43
⟨表1-2-9⟩ 賃金上昇率（1997－2000年）……………………………… 55

〈表1-2-10〉内訳別賃金水準および増減率（1997-2000年）……………56
〈表1-2-11〉事業規模別の月平均賃金（1997-2000年）………………57
〈表1-3-1〉全評傘下組合および組合員数（1945年12月基準）…………61
〈表1-3-2〉組合数および組合員数（1955-1960年）……………………62
〈表1-3-3〉労働争議現況（1953-1960年）………………………………62
〈表1-3-4〉組合数，組合員数，組織率（1961-1971年）………………66
〈表1-3-5〉組合数，組合員数，組織率（1971-1980年）………………68
〈表1-3-6〉労働争議現況（1966-1980年）………………………………69
〈表1-3-7〉組合数，組合員数，組織率（1980-1987年）………………71
〈表1-3-8〉労働争議現況（1981-1986年）………………………………72
〈表1-3-9〉1987年の労働者大闘争期間中の労働争議現況 ………………76
〈表1-3-10〉1987年の労働者大闘争の紛争類型 …………………………78
〈表1-3-11〉1987年の労働者大闘争の主な要求事項 ……………………79
〈表1-3-12〉原因別労使紛争の発生現況（1987-1989年）………………81
〈表1-3-13〉労働組合組織の現況（1977-1999年）………………………86
〈表1-3-14〉労働争議の推移（1977-1996年）……………………………88
〈表1-3-15〉産別組合数および組合員数の現況（1999年12月末現在）……94
〈表2-3-1〉争議行為の制限期間の改正内容 ……………………………175
〈表2-3-2〉1996-1997年期間中の法案の比較 …………………………197
〈表3-1-1〉交渉窓口単一化方法の比較 …………………………………248
〈表3-1-2〉組合専従者の現況（労働部調査，1993年末現在）…………251
〈表3-1-3〉組合専従者の現況（韓国経営者総協会調査，1998年末現在）…252

はじめに

――開発体制の労働法制から社会的衡平性の労働法制へ――

　韓国の労働法制は1953年に制定され半世紀も経っていないが，韓国の政治史と同様に変化が激しかった。したがって外国人が韓国労働法の内容を正確に把握することは容易なことではない。たとえば現在韓国において争点となっている公務員と教員の団結権，複数組合と交渉窓口の単一化，組合専従者に対する給与の問題等は現行法上の文理的解釈だけではその総体を把握することが難しい。韓国の労働法制は基本的に日本法を継受したものであるが，時間的経過とともに韓国的な特殊性が反映されている。

　本書は外国人が韓国の労使関係を理解するうえで必要と思われる韓国の労働法制の変化とその主要内容を紹介し，さらに検討することを目的とした。周知のとおり労使関係のルールはその社会の主体，経済，社会，イデオロギー等の複合的な状況による産物である[1]。どの国においても経済的条件は労使関係法を規定する普遍的な要因となっている。しかし韓国の場合には，1960年代以後，数次にわたる政変を経ながら政府の性格が頻繁に変わってきたので労働者・使用者・政府という３つの行為主体の間の相互作用が非常に複合的であったのみならず，西ヨーロッパ諸国に比べて社会的秩序とイデオロギーの形成において政府の役割があまりにも大きすぎるものであった。それは労働社会学において，韓国の労働体制を1987年以前の'排除的国家権威主義'，1987年以後の'排除的市場権威主義'，最近の'制限された参加的市場自由主義体制への転換過程'の３段階に[2]分ける

---

[1]　BlainとGennardの公式によると，R(rule)＝F(A.T.E.S.I)の方程式である。Aはこの法則に含まれた俳優（使用者・労働者・政府），Tは技術，Eは市場における経済発展，Sは社会，Iはイデオロギーを象徴する。Blain/Gennard, "Industrial Relations Theory"British Journal of Industrial Relations (1970) p.394;Heijden,"Post-industrial labour law and industrial relations in the Netherlands"Labour Law in the Post-industrial Era:Essays in honour of Hugo Sinzheimer (1994) p.143で再引用。

[2]　それは政策意思決定の過程において労働者を包摂するのか如何（受容－排除），

ことからみてもよくわかる。

　しかし右区分は理念的な性格が濃く，また韓国の労働法制は同一の体制内であっても政治的変動，労・使・政の戦略的実践により相当の内的変化をみせたので，労働法制の変遷をそのような図式に合わせ説明することは困難である。ただし1987年の労働者大闘争と1997年の改正労働法に対する総罷業は韓国の労使関係において重要な転換点（turning point）となったといえる。したがって時期区分においては右区分を活用することにした。

　読者の客観的な理解に役立てるために，著者の主観を可能な限り排除し韓国の労使関係の発展と現実に対する事実に基づき記述しそれを整理しようと努めた。そのためにまず韓国の労働市場の変化と労働運動の発展を時期的に整理し，そして社会経済的環境変化に対し政府がどのような立法政策をとってきたかを労働法制の変遷の歴史を辿りながら分析した。それは韓国の労働法制の現時点での内容および状況を理解するうえに必要であると思ったからである。こうした作業を土台にして現在の労使法制において尖鋭に対立している争点を全時代を通じて総合的に整理し分析することにより，韓国の労使関係の全貌を明らかにしようと試みた。

　本書の構成は次のとおりである。
　第1章では，労働関係法の形成と内容に影響を及ぼす社会経済的要因を雇用市場，労働市場，労働運動の側面に分けて時期的に分析する。雇用市場は1960年代から1996年度までの変化を対象とし構造調整が本格化した1987年以後の最近10年間の主要動向を詳しく紹介した。IMF体制以後の特徴的変化は頁をかえ付言する。1997年以後の関連統計数値はIMF体制下の

　　労働市場の作動方式（市場的－制度的），国家と労働運動との関係（自律－抑圧）の3つの基準による解釈論であるといえる。'排除的国家権威主義'とは，排除的労働統制と労働運動に対する国家の抑圧および労働市場に対する国家の直接的・間接的な介入を特徴とする労働体制を意味し，'排除的市場権威主義'とは排除的な労働統制と放任的労働市場として特徴づけられるが，排除的国家権威主義に比べて資本の役割が相対的に増加し国家の直接的な介入が縮小されるものと説く。張弘根「韓国労働体制の転換過程に関する研究」（ソウル大社会学博士学位論文，1999年）30－35頁参照。

経済の影響を受けたものであり，変化の連続性をみる場合に適切でないと思ったからである。まず雇用，労働市場について，労働力の構成や需給構造の変化，雇用動向の変化などを概観する。ついで，雇用労働市場の主要な具体的局面である賃金市場について，それが一般雇用市場より直接的に政府の規律と労使の力関係に影響を受けてきた様相を明らかにする。また，1987年前後でその時期を区分し，政府の賃金政策の変化の過程と賃金構造の具体的内容および最近10年間の主要動向とIMF以後の特徴的な変化を考察する。

次に労働運動について述べる。韓国では1987年の労働者の大闘争を一般に韓国労働運動の分水嶺として評価している。したがってその大闘争を前後にして労働運動の全体的な流れをみることにする。本書では，1945年解放以後の労働運動に対しても触れているが，それは，当時の全国労働組合総評議会（以下'全評'という）と大韓独立促成労働総連盟（以下'大韓労総'という）の活動との相関関係は，現在の韓国労働組合総連盟（以下'韓国労総'という）と全国民主労働組合総連盟（以下'民主労総'という）の競争・対立の構図と関係があると思ったからである。1987年以後は，特に1990年代にはいり，いわば民主陣営の労働組合運動が制度圏内に編入され，韓国の労働運動は量的・質的両面において発展を重ねてきている。そこで，本書ではそれに注目し，韓国労総と民主労総とについて，組織的側面，理念的側面，労働政策に対する対応策の側面等を比較する。

第2章では，韓国の労働法制の展開を名目的生成の時期（1953年の労働法制定後），経済的効率化指向の時期（1961-1987年），政治的民主化と社会的衡平化の模索の時期（1987-1997年）に分けて考察し，最近の経済的効率化と社会的衡平化の調和の模索の中でどのような法改正の論議があったのかについて紹介する。

まず名目的生成の時期については，米軍政期の労働政策と1953年の労働法制定の背景とその内容を検討する。解放以後の米軍政下での労働政策は韓国労働法制の形成に大きな影響を与えてきたこともあり，その当時の史料を追跡し分析・整理する。1953年の制定労働法は労使関係の地盤が未熟であったにもかかわらず憲法上の基本権を充分に反映したものであった。それは1987年以後労働側の法改正の要求の際において常に比較の対象とな

っていたことからもわかる。

　次に経済的効率化指向の時期について述べる。1961年の軍事革命後に韓国の産業化が本格的に進行すると、労働法制は法原理的に充実するよりも、経済発展と政権安定のために経済的効率性を強調し改悪へと進んだ。労働法は、1961年5月16日のクーデター、1972年の維新時代、1980年の全斗煥政権の発足に至るまでに次々と大幅に改正された。本章ではその主な内容を紹介し当時の労働法改正の全体的な流れと特徴等を分析する。それによって1987年以後韓国の労働運動の主な関心が法改正運動に集中していたことが理解できよう。同時にそれを通じて最近の労働法の争点となっているものの多くが、当時の労働法の改正の過程で改悪されたものであることもわかる。

　最後に、政治的民主化と社会的衡平化の模索の時期について述べる。1987年を契機に、社会全般にわたる民主化の勢いとともに社会的衡平性の観点から労働法の改正を要求する声が高まり、それを受けて1987年と1989年に法改正が行われた。その主な内容と特徴を整理する。1990年代にはいってからは、世界化が進む中で法改正の論議も本格化し、金泳三政権の下で労使関係改革委員会（以下'労改委'という）が発足する等社会的コーポラティズム（social corporatism）の実験が多角的に行われ、それはまた1997年の法改正へと進む。1997年労働法では個別的労働関係法の領域においては労働の柔軟性を図り、また集団的労働関係法の領域では規制を緩和するなど、内容的にも大きな変化があった。したがってその法改正の背景と経緯等に関し詳しく検討する。

　さらに1998年金大中政権にはいってからは、政府は、金融危機に対処するために労使政委員会を発足させる。同委員会の活動により、一方では労働の柔軟性を図るための整理解雇法制の改正と派遣法制の導入が、他方では労働基本権を充実させるための教員と公務員の団結権の保障と労働組合の政治活動の保障が行われ、さらにその他の多数の法改正の論議が行われているので、それらの内容を紹介する。

　第3章では、韓国の労働法制をより具体的に理解するために、労働法上の主要争点を、韓国の労使関係の特徴と関連させて整理する。第2章では便宜上段階別に図式化し巨視的次元での変化の過程を追跡したが、本章で

は各々の争点の検討を微視的に分析する。それによって韓国労働法および法理論の変遷の過程が単線的に進行したものではなく，民主化と衡平化の要求が政府と法院の保守的傾向または労使の力学関係等の諸要因により屈折される形態で進行してきたものであることがわかる。本章では韓国の労使関係の争点に関し総合的かつ時代的な分析を行うことにより，経済的効率化，政治的民主化，社会的衡平化の時代的推移が各々の論点によってどのように変化し，またその3つの要因がいかに複合的な相互関係の下で進行してきたのかを明らかにする。

　本章の分析の対象の一つとなった集団的労働関係法の領域では，複数組合と交渉窓口の単一化，組合専従者の給与，「解雇の効力を争う者」の労働法上の地位，組合代表者の労働協約締結権，争議行為の抑制，教員と公務員の団結権の問題を中心に，また個別的労働関係法の領域では，賃金債権優先弁済，法定労働時間の短縮，整理解雇，就業規則の不利益変更の問題等を中心に検討する。

　「おわりに」では，以上の論議を土台にして韓国労働関係の発展過程と特徴を整理し労働市場と労使関係および労働関係法の相互作用に関する著者の見解を述べる。それと同時に，現在も変化しつつある韓国労働関係法の将来の展望について付言する。

第1章　韓国の労働市場の変化と労働運動の発展

第1節　韓国の労働市場

I　総　説

　1960年代初めから工業化の本格的な推進により軌道に乗り始めた経済成長は，過去30余年間にわたって競争力を持っていたといえる。韓国的成長模型はあらゆる問題点を表したが[1]，1960年代初め以後30余年間年平均30％の輸出伸張と8％を超える実質経済成長という世界的に例をみない経済成長をなしとげた。その結果，韓国の労働市場と雇用構造は急激に変化してきた。1970年代半ば以後は，労働力の無限供給時代が終了し，1987年以来[2]，産業構造調整期を迎えたが，それは客観的な経済環境の大きな変化がその主な要因であったといえる。最近のIMF管理体制にも影響を及ぼしている。

---

[1] 1961年の5・16クーデターで権力を掌握した朴正熙政権は，国民経済の復興を目的として国が積極的に経済に介入し，経済開発計画をたてその実行にはいった。このような政府主導の経済開発は驚くべきほど生産性の増大をもたらしたが，対外依存度の深化・低賃金長時間労働体制の強要等問題点を提起し韓国での評価も分かれている。1960-1970年代の韓国経済に対する詳細な内容は，ソウル大社会科学研究所『韓国における資本主義の発展』（セギル，1992年）163-323頁；李大根「借款経済の展開」『韓国資本主義論』（李大根・鄭雲暎共編，カチ，1984年）；経済教育企画局経済教育調査編『数字でみたわが経済』（経済企画院，1990年）等参照。

[2] 韓国の経済状況を規定する主題語といえる'産業構造調整'がいつから具体化

以下では韓国の労使関係を理解するのに必要な範囲内で主要指標を活用し，韓国の労働市場の変化過程を時系列的に概観してみて，現在の状況を理解するのに直接的に役立つと思われる最近10年間の主要動向とIMF以後の特徴的変化を整理してみよう。時系列的な変化過程の追跡は，1960年代の産業化以後1996年までの期間をその対象とした。1997年以降の関連統計数字はIMF経済の影響を受けたものであるから変化の連続性を読み取るにおいて適当でないと考えるからである。

 一般的に労働経済学または労働社会学では賃金市場を包含させ労働市場を分析するが，本章では韓国の賃金市場は他の領域より政府の直接的な規制と介入を多く受け，1987年以後の労働運動の急速な進展にともない市場外的な要因に影響を多く受けたが，それについては項目をかえて説明する。

Ⅱ　韓国労働市場の概要

1　経済活動人口——雇用率・失業率の推移

 統計庁の経済活動人口調査によれば[3]，経済活動人口の推移は〈図1-1-1〉のとおりである。産業化が進展した1970年代以後15歳以上の人口は継続的に増加している。この生産可能人口は，1970年に1,746万名余，1980年に2,446万名余，1990年に3,088万名余，2000年には3,613万名余で，その増加は鈍化している。10年単位ごとに500万名以上増加している。経済成長により経済活動の参加率も持続的に上昇していることがわかる。

　　したのかは論難があるものの，一般的に1987年以後に国内的に賃金，地代（地価）金利等の生産要素費用が急激に上昇し，対外的に経済の全面開放の圧力を受けながら企業の先端産業化，経営合理化を通じ高附加価値化，限界業種の退出ないし海外進出等といった自救策を模範する時期であると理解している。
(3)　労働統計分析のためにはまず15歳以上の経済活動の可能な人口を経済活動人口と非経済活動人口に分け，①経済活動人口は労働市場に直接参加する人口として失業者と就業者に区分でき，②非経済活動人口は'家事または通学等で労働市場に参加しない'人口として，それには就業意思はあるが求職は断念した'自発的失業者'が含まれる。

8　第1章　韓国の労働市場の変化と労働運動の発展

〈図1-1-1〉経済活動人口の推移（1963－2000年）

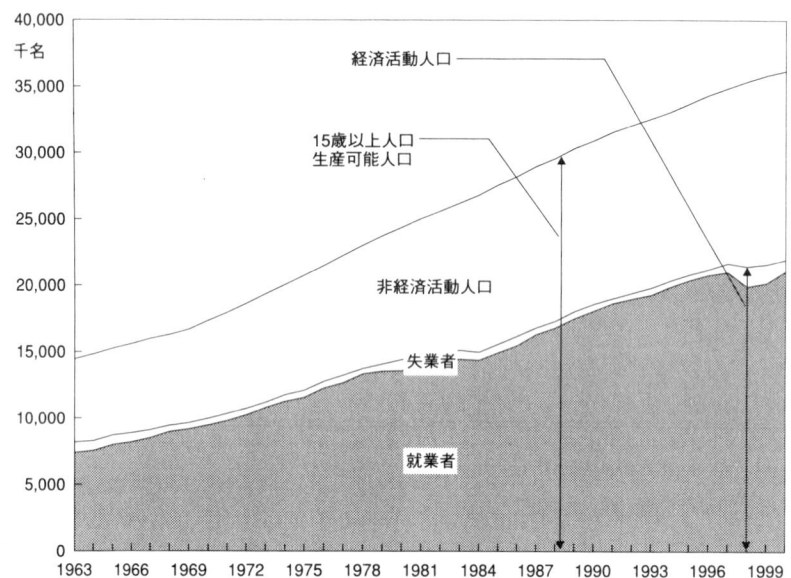

〈図1-1-2〉経済活動人口増減率と就業者増減率の比較（1963-2000年）

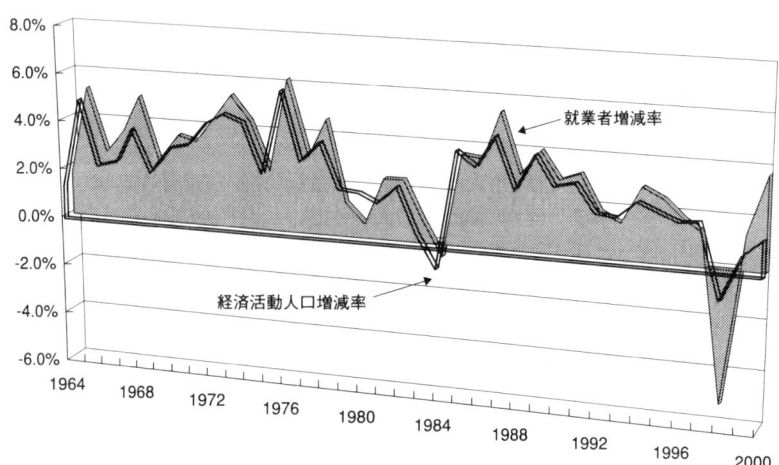

〈図1-1-3〉失業率の推移（1963－2000年）

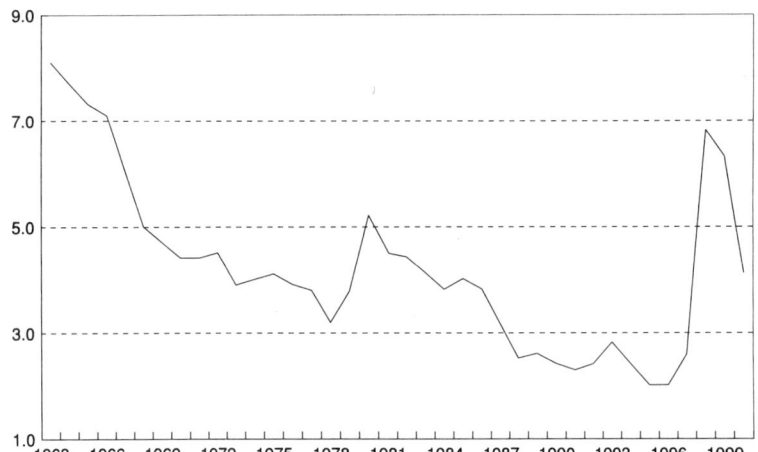

　特に注目すべきことは，少なくとも最近のIMF管理体制以前まで就業者の増減率が経済活動人口の増減率を上回り（〈図1-1-2〉参照），また失業率は継続的に減少する傾向にある。1987年から進行された産業構造調整の過程においても，失業率は依然として完全雇用に近い2％線を維持している点は注目される。また他の統計調査によっても，産業化が始まった1963年から1993年までの30年間の年平均的就業者の増加率（3.2%）は経済活動人口の増加率（3.0%）を上回り，失業率は1963年の8.1%から1993年の2.8%に減少していることがわかる[4]。

　しかし最近失業率の急増，また構造調整における整理解雇等の雇用調整で状況は変わった。すなわちIMF管理体制の下で雇用調整が行われ，1999年1/4分期には失業率が8.4%に上るなど失業率は急増している。最近景気の回復により2000年4/4分期の失業率は3.7%に落ちているが，今後韓国の労使関係の最大の争点は雇用不安と失業問題になることは変わらないであろう。最近のIMF管理体制以後の失業率については後述する。

---

　　(4)　韓国経営者総協会『転換期の雇用政策方向』(1996年) 31頁。

第1章 韓国の労働市場の変化と労働運動の発展

〈表1-1-1〉経済活動人口, 就業者, 失業率

単位：千名, ％

年度	15歳以上人口（生産可能人口）				非経済活動人口	経済活動参加率	失業率
	計	経済活動人口					
		計	就業者	失業者			
1963	14,551	8,230	7,563	667	6,321	56.6	8.1
1965	15,367	8,754	8,109	642	6,613	57.0	7.3
1970	17,468	10,062	9,618	445	7,407	56.6	4.4
1975	20,918	12,193	11,692	501	8,725	58.3	4.1
1980	24,463	14,431	13,683	748	10,032	59.0	5.2
1981	25,100	14,683	14,023	660	10,417	58.5	4.5
1982	25,638	15,032	14,379	654	10,605	58.6	4.4
1983	26,212	15,118	14,505	613	11,094	57.7	4.1
1984	26,861	14,997	14,429	568	11,863	55.8	3.8
1985	27,553	15,592	14,970	622	11,961	56.6	4.0
1986	28,225	16,116	15,505	611	12,109	57.1	3.8
1987	28,955	16,873	16,354	519	12,082	58.3	3.1
1988	29,602	17,305	16,869	435	12,297	58.5	2.5
1989	30,265	18,023	17,560	463	12,242	59.6	2.6
1990	30,887	18,539	18,085	454	12,348	60.0	2.4
1991	31,538	19,115	18,677	438	12,423	60.6	2.3
1992	32,023	19,499	19,033	466	12,524	60.9	2.4
1993	32,528	19,879	19,328	551	12,649	61.1	2.8
1994	33,056	20,396	19,905	490	12,660	61.7	2.4
1995	33,645	20,853	20,342	420	12,811	61.9	2.0
1996	34,285	21,243	20,817	426	13,043	62.0	2.0
1997	34,842	21,662	21,106	556	13,180	62.2	2.6
1998	35,362	21,456	19,994	1,461	13,906	60.7	6.8
1999	35,765	21,634	20,281	1,353	14,131	60.5	6.3
2000	36,139	21,950	21,061	889	14,189	60.7	4.1

注1) 経済活動参加率(%) $= \dfrac{経済活動人口}{生産可能人口} \times 100$

注2) 失業率(%) $= \dfrac{失業者}{経済活動人口} \times 100$

資料：韓国統計庁（以下'統計庁'という），経済活動人口調査。

〈図1-1-4〉産業別労働力構成比の推移（1963－2000年）

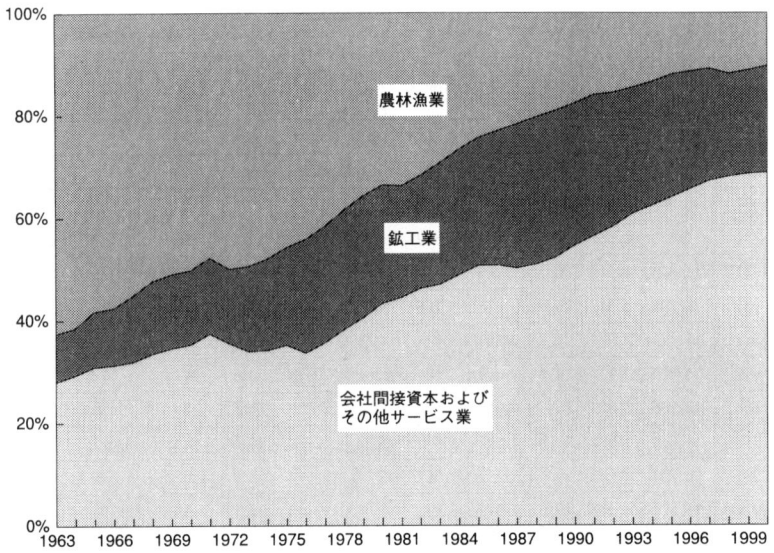

2 労働力構成の変化

韓国の場合1960年代以来の急速な産業化で労働力構成の面において大きな変化があった。農業，林業，水産業に従事する者の比重が急激に減少したが逆に製造業労働者の比重は急激に増加した。しかも1980年代以後重化学工業化が本格的に進行し従来の女性非熟練労働者に比べ男性非熟練労働者および技能労働力の比重が大きく増加した。このような労働力構成上の変化は労働運動が活性化する潜在的土台を提供し，国の労働政策上の変化を求めるようになった。

(1) 産業別労働力構成の変化

韓国の産業別労働力の構成比の変化をみると，農林・漁業の方は減少しているが，他方，社会間接資本およびその他の産業の方は持続的に増加している。また鉱工業は増加の後減少している（〈図1-1-4〉参照）。

製造業は1989年までには成長したが，その後減少し，1998年になって19.5％までに落ちている（〈表1-1-2〉参照）。最近（1999－2000年）多少増加しているとしても，1990年代以後には製造業に従事する者の割合は持続的

〈表1-1-2〉産業別の就業者

単位：千名，%

年度	全体	農・林・漁業	比率	鉱工業	製造業	比率	社会間接資本およびその他サービス業			
							比率	建設業	卸小売・飲食・宿泊業	その他
1970	9,618	4,846	50.4	1,377	1,268	13.2	3,395	35.3	281	-	3,114
1975	11,691	5,339	45.7	2,235	2,175	18.6	4,118	35.2	509	-	3,609
1980	13,683	4,654	34.0	3,079	2,955	21.6	5,951	43.5	843	2,625	2,484
1981	14,023	4,801	34.2	2,983	2,859	20.1	6,239	44.5	876	2,773	2,591
1982	14,379	4,612	32.1	3,143	3,033	21.1	6,624	46.1	829	3,156	2,610
1983	14,505	4,315	29.7	3,375	3,266	22.5	6,816	47.0	817	3,235	2,763
1984	14,429	3,914	27.1	3,491	3,348	23.2	7,024	48.7	905	3,151	2,968
1985	14,970	3,733	24.9	3,659	3,504	23.4	7,578	5036	911	3,377	3,290
1986	15,505	3,662	23.6	4,013	3,826	24.7	7,830	50.5	889	3,480	3,461
1987	16,354	3,580	21.9	4,602	4,416	27.0	8,172	50.0	920	3,611	3,641
1988	16,869	3,483	20.6	4,807	4,667	27.7	8,579	50.9	1,024	3,646	3,909
1989	17,560	3,438	19.6	4,972	4,882	27.8	9,150	52.1	1,143	3,743	4,265
1990	18,085	3,237	17.9	4,990	4,911	26.1	9,858	54.5	1,346	3,935	4,577
1991	18,677	3,057	16.4	5,092	5,026	26.9	10,528	56.4	1,556	4,103	4,869
1992	19,033	2,998	15.8	4,923	4,860	25.5	11,111	58.4	1,663	4,433	5,015
1993	19,328	2,849	14.7	4,730	4,677	24.2	11,750	60.8	1,689	4,852	5,209
1994	19,905	2,731	13.7	4,754	4,714	23.7	12,420	62.4	1,781	5,207	5,432
1995	20,432	2,534	12.4	4,824	4,797	23.5	13,074	64.0	1,905	5,378	5,791
1996	20,817	2,429	11.7	4,715	4,692	22.5	13,673	65.7	1,971	5,643	6,059
1997	21,106	2,385	11.3	4,508	4,482	21.2	14,213	67.3	2,004	5,805	6,404
1998	19,994	2,480	12.4	3,919	3,898	19.5	13,595	68.0	1,578	5,571	6,446
1999	20,281	2,349	11.6	4,026	4,006	19.8	13,906	68.6	1,476	5,724	6,706
2000	21,061	2,288	10.9	4,262	4,244	20.2	14,511	68.9	1,583	5,943	6,985

注：社会間接資本およびその他サービス業の中の'その他'項目には，電気，運輸，倉庫，金融，個人・公共サービス業が含まれる。韓国の標準産業分類が1991年と2000年に全面的に改正され，これらの項目はより細分化されたが，この表では便宜上全て'その他'の項目に入れた。

資料：統計庁，経済活動人口調査。

〈図1-1-5〉職業別の労働力構成比の推移（1963－2000年）

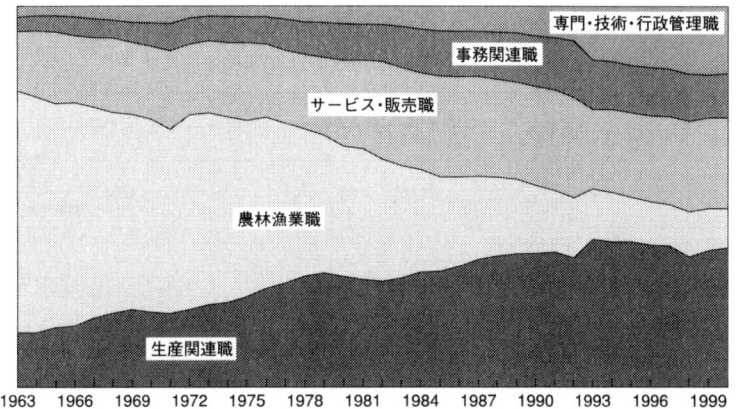

に減少している。それは産業構造調整の進行や，技術の進歩により製造業の雇用創出の効果が減少したことによるものと思われる[5]。

社会間接資本およびその他の産業に従事する者の割合は，1985年に2分の1（50.6%），1997年に3分の2（67.3%）を超えている。それは産業のサービス化，ソフト化が早いスピードで進展していることを表すものといえる。

(2) 職業別労働力構成の変化

職業別労働力構成の変化は〈図1-1-5〉のとおりである。

生産職と事務職の場合は1980年代に持続的に増加したが，1990年代初めを分岐点に減少の傾向にある。生産職労働者が1990年代初めを起点に減少していることは，1980年代以後持続的に推進されてきた産業構造調整と，1987年以後労働組合の成長，労働者の賃金上昇に対処するための生産自動化，サービス業の増加によるものであった。他方，最近事務職労働者が減少しているが，それは情報化，事務自動化の進展により単純事務労働力に対する需要が減少したためである。

---

[5] 製造業の健全な成長が経済成長に重要な要因である点，それ以外にも雇用安定の次元でみると製造業の就業が比較的に安定的で不完全な就業が少ない点を勘案すると，製造業就業者の急速な減少は現段階で憂慮すべきものであると指摘している。崔康植・黄秀景「最近の雇用実態，何が問題なのか？」『雇用フォーラム：雇用問題をどうするのか』（韓国労働研究員主催，1997.3.18）19－33頁。

14　第1章　韓国の労働市場の変化と労働運動の発展

〈表1-1-3〉職業別の就業者

単位：千名

年度	全体	専門・技術関連職	事務関連職	サービス・販売職	農林漁業職	生産・運輸装備運転職・単純労務職
1970	9618	462	575	1809	4827	1944
1975	11691	416	747	2352	5360	2815
	全体就業者	専門・技術・行政管理職	事務関連職	サービス・販売職	農林漁業職	生産・運輸装備運転職・単純労務職
1980	13,683	732	1,268	3,062	4,648	3,974
1981	14,023	791	1,259	3,243	4,774	3,957
1982	14,379	790	1,398	3,640	4,573	3,979
1983	14,505	882	1,525	3,702	4,273	4,122
1984	14,429	974	1,642	3,616	3,873	4,324
1985	17,970	1,090	1,729	3,935	3,686	4,530
1986	15,505	1,162	1,802	4,025	3,621	4,894
1987	16,354	1,233	1,886	4,233	3,543	5,459
1988	16,869	1,315	2,032	4,300	3,455	5,768
1989	17,560	1,450	2,183	4,444	3,406	6,078
1990	18,085	1,575	2,352	4,645	3,216	6,298
1991	18,677	1,720	2,487	4,875	3,036	6,558
1992	19,033	1,907	2,739	5,015	2,974	6,397
	全体就業者	専門・技術・行政管理職	事務関連職	サービス・販売職	農林漁業職	技能・機械操作・単純労務職
1993	19,328	2,903	2,419	4,041	2,561	7,404
1994	19,905	3,069	2,436	4,298	2,578	7,524
1995	20,432	3,337	2,520	4,485	2,382	7,710
1996	20,817	3,529	2,568	4,688	2,319	7,714
1997	21,106	3,687	2,572	4,868	2,273	7,706
1998	19,994	3,735	2,418	4,736	2,364	6,741
1999	20,281	3,863	2,219	4,819	2,217	7,162
2000	21,061	3,932	2,359	5,037	2,154	7,578

注：1980年と1993年の統計は，韓国標準職業分類において多少の変化があって両方の統計の間に差がある。この表は各年度の職業別構成比の推移に留意しながら筆者が修正し再構成したものである。
資料：統計庁，経済活動人口調査。

〈図1-1-6〉従事上地位別の労働力構成比の推移(1963-2000年)

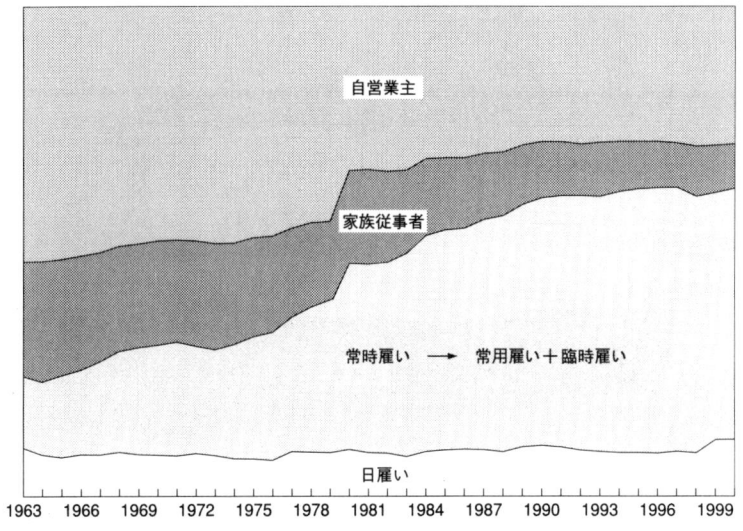

　農林漁業職は1980年34.0%から持続的に減少し，2000年には10.2%に激減した。サービスおよび販売職に従事する者は1980年代初めには30%に達したが，その後生産職の比重が相対的に減少し1993年には20.9%となったが，1990年代には産業のサービス化にともないやや増加している。その他の特徴として専門職の比重が1970年の4.8%から2000年の18.7%まで大幅に増加したことをあげられる。

(3)　従事上地位別労働力構成の変化

　経済活動人口が当該経済活動に従事する契約等の地位別の労働力の構成をみると，自営業主および家族従事者の割合は持続的に減少する反面，被雇用者の割合は持続的に増加している。賃金労働者の割合は高く，1970年の38.9%，1996年の62.8%（最高），2000年の62.4%となっていて，30年間にわたり，全体の3分の1から3分の2の水準に達している。

　被雇用者の中の臨時雇い（雇用契約期間が1ヵ月以上1年未満）・日雇い（雇用契約期間が1ヵ月未満）を含む非典型職の比率は1990年代にはいってから急速に拡大し，1989年の45.2%から1990年代初めまでには減少したが，1990年代後半には増加し，2000年には52.4%を超えた（〈図1-1-7〉参照）。企

〈図1-1-7〉賃金労働者中，非正規職（非典型的労働者）の拡大推移
(1989－2000年)

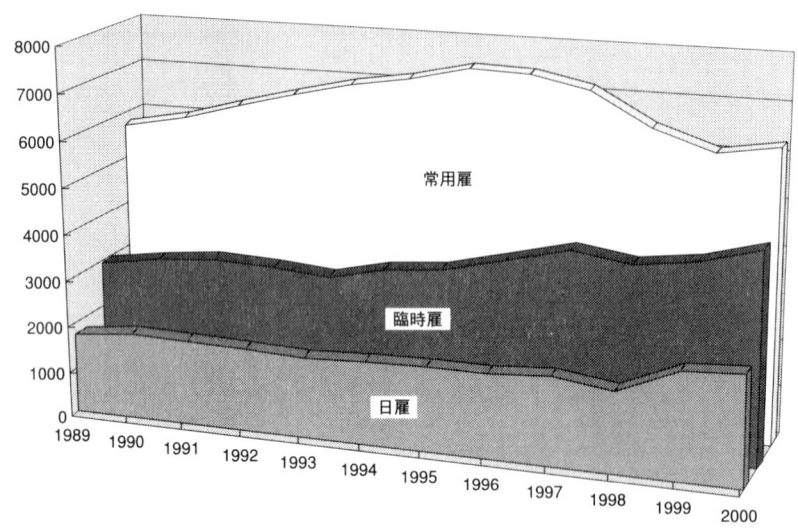

業の労働柔軟化戦略が本格化した1990年代後半には，常用雇いの減少，非正規職の拡大が著しい。

また性別の差も注目される。臨時雇いまたは日雇いの両方において，女子の非正規職の比重は高い。男子労働者の場合，IMF管理体制下の最近2年間を除くと男子賃金労働者全体に対する臨時職の比率は持続的に減少し，常用職の比率は増加の傾向にある。しかし女子労働者の場合には，逆に女子賃金労働者全体に対する常用職の比重は一時的に上昇したことを除くと全体的に減少し，臨時職の比重は持続的に増加している。すなわち女子労働者の雇用形態の安定性は低下しているのである。

〈図1-1-8〉非正規職の拡大推移の性別比較 (1989－1999年)

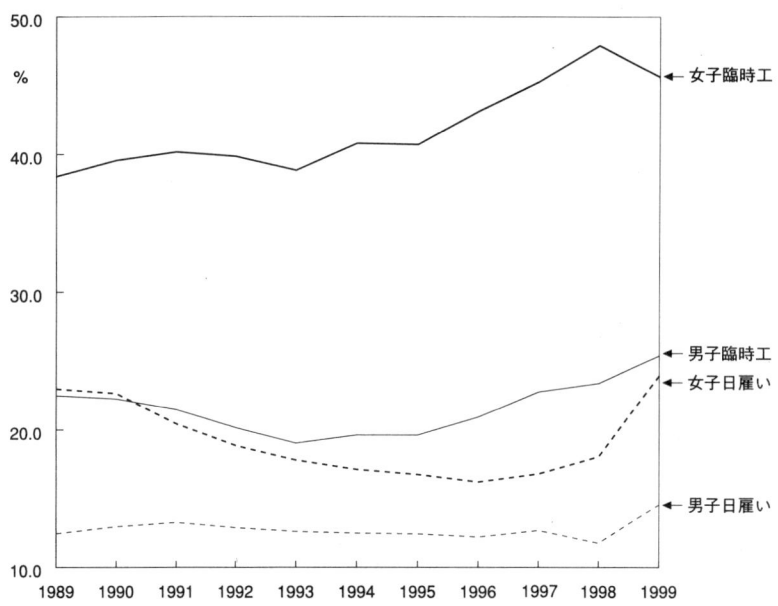

〈表1-1-4〉賃金労働者中雇用形態別の構成比の性別比較 (1989－1999年)

単位：千名，％

男子賃金労働者					女子賃金労働者				
年度	合計	常用雇	臨時雇	日雇	年度	合計	常用雇	臨時雇	日雇
1989	6,440	64.8	22.6	12.6	1989	3,950	38.4	38.5	23.1
1990	6,760	64.5	22.4	13.1	1990	4,190	37.6	39.6	22.8
1991	7,061	65.0	21.6	13.4	1991	4,344	39.2	40.2	20.6
1992	7,205	66.7	20.3	13.0	1992	4,413	41.1	39.9	19.0
1993	7,335	68.2	19.1	12.7	1993	4,459	43.2	38.9	17.9
1994	7,617	67.7	19.7	12.6	1994	4,708	42.0	40.8	17.2
1995	7,905	67.8	19.7	12.5	1995	4,879	42.5	40.7	16.8
1996	8,023	66.7	21.0	12.3	1996	5,042	40.7	43.1	16.2
1997	8,030	64.5	22.8	12.7	1997	5,196	38.0	45.2	16.8
1998	7,498	64.8	23.4	11.8	1998	4,693	34.1	47.8	18.1
1999	7,570	60.0	25.4	14.6	1999	4,952	30.5	45.6	23.9

注) 百分率は全体賃金労働者と女子賃金労働者の従事上地位別の就業者の統計を総合して，筆者が産出した。
資料：韓国労働研究院『2000年KLI労働統計』。

〈表1-1-5〉従事上地位別の就業者(1963-2000年)

単位：千名

年度	計	非賃金労働者	自営業者	雇用主	自営者	家族従事者	賃金労働者	常時工	常用工	臨時工	日雇
1963	7,563	7,539	5,178	2,817		2,361	2,383	1,420			963
1964	7,698	7,820	5,334	2,848		2,486	2,363	1,502			861
1965	8,109	8,016	5,500	2,984		2,516	2,609	1,765			844
1966	8,325	8,077	5,543	3,009		2,534	2,780	1,872			908
1967	8,624	8,040	5,582	3,124		2,458	3,040	2,097			943
1968	9,061	8,134	5,659	3,184		2,475	3,400	2,363			1,037
1969	9,285	8,234	5,736	3,238		2,498	3,547	2,532			1,015
1970	9,618	8,458	5,872	3,286		2,586	3,746	2,728			1,018
1971	9,946	8,652	6,024	3,396		2,628	3,923	2,877			1,046
1972	10,379	9,200	6,377	3,554		2,823	4,005	2,852			1,153
1973	10,942	9,798	6,789	3,780		3,009	4,153	2,993			1,160
1974	11,421	9,951	6,979	4,007		2,972	4,444	3,343			1,101
1975	11,691	9,872	6,940	4,008		2,932	4,751	3,628			1,123
1976	12,412	10,288	7,273	4,258		3,015	5,140	4,001			1,139
1977	12,812	9,911	7,099	4,287		2,812	5,714	4,288			1,426
1978	13,412	9,897	7,171	4,445		2,726	6,242	4,788			1,454
1979	13,602	9,677	7,124	4,571		2,553	6,479	5,058			1,421
1980	13,683	7,220	4,651	643	4,008	2,569	6,464	5,164			1,300
1981	14,023	7,420	4,735	649	4,086	2,685	6,605	5,374			1,231
1982	14,379	7,541	4,910	689	4,221	2,631	6,839	5,583			1,256
1983	14,505	7,335	4,897	776	4,121	2,438	7,170	6,008			1,162
1984	14,429	6,798	4,578	800	3,778	2,220	7,631	6,336			1,295
1985	14,970	6,866	4,679	845	3,834	2,187	8,104	6,714			1,390
1986	15,505	7,072	4,868	890	3,978	2,204	8,433	6,979			1,454
1987	16,354	7,163	4,994	973	4,021	2,169	9,191	7,662			1,529
1988	16,869	7,260	5,093	1,023	4,070	2,167	9,610	8,114			1,496
1989	17,560	7,171	5,051	1,084	3,967	2,119	10,390	8,662	5,690	2,973	1,727
1990	18,085	7,135	5,068	1,168	3,900	2,067	10,950	9,110	5,938	3,171	1,840
1991	18,677	7,272	5,236	1,282	3,954	2,036	11,405	9,568	6,294	3,275	1,836
1992	19,033	7,414	5,421	1,359	4,062	1,993	11,618	9,840	6,617	3,223	1,778
1993	19,328	7,534	5,451	1,360	4,091	2,084	11,794	10,068	6,929	3,139	1,725
1994	19,905	7,580	5,542	1,454	4,088	2,037	12,325	10,552	7,131	3,421	1,773
1995	20,432	7,649	5,694	1,530	4,164	1,955	12,784	10,974	7,429	3,545	1,809
1996	20,817	7,752	5,811	1,610	4,201	1,941	13,065	11,261	7,401	3,860	1,804
1997	21,106	7,880	5,981	1,633	4,348	1,899	13,226	11,334	7,151	4,182	1,892
1998	19,994	7,804	5,776	1,426	4,350	2,028	12,191	10,455	6,457	3,998	1,735
1999	20,281	7,759	5,841	1,384	4,457	1,918	12,522	10,233	6,050	4,183	2,289
2000	21,061	7,919	5,999	1,484	4,515	1,920	13,142	10,764	6,252	4,511	2,378

資料：統計庁，経済活動人口調査。

〈図1-1-9〉事業規模別の就業者構成の推移（1980－1998年）

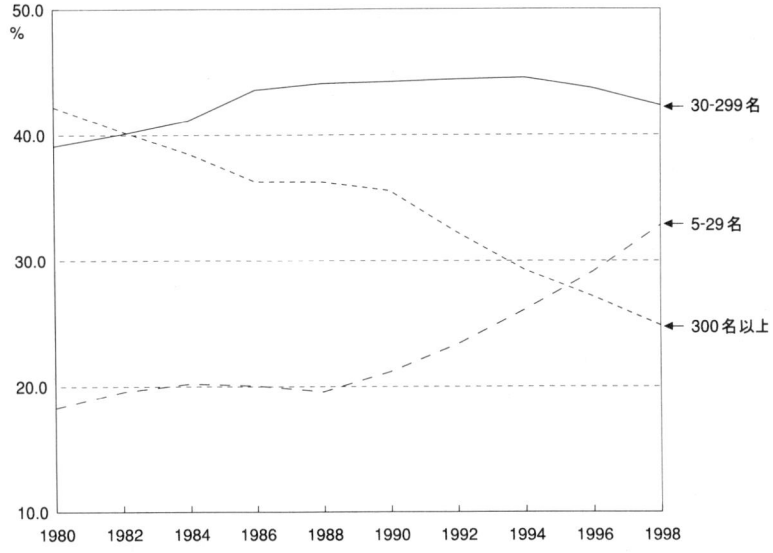

(4) 事業規模別労働力の変化

　事業規模別の就業者の構成をみると大企業に従事する労働者の比率は減少したが，小規模事業体で従事する労働者は増加していることがわかる。300名以上の大規模事業体で従事する労働者の割合は1980年に42.3%であったのが1998年には24.9%に減った。また5名以上30名未満の小規模事業体に従事する者の割合は1980年は18.3%であったが1998年には32.8%に段々と増加している。

　小規模の事業体の労働者の増加の状況は大資本の下請系列社の形成と関連する。すなわち従来大企業が直営していた事業の中の周辺的な事業を下請を通じ行うことにより，小規模事業体に雇用された労働者が増加したものといえる。

3　労働力需給構造の変化

　他方，労働力需給上の変化をみると韓国の労働市場は少なくとも1980年代半ばまでは労働力需給上の問題はあまり生じなかった。1975年前後，賃労働者の主な供給源が農村および都市の非資本主義部門から資本主義部門

〈表1-1-6〉事業規模別の事業体数および就業者数

単位:カ所,千名,%

年度	事業体数	労働者	事業規模別労働者構成						
			5-9	10-29	30-99	100-299	300-499	500-999	1,000以上
1970	15,469	1,084	-	12.8	22.2	32.4		14.0	18.6
1975	17,108	1,513	-	11.7	22.3	36.8		11.5	17.7
1980	74,090	3,219	7.6	10.7	19.4	19.8	8.8	10.2	23.3
1981	72,070	3,139	7.3	11.0	20.6	20.0	8.4	10.7	21.9
1982	81,136	3,384	7.8	11.8	20.4	19.7	7.8	10.8	21.8
1983	92,093	3,642	8.3	12.3	21.7	19.8	8.0	9.7	20.2
1984	100,061	4,023	8.1	12.2	21.6	19.6	7.8	10.1	20.7
1985	103,747	4,107	7.8	13.0	22.7	20.2	8.2	9.4	18.7
1986	107,412	4,461	6.9	13.2	23.0	20.6	8.2	9.4	18.7
1987	110,316	4,795	6.1	13.3	24.0	21.0	7.8	9.3	18.4
1988	116,728	5,128	5.9	13.7	23.9	20.2	7.7	9.1	19.5
1989	123,618	5,273	6.0	14.4	24.1	19.6	7.5	9.0	19.3
1990	128,668	5,366	6.0	15.2	24.5	19.7	7.3	9.1	18.2
1991	137,001	5,461	6.3	16.5	25.0	19.3	7.0	9.1	16.8
1992	147,915	5,883	6.0	17.4	25.0	19.4	6.8	9.0	16.5
1993	153,554	5,734	6.2	19.0	26.1	19.5	6.7	8.4	14.2
1994	167,403	6,085	6.4	19.7	25.8	18.8	6.3	8.0	15.0
1995	178,051	6,168	6.9	20.7	25.7	18.9	6.7	8.0	13.2
1996	186,903	6,236	7.3	21.8	25.1	18.6	6.4	7.9	12.9
1997	202,095	6,342	8.1	22.8	25.0	18.7	6.3	7.2	11.9
1998	199,272	5,786	9.7	23.1	24.1	18.2	6.0	6.8	12.1

注1) 1975年以前の統計は,常用労働者10名以上の事業体を,1976年以後の統計は常用労働者5名以上の事業体をそれぞれ対象として調査したものである。
注2) 労働部の事業体労働実態調査の中で,事業体規模別の事業体数および就業者数は1999年以後の統計庁による事業体基礎統計調査によるものである。
資料:労働部,事業体労働実態調査。韓国労働研究院『2000年KLI労働統計』。

内部に転換し,労働力供給が無制限的に可能であった状況から制限的な状況に変化[6]したが,労働力需給状況の問題は直ちに生ずることはなかった。政府の労働市場政策の影響で都市に集中した大量の労働力が産業化に

---

[6] 裵茂基は,その観点から1975年を韓国経済の転換点として把握する。裵茂基『韓国の労使関係と雇用』(経文社,1992年) 248-279頁参照。

必要な労働力群として作用したからである。

　しかし1980年代末から韓国の労働市場は労働力需給上の不均衡の問題に直面する。特に生産職労働力の不足の問題が深刻であった。1990年代初め生産職労働力の不足状況はその規模が大きかったのみならず，国民経済全般にわたる不況のもとで深刻な社会問題として登場した。労働部の労働力需給の状況調査によると，1991年の場合，生産職の労働力の不足率が9.07%であり，それは事務職の1.34%と対比してかなり高い。この時期に問題となった労働力不足は生産職における問題であったことがわかる。生産職の中でも機能程度別にいうと[7]未熟練技能者が最も高く，その不足率は1987年からすでに10%を超え1991年には20.13%にもより頂点に達した後減少していくが，依然として職種の中で一番高い水準の不足率をみせている。生産職における労働力の不足率は1991年以後には少しずつ緩和され，また最近は景気悪化のために全般的に低下しているが，依然として事務職の3倍の不足率を維持している。

---

(7) 機能程度別の区分は次のとおりである。
　1) 指導機能者：生産工程で機能労働者の監督・指導等の業務に従事する者をいう。職長・組長・班長等の職務を担当する者。
　2) 熟練機能者：高度の熟練と判断力，責任，適応力が要求され作業におけるその職務を能熟に遂行しうる能力を持つ者をいう。6ヵ月以上の機能習得を要する機能職種に3年以上の経験を持つ者として生産過程に対する充分な知識と単独的な判断力を活用しうる能力を持ち生産施設および生産工程に対する責任を担当し生産活動に直接従事する者と，このような機能水準にあると一般的に判断される者。
　3) 半熟練機能者：6ヵ月以上の機能習得を要する職種に1年以上の経験を持ち，指導機能者あるいは熟練機能者の指導を受けて生産施設および生産工程において生産活動に直接従事する者として熟練機能者に達せず未熟練あるいは修習（見習）期間のない者。
　4) 未熟練機能者：上の半熟練機能者の水準に達しない程度の機能者をいう。現在教育と（見習い）中にある機能者も含む。

〈表1-1-7〉職種別の労働力不足率（1983-1999年）

単位：%

年度	全体	事務職	生産職				
			小計	指導機能者	熟練機能者	半熟練機能者	未熟練機能者
1983	1.98	0.46	2.95	0.92	2.39	2.56	6.25
1985	1.75	0.88	2.35	1.23	1.99	2.19	4.90
1987	3.29	1.14	4.79	1.42	3.56	5.30	11.12
1989	3.21	1.09	4.92	4.05	3.60	5.25	11.82
1991	5.48	1.34	9.07	5.94	7.32	10.39	20.13
1993	3.62	1.78	6.04	1.75	5.07	6.35	14.74
1994	3.57	1.78	5.64	4.16	4.45	7.21	12.90
1995	3.71	1.94	5.80	2.87	4.97	7.80	11.41
1996	2.98	1.42	4.80	3.44	3.57	5.81	13.47
1997	2.44	1.37	3.88	1.43	3.26	4.03	12.58
1998	0.65	0.35	1.04	0.73	0.85	1.30	2.64
1999a	0.97	0.57	1.64			—	
1999b	1.10	0.74	1.81				

注1）1998年までは10名以上，1999年からは5名以上の事業体が調査の対象となった。1999aは10名以上，1999bは5名以上の事業体の労働力不足率をそれぞれ表すものである。調査はその対象となる標本事業体の労務担当者の答弁により実施された。

注2）不足率＝$\dfrac{\text{不足労働者数}}{\text{現在労働者数}} \times 100$

注3）事務職とは，職種別分類上1-4職種（①高位役員および管理者，②専門家，③技術工および専門家，④事務職員）をいう。生産職とは，その7-8職種（⑦機能員および関連機能労働者，⑧装置機械操作組立員）をいう。

注4）1999年の生産職の機能程度別の不足率は発表されなかった。

資料：労働部，労働力需要動向調査。韓国労働研究院『2000年KLI労働統計』。

労働力不足状況は事業規模別においても少なくない偏差を見せている。30名未満の事業体の労働力不足問題が深刻であった1991年の不足率は7.78%にも上っている。労働力不足率はその後減少してきたが1999年現在1.80%であり500名以上の大規模事業体における不足率である0.14%よりずっと高い数値を示している。特に1990年代以後は不足率が低下の傾向にあるにもかかわらず，10－29名の小規模事業体の不足人員の比重は1994年に32.0%，1995年33.5%，1996年31.3%，1997年34.4%，1998年43.6%，1999年49.3%で，小規模事業体の労働力不足は解消するどころかむしろ深刻化している。

〈表1-1-8〉 事業規模別の労働力不足率 (1983－1999年)

単位：%

年度	全体	5-9名	10-29名	30-99名	100-299名	300-499名	500名以上
1983	1.98	－	2.03	1.56	2.40	1.66	2.08
1985	1.75	－	1.50	1.97	2.40	1.60	1.30
1987	3.29	－	3.44	3.71	4.02	2.69	2.50
1989	3.21	－	5.26	4.40	3.48	2.64	1.54
1991	5.48	－	7.78	7.17	6.49	4.87	2.25
1993	3.62	－	4.37	5.03	4.21	2.21	1.66
1994	3.57	－	5.75	4.40	3.76	1.89	1.33
1995	3.71	－	5.82	3.97	4.23	2.17	1.38
1996	2.98	－	4.25	3.45	3.15	1.72	1.49
1997	2.44	－	3.67	2.91	2.66	1.41	0.83
1998	0.65	－	1.16	0.75	0.67	0.32	0.16
1999a	0.97	－	1.80	1.02	0.89	0.53	0.14
1999b	1.10	1.96					

注1）1998年までは10名以上，1999年からは5名以上の事業体が調査対象となった。1999aは10名以上，1999bは5名以上の事業体の不足率をそれぞれ表すものである。調査はその対象となる標本事業体の労務担当者の答弁により実施された。

注2）不足率＝$\dfrac{\text{不足労働者数}}{\text{現在労働者数}} \times 100$

資料：労働部，労働力需要動向．韓国労働研究院『2000年KLI労働統計』。

　このように労働力の需給構造において深刻な問題が生じた理由は次のように要約できる。まず労働力の供給側面において潜在的過剰人口がほとんど枯渇したことがあげられる。農村からの産業労働力供給が枯渇し，ベビーブーム世代の労働者の労働市場への参入も完了し，基本的な労働力の供給能力に限界が現れ始めた。過去のように無制限的な労働力の供給はできなくなったのである。次に労働力の高学歴化，高齢化，女性化にともない労働者の職種選択おいても製造業や生産職よりも事務サービス専門技術職への選好度がより強化されたことがあげられる。それまでの高度成長による持続的な所得増加と教育水準の上昇により，特に1990年代は製造業部門での低賃金，単純労務職の忌避等，いわば3D業種（difficult・dirty・dangerous；労働者らが就業を忌む業種をいう）に対する忌避状況が現れるなど労働者側の労働力供給態様も変化した。

1990年代にはいってから国内外の経済環境が急変し労働力の需要の面においても多くの変化が生じた。高度成長が鈍化し産業構造が変化する中で世界貿易機構（WTO）体制の出現による国家の間の無限の競争時代の到来など，経済環境が急激に変化し始めた。企業はこのような変化に対応するために外注下請，派遣労働者，臨時労働者の雇用等多様な雇用形態を導入するほか，リストラ，規模の縮小などの減量経営を中心とする経営合理化を積極的に推進することにより労働者の雇用不安が出始めた。これに対し，産業高度化，情報化による情報通信等の先端技術開発のための高級技術労働者に対する需要の増加等需要の側面での変化があった。

要するに1990年にはいり労働市場は事務職，管理職の労働者は余る一方，生産職，先端技術職の労働者は足りず，労働者は企業の経営合理化の中で雇用不安を感じ，他方，企業は自由に有能な産業労働力の確保および柔軟な雇用調整を行うことができる等，労働市場における労働力の需給において不均衡の問題が出てきた。

Ⅲ 最近の雇用動向

1 1990年代の雇用動向と特徴

韓国経済は1997年末IMF管理体制以前の10年間に年平均7.3％という高い成長を成し遂げてきた。15歳以上の生産可能人口と経済活動人口の持続的な増加にもかかわらず，高い経済成長のもとで就業することができた。したがって就業者数が1988年の1,730万名から持続的に増加し1997年に2,160万にも上り年間の失業率は3％未満を維持してきたことについては前述した。　しかし雇用状況をみると変化が出てきていることがわかる。

まず労働供給の側面でいうと，女性の活発な労働市場への進出，就業者の中高齢化，就業者らの高学歴化などが特徴として指摘できる。このような供給側の変化は労働需要の変化によりサービス業の雇用の割合が増加し，雇用形態も臨時職，派遣職，在宅勤務等多様化した。

経済活動人口と就業者の増加は男性よりは女性において著しい。最近10年間の男性の経済活動人口は13.5％に増加したのに対して，女性は16.9％に増加した。女性の経済活動参加が持続的に増加した理由として，まず女性

に対する性差別が減っていること[8]，次に技術発展による時間的な余裕 (time-saving technological change) による家事労働の比重が減ったこと，最後に情報化社会の変化により女性に適合する職種が増えたこと等があげられる。このような変化にもかかわらず相当の女性労働力は常用職より臨時職に雇用される場合が多かった。最近10年間の臨時職労働者数の変化をみると男性の方は27.3%増加したのに対し，女性の方は36.1%増加した（1990－1999年の数値）。

　人口増加率は緩和され，15歳以上の生産可能人口の中で高年齢層の占める比率が増加した。最近10年間の生産可能な人口をみると，15－19歳の年齢層は13.1%減少した反面，60歳以上の年齢層は51.5%，50－59歳の年齢層は74.5%に増加した。大部分の企業がピラミッド型の職級構造を有している状況のもとで就業者の年齢別の構成が壷型に変わり企業は過去のような昇進制度とそれによる賃上げに堪えがたくなった。それは企業の内部組織または賃金体系等に変化を呼び起こす原因となった。他方，政府は高齢化社会に備え，当時の労働力不足を解決する方法として1991年12月31日に'高齢者雇用促進法'を制定し高齢者に適する職種の開発，高齢者の雇用奨励金等を支援する政策を行ってきた。

　1980年初めの教育改革以後労働市場に参入する高学歴者の割合も急速に増加した。それにより労働力需給において機能または技術の不一致（skill-mismatch）の問題が生じ，人手不足と過剰労働力の問題が並存する状況（job-dismatch）にもなった。実際に高卒以上の失業率は全体失業率を上回り（〈図1-1-10〉参照），新規学卒者が卒業後直ちに就業する傾向を示す純粋就業率をみれば1990年代後半から減少傾向を示す（〈表1-1-9〉参照）。さらに学歴別失業者の構成における大卒者の比重は1990年代に全般的な増加傾向にある。これは高学歴者らの職場探索期間が長く，職場移転機会が多く，卒業後就業に実質的に必要な機能または技術の習得に就学期間と別途に相当な期間を要することに起因する。

---

　[8]　女性の雇用を向上させるために1987年12月4日に「男女雇用平等法」が制定された。

26　第1章　韓国の労働市場の変化と労働運動の発展

〈図1-1-10〉学歴別失業率の推移(1970－1997年)

(グラフ：高卒、大卒以上、合計、中卒、小卒以下の失業率推移)

資料：統計庁，経済活動人口調査。

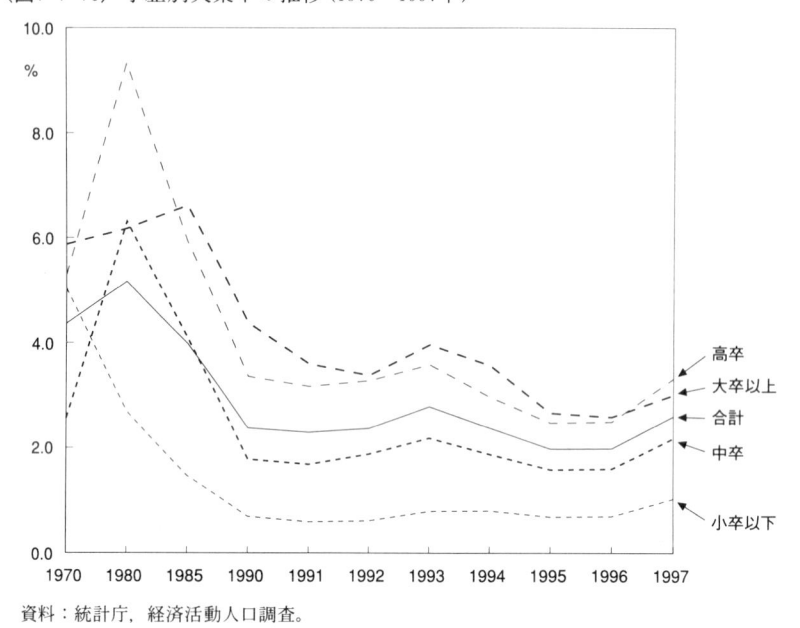

〈表1-1-9〉新規学卒者の就業率推移

単位：％

	高等学校		専門大学	大学
	一般系	失業系		
1970	10.2	50.2	55.2	58.4
1975	9.7	50.3	45.2	58.4
1980	9.5	51.1	34.6	57.0
1985	7.4	51.8	40.0	40.9
1990	9.8	76.6	54.1	48.2
1995	7.1	73.4	62.1	53.9
1996	5.5	71.5	66.1	55.3
1997	4.1	64.8	65.4	53.1
1998	3.0	54.3	58.0	43.7
1999	2.8	51.0	60.3	44.1

注）卒業者当該年度純粋就業率(％)＝$\frac{就業者数}{卒業者数} \times 100$

資料：韓国教育開発院，数値でみる韓国教育現況。

〈表1-1-10〉産業別の就業者構成比の推移（1992－2000年）

単位：％

産業分類	1992	1994	1996	1998	2000	9年間増減
農林・狩猟業および林業	15.11	13.16	11.15	12.00	10.46	-4.87
一般漁業・養殖業および関連サービス業	0.64	0.56	0.51	0.41	0.40	-0.24
鉱業	0.34	0.20	0.11	0.11	0.09	-0.25
製造業	25.53	23.68	22.54	19.50	20.15	-5.38
電気・ガスおよび水道事業	0.35	0.36	0.36	0.31	0.30	-0.05
建設業	8.74	8.95	9.47	7.89	7.52	-1.22
卸小売および消費者用品修理業	16.84	18.67	18.60	19.10	19.08	2.24
宿泊および飲食店業	6.45	7.49	8.51	8.77	9.14	2.69
運輸・倉庫および通信業	5.29	5.06	5.33	5.85	6.00	0.71
金融および保険業	2.99	3.44	3.57	3.81	3.46	0.47
不動産賃貸および事業サービス業	3.47	4.07	4.93	5.47	6.46	2.99
公共行政・国防および社会保障行政	2.93	3.19	3.06	3.73	3.62	0.69
教育サービス業	4.77	4.73	5.10	5.72	5.51	0.74
保健および社会福祉事業	1.48	1.45	1.47	1.80	1.93	0.45
その他公共・社会および個人サービス業	3.92	4.01	4.25	4.44	4.89	0.97

資料：統計庁，経済活動人口調査。

次に労働需要の側面での重要な変化としては，産業構造の変動にともなう雇用構造の変化とサービス業での雇用の増加をあげることができる。サービス業の雇用の比重の増加は世界の普遍的な状況だといえるが，韓国の特徴は建設業と卸し・小売の飲食や宿泊業での雇用の割合が増加したことである。産業別の就業者の構成比をみると，農林・狩猟業および林業と製造業の比重は減少したが，卸し・小売および消費者用品修理業，宿泊および飲食店業，不動産賃貸および事業サービス業のそれは増加した。建設業の場合は，1988年に就業者が約102万名であったのが1997年には200万名を超えたが，IMF管理体制以後には減少している。すなわち韓国にも労働市場においてサービス化が進んでいるといえる。

特記すべきは，中小の製造業の低賃金部門では就業者構成比の減少にもかかわらず人手不足の状況が生じたことである。中小の製造業を中心に生じた深刻な人手不足の状況はサービス業での雇用吸収力の増加に大きく影響を受けたが，部分的には技能の不一致（skill-mismatch）により遊休潜在

〈表1-1-11〉労働者派遣（1998－1999年）

単位：カ所，名，％

区　分	1998年12月末	1999年12月末	増減率(%)
派遣業体数	789	1,244	57.7
使用業体数	4,302	6,488	50.8
派遣労働者数	41,545	53,218	28.1

資料：労働部雇用総括審議官，主要雇用政策関連統計，2000年4月。

労働力が存在していたにもかかわらず，人手不足の状況が生じたものとみられる。生産職における現在労働者数に対する労働者数の不足率の変化をみると，1980年代には増加したが1990年代には減少する傾向にある。人手不足のために政府は女性と高齢者の労働力が活用できる各種の政策を行い産業技術研修制度を通じ海外労働力を公式的に受け入れ始めた。非公式的にも外国人の不法就労が行われ社会問題にもなった。

中小の製造業で低賃金のところでは人手不足が生じたが，金融部門・公共部門および大規模の製造業等では過剰労働力の問題が深刻となった。産業別移職者の変化における金融および保険業の場合，1993年には22,244名であったが1998年には55,479名で，この期間中149.4％の増加を示したのもこのためであるといえる。1990年代後半には大企業でも大量の早期退職が行われ，それまで当然と思われた終身雇用の概念が崩れ始めた。

労働市場をめぐる対内外的な環境（条件）の変化に迅速に対応し労働力を適正に供給しようとする企業の経営戦略や情報通信技術の急激な発展，女性労働力進出の増加等で臨時職，パートタイム，派遣労働等，雇用形態が多様化した。臨時職は1991年に全体賃金労働者の29.0％を占めていたが，その後持続的に増加し，1999年には33.4％までに増加した。また派遣労働の場合，1992年6月の調査では派遣労働者は27,000名と推定されたが，労働部の統計資料によると，一定の部門において派遣事業を許容する'派遣労働者保護等に関する法律'が1998年2月20日に制定された後，1998年末に比べれば1999年末に多く差があった。このような雇用形態の多様化は労働者の雇用不安を拡散させ労働組合の組織率，労使紛争に影響を及ぼしている。

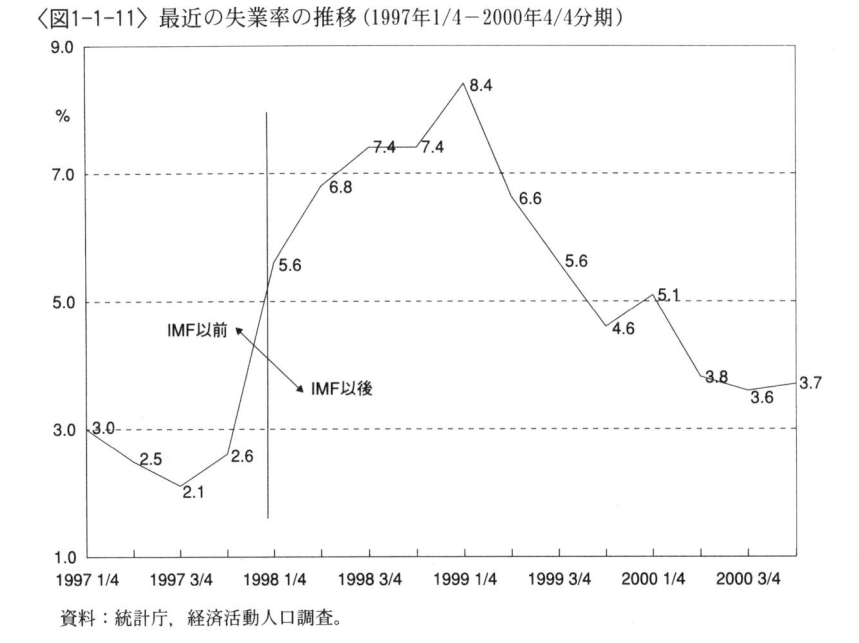

〈図1-1-11〉最近の失業率の推移（1997年1/4－2000年4/4分期）

資料：統計庁，経済活動人口調査。

2　IMF管理体制以後の特徴的変化

　1997年12月IMFは韓国に対し救済金融の代価として韓国経済全般における構造調整を行うことを条件とする了解案を提示し政府はそれを大部分受け入れ了解覚書が締結された。了解覚書は，成長率，物価上昇率等巨視経済指標の設定，財政金融緊縮政策の実施，金融産業の構造調整，貿易および資本の自由化，企業経営の透明性の高揚，そして労働市場の柔軟化等，広範にわたって定めている。

　それをきっかけとして労働市場の柔軟化が韓国の労働政策と経済政策の最優先課題となった。整理解雇制の導入と労働者派遣制度の実施もその一環であった。韓国の企業が雇用調整の方法として一般的に人員を調整し，あるいは賃金を調整する方法を選択していたことから，IMF管理体制以降企業の不渡りや倒産が続出する中で失業率が急上昇し実質賃金も急速に下落している。

　最近の失業率の推移は〈図1-1-11〉のとおりである。

〈表1-1-12〉自発的失業者の推移（2000年）

単位：千名，%

2000年	1月	2月	3月	4月	5月	6月	7月	8月	9月	10月	11月	12月
数字	240	236	197	174	163	149	166	163	157	130	138	127
増減率	8.1	-1.7	-1.7	-11.7	-6.3	-8.6	11.4	-1.8	-3.7	-17.2	6.2	-8.0

資料：統計庁報道資料，2000年12月雇用動向。

　1999年1/4分期の8.4%を分岐点に経済回復とともに失業率は持続的に減少し安定化していったが，失業率の下落の幅は2000年1/4分期に比べると再び鈍化している。そうはいっても失業率と失業者数はIMF管理体制以前よりは高い水準である。そこで失業率が急増したのは，何よりも深刻な景気沈滞による職場の崩壊と企業の労働需要の減縮および構造調整による雇用調整の深化により職場を失った転職失業者が増加し，新規学卒者が労働市場に参入することができなかったからともいわれる[9]。

　IMF管理体制以後の景気沈滞と雇用規模の縮小による労働力の労働市場からの退出の増加で，これまで持続的に増加してきた経済活動人口は急激に減っていき，非経済活動人口は増えている。非経済活動人口の増加をみると，男女の性別の差が著しく，女性の非経済活動人口が前年度に比べて3.9%程度増え，全体の非経済活動人口の中で女性が82.5%を占めている。極度の景気沈滞により仕事が急激に減って，‘就業の意思と能力はあるが労働市場から離れる者の中で過去1年間求職経験がある者'，いわば‘自発的失業者'の増加とともに，労働供給市場での労働力の減少といった状況を生んだ。

---

[9] 以上の提示した政府統計数字と労働側が感じる体感失業率との間には著しい差がある。政府統計では自発的失業者を非経済活動人口に含ませ失業率に算入しないばかりか，1週1時間さえ働けば失業者に含まず実際に皮膚で感じる失業率は政府統計より遥かに深刻であると指摘できる。自発的失業者（200万）と1週18時間未満の事実上の失業状態にある者（230万名）に‘隠された失業者'である‘無給家族従事者'（約27万名）を加えると実際の韓国の失業率は19%にも達するという分析もある。李銀淑「労働時間短縮と生活賃金保証闘争の現在的意義―資本の危機を労働の希望に―経済危機，新自由主義，そして労働運動―」『現場で未来を』第45号（韓国労働理論政策研究所，1999年）10頁。

〈表1-1-13〉分期別の最近雇用指標の推移（1988年1/1－2000年4/4分期）

単位：千名，%

	15歳以上人口			非経済活動人口	経済活動参加率	就業率	失業率
	経済活動人口						
		就業者	失業者				
1998							
1/4	35,184	20,940	19,762	1,179	14,243	59.5	94.4	5.6
2/4	35,304	21,725	20,244	1,481	13,579	61.5	93.2	6.8
3/4	35,423	21,646	20,049	1,597	13,777	61.1	92.6	7.4
4/4	35,537	21,511	19,924	1,587	14,026	60.5	92.6	7.4
1999							
1/4	35,616	20,854	19,105	1,749	14,762	58.6	91.6	8.4
2/4	35,715	21,797	20,362	1,435	13,918	61.0	93.4	6.6
3/4	35,820	21,914	20,695	1,220	13,906	61.2	94.4	5.6
4/4	35,910	21,972	20,962	1,011	13,938	61.2	95.4	4.6
2000							
1/4	35,986	21,405	20,313	1,092	14,581	59.5	94.9	5.1
2/4	36,081	22,108	21,268	840	13,972	61.3	96.2	3.8
3/4	36,194	22,204	21,395	809	13,991	61.3	96.4	3.6
4/4	36,293	22,082	21,266	817	14,211	60.8	96.3	3.7

資料：統計庁，経済活動人口調査。

Ⅳ 賃金政策と賃金構造の変化

　韓国では1987年の労働者大闘争を転換点として賃金構造において急激な変化を経験した。1987年以前までの賃金水準または賃金構造は政府または使用者の主導のもとで決められてきたが，1987年の労働者大闘争を契機に労働組合の勢力が拡大し政府の賃金政策または使用者の賃金決定において重要な変化が生じたからである。賃金の急増による企業の人件費の負担の増加は企業に構造調整を余儀なくさせた一つの要因でもあり，業種別，学歴別，経歴別，性別の賃金構造に変化をもたらした。そこで本章では1987年前後の巨視的な賃金構造の変化を追跡してみる。韓国は西ヨーロッパの先進国とは異なり政府の賃金政策が賃金に大きな影響を及ぼしたことから

賃金政策の変化の推移について検討する。IMF管理体制以後の変化については特殊要因が含まれているので別途に論ずることにした。

1 1987年以前の賃金政策と賃金構造
(1) 政府の賃金政策

1945年から1962年以前に，特に第1次経済開発5ヵ年計画樹立の前には当時の不安定な経済社会の状況等により事実上賃金政策は存在していなかった。1962年から1970年代半ばまで本格的に進行された産業化政策は低賃金を基本にした労働集約的商品の輸出の増大を通じた成長・雇用の拡大化を主な戦力としていた。全産業に低賃金体制が蔓延していて組合の賃金引上闘争も活発にならず，政府は具体的な賃金政策を提示する必要性を感ずることなく実際に低賃金体制を放置する自由放任政策で一貫した[10]。

1970年代後半になって重化学工業に集中した投資と，高級労働力の需要増加による大卒労働力の確保のための激しい競争が賃金引上げの要因となった。のみならず中東地域の建設ブーム等による全般的な景気過熱状況が生じていく中で労働力の無制限の供給時代が幕を閉じ部分的には労働欠乏も経験することになる。賃金の上昇率が労働生産性の上昇率を上回る状況が加速化し，政府が物価安定のための賃金指針を示してくれるようにとの声も出た。1977年2月16日副総理が"独寡占品目の生産において賃金引上げを価格引上げの要因としてあげる場合にはその幅を15－18%線内においてのみ認める"との談話を発表したことがあるが，これが韓国では'賃金ガイドライン'[11]の嚆矢をなすものであったといえる[12]。

---

(10) 韓国経営者総協会『労働経済40年史』（1992年）352頁。

(11) 韓国で賃金ガイドライン政策を実施したのか否かは議論の余地はあるが，物価安定・対外競争力の強化・雇用拡大のための政府の一連の政策が労使の賃金妥結に影響を与えてきた点においてこれを肯定的に評価するのが一般的である。

(12) 金水坤『労使関係政策課題と方向』（韓国開発研究院，1983年）。実際この談話内容に抵触するとして価格引上許可を受けられなかった事例はなかったが，少なくとも賃金と関連し間接的に統制しようとする意図は読み取れるのである。

第1節 韓国の労働市場 33

〈図1-2-1〉労働生産性対比の実質賃金・名目賃金の上昇率推移(1971-1979年)

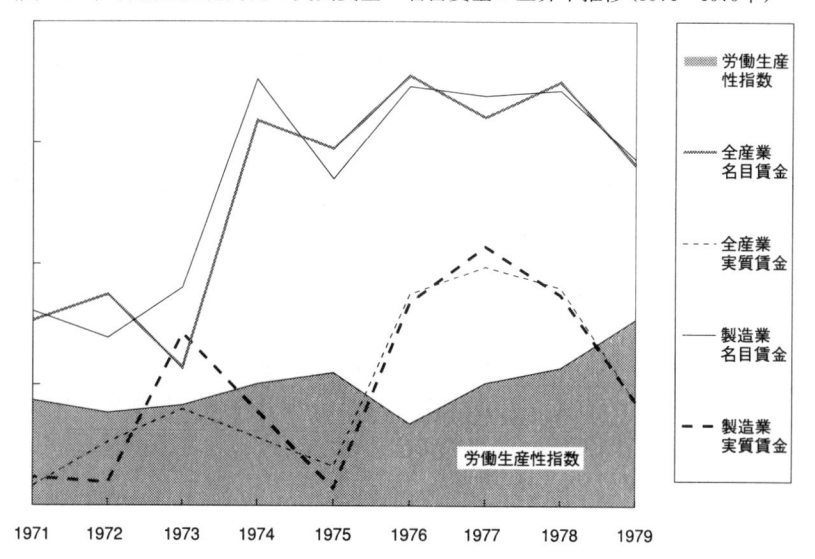

凡例:
- 労働生産性指数
- 全産業名目賃金
- 全産業実質賃金
- 製造業名目賃金
- 製造業実質賃金

1971　1972　1973　1974　1975　1976　1977　1978　1979

〈表1-2-1〉賃金上昇率(1971-1979年)

単位:千ウォン,%

年度	労働生産性指数	増減率	全産業 名目賃金	増減率	全産業 実質賃金	増減率	製造業 名目賃金	増減率	製造業 実質賃金	増減率
1971	70.1	8.8	20,581	15.4	36,950	1.7	16,611	16.2	29,822	2.4
1972	75.5	7.7	24,179	17.5	38,873	5.2	18,923	13.9	30,423	2.0
1973	81.8	8.3	26,954	11.5	41,984	8.0	22,230	18.0	34,782	14.3
1974	90.1	10.1	35,542	31.9	44,539	6.1	30,209	35.3	37,586	8.8
1975	100.0	11.0	46,019	29.5	46,019	3.3	38,378	27.0	38,378	1.4
1976	106.8	6.8	62,362	35.5	54,087	17.5	51,685	34.7	44,827	16.8
1977	117.7	10.2	82,355	32.1	64,846	19.9	69,168	33.8	54,463	21.5
1978	131.2	11.5	111,201	35.0	76,532	18.0	92,907	34.3	63,942	17.4
1979	151.5	15.5	142,665	28.3	82,993	8.4	119,515	28.6	69,526	8.7

注) 実質賃金 = $\dfrac{名目賃金}{消費者物価指数} \times 100$

資料:労働部,毎月労働統計調査;韓国生産性本部,労働生産性指数。韓国労働研究院『2000年KLI労働統計』。

1980年初め経済が沈滞期にはいると成長の持続，雇用の増大および国際競争力の強化のために賃金と関連し政府はより積極的な行動に出る。そこで政府は次のような賃金政策の基調を作った。

① まず労使の自律交渉による賃金調整原則を保障すること。
② 労使間で合意した賃金財源の合理的な配分を通じた賃金構造の改善に力点をおくこと（そのために学歴間・職種間の賃金の格差を大幅に縮小し高学歴者，事務・管理職を優遇していた現状を改善しまた著しく低い賃金の改善を図る）。
③ 賃金交渉時期は企業の決算時期を勘案し賃金協定の終了日以前までに早期妥結するよう誘導し労使関係の安定を図ること。

この労使間の自律交渉，賃金構造の改善，賃金交渉の早期妥結等は，1980年代賃金政策の基調をなすものであったが，次のような一連の施策も直接的・間接的に賃金水準に影響を及ぼしてきたといえる[13]。

1981年と1982年に，政府は公務員の給料を引き下げることを発表し，金融団を通じ間接的に賃金引上げの抑制を慫慂した。政府の指針を上回る賃金を引き上げる企業に対しては与信しないことを決定した。また物価安定のために政府は大々的なキャンペーンを1981年秋から始めたが，過度の賃金引上げは高物価の原因になり輸出競争力を弱化させ賃金所得の実質的購買力を弱化させるとの趣旨で広報した。

1982年9月，1983年の政府予算案編成時において公務員の給料の引上率を6％に策定したが，それが事実上1983年の賃金ガイドラインの役割を果たした。

1984年には，物価・輸出競争力・支払能力等を考慮し賃金水準を決定し生産性賃金制を導入することにより適正賃金を誘導する方針を樹立した。

1986-1987年に三低（低油価，低金利，低為替率）による好況で経済的成果に対する適正配分問題が提起され労使間の賃金交渉が遅延される傾向も出てきた。そして従来の賃金抑制的なガイドライン政策は後退したが，行政指導を通じた低賃金の解消・各種の賃金間の差の緩和・賃金支給体系の改善等全般的な賃金構造の改善に重点をおく賃金政策を実施した。

---

(13) 韓国経営者総協会，前掲書，375頁。

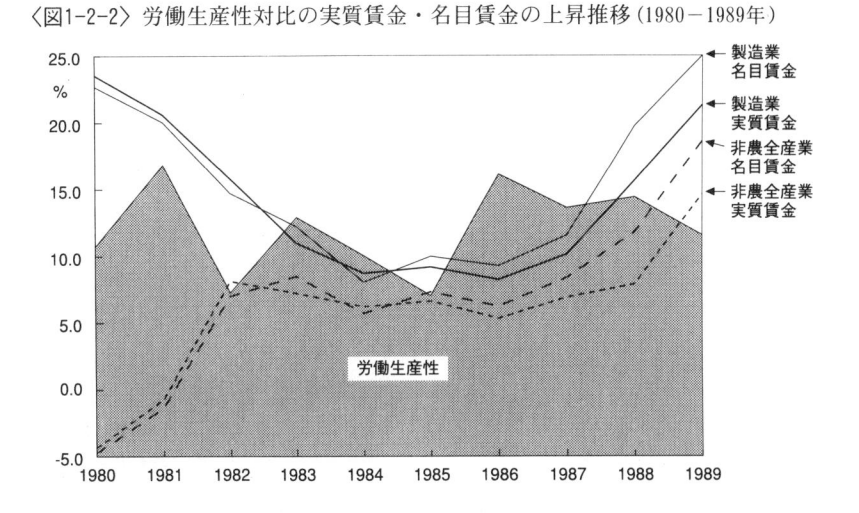

〈図1-2-2〉労働生産性対比の実質賃金・名目賃金の上昇推移(1980-1989年)

〈表1-2-2〉 賃金上昇率(1980-1989年)

単位：％

	労働生産性指数	消費者物価指数	非農全産業		製造業	
			名目賃金上昇率	実質賃金上昇率	名目賃金上昇率	実質賃金上昇率
1980	10.7	28.7	23.4	-4.2	22.7	-4.6
1981			20.7	-0.6	20.1	-1.1
1982	7.3	7.1	15.8	8.1	14.7	7.1
1983	12.9	3.4	11.0	7.4	12.2	8.6
1984	10.0	2.3	8.7	6.2	8.1	5.7
1985	7.0	2.5	9.2	6.7	9.9	7.3
1986	16.1	2.7	8.2	5.3	9.2	6.2
1987	13.5	3.1	10.1	6.9	11.6	8.3
1988	14.3	7.1	15.5	7.8	19.6	11.7
1989	11.6	5.7	21.1	14.5	25.1	18.3

注) 実質賃金 $= \dfrac{名目賃金}{消費者物価指数} \times 100$

資料：労働部，毎月労働統計調査の韓国生産性本部，労働生産性指数。韓国労働研究院『2000年KLI労働統計』。

(2) 賃金の構造

産業化は労働者の低賃金によって達成されたと言っても過言ではない。実際に1960-1970年代の労働者の賃金水準は低かった。1980年代にはいり

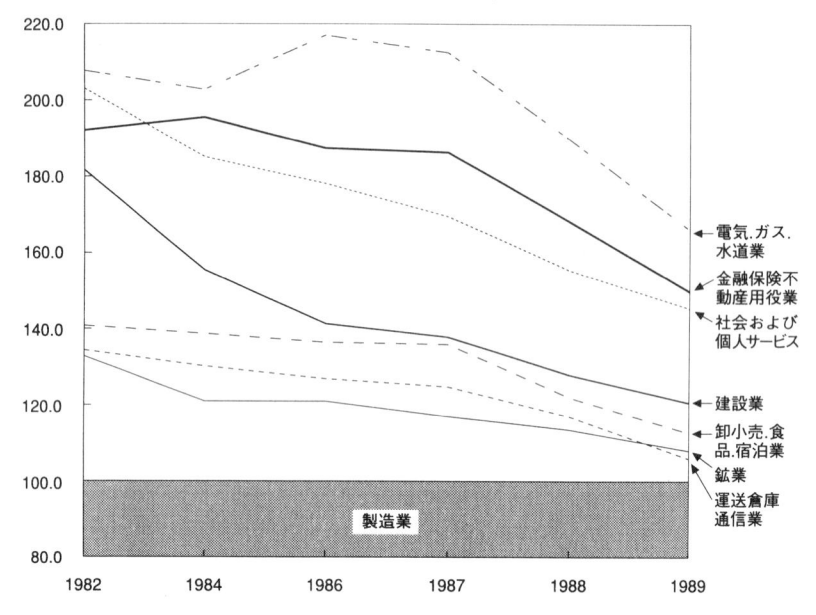

〈図1-2-3〉産業別の賃金格差の推移（1980－1989年）

凡例：
- 電気.ガス.水道業
- 金融保険不動産用役業
- 社会および個人サービス
- 建設業
- 卸小売.食品.宿泊業
- 鉱業
- 運送倉庫通信業
- 製造業

労働市場の一部の労働力供給不足状況が現れ賃金が急上昇し始めた。全体的にみて消費者物価指数を勘案すると実質賃金上昇率は緩慢な上昇傾向を維持してきたといえる。

またこの時期には生産職と事務職，低学歴と高学歴の賃金の格差が深化されたことが特徴である。

まず産業別において賃金の格差をみると，1980年の製造業を100として金融保険業（192.0）と社会および個人サービス業（187.7）が高かったと言えるが，1986年にはそれぞれ187.3，177.8に減っていった。

職種別の賃金格差をみると製造業・生産職における労働者の賃金水準は1980年119,000ウォンで，管理事務技術職の賃金水準の253,000ウォンに比べ47.0％にすぎない。しかしこのような職種の間における賃金格差は徐々に減っていき1986年には生産職の労働者の賃金水準は管理事務技術職の58.0％にまで上がった。それはこの期間中の生産職の賃金上昇率が管理事務職のそれより高かったことによるものであった。職種の間における賃金

〈表1-2-3〉産業別の賃金格差(1980－1989年)

単位：%

	鉱業	製造業	電気.ガス.水道業	建設業	卸小売.食品.宿泊業	運送.倉庫.通信業	金融保険.不動産.用役業	社会および個人サービス業
1980	138.6	100.0	192.9	175.7	143.9	138.7	192.0	187.7
1982	132.9	100.0	207.8	181.1	140.5	134.3	192.0	202.4
1984	121.0	100.0	203.0	155.2	138.6	130.3	195.5	184.6
1986	120.7	100.0	217.2	141.2	136.5	126.8	187.3	177.8
1987	117.0	100.0	212.6	137.8	136.0	124.8	186.3	169.6
1988	113.6	100.0	190.1	127.9	122.4	117.3	168.2	155.6
1989	107.8	100.0	166.0	120.8	113.0	106.2	150.0	145.5

注：製造業を100%とする百分率。
資料：労働部，賃金構造基本統計調査。韓国労働研究院『2000年KLI労働統計』。

〈図1-2-4〉職業別の賃金格差の推移(1980－1989年)

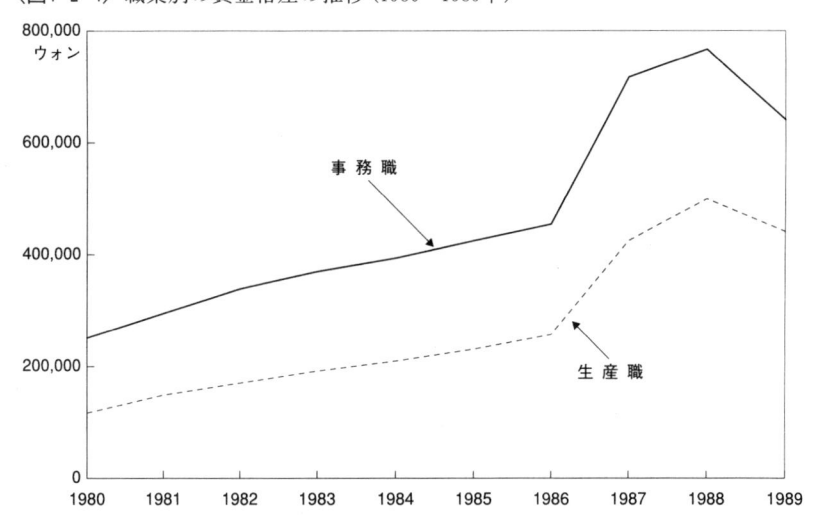

 の格差は生産職の労働者が低学歴層で構成された反面，管理事務技術職は高学歴者で構成されていることを考慮すると学歴別の間の賃金の格差も密接に関連している。
　学歴別の賃金格差をみると，高卒労働者の賃金水準を100とした場合に，

〈表1-2-4〉職種別の賃金格差(1980－1989年)

単位：ウォン，％

年度	生産職		事務職		相対賃金(%)
	賃金	増加率	賃金	増加率	
1980	119,800	–	253,000	–	47.0
1981	150,015	25.2	296,351	19.4	50.6
1982	171,564	14.4	339,801	14.7	50.5
1983	192,355	12.1	370,536	9.0	51.9
1984	209,804	9.1	392,785	6.0	53.4
1985	230,589	9.9	423,133	7.7	54.5
1986	255,133	10.6	452,761	7.0	56.4
1987	421,177	65.1	716,945	58.3	58.7
1988	497,340	18.1	765,025	6.7	65.0
1989	438,096	-11.9	637,566	-16.7	68.7

注) 相対賃金 $= \dfrac{生産職賃金}{事務職賃金} \times 100$

資料：労働部，毎月労働統計調査。韓国労働研究院『2000年KLI労働統計』。

1980年の中卒以上の労働者の相対賃金は72.2％であったものが，1986年には82.2％に増加した。他方，大卒以上の労働者の場合には1980年の217.3％から1986年の209.7％に減少したことがわかる。しかし学歴間の賃金格差がこの期間中に縮められたとはいえ，外国と比較した場合には非常に大きく，少なくともこの時期の韓国の労働市場は学歴という要素によって分断されていたことがわかる[14]。

---

(14) 張弘根，前掲論文，55頁。

〈図1-2-5〉学歴別の賃金格差の推移(1980−1989年)

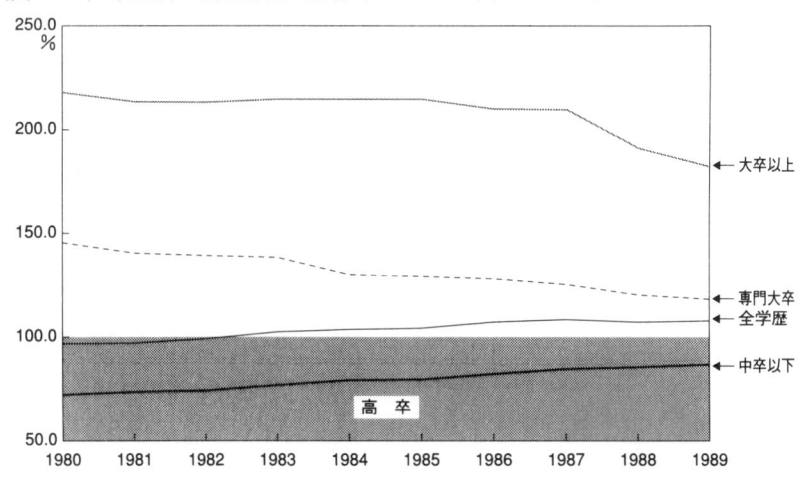

〈表1-2-5〉学歴別の賃金格差 (1980-1989年)

単位：%

	全学歴	中卒以下	高卒	専門大卒	大卒以上
1980	96.9	72.2	100.0	145.7	217.3
1981	97.1	73.3	100.0	140.8	212.9
1982	99.3	74.0	100.0	139.4	213.1
1983	102.3	76.9	100.0	139.2	214.3
1984	103.8	79.5	100.0	130.8	214.6
1985	104.5	79.3	100.0	129.5	214.7
1986	107.1	82.2	100.0	128.2	209.7
1987	108.6	84.5	100.0	125.7	209.2
1988	107.6	85.6	100.0	120.7	190.9
1989	107.8	87.1	100.0	118.5	182.3

注1) 定額および超過給与の合計を基準とする数値である。
注2) 高卒を100%とする百分率。
資料：労働部，賃金構造基本統計調査。韓国労働研究院『2000年KLI労働統計』。

次に，1980年代初めの事業体の規模別の賃金の格差をみると，299名以下の中小企業における賃金の格差はほとんど存在せず，300名以上の大企業の場合に若干みられる。しかしその差は微々たる水準であり，1987年以

〈図1-2-6〉事業規模別の賃金格差の推移(1980-1989年)

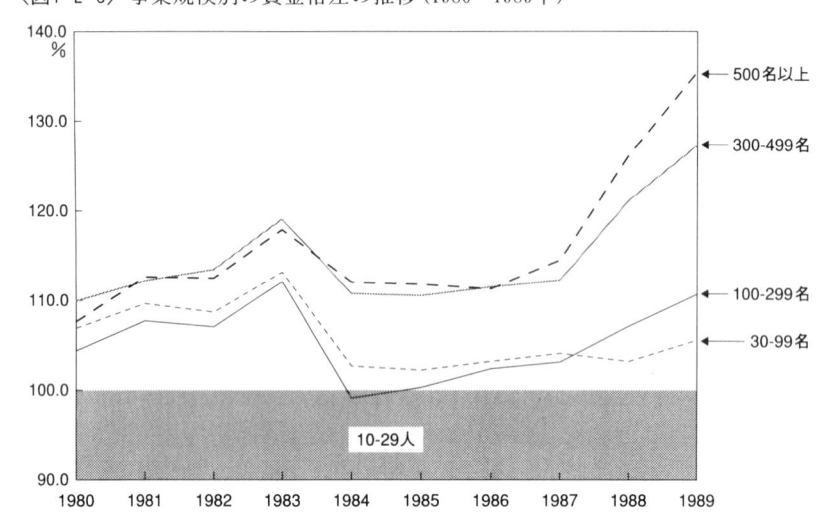

〈表1-2-6〉事業規模別の賃金格差 (1980-1989年)

単位:%

年度	10-29名	30-99名	100-299名	300-499名	500名以上
1980	100.0	107.0	104.5	110.1	107.6
1981	100.0	109.8	107.8	112.3	112.7
1982	100.0	108.7	107.1	113.4	112.6
1983	100.0	113.1	112.2	119.1	118.0
1984	100.0	102.6	98.9	110.6	111.9
1985	100.0	102.1	100.2	110.4	111.7
1986	100.0	10.30	102.1	111.3	111.3
1987	100.0	103.8	102.9	112.1	114.4
1988	100.0	102.9	106.8	120.9	125.9
1989	100.0	105.2	110.4	126.9	134.9

注:10-29名事業体を100%とする百分率。
資料:労働部,毎月労働統計調査。韓国労働研究院『2000年KLI労働統計』。

前までにはそれほど変わっていない。大企業と中小企業の間の賃金支払能力に差があるにもかかわらず企業規模別の賃金格差はほとんど存在しなか

〈図1-2-7〉非農全産業の性別賃金格差の推移（1980－1989年）

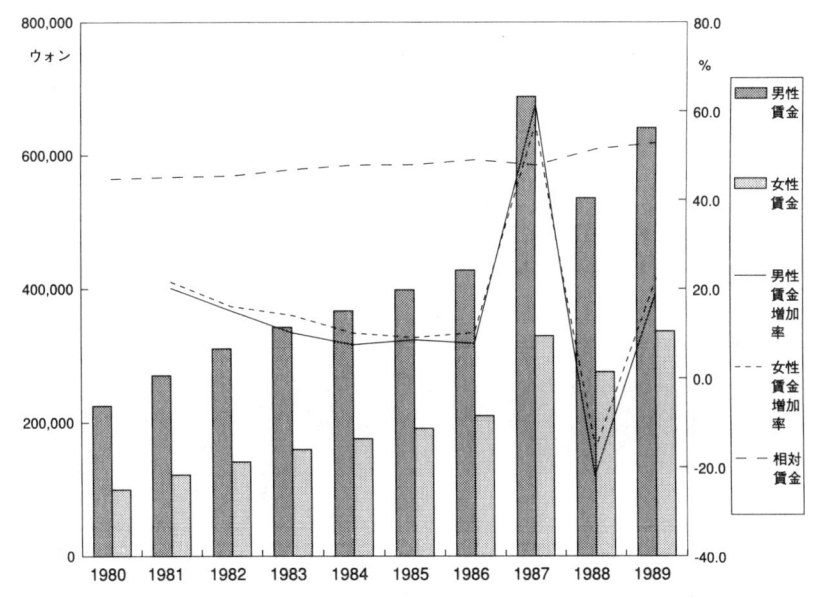

った。その理由として，国の強力な労働統制政策により労働運動の自律的な成長が抑制された結果，組合の交渉力が賃金引上要因として作用できなかった点と国の経済開発の戦略上企業の規模を問わず直接的・間接的に賃金の引上げを抑制する賃金政策をとった点があげられよう。1987年以後労働者の大闘争を契機に労働組合運動が活性化していく中で事業体の規模別の賃金格差が著しく拡大したこととは対照的である。

性別の賃金格差をみると1987年以前までは女性の賃金水準が男性の50％にも達していない。1980年代以後の男女間の賃金の格差は次第に縮小されていったが，男女間の賃金格差は依然として大きい。ただし賃金の増加率をみると女性の増加率がより大きかったことがわかる。1987年以後の賃金水準が急上昇する中で女性の賃金上昇は目立ち，男女間の賃金の格差はより縮められた。

他方，経歴別の賃金をみると，経歴が1年以下である労働者の賃金を基準とした場合，1980年代初めにはその格差の幅が相当大きかったことがわ

〈図1-2-8〉非農全産業の経歴別の賃金格差の推移(1980-1989年)

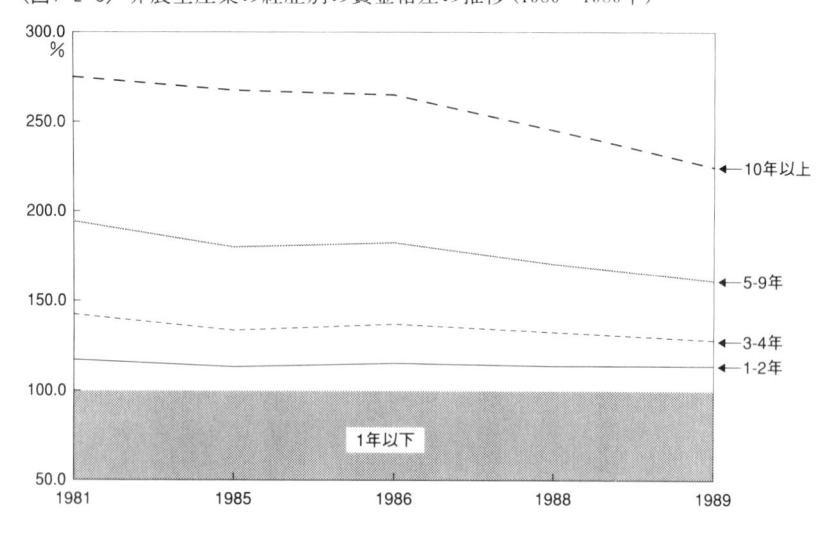

〈表1-2-7〉非農全産業の性別の賃金格差 (1980-1989年)

単位:ウォン/月, %

年度	男性	増加率 (前年対比)	女性	増加率	相対賃金(%)
1980	223,825	—	99,380	—	44.4
1981	269,023	20.2	120,517	21.3	44.8
1982	309,910	15.2	139,689	15.9	45.1
1983	340,960	10.0	159,050	13.9	46.6
1984	366,353	7.4	174,245	9.6	47.6
1985	397,265	8.4	189,845	9.0	47.8
1986	426,871	7.5	208,914	10.0	48.9
1987	687,230	61.0	328,138	57.1	47.7
1988	534,658	-22.2	274,832	-16.2	51.4
1989	639,578	19.6	336,879	22.6	52.7

注:相対賃金 = $\frac{女性賃金}{男性賃金} \times 100$

資料:労働部, 毎月労働統計調査。韓国労働研究院『2000年KLI労働統計』。

かる。1980年代後半になると経歴による賃金格差の幅は縮められている。このような現象は1990年代以後になるとより加速する。

〈表1-2-8〉非農全産業の経歴別の賃金格差 (1980-1989年)

単位：%

年度	1年以下	1-2年	3-4年	5-9年	10年以上
1981	100.0	116.7	141.8	193.5	275.1
1985	100.0	112.6	133.2	179.0	267.1
1986	100.0	114.2	135.1	180.7	263.4
1988	100.0	111.7	130.5	168.0	243.2
1989	100.0	110.6	125.2	157.8	221.5

注：1年以下の労働者の賃金を100%とする百分率。
資料：労働部，毎月労働統計調査。韓国労働研究院『2000年KLI労働統計』。

2 1987年以後の賃金政策と賃金構造

(1) 政府の賃金政策

　1987年の労働者大闘争以後一時期政府は賃金ガイドライン制を廃止し自律的な賃金交渉を尊重する態度をとった。政府は1988年賃金交渉において例年のような賃金引上ガイドラインを提示しあるいは公務員の給料の引上率に結び付く等の政府介入をできるだけ回避し[15]賃金引上率と方法，妥結時限等を労使間の自律に任せた。

　しかしこのような自律的賃金交渉の尊重という基調は1年も続くことができなかった。組合活動の活性化，労働者の期待価値の上昇等賃金と関係のない労使紛争が頻発する一方，賃金上昇率が労働生産性を大きく上回る状況も発生し[16]，政府は賃金抑制のために初期の不干渉主義を変更し直接的に介入し始めた。6月に党政会議等を通じ1990年度の公務員の給料の

---

(15) 当時政府が賃金と称して全く関与しなかったとはいえないが賃金抑制という具体的な政策の目的を持ってはいなかった。政府は労使紛争がない事業体であっても母企業または該当系列社で労使紛争があり，その結果，賃金が上向調整された場合には，これに相応する賃金の引上げを紛争発生以前に予め与えることを勧奨し，あるいは金融業・事務職における賃金の引上げが相対的に勤労所得の格差を深化させる点においてこれらの賃金の引上げを自粛することを求めるなど間接的な行政指導にとどまった。

(16) 一例として1989年製造業における労働生産性の増加率は3.6%にとどまったが，名目上の賃金の上昇率は25.1%に達している。

引上率を9%線以内にするなど賃金の引上率が10%を超えないようにとの方針を発表した。特に政府は1989年6月19日7つの部所の経済長官の合同記者会見で，まず賃金の引上率を10%以内に抑制すること，次に国民賃金調整委員会を設置すること，そして10%以上賃金を引き上げた時には銀行を通じた与信の規制を加えることなどの方針を発表した。他方，韓国労総は1989年8月29日産業別連盟委員長が参加した緊急代表者会議を開催し，政府の'国民賃金調整委員会'構成計画に反対の決議をし同委員会への参加を拒否した。

以上のように1987-1988年の政府の賃金指針を自律的な交渉の増大にその重点をおいたものというならば1989年からは暗黙的な賃金ガイドラインが推進されたものとみることができる[17]。

ところが，政府は，1990年にはいり'10%未満の賃金の引上方針'という事実上の賃金ガイドライン政策を強行した。労働部長官は全国を巡回しながら'10%未満の賃金の引上げの貫徹'と'賃金の変則的引上げの規制'を強調し，商工部はそれを上回る賃金の引上げをした企業に対しては経済団体協議会の次元において手形流通を拒む等共同の制裁を加えるとの発表をしたこともあった。政府は政府出資機関37ヵ所，政府投資機関24ヵ所，地域別・業種別先導企業を指定し賃金交渉の状況表を作成させそれを通じ常時に賃金を管理した。賃金の引上率を10%未満にするという賃金抑制政策は1991年まで維持した。

1990年には国民経済の状況・物価上昇・労働生産性の増加・支払能力等を考慮し適正な水準での賃金引上げの原則を立て先導部門に対し行政指導を行った。経済企化院は政府投資の出資機関に対し予算と物価上昇率を勘案した賃金決定を，商工部は30大グループに対する生産性を考慮した賃金引上げを，財務部は賃金水準の高い金融業種に対し物価上昇率を基準とした賃金管理を各々推進するよう指導した。

1991年にはいり政府は適正な賃金の引上げを指導原則とし賃金と物価の安定，業種・職種・規模別の賃金格差の縮小，各種の手当の新設等による

---

(17) 詳しくは，金在源『韓国経済の賃金理論と政策』(ナナム出版社，1999年)参照。

賃金体系の歪曲の防止を図った。特に先導部門に重点をおき行政指導を推進することもあった。相対的に賃金の高い企業である300ヵ所を選定し関連する部所別に専担班を編成し凡政府的な指導，管理を行った。政府投資・出資機関（60ヵ所）に対しては1991年の予算の範囲内（5－7％）での早期妥結を，30大主力企業（80ヵ所）に対しては賃金自制および各種の手当の新設・増額の抑制を，業種・地域別先導企業（160ヵ所）に対しては公共部門の調整趨勢による賃金の妥結をそれぞれ推進することがその主な内容であった。

このような政府の賃金ガイドライン政策は事実上失敗し，賃金体系の歪曲を深化させた。基本給のみ引上率を10％以内にする代わりに，各種の手当と特別賞与金の引上げ，または新設で通常賃金の引上率は10％以内にしたとしても総額基準の名目上の賃金の上昇率はこれを遥かに上回る場合が多く生じていた。賃金の構成項目が増え勤労基準法上の通常賃金に含まれるか否かについて労使間の対立が訴訟にまでいく場合も多かった[18]。

そこで政府はこのような弊害を防ぐために1992年から‘総額賃金制’を実施し始めた。総額賃金制とは基本給のみならず手当・賞与金等，可能な全ての賃金項目を包括する賃金総額に対しガイドラインを提示し，賃金の変則的な引上げを防ぎ賃金体系をも改善するという目的で導入された[19]。政府は総額賃金制の適用対象事業場を選定し[20]対象業体の賃金の引上げの結果により優遇または制裁措置をとることもあった。最初は総額賃金制

---

(18) 大法院1990.11. 9. 90ダカ6948；大法院1991. 1. 15. 90ダカ25734；大法院1992. 2. 25. 91ダ18125；大法院1992. 5. 22. 92ダ7306；大法院1993. 5. 11. 93ダ4816；大法院1993. 5. 27. 92ダ20316；大法院1994. 10. 28. 94ダ26615；大法院1994. 5. 24. 93ダ31979；大法院1994. 5. 24. 93ダ5697；大法院1996. 2. 9. 94ダ19501；大法院1996. 2. 9. 94ダ19501；大法院1996. 3. 22. 95ダ56767；大法院1996. 5. 10. 95ダ2227；大法院1996. 5. 14. 95ダ19256；大法院1996. 5. 28. 95ダ36817；大法院1996. 6. 14. 95ダ3350；大法院1996. 6. 28. 95ダ24074；大法院1997. 6. 27. 95ヌ17380；大法院1998. 4. 24. 97ダ28421

(19) 総額賃金制の性格に関しては，金在源『韓国の賃金構造と賃金政策』(漢陽大学校出版院，1994年) 参照。

(20) 1992年2月には1,434ヵ所を選定したが，労働側の強力な反発で4月になっては780ヵ所に大幅に縮小された。

を法改正を通じ法制度化しようとしたが，労働側の反発で[21]行政指導を通じ実施することとなった。政府は1992年4月15日を時限として政府出資機関等公共部門における賃金の引上率を5％以内にすることを指導したが，多く場合に裏の妥結を通じ14％の賃金の引上げを勝ち取ることにより総額賃金制の意図は事実上挫折した。

政府の賃金ガイドライン政策と総額賃金制が失敗を繰り返す中で発足した金泳三政権（1993年2月）は新たな形態の賃金政策をとった。それは1993-1994に試図された韓国労総と韓国経営者総協会との間の社会的合意形式を借りた'賃金引上合意'方式であった。1993年4月1日韓国労総と経総は1993年度の賃金の引上率を4.9-8.7％以内にすることに合意したが，それは大衆的な同意が得られなかった状態でのものであって上層組織における協約にすぎなかった。このような労使の合意は民主組合側の強い抵抗を受けることになり韓国労総傘下の単位組合の中からも反発があって韓国労総を脱退する等労働者の抵抗に直面した。そして1995年には韓国労総の拒否で経総との間での賃金合意は中断された[22]。

その後政府は賃金ガイドライン政策を実施していない。これからも賃金ガイドラインを提示する可能性は高くはないと思われる。これまでの経験に照らし賃金ガイドラインは実効性がないものであるばかりか，逆に中小企業または経営状況の苦しい企業にとっては賃金の引上げの最低基準として作用するから，物価安定と国家競争力の強化のための賃金の引上げをできるだけ抑制しようとする賃金政策的な目的[23]は達成することができないと判断しているからである。現在の賃金政策は労使の自律を重視する傾向を見せているが，依然として国民経済と企業実情を考慮した賃金安定基調を強調する。

---

(21) 1992年総額賃金制の導入とこれに対する労働側の具体的な闘争過程および論理に関しては，全国労働組合協議会『全国労働組合協議会白書』第4巻（1997年）141-170頁参照。

(22) 張弘根，前掲論文，121-124頁参照。

(23) 盧重埼「国家の労働統制戦略に関する研究：1987-1992」（ソウル大社会学博士学位論文，1995年）121-122頁。

第1節　韓国の労働市場　47

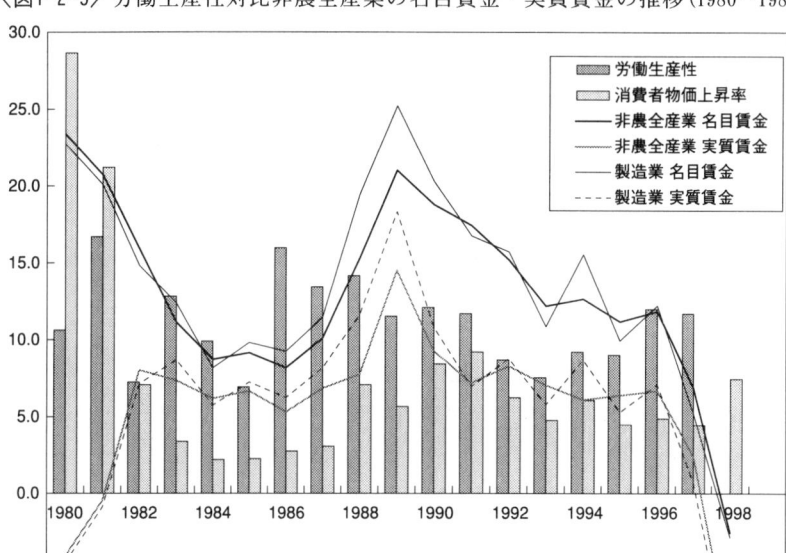

〈図1-2-9〉労働生産性対比非農全産業の名目賃金・実質賃金の推移(1980－1989)

資料：労働部，毎月労働統計調査。韓国労働研究院『2000年KLI労働統計』。

(2) 賃金構造

〈図1-2-9〉からわかるように1987年の労働者大闘争以後労働組合運動が活性化し賃金が急激に上昇した。1987年以前までには賃金を決定する時に企業の支払能力または他企業の賃金水準および政府の賃金政策が多く反映されたが1987年以降には労働組合の交渉力が重要な変数となった。

1987年以降の韓国の賃金構造は職種別，学歴別，企業規模別に多くの変化をみせた。事務管理職と生産職の労働者との間の賃金の格差は1987年以後も継続して縮小された。〈図1-2-10〉は製造業における職種別の相対的賃金水準の変化を表すものである。

製造業の生産職労働者の賃金は1996年末現在1,157,000ウォンであり事務職の労働者賃金の80.5％の水準に達している。相対賃金の水準は1981年の49.0％に比べると30％以上も増加し，それは1987年の60.1％に比べても20％以上増えたものである。労働市場の状況変化，すなわち高学歴化，事務職，サービス職の選好の状況のもとで，生産職労働者の求人難により賃

48　第1章　韓国の労働市場の変化と労働運動の発展

〈図1-2-10〉職種別の相対賃金の推移（1980－1996年）

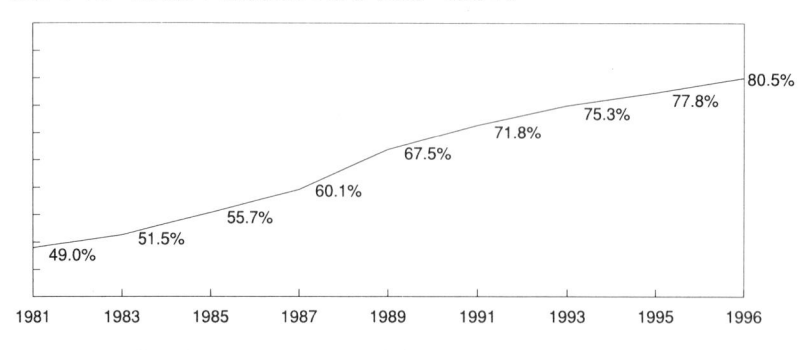

1981　49.0%
1983　51.5%
1985　55.7%
1987　60.1%
1989　67.5%
1991　71.8%
1993　75.3%
1995　77.8%
1996　80.5%

注）事務職労働者の賃金を100%として換算した。
資料：労働部，毎月労働統計調査。韓国労働研究院『2000年KLI労働統計』。

〈図1-2-11〉学歴別の相対賃金の推移（1980－1997年）

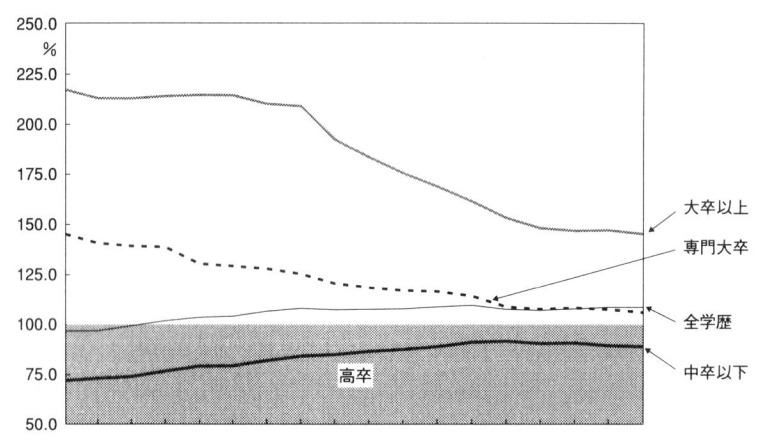

大卒以上
専門大卒
全学歴
高卒
中卒以下

注）高卒労働者の賃金を100%として換算した。
資料：労働部，賃金構造基本統計調査。韓国労働研究院『2000年KLI労働統計』。

金が上昇した側面と，製造業における生産職労働者を中心とした労働運動がこの時期に活発に展開したことによるものと解されうる[24]。しかし1990年代以後の産業構造調整過程において生産職の労働力需要が相対的に減少し生産職を中心とする組合の賃金引上要求が低くなり生産職と事務職の賃金格差の縮小は鈍化している[25]。

韓国では伝統的に学歴間の賃金の格差は大きいといえる。しかし学歴別の賃金総額の推移をみると，その格差が顕著に縮められていることがわかる。中卒以下の集団の賃金総額を100として計算した各学歴別の相対賃金の推移をみると，高卒の方は1981年の145から1987年に125，1995年に115にその格差が減っているし，短期大卒の方においても1981年の207から1987年に158，1995年に124に縮小された。大卒以上の集団の場合には縮小の幅は著しく大きい。1981年の326から，1987年に279，1995年に179に縮小された。学歴別の賃金格差の縮小の傾向をみると1987年から1993までには大きく縮小されたが，その後縮小の幅は鈍化されている（〈図1-2-11〉参照）。

学歴間の賃金格差の縮小には労働力の需給構造の要因と労働組合運動の活性化という2つの要因が作用している。まず労働力の需給構造の面からいうと全般的に労働力の高学歴化が進行し，それは一方では高学歴集団の賃金の上昇率を抑制する作用を，他方では低学歴層の生産職の労働力の供給不足が深化され低学歴層の賃金上昇の要因として作用した。また1987年以後に活性化した労働組合運動の影響も学歴間の賃金格差の縮小に役立っている[26]。

韓国の賃金体系の特徴は年功序列的であるといえる。しかし経歴別の賃金格差の推移からみると韓国の賃金体系の年功的性格が1987年以後段々と弱化していることがわかる。1年未満の新規就職者の賃金を100とした相

---

(24) 張弘根，前掲論文，142頁。
(25) 姜順熙「1980年以後の賃金水準・構造の変化と労働者生活」『動向と展望』第24号（韓国社会科学研究所，ハンウル，1994年）251頁。
(26) 張弘根，前掲論文，144頁。

対賃金指数の変化の推移をみると全ての経歴年数の集団においてその格差が縮小されてきたことがわかる。

特に10年以上の長期勤続の労働者の場合で1年未満者の賃金を100とした場合，1981年に275であったものが1987年，1989年，1991年，1993年，1995年にはそれぞれ255，221，213，207，189に急激に減っている。1980年代初めでは10年以上の勤続者は1年未満の経歴者に比して2.5倍以上の賃金を受けていたが，1995年にはわずか189％の賃金を受けたのみである。経歴年数別の賃金の格差の縮小は1980年代後半の労働組合運動の活性化と労働力の需給構造によるものである。労働運動の活性化により下厚上薄の賃金の引上げのパターンが定着し相対的に経歴年数が低い労働者の集団の賃金の上昇率が高くなり，また1980年代末から1990年初めにかけて進行した労働力不足の現象もまた短期経歴者の高い賃金の上昇率を呼んだ[27]。

---

(27) 張弘根，前掲論文，145頁。

〈図1-2-12〉経歴別の相対賃金の推移(1980-1997年)

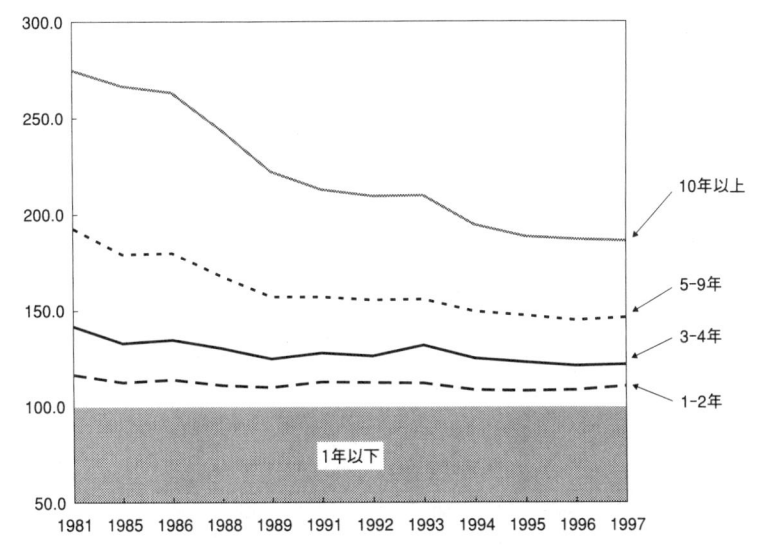

注)経歴年数1年未満の労働者の賃金を100%として換算した。
資料:労働部,賃金構造基本統計調査。韓国労働研究院『2000年KLI労働統計』。

　1987年以前までは事業体規模別の賃金格差がそれほど大きくなく変化もほとんどなかった。10-29名の零細事業場の労働者の賃金を基準(100)とした場合500名以上の大規模の事業体の労働者の賃金は1981年113であったものが1987年には114でほとんど変わっていない。しかし1987年以後の企業規模別の賃金の格差は大きくなっていく。300-499名の事業体の場合に1987年の112であったものが2年後には127に大きく増大し,その後,同様の水準を維持している。500名以上の大企業においては1987年114から1996年には143にその格差は大きくなった。

　企業規模別の賃金格差の拡大は,1987年以後大企業と中小零細事業体との間において二重の労働市場が固定していることを意味する。現在,産業別組合体制に転換することを両労総(ナショナルセンター)とも主要な戦略としているが,企業間の賃金格差のため困難な状況である。企業間の賃金格差の拡大は,これまでに優良な支払能力と労働組合の組織力および交渉

〈図1-2-13〉事業規模別の相対賃金の推移(1980-1998年)

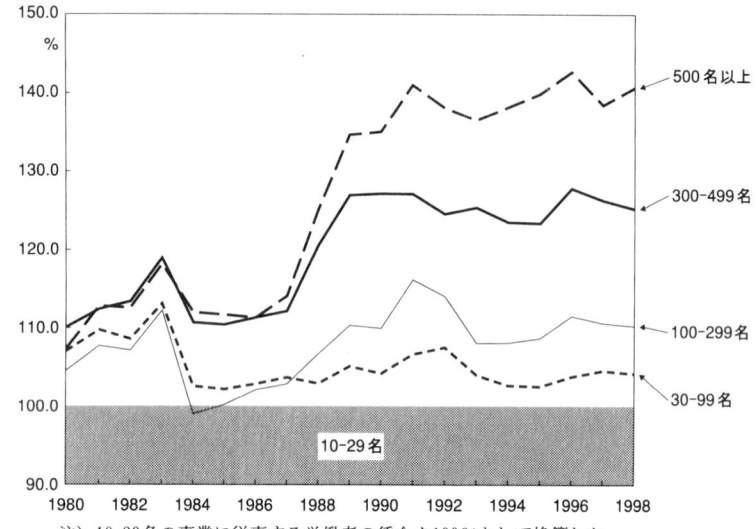

注) 10-29名の事業に従事する労働者の賃金を100%として換算した。
資料:労働部、毎月労働統計調査報告。

力をもとにして賃金の引上率は大企業が高かったことと、1980年代後半には雇用調整が早く進行し、労働者が整理解雇され新規採用者は減少し、高い賃金の労働者の比率が高くなったことと連関する[28]。

〈図1-2-14〉によると、製造業に従事する労働者の賃金を基準にしてみた場合、各産業における賃金の差が1990年代以後には相当減っていることがわかる。産業別賃金の構造において特徴的なのは1990年以前には金融保険業等での賃金が個人サービス業の賃金より高い水準であったのが、1990年以後にはその順位が変わっていることである。また運送および倉庫業での賃金の水準が他の産業に比べて継続的に低下しているが、全般的には産業間の賃金格差は縮められている。

---

[28] 規模別の賃金格差の要因に関する分析として、南奇坤「規模別の賃金格差の原因に関する研究」『動向と展望』第35号(韓国社会科学研究所、ハンウル、1997年) 参照。

〈図1-2-14〉産業別の相対賃金の推移(1980－1998年)

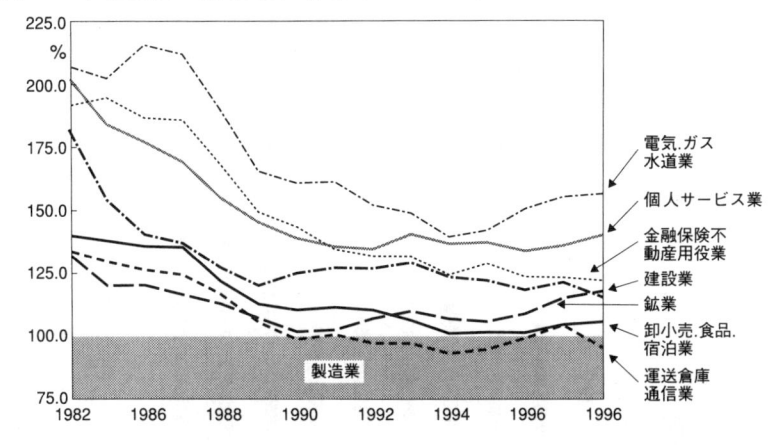

注）製造業に従事する労働者の賃金を100%として換算した。
資料：労働部，毎月労働統計調査報告。

　性別の賃金格差は1980年代以後継続的に女性の賃金増加率が男性より大きく1980年代初めに男性の50%にも達していなかったものが，1987年には50%を超え，さらに1990年代後半になって60%を超えるなどその格差は段々と減っている。
　〈図1-2-15〉からわかるように，1987年以後全労働者の賃金水準が大幅に上昇し女性労働者の賃金上昇率が男性に比べ2－3％高い。これは1987年以後賃金の引上げが主に下厚上薄の原則により行われ，同一労働同一賃金の原則の適用が増える一方，1980年代後半以降女性就業が単純生産職から専門職・事務職という高い賃金の業種に進出したこと等によるものといえる。その他女性労働運動の成長と法制度の整備（男女雇用平等法の制定）で，企業内での女性の地位が高くなったこともあげられる。しかし1990年代以後労働市場の柔軟化戦略により女性労働者が急速に非正規化へと進んで賃金水準が急落する問題が生じた[29]。

----
(29) 姜順熙，前掲論文。

〈図1-2-15〉性別の相対賃金の推移(1980-1998年)

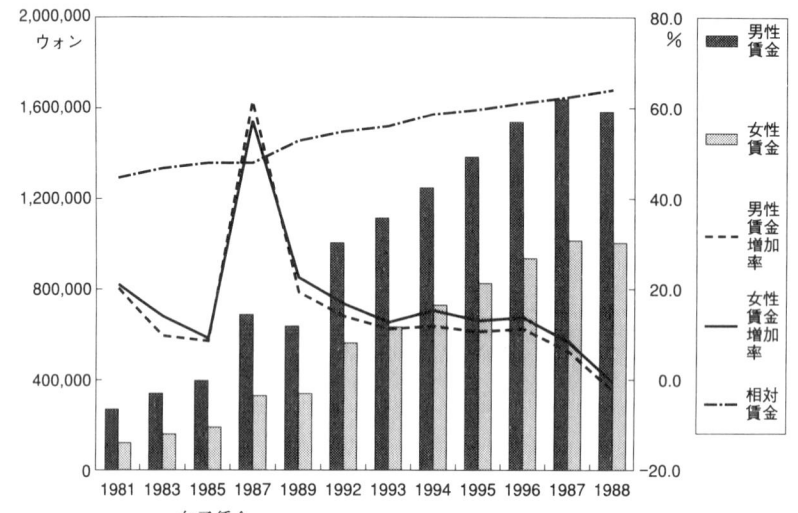

注：相対賃金＝$\frac{女子賃金}{男子賃金} \times 100$

資料：労働部，毎月労働統計調査報告。

3　IMF管理体制以後の特徴的な変化

　1987年以後賃金上昇と賃金構造の急速な変化の背景としては，1987年の労働者大闘争等による労働組合運動の高揚をあげることができる。労働組合運動の活発化は基本的に賃金闘争を通じた賃金の引上げに帰結し，その効果は1990年代初めまで継続したといえる。しかしそれは1980年代後半から1990年代前半までの三低現状（低油価，低金利，低為替率）による支払能力の向上および景気好況による労働需要の増加等によるものといえる。

　1992-2000年度にはいり経済の回復とともに賃金も上昇している。1999年4/4分期には前分期対比16.1%の高い賃金上昇率を記録した。しかし2000年には漸次賃金上昇率が鈍化する傾向を示す。この賃金上昇率の鈍化は実質GDP成長率の鈍化と同一の形をとっている。

　IMF管理体制の下で不況が極に達していた1998年に賃金はマイナスの成長となった。消費者物価の指数が7.5%上昇したことを考慮すると実質賃金は-9.3%であったといえる。1999年には多少景気が回復されたが，2000年にはその増加率が再び減少している。

〈表1-2-9〉賃金上昇率（1997-2000年）

単位：千ウォン，％

年度	名目賃金	増減率	実質賃金	増減率	消費者物価指数	増減率
1997年	1,463	7.0	1,335	2.4	109.6	4.5
1998年	1,427	-2.5	1,211	-9.3	117.8	7.5
1999年	1,599	12.1	1,346	11.1	118.8	0.8
1999.11累計	1,546	10.6	1,302	9.8	118.7	0.8
2000.11累計	1,682	8.8	1,386	6.5	121.3	2.2

注1) 2000年の数値は2000年11月からの累計によるものである。
注2) 常用労働者10名以上の事業体を対象とする数値である。
注3) 消費者物価指数は1995年＝100を基準とする。
資料：労働部，毎月労働統計調査。

　それは大企業の不渡りの続出事態とIMF管理体制の影響による企業の経営事情の悪化等により歩合給等が支給されず労働者も雇用の不安の最小化のために賞与金を返納する等特別給付[30]の減少によったものと思われる。また企業の雇用調整が相対的に賃金の高い階層を中心に行われたから事業体の平均賃金の水準が低くなったことも賃金の上昇率の急激な減少に影響を及ぼしたと分析される[31]。
　賃金の変化の推移の内訳をみると，IMF管理体制以後に超過給付または特別給付の減少が著しい。そして賃金増減に対する各内訳別寄与率の推移をみれば，賃金内訳中にも特別給付の減少が占める比重が高いことがわかる（〈表1-2-10〉参照）[32]。

---

(30) 韓国の賃金統計で使用される特別給付とは定期または不定期的に労働者に支給される特別な給付として賞与金，期末手当，3ヵ月を超える期間ごとに算定し支給される手当等をいう。労働部の'毎月労働統計調査報告書'では賃金の引上げの遡及分も特別給付に含めている。韓国労働研究院『1999年KLI労働統計』34頁参照。
(31) 全国経済人連合会『韓国経済年鑑』(1998年) 112-113頁。
(32) 定額給付とは，労働契約，労働協約または事業体の給付規則等で正常労働時間に対し支給するもので予め定められている支給額，支給条件，算定方法により支給される給付をいう。基本給，通常的手当，通常賃金に包含されないその

〈表1-2-10〉内訳別賃金水準および増減率（1997-2000年）

単位：千ウォン，％

調査対象	年度		賃金総額		
			定額給付	超過給付	特別給付
10名以上	1997年	1,463	1,012	118	334
	増減率	7.0	9.4	1.4	2.4
	増減寄与率		90.6	1.4	8.4
	1998年	1,427	1,050	100	276
	増減率	-2.5	3.7	-15.0	-17.2
	増減寄与率		-102.7	48.6	154.1
	1999年	1,599	1,144	131	354
	増減率	12.1	6.1	30.1	28.3
	増減寄与率		37.2	17.4	45.3
	1999.11累計	1,546	1,105	130	311
	増減率	10.6	5.7	30.1	23.3
	2000.11累計	1,682	1,188	148	345
	増減率	8.8	7.5	14.1	11.2
5名以上	1999.11累計	1,495	1,094	116	285
	増減率	-	-	-	-
	2000.11累計	1,626	1,174	133	318
	増減率	8.7	7.4	14.4	11.7
	増減寄与率		22.1	43.0	35.0

注1）　1999年からは常用労働者5名以上の事業体まで調査対象が拡大された。

注2）　増減寄与率 $= \dfrac{\text{内訳別賃金増減額}}{\text{賃金総額増減額}} \times 100$

資料：労働部，毎月労働統計調査。

他の手当を包含する。超過給付とは，正常労働時間外の労働に追加支給される給付をいう。延長労働手当，夜間労働手当（午後10時から午前6時まで），休日労働手当，日・宿直手当等が含まれる。特別給付とは，定期または不定期的に支給される特別な給付をいう。賞与金，期末手当，3ヵ月を超過する機関ごとに算定支給する手当である。ただし労働部の'毎月労働統計調査'には賃金引上遡及分も含まれる。

〈表1-2-11〉事業規模別の月平均賃金（1997-2000年）

単位：千ウォン，％

年度	5-9名	10-29名	30-99名	100-299名	300-499名	500名以上
1997年		1,283	1,342	1,418	1,619	1,774
増減率		8.0	8.9	7.2	6.8	4.8
1998年		1,255	1,307	1,382	1,570	1,765
増減率		-2.2	-2.6	-2.6	-3.0	-0.5
1999年		1,376	1,439	1,561	1,794	2,019
増減率		9.6	10.1	13.0	14.3	14.4
1999.11累計	1,173	1,345	1,397	1,517	1,735	1,918
増減率	-	8.6	8.6	11.8	12.3	12.6
2000.11累計	1,256	1,469	1,532	1,672	1,914	2,109
増減率	7.1	9.2	9.7	10.2	10.3	10.0

資料：労働部，毎月労働統計調査。

　事業体規模別にみると大規模事業体の場合，賃金増加率の鈍化あるいは賃金が減少する1997年から1998年までの期間中の増減率の変動幅が少ない反面，賃金の上昇する1999年から2000年までの期間中の増減率の変動幅は大きい。これは景気後退による賃金低下の圧力は小規模事業体の労働者に強い反面，景気回復による賃金上昇のアドバンテージ（advantage）は大規模事業体の労働者に集中していることを立証している。

第2節　韓国の労働運動と労働組合組織

I　総説

　韓国の労働運動は韓国の資本主義の発展の中で韓国社会の変化と発展に最も中心的な役割を果たしてきた。1945年の8・15解放, 1950年の6・25朝鮮戦争, 1960年の4・19民主化革命, 1961年の朴正煕の5・16クーデター, 1972年の10月維新, 1980年の新軍部のクーデターおよび光州民主化抗争, 1987年の民主化運動等に続く政治的変化に韓国労働運動は直接・間接的な影響を受けながら発展してきた。

　以下では1987年の労働者大闘争を組織的, 理念的, 闘争的な側面において韓国労働運動の分水嶺として評価するのが一般的であるから, それを前後して労働運動の全体的な流れをみることにする。1987年以前の労働運動は政府の直接的な規制または統制を受けてきており政権の属性または政府の労働統制政策と密接に関連するから時期区分を便宜上, 1945年の8・15解放以後から1960年の4・19民主化革命に至るまでの米軍政および第1共和国（李承晩政権）, 1960年の4・19民主化革命以後の第2共和国, 1961年の5・16クーデター以後の第3共和国, 1972年の10月維新以後の第4共和国, 1980年の新軍部クーデター以後の第5共和国に分けてみる。

　1987年以後の労働運動はそれまでに抑制されてきた労働運動が爆発したものであった。そこで1980年代末の状況と1990年代の労働運動の質的・量的な変化を追跡してみよう。現在韓国の労働側は韓国労総と民主労総の二大陣営に分かれていることから韓国の労働運動を理解するうえで必要と思われる両団体の理念や組織および行動綱領上の異なる点と類似点を整理しておく。

II　1987年以前の労働運動

1　解放後の労働運動

　韓国経済は日本帝国主義の植民地経済政策により日本経済に隷属してい

たが，解放後それが断絶され極めて不安定な状態におかれた。鉄工業および発電施設の大部分が北朝鮮に偏っていて操業の中断または短縮により失業者が急増した。特に8・15解放の直後の海外帰還同胞および越南民（北朝鮮から韓国に）の増加がそのような状況を一層困難にした。しかも悪性インフレもあり労働者の実質賃金は大幅に下落し物価は暴騰した。

　他方，日本帝国主義の圧制からの解放は，政治的・社会的にも解放感を感じさせ，当時の自由な雰囲気(33)は経済的な困難と相俟って労働運動をはじめ社会運動を爆発させたのである。

　このような状況の下で，1945年11月5日産業別組合代表が集まって全評を結成し，産業施設の国有化の要求をはじめ，労働者の管理権への参加を通じて産業建設に貢献すべきであるとの宣言文を採択した。日帝下の朝鮮半島に建てられた企業の大部分は日本人所有であった。解放とともにこれらの敵産（日本人所有の財産）は1945年9月の米軍政布告令第2号により米軍政の所有となった。この過程において，日本人の敵産が米軍政および李承晩政権と結託した特権層の所有であるのか，それとも全民族または当該企業の労働者の所有なのかという重大な問題が生じた。そこで米軍政と李承晩政権による敵産の払下げは労働者の労働運動と反外勢民族運動を高める直接的な契機となった。

　解放直後の韓国労働運動の主な関心は労働者の生存権保障と生産機関の引受管理という2つに集中する。全評が結成される前にすでに各企業体の労働者は自分が働いていた日本人の敵産と親日派韓国人の財産を接収し管理し始めたのである(34)。

---

(33)　解放直後米国が世界戦略上冷戦体制に本格的に突入する以前に韓国では理念的に自由な活動が保障されていた。

(34)　1945年8－10月にかけて京城電気株式会社の5,300余の労働者の闘争，朝鮮煉炭の700余の労働者の組合結成と労働組合管理委員会の構成，朝鮮海陸運輸会社の1,000余名の組合結成と管理委員会の組織，朝鮮皮革，朝鮮タンニン・サンコウ製薬・ススン合同電気等における労働者管理委員会の構成，日帝下の韓国人の二大企業であった京城紡織と和信百貨店，朝鮮飛行機での労働者闘争等があげられる。張明国「解放後韓国労働運動の足跡」『韓国労働運動論1』（未来社，1985年）116頁。

全評は社会主義理念の路線を堅持しながら[35]経済闘争と政治闘争の統一をかかげるとともに組織形態は全国産別組織を指向した。全評は南北の16の産別組織と1,194の労働組合分会, そして組合員が50万名である最大の労働組織として活動していた[36]。

全評主導の労働運動に対抗するために右派陣営の力を結集する必要性が提起された。特にモスクワ三相会議に対する信託統治に賛否両論で反託路線を支持する大衆的労働団体の必要性を痛感し, それは1946年3月10日大韓労総に結成につながった。大韓労総は労資間の協助を基盤とし, 反全評・反共の政治団体としての性格を有していたが, 結成当時の組織力と大衆的基盤は微弱であった[37]。

しかし全評が賛託路線をとった結果, 多数の労働者が全評に背を向け, 初期の数的な絶対優位から組織力は相対的に弱化していった。また1946年全評の傘下の鉄道労働者の罷業を発端とし, 1946年9月の総罷業[38]を契

---

[35] 日帝下の朝鮮労働共済会 (1920年) と朝鮮労働総同盟 (1927年) の発足に端を発した韓国の組織労働運動は1920年代後半と1930年代を通じて発展したが, 日帝が中日戦争を起こした1930年代後半になって地下に潜り非合法運動を展開した。このような闘争過程の中で労働運動は社会主義者により主導され, 解放後の労働運動の全国的な組織体であった全評の指導部は社会主義者の中心となった。詳しくは, 金洛中『韓国労働運動史』(青史社, 1982年) 54-62頁参照。

[36] 多くの労働者と農民が全評の抵抗路線を支持したのは, その当時の庶民大衆が生活に苦しんでいる中で米軍政が警察等の行政組織に親日勢力をそのまま任命したことに対する反発によるところもあったと分析する者もいる。金洛中, 前掲書参照。

[37] 大韓労総は結成宣言文において "われは全ての煩雑な理論を打破する" とし, 運動理念または路線の設定を自ら抛棄し, 綱令においても "われは血汗不惜に労資間の親善を企てる" といい, 労使協調主義を闡明した。金錦守「韓国労働組合運動の現段階的状況と発展のための課題」『韓国労働運動の理念』(韓国基督教産業開発院編, チョンアム社) 151頁参照。

[38] 全評が主導した1946年9月の総罷業は韓国労働運動史において最初の罷業であった。1946年9月13日から始まった罷業は11月末まで継続し, 参加者は4万名余にも上った。鉄道労働者の生存権闘争から始まった罷業は南韓の全体労働者の総罷業により発展し, 要求事項も政治的な内容に変わった。9月総罷業を契機に全評は米軍政と正面的に衝突し (以前には米軍政との関係を悪化させない

第2節 韓国の労働運動と運動組合組織

〈表1-3-1〉全評傘下組合および組合員数（1945年12月基準）

単位：ヵ所，名

組合	支部数	地方組合数	組合員数
金属	20	354	63,159
化学	19	140	52,869
紡織	13	141	30,507
出版	17	97	1,133
運輸	18	139	49,134
土建	18	184	56,681
材木	11	136	36,642
電気	9	45	8,097
漁業	7	90	33,723
鉱山	10	107	76,593
商業	20	35	5,574
鉄道	20	107	59,802
事務員	30	111	18,825
海運	6	7	2,593
船舶	5	7	2,300
一般組合		57	81,776
総計	223	1,757	553,408

資料：金洛中，前掲書，56頁。

機に米軍政と正面衝突する。1947年3月には総罷業の失敗と弾圧，それに続く米軍政による全評の非合法化宣言，1948年の大韓民国政府樹立等の一連の過程を経ながら全評は消滅し，その結果労働運動の主導権が大韓労総に変わることとなった。

大韓労総は1948年大韓民国政府の樹立後唯一の合法的な全国組織となり，その名称も大韓独立促成労働総連盟から大韓労働総連盟に改称した。

ように合法的な経済闘争等の戦術を試みることもあった），米軍政は警察，大韓労総，愛国青年団体（右翼団体）の力を借りて罷業を粉砕した。9月の総罷業の内容とその評価については，韓国労働組合総連盟『韓国労働組合運動史』（1979年）272, 318-323頁；金洛中，前掲書，66-70頁；キムイキジン「運動路線を通じてみた韓国の労働運動（1）」『韓国労働運動論』（未来社，1985年）96-112頁；チョチンハ『韓国労働組合運動史（上）』（韓国労働問題研究所，1978年）119-126頁等参照。

〈表1-3-2〉組合数および組合員数（1955-1960年）

単位：ヵ所，名

	1955	1956	1957	1958	1959	1960
組合数	562	578	572	634	558	914
組合員数	205,511	233,904	241,680	248,507	280,438	321,097

資料：金洛中，前掲書，187頁。

〈表1-3-3〉労働争議現況（1953-1960年）

単位：件，名

年度		1953	1954	1956	1957	1958	1959	1960
現況	発生件数	9	26	32	45	41	95	227
	参加人員	2,271	26,896	-	9,394	10,031	49,813	64,335
争議原因別	賃金	9	18	-	38	21	76	127
	労働時間	-	-	-	28	-	8	6
	保健厚生	-	-	-	-	-	4	2
	監督者排斥	-	-	-	1	-	4	10
	組合に対する要求	-	1	-	1	1	3	-
	解雇反対	-	7	-	3	13	11	33
	工場廃鎖反対	-	-	-	2	-	1	4
	その他	-	1	-	4	6	6	74
争議形態別	同盟罷業	2	10	-	-	2	1	44
	怠業	1	1	-	-	-	-	2
	職場閉鎖	-	-	-	1	-	-	1
	その他	6	15	-	44	39	94	180

注1）1954年の争議の原因別件数は集計上の錯誤のより発生件数と背馳しているものと思われる。
注2）1956年は同年7-8月の間の件数であった。
資料：金洛中，前掲書，189頁。

1950年の6・25朝鮮戦争を契機に労働運動は萎縮されたが，朝鮮紡織争議（1951-1952年），釜山埠頭労働者罷業（1952年）の発生を契機に政府は労働法の制定の必要性を感じ，1953年に労働組合法，勤労基準法，労働争議調整法，労働委員会法という労働4法を制定した。法の制定以後，李承晩政権の下の労働運動は初歩の水準であったのが漸進的に成長していった。

労働組合数が1955年の562から1958年には634に増え[39]組合員数は1955

---

[39] 1959年には李承晩政権の露骨な弾圧により157の労働組合が解散し，81の労働組合が新設され，総組合数は558となった。

年205,511名であったものが1959年280,438名に増加した⁽⁴⁰⁾。単位事業場での賃金引上げおよび労働時間短縮のための争議も1953年には9件で参加人員2,272名であったものが1957年には45件で9,394名，さらに1959年には95件で49,813名に増加した⁽⁴¹⁾。

　外形的には組合組織が拡張し組合運動に活性化したが，大韓労総は政府の基幹団体に転落し本来の目的である労働者の権益擁護と福祉増進のための活動を遂行できなくなったばかりか，組合指導部は指導権を握るために争っていたので対外的な闘争をする余裕はなかった⁽⁴²⁾。このような大韓労総の路線に反発した埠頭組合，鉱山組合，紡織組合等が連合して1959年9月に全国労働組合協議会（以下'全国労協'という）を結成した。

2　4・19民主化革命以降の労働運動（1960.4.19-1961.5.16）

　李承晩政権の独裁と腐敗は青年学生の民主主義に対する要求を呼び起こしたが，それが4・19民主化革命である。そして右の民主主義の要求は段々と民族統一と社会平等への要求に発展していった。そこで労働運動も活発に行われた。労働者の組合民主化の要求は大韓労総を含む組合幹部に対する攻撃から始まり，全国の各レベルの組織に拡大し，また多様な方法で行われた。また1959年に結成された全国労協を中心に労働運動は量的に拡大したのみならず質的にも新たな段階にはいった。しかし全国労協は労働運動に対する展望を提示できないまま大韓労総と組織統合を断行し1960年11月25日に韓国労働組合連盟（韓国労連）を発足させた⁽⁴³⁾。

---

(40)　保健社会部『保健社会統計年譜』（1962年）。
(41)　特にこの時期に象徴的で重要な闘争として1958年の全国繊維組合連盟による労働時間短縮の闘争があげられる。勤基法が施行されて6年経っても12時間労働に苦しんでいた労働者が1958年争議を通じ8時間制の実施を勝ち取った。詳しくは，金洛中，前掲書，218-219頁以下参照。
(42)　金洛中，前掲書，226-239頁参照。
(43)　詳しくは，金洛中，前掲書，267-274頁参照。

4・19民主化革命以降の労働運動の特徴は次のように要約できる[44]。
① 御用組合幹部を糾弾する組合民主化運動にともない新規組合の結成が急増した。1959年末労働組合数が558で組合員数は280,438名であったが,1960年末には労働組合数が914で組合員数は321,097名に増えた[45]。
② 労働争議が飛躍的に増加した。1959年は95件の労働争議に49,813名が参加したが,1960年には227件の争議に61,335名が参加した[46]。
③ 教員,言論人,金融労働者等のホワイト・カラー労働組合が新設された。

3 第3共和国での労働運動 (1961.5.16−1972.12.26)

4・19民主化革命当時に活発に行われていた労働運動は,5・16クーデターにより一時後退せざるをえなかった。5・16クーデター直後である1961年5月22日,軍事政権は賃金を5月15日の水準で凍結し労働争議を一切禁止し,すでにあった労働組合および労働団体を解体するという布告令を発表し,数百名の組合幹部および労働運動家を拘禁した。

それに続いて1961年8月には軍事政権が指名した9名の'韓国労働団体再建組織委員会'により上から組織を再編成し,それによって韓国労働組合総連盟(韓国労総)が結成され,その後産業別労働組合が結成された。

韓国労総は鉄道,繊維,鉱山,電力,外国機関,郵便,運輸,海商,金融,専売,化学,金属,埠頭,連合という14の産業別労働組合で出発し1963年の出版労働組合の結成,自動車労働組合の運輸労働組合からの分離・独立等があった。

韓国労総に反対し,4・19民主化革命以後は韓国労連を主導してきた勢力は組合が自律的で民主的に再建されるべきだとの趣旨で1963年2月17日韓国労働組合連合会の結成準備大会を開き下部単位の組織化に着手した。

---

[44] 4・19民主化革命以降の労働運動について詳しくは,金洛中,前掲書,257−313頁;張明国,前掲論文,123−125頁等参照。
[45] 保健社会部,前掲書,470−471頁。
[46] 保健社会部,前掲書,468−469頁。

韓国労総内部においても韓国労総の政治侍女化を批判して，労総の政治的中立が守られなければ労総から脱退し，独自的な組織をつくるべきであるとの警告とともに（1963.2）韓国労総の下部組織が離脱する動きも出た。

これに対し，政府は労働組合の活動を制約し労使関係に積極的に介入するために1963年に3回にわたり労働法改正を断行し，組合設立申告制度[47]と事実上の複数組合禁止条項[48]を新設し韓国労総単一体制を確立した。

しかし，5・16クーデターの直後，一時的に後退した労働運動は第3共和国の労働抑圧的な政策にもかかわらず活性化し始めた。'経済開発5ヵ年計画'[49]の実施とともに外国資本が導入され国内に多くの工場が建設され，賃金労働者数の急増により労働組合数と組合員数が増加した。〈表1-3-4〉からわかるように1961年に組合数は123で組合員数は67,606名であったが，1963年には組合数313で組合員数が20万名を超え，1971年には組合数が446で組合員数は50万名に至る。

---

(47) 労組法第13条と第15条において行政官庁の申告証交付制度を新設することにより従前の自由設立主義が否定された。

(48) 労組法第3条但書第5号において"既存の労働組合の正常的な運営を妨害することを目的とする場合"を労働組合の欠格事由として規定した。

(49) 朴正熙政権の経済開発計画は次のように実施された。第1次経済開発計画が1962年から1966年まであって，第2次が1967年から1971年まで，第3次が1972年から1976年まで，第4次が1977年から1981年まで，第5次が1982年から1986年までそれぞれ設定された。第1次経済開発5ヵ年計画の初期の基本目標は'自立経済の達成'であったが，証券取引法の制定，通貨改革の失敗等により内資動員が不可能となり対外指向的開発方式に転換していく。第2次開発計画期の韓国経済は借款および外国資本の投資に依存し始め，輸出産業を中心に経済構造を改編し，輸出中心の政策を通じ輸出支援体制を確立した。1972年の第3次経済開発計画から韓国経済は'重化学工業化'を目標に計画を推進し戦略産業として鉄鋼，化学，非鉄金属，機械，造船，電子を設定し，これらの産業における輸出競争力の確保のために大規模工場を建設していく。この時期から外国人直接投資が顕著となる。詳しくは，ソウル大社会科学研究所，前掲書，163－323頁；李大根，前掲論文；経済教育企画局経済教育調査課編，前掲書等参照。

〈表1-3-4〉組合数, 組合員数, 組織率 (1961-1971年)

単位：ヵ所, 名, %

年度	組合数			組合員数	組織率
1961	123			67,606	…
1962	269			141,659	…
	本組合数	支部数	分会数		
1963	16	313	1,820	224,420	20.3
1964	16	341	2,105	271,579	23.3
1965	16	362	2,255	301,523	22.4
1966	16	359	2,359	377,576	22.7
1967	16	386	2,619	412,906	22.2
1968	16	385	2,732	444,783	21.1
1969	16	417	2,939	473,259	21.3
1970	17	419	3,063	481,961	20.0
1971	17	446	3,061	497,221	19.7

注) 組織率は非農家の常用雇と臨時雇の合計の中で組合員の占める比率である。
資料：1961-1962年の統計は, 保健社会部『保健社会統計年譜』(1962年)。
1963-1971年の統計は, 労働庁『韓国労働統計年鑑』(1971・1972年)。

労働運動の中心も過去の鉄道, 埠頭, 運輸等から繊維, 化学, 金属等製造業分野に移行した。しかし依然として組織率は10%線にとどまり労働争議も散発的に発生していた。当時の政府が低賃金放置政策をとっていたことから賃金の引上げの要求が争議目的の主な対象となった。他方, 政府の過度な規制, 労働法の改悪等の要因により労働運動が政治的要求をすることも多かった。労働法改正の反対闘争 (1963-1964年) をはじめ, 政府関連の企業体の報酬統制法の廃止闘争 (1963年), 韓米行政協定締結と米軍韓国人労務団の協定闘争 (1965-1966年), 資本市場育成法案の制定に対する反対闘争 (1968年), 外国人投資企業における労働組合および労働争議に関する臨時特例法(50)反対闘争 (1969年) 等がその代表的な事例としてあげられる。

---

(50) 外国人投資企業の労働組合および労働争議調整に関する臨時特例法が1970年1月1日に制定された。同法は外国人投資企業体において労使協調を増進し外資誘致を促進することにより国民経済の発展に寄与することを目的としていたが, 事実上労働組合の設立と労働争議調整に関する特例を規定することにより労働基本権を制約した。この法律は外国人が10万ドル以上出資した電気, 電子,

1970年11月13日に平和市場の裁断師であった全泰一氏の焼身自殺を契機に11月27日に1970年代最初の民主組合といえる'清渓被服労働組合'[51]が誕生し,それを契機に闘争が一気に拡散し,1971年になると1,656件の争議が発生した。

4　1972年の維新時代の労働運動

1970年代初めまでに外国資本は繊維,電子等の労働集約的な軽工業に進出していたが,1972年の10月維新以後である第3次経済開発5ヵ年計画以後には造船,機械,自動車等の重工業と化学工業,ホテル業等に集中的に投資し,金属,化学,自動車,観光[52]産業における組合員数が急速に伸張し,大企業の事業場の比重が拡大した。

〈表1-3-5〉からわかるように労働組合数も増加し,1970年419支部で3,063分会であったものが,1979年には553支部で4,394分会までに増加した。また組合員数も1970年に49万名にすぎなかったが,1978年になって100万名を超えた。組織率も1970年代には常に20%以上を維持してきた。

　　　化学,油類,製鉄,金属,輸送,観光事業と,出資額がこれに達しないとしてもその製品の全量を輸出する事業に適用された。このような事業場には労働争議に対し強制仲裁が適用され,労働組合設立も制約された。

(51) 1970年11月13日に全泰一氏が"労働者は機械ではない！勤労基準法を守れ！私の死が無駄になってはならないように"との遺言を残し焼身自殺をした事件が発生した。これを契機に11月27日,1970年代最初の民主組合である'青渓被服労働組合'が誕生した。その過程で低賃金・長時間労働に苦しんでいた労働者の生活が社会的に広く知られ,学生と知識人が労働運動に関心をもち闘争するきっかけとなった。韓国労働運動の歴史的な事件となった全泰一焼身自殺事件と青渓被服労働者の闘争に関して詳しくは,全泰一記念館建立委員会『ある青年労働者の生と死：全泰一評典』（ドルベゲ,1983年）；趙英来『全泰一評典』（ドルベゲ,1991年）参照。

(52) 1970年に観光組合が鉄道組合から分離・独立し,韓国労総の傘下では17個の産別組合となった。

〈表1-3-5〉組合数, 組合員数, 組織率 (1971-1980年)

単位:カ所, 名, %

年度	組合数			組合員数	組織率
	本組合数	支部数	分会数 単位組合		
1971	17	446	3,061	497,221	19.7
1972	17	430	2,961	515,292	20.4
1973	17	403	2,865	548,054	20.4
1974	17	432	3,352	655,785	22.1
1975	17	488	3,585	750,235	23.0
1976	17	517	3,854	845,630	23.3
1977	17	538	4,042	954,727	24.3
1978	17	552	4,305	1,054,608	24.0
1979	17	553	4,394	1,088,061	23.6
1980	16		2,618	948,134	20.1

注1) 本組合17の中で運輸組合と港湾組合は1980年9月19日に統合改編された。
注2) 1980年12月31日の労組法改正により従来の支部および分会が企業単位組合に統廃合された。
注3) 組織率は組織対象者(=非農常用雇+非農臨時雇)の中で組合員の比率という。
資料:統計庁『統計でみた韓国の足跡』(1995年) 399頁。

争議件数も継続して〈表1-3-6〉からわかるように大きく増加した。

維新政権は労働運動を敵対視し、それを禁圧措置を以て抑圧しようとした。そこで労働運動は激しくなり、やがて維新体制を崩壊させる一つの要因ともなった(53)。労働運動が体制反対運動と結び付きながら労働運動に知識人、宗教人、学生等が参加していたのも(54)、この時代の主要な特徴

---

(53) ウォンプン毛紡, ドンイル紡織, コントロルデイター, 半島商社, ヘテ製菓, YH事件を含む民主組合運動と現代グループ等の中東派遣労働者による罷業および釜山・馬山抗争への大規模労働者参加等の事例をあげることができる。これと関連して、ドンイル紡織復職闘争委員会『ドンイル紡織労働組合運動史』(ドルベゲ, 1985年);ウォンプン毛紡解雇労働者復職闘争委員会『民主労組10年』(プルピト, 1988年);スンジョンスン『8時間労働のために―ヘテ製菓女性労働者の闘争記録』(プルピト, 1984年);前YH労働組合・韓国労働者復職協議会『YH労働組合史』(形成社, 1984年) 等参照。

(54) 産業宣教会, クリスチャン・アカデミー等による意識化教育, 青年学生の夜学活動, 現場投身, 外廓団体構成活動等があげられる。詳しくは、ソンジョンナム「韓国労働運動と知識人の役割」『韓国労働運動論』(未来社, 1985年) 178－196頁参照。

〈表1-3-6〉労働争議現況（1966-1980年）

単位：件，千名，千日数

年度	紛争件数	参加人員	労働損失日数	原因別 紛争件数			類型別 紛争件数	
				賃金未払	賃金引上	労働条件	－	－
1966	104	121	40.6	…	…	…	…	…
1967	105	151	10.0	11	92	26	…	…
1968	112	206	65.4	7	90	40	…	…
1969	70	108	163.4	4	58	21	…	…
1970	88	183	9.0	7	65	16	…	…
1971	101	116	11.3	13	69	28	…	…
1975	133	10.3	13.6	32	42	4	49	54
1976	110	6.6	17.0	37	31	4	45	60
1977	96	8.0	8.3	30	36	2	58	35
1978	102	10.6	13.2	9	45	－	55	29
1979	105	14.3	16.4	36	31	－	60	45
1980	407	49.0	61.3	287	38	14	98	251

注：1971年12月27日以後国家保衛に関する特別措置法が施行され労働争議を発生せず同法第9条第1項の規定により行政官庁が団体交渉を調整しそれに従うことになった。
資料：統計庁『統計でみた韓国の足跡』（1995年）401頁。

として指摘できる。

1979年の10・26大統領暗殺事件[55]以後に経済成長率の鈍化，失業増加，工場稼動率の低下による休業の増加と大量解雇，物価上昇等の経済的困難が続き労働者による賃金引上げ，未払賃金，休・廃業反対，組合結成，組合民主化等の闘争が活発に行われた[56]。

5　第5共和国での労働運動

(1)　組織と活動における全般的な萎縮

1979年の10・26大統領暗殺事件以後，国家権力の統制力が弛緩する状況のもとで活性化し始めた労働運動は，1980年5・17非常戒厳拡大措置以後の新軍部の強圧的な統制で急激に萎縮された。全斗煥政権は労働運動を政

---

[55] 朴正熙当時の大統領が金載圭当時の中央情報部長により暗殺された事件をいう。この事件で維新体制は事実上終止符を打つことになる。
[56] 当時の経済・政治状況については，ソウル大社会科学研究所，前掲書参照。

治体制に対する中心的な挑戦勢力の一つとして考え，強力な統制戦略をとった。労働運動に対する物理的弾圧[57]を強化するとともに労働関係法の改悪を通じ労働運動を弾圧しようとした。

このような物理的な弾圧の下で，1970年代を通じて成長してきた民主労働運動の組織的基盤は1983年になると弱体化され，民主労働運動の脈は事実上断絶された。1970年代の代表的な民主労働組合であった清渓被服組合が1981年1月ソウル市の解散命令により強制解散され，半島商社の組合も同年3月に解散され，1982年には民主組合の最後の堡塁として考えられたウォンプン毛紡組合までも，組合死守のための闘争があったにもかかわらず国家権力の弾圧により崩壊した。

---

(57) 労働運動家に対する大々的な捜査と検挙および労働側の浄化措置（1980年8月20日第1次浄化措置として12名の産別委員長の退陣，1980年9月20日第2次浄化措置により191名の組合支部長，常執幹部，代議員強制辞表提出および三清教育での馴化教育）を通じ産業別組織を企業別組織に強制的に転換させた。当時新軍部の労働側に対する浄化措置等の物理的な弾圧については，キムジャンアン他『80年代韓国労働運動史』（ゾクック社，1989年）9－41頁参照。

〈表1-3-7〉組合数, 組合員数, 組織率（1980-1987年）

単位：ヵ所, 名, ％

年度	労働組合数		組合員数	組織率
	本組合数	単位組合		
1980	16	2,618	948,134	20.1
1981	16	2,141	966,738	19.6
1982	16	2,194	984,136	19.1
1983	16	2,238	1,009,881	18.1
1984	16	2,365	1,010,522	16.8
1985	16	2,534	1,004,398	15.7
1986	16	2,658	1,035,890	15.5
1987	16	4,168	1,267,457	17.3

資料：統計庁『統計でみた韓国の足跡』（1995年）399頁。

1979年末に5,000余に至っていた産別労働組合および支部・分会が労働組合法の改正により, 企業別体制に転換され, 組合数は2,600余に急減した。労働組合員数も1979年108万名を上回っていたのが1980年には94万8,000名で1年で10万名余も減った。1982年から労働組合数と労働組合員数が再び増え始め, 特に1985－1986年の間に労働組合数と組合員数の増加は注目すべきものであったが, 全体組織率は持続的に下落し1970年代末24％代にまで上がっていたものが1986年末には15.5％水準に落ちた。

全体的にこの期間中に労働運動の組織的資源は量的および質的の両面において非常に低い水準にとどまったものと評価される。全体労働者の利益を代弁する組織と制度的なメカニズムは事実上存在しなかった。韓国労総は国の労働統制戦略の遂行のために下位パートナーとして編入された。労働者階級の政治的知覚と組織化のための動きは政治的な労働運動を展開した少数活動家と先進労働者の次元に限られていて, 労働者大衆と有機的に結合することができなかった[58]。

---

(58) 1987年の労働者大闘争以前の第5共和国時期の労働運動の展開過程については, 全国労働組合協議会『全労協白書』（第1巻）；キムジャンアン他, 前掲書；ホンスンテ 「光州民衆抗争の挫折と進歩的労働運動の模索」『韓国労働運

〈表1-3-8〉労働争議現況（1981-1986年）

単位：件，千名，千日

年度	紛争件数	参加人員	労働損失日数	原因別 紛争件数			類型別 紛争件数	
				賃金未払	賃金引上	労働条件	作業拒否	示威籠城
1981	186	34.6	30.9	69	38	32	88	72
1982	88	9.0	11.5	26	7	21	67	19
1983	98	11.1	8.7	35	8	19	62	33
1984	113	16.5	20.0	39	29	14	62	49
1985	265	28.7	64.3	61	84	47	108	157
1986	276	46.9	72.0	48	75	48	138	133

資料：統計庁『統計でみた韓国の足跡』(1995年) 401頁。

　第5共和国の時期である1984年以降の労働運動は，部分的に回復期を迎える。1985年の総選挙を意識した軍事政権は除籍学生の復校措置と解職教授の復職，旧政治人の解禁等一連の宥和政策をとり，学生運動および民主化運動は部分的に活性化していく。労働運動もまた新しい活路を模索するようになる。

　1983年末には労働運動の活性化を予告するブラック・リストの撤廃運動が大衆的に展開し，また1984年3月には以前の企業別組合運動の限界を克服しようとする動きが'韓国労働者福祉協議会'の結成となった。同協議会は政府の労働政策の反労働者性を暴露し，大衆の政治意識の高揚のための教育事業と労働法改正のための集会，署名運動等を展開した。1984年には新規組合の結成闘争も活発に展開し，1年で127の組合が新しく結成され，その闘争も高揚された。4月に釜山のテワゴム工場の労働者の職場廃鎖抗議籠城，5月に大邱タクシー運転手の集団的罷業闘争が展開され，釜山等の地域に拡散していった。また清渓被服組合の合法性の獲得闘争も強力に展開された。

　労働者の闘争は1985年にはいりより活発になった。大宇自動車[59]での

　　動史』（韓国民主労働者連合編，ドンヨク，1994年）等参照。
（59）　大宇自動車の罷業闘争は財閥企業の大規模重工業事業場で生じた罷業という点で全体労働運動に大きな影響を与えた。詳しくは，韓国基督教産業開発院編

組合民主化と賃金引上問題で大規模な罷業闘争が展開された。同年6月には大宇アペラル，暁星物産，加里峰電子等九老工団地域の民主組合の同盟罷業(60)が起きた。

　労働争議も1982年と1983年には100件未満に減ったが，1984年以降は増加し1985年と1986年には265件と276件を記録した。争議参加者数と争議による労働損失日数も1985年と1986年に大きく増加した。

　(2)　体制変革的な労働運動理念の導入(61)

　この時期の労働運動の展開過程で特に注目すべき点は，第5共和国下の公権力による極度の物理的弾圧により学生運動出身の知識人が1970年代の経済主義的，組合主義的労働運動の理念とは異なる急進的な運動理念で武装して労働現場に行き，労働運動の政治化が進行した。それとともに知識人出身の活動家と先進的な労働者を中心に，社会変革を指向する組織が作られた。そこで1985年8月'ソウル労働運動連合'（ソ労連）が結成され，1986年2月には'仁川地域労働者連盟'（仁労連）が結成された。政治的労働運動組織が作られることにより労働運動の路線をめぐる論争が多様に展開されることもあった。それとともに体制変革的理念と路線に立脚した先導的な政治闘争が街頭示威，職場の占拠籠城等の方式で展開される。

　それによって1980年の韓国の労働側は韓国労総の制度的・経済主義的な路線と民主組合側の非合法的・戦闘的な闘争路線とに大別される。

　韓国労総の運動理念は韓国労総の前身である'大韓労働総連盟'の運動理念に由来する。1961年国家権力により再編され発足した韓国労総も結成当時の綱領では反共体制の強化，労働者の生活水準の向上，政治的中立を標榜する経済主義，合法主義を唱えた。しかし韓国労総は労働者の利益を実質的に代弁しなかったから，政府の支援を受けたにもかかわらず大衆的

　　『大宇自動車罷業・籠城』（ウェスレ，1985年）；キムジャンアン他，前掲書，70-77頁等参照。

(60)　九老地域の同盟罷業は単位組合の枠を超えて政治的性格を帯びた連帯闘争であった点で，韓国労働運動史において重要な意味を持つ。これに関しては，李泰昊『最近労働運動の記録』（青史社，1986年）485-498頁；キムジャンアン他，前掲書，77-88頁等参照。

(61)　張弘根，前掲論文，56-63頁参照。

な支持を得られず，労働基本権が著しく侵害される状況においても労使協調主義に執着し国家権力に服従した。

　韓国労総の運動理念と路線は1980年代にはいり制度圏外の民主組合側により根本的な挑戦を受けるようになった。1980年代初めから労働現場にはいり込んだ知識人出身の労働運動家を中心とした民主労働運動は制度圏内の労働運動の労使協調主義的で機会主義的な労働運動の理念と路線を正面から拒否し急進的な運動理念を標榜した。これらの制度圏内の組合の運動理念はもちろん，1970年代の民主労働運動の理念も経済主義的な限界にとどまっていると批判し，体制変革を目標とする政治的な労働運動理念を代案的な理念として掲示した。一部の急進的な民主労働運動勢力はマルクス・レーニン主義の科学的社会主義に立脚した労働運動論を理念的な指標とし，労働運動は資本主義体制の打破と社会主義体制の実現のために服務しなければならないと主張した。その過程で多様な労働運動論が提起されたし，熾烈な内部論争も行われた(62)。

　しかし急進的な労働運動理念は一般労働者に根を下ろすことができなかった。一般労働者の意識水準に照らし変革的労働運動理念は受容可能性が非常に低く，戦闘的な闘争方式も大衆的な次元まで拡散されることは困難であった。結局第5共和国の時期に民主労働運動陣営の一部において追求された急進的な運動理念は，1987年労働者大闘争以降よりも大衆的でありながら穏健合理主義的な労働運動理念に変わる。しかしこの時期に提起された多様な労働運動の路線と組織，そして闘争の経験はその後韓国の労働運動の展開において貴重な教訓を残した。1987年労働者の大闘争以降に展開された民主労働運動の歴史的軌跡は，一方では1980年代初めから半ばにかけて行われた民主労働運動の鮮明性を承継しながら理念的，実践的な誤りを訂正していく弁証法的発展の過程であった(63)。

---

　(62) 1980年代民主労働運動の陣営内から展開された多様な労働運動論，組織論，闘争論に関しては，リチョンオ「80年代労働運動論展開過程の理解のために」『韓国労働運動の理念』(韓国基督教産業開発院編，チョンアム社，1988年) 212－306頁；キムヨンキ・パクスンオク編『韓国労働運動論争史』(現場文学社，1989年) 参照。

　(63) 張弘根，前掲論文，59頁。

III 1987年以降の労働運動

1 1987年の労働者大闘争

　1987年6月の民主抗争を契機に全社会に充満していた民主化の欲求は労働者の大闘争につながっていった。1960年代以降国家権力を媒介とし強化された労働統制と支配構造が弛緩されるや労働者の相対的剥奪感，長時間労働，前近代的な労務管理体制等に不満を抱いてきた労働者勢力は自らの要求を集団的，同時多発的に噴出した(64)。

　1987年の労働者大闘争の展開過程は大きく3つの時期に分けてみることができる。第1期（6.30-8.10）は政府の放任の下で労働者の自然発生的な動員が現れた時期であり，第2期（8.11-8.27）は政府の争議介入意思の闡明にもかかわらず労働争議が南東海岸の工業団地から全国に急速に拡散し，闘争が頂点に達した時期である。第3期（8.28以後）は政府が本格的に公権力を争議現場に投入し，それにより闘争が急速に萎縮された期間である(65)。

　1987年の労働者大闘争は7月5日蔚山現代グループの現代エンジン労働組合結成で始まったとみるのが一般的である。重工業の中心地である蔚山の現代グループの大企業における民主組合の結成は全国的に大きな波及効果を呼んだ。7月中旬以降の闘争の勢いは全国的に拡散した。特に7月16日'現代尾浦造船組合結成申告書類奪取事件'で闘争は急激に拡散していく。そこで国家は中立的な姿勢をとり経営側は無防備状態となり一方的に守勢局面におかれた。他方，言論と野党は傍観者的な立場をとっていた。

　第2期（8.11-9.27）は国家の再介入意思と労働者の闘争が正面からぶ

---

(64) 1987年の労働者大闘争の背景と発端に関する分析については，金炯基『韓国の独占資本と賃労働：隷属独占資本主義下賃労働の理論と現状分析』（カチ，1988年）；盧重琦，前掲論文（1995年）；金錦守「7月-9月労働者闘争の性格と労働組合運動の展望」『韓国労働運動論争史』（キムヨンキ・バクスンオク編，現場文学社，1989年）586頁等参照。

(65) 盧重琦「6月民主抗争と労働者大闘争」『6月民主抗争と韓国社会10年（1）』（ダンデ，1997年）187-189頁参照。

〈表1-3-9〉1987年の労働者大闘争期間中の労働争議現況

単位：件，名

区分 \ 組合有無		計	組合組織事業場	組合未組織事業場
計	件数	3,311	1,822	1,489
	参加人員	1,225,830	906,491	319,339
争議行為を伴った紛争	件数	3,235	1,770	1,465
	参加人員	1,225,830	906,491	319,339
争議行為を伴わなかった紛争	件数	76	52	24

資料：労働部『1987年夏の労使紛争評価報告書』(1988年) 15頁。

つかる中で労働争議が全国的に急速に拡散した時期であった。8月11日に労働部長官は'労使関係の正常化のための特別談話'を発表し，労働争議に対し積極的に介入することを明らかにした。しかし労働争議は嶺南東南海岸の公団地域から全国的に拡散する中で多様な形態の連帯が出てきた。'現代グループ組合協議会'（現総連）のような財閥グループの組合協議体が，域別・業種別に結成されたのもその一例であった。労働争議はこの期間に最高潮に達し業種別にも製造業をはじめ，運輸，鉱業，サービス業等全業種にまで拡散した。それに対する国家の介入の様相は直接的な国の物理力の行使の方式で現れた。そして大規模な紛争の主な原因が急進的な外部勢力の介入であるとするイデオロギー的な攻勢までをも行った。

第3期（8月28日以後）は政府が本格的に紛争現場で物理的力を行使し，罷業・籠城を解決する時期といえる。8月28日の国務総理の'左傾容共勢力の剔抉のための談話'を契機に労使紛争に対し政府は強引に介入するようになる。その後大規模の事業場において労働争議が公権力により鎮圧され，闘争を主導してきた労働運動の指導部と在野人事に対する捜査・拘束が相次いだ。爆発的に拡散した労働争議は政府が強硬に対応して以後，急激に萎縮され，9月中旬頃には全国的な大闘争は事実上幕を閉じることとなった。

1987年の労働者大闘争について労働部の公式的な分析の結果を中心に具体的にみると〈表1-3-9〉のとおりである[66]。労働部の調査によると1987年

---

(66) 1987年の労働者大闘争の展開様相については，労働部『1987年夏の労使紛争

6月29日から10月31日までに発生した労使紛争の総数は3,311件に上る。争議の多かった1980年の407件の8倍を上回る爆発的な闘争がこの4ヵ月に短期間で行われたのである。争議行為まで進んだ紛争は97.7%に該当する3,235件，その中で争議行為をともなわない紛争は76件で2.3%であった。それはこの期間中の労働者闘争がいかに激烈な様相で展開されたのかを物語っている。組合が組織されている事業場で生じた紛争は1,822件であり，全体の55.0%を占め組合の未組織事業場で発生した紛争は1,489件で45.0%であった。組合の組織の有無を問わず闘争が広範に展開していたことがわかる。争議行為をともなった紛争3,235件の中で組合が組織されていた事業場では54.7%である1,770件が発生し，他方，組合の未組織事業場では45.3%である1,465件が発生した。

紛争参加人員総数は1,225,830名であり，これは1987年8月末現在常用労働者10名以上の事業体の総労働者3,334,449名の36.8%に該当する数字である。また1,225,830名の中で73.9%に該当する906,491名が組合組織事業場に参加し，組合組織事業場の労働者がより積極的であったことがわかる。

産業業種別にみても1987年の労働者大闘争の期間中に全産業にわたって広く闘争が展開されていたことがわかる。産業業種別では全体3,311件の中で製造業が1,785件で53.9%，運輸倉庫業が1,198件で36.2%であり，製造業と運輸倉庫業が90.1%を占めている。鉱業部門においても120件の紛争が集中的に発生した。

1987年の労働者大闘争の期間中に起きた労使紛争を地域別にみると，京畿地域で一番多く発生し，次にソウル，慶尚南道，釜山広域市の順である。ソウルおよび京仁地域が全体の43.6%を，釜山と慶南が21.4%をそれぞれ占めている。1987年の労使紛争はソウルおよび京畿道・仁川広域市，そして釜山・慶南等の主要な公団地域で集中的に発生した。しかし産業基盤が脆弱である地域においても例外なく紛争が起きたことからいうと，1987年の労働者大闘争は全国的な闘争であったといえる。

具体的に紛争類型を分析してみると，作業拒否が3,985件で全体の94.4%を占めている。暴力・破壊，公共施設占拠等のような極端な行為も135件

評価報告書』（1988年）13−59頁参照。

〈表1-3-10〉1987年の労働者大闘争の紛争類型

単位：件

区分	計	作業拒否						怠業	職場廃鎖	その他
		小計	事業場内籠城	事業場外籠城	暴力破壊	公共施設占拠	その他			
総計	4,170	3,985	3,015	641	135	109	85	96	30	59
組合 有	2,498	2,380	1,632	512	99	90	47	58	24	36
組合 無	1,675	1,605	1,383	129	36	19	38	38	6	23

資料：労働部『1987年夏の労使紛争評価報告書』（1998年）26頁。

生じ，全体の紛争類型の中で3.2%を占めている（〈表1-3-10〉参照）。

　他方，1987年の労働者大闘争の方式をみると，労働法上の手続はほとんど守られていないことがわかる。その結果，94.1%の罷業は不法罷業となった。労働者は罷業・籠城・示威のような争議行為にまず突入した後に組織を結成し，使用者に対し交渉に応ずることを求めていく形態をとった。争議形態は単純な罷業よりは抗議籠城または示威の形態が一般的であった。単なる作業拒否よりは事業場内外の占拠・籠城および示威等の激烈な行為をともない，闘争の様子も非常に頑強で長期であったことがわかる。大部分の闘争は計画的で組織されたものであったというより自然発生的なものであった。

　1987年の労使紛争過程における労働者の要求事項をみると総計14,957の事項があり，それは一つの事業場当り約4.5事項の要求となる。賃金および手当が7,518事項であって全体の50.3%であり，賃金以外の労働条件は3,721件で全体の24.9%，そして経営および人事に関する要求事項および組合活動，労働協約と関連する要求事項が各々1,224件，1,222件で8.2%ずつを占めている。賃金引上げ以外の要求事項の中で最も核心的な要求は作業場でのあらゆる差別待遇と非民主的慣行を撤廃することと，それを制度的に保障するために自主的で民主的な労働組合を結成し運営する権利を確保することであった。

　1987年の労働者大闘争の特徴としては次のようなことが指摘できよう(67)。

---

(67) 朴玄採「国家独占資本主義の下での労働運動」『労働文学』創刊号（実践文学

〈表1-3-11〉1987年の労働者大闘争の主な要求事項

単位：件，(%)

要求事項	総計	組合 有	組合 無
賃金および手当	7,518 (50.3)	4,104 (49.2)	3,414 (51.6)
賃金以外の労働条件	3,721 (24.9)	1,797 (21.5)	1,924 (29.1)
組合活動・労働協約	1,222 (8.2)	892 (10.7)	330 (5.0)
経営および人事	1,224 (8.2)	724 (8.7)	500 (7.6)
その他	1,272 (8.5)	824 (9.9)	448 (6.8)
計	14,957 (100.0)	8,341 (100.0)	6,616 (100.0)

資料：労働部，『1987年夏の労使紛争評価報告書』(1988年) 24頁。

　第1に，全国，全産業にわたり闘争が展開されたことである。1987年の労働者大闘争はその規模の面でいうと全国，全産業にわたり爆発的で同時多発的に展開された点で特徴をみることができる。8月中旬には1日平均300以上の事業場で罷業・籠城闘争が起きる等全国各地の事業場において労働者の闘争が噴出し，事実上全国総罷業であったといってもいい。

　第2に，闘争を指導する中心のない状態の下で労働者大衆の自主的・自発的闘争が展開されたことである。1987年の労働者大闘争は少数先進活動家により意図的に組織され指導されたものでなく，同年6月の民主化闘争の延上線で出た6・29宣言以降の，政治的，社会的な不安定の中でそれまで抑えられてきた労働者大衆の欲求が出てきた広範囲の労働者大衆の自主的・自発的な闘争なのである[68]。

　第3に，法手続による合法的な紛争よりもその法手続を無視した非合法的な闘争が多かった。闘争形態においては罷業，籠城，示威等の集団行動で勢力を形成した後，交渉するという先籠城後交渉の特徴をみせた。大部分の紛争が既存の法手続の一つである当時の労働争議調整法による冷却期間を無視した意味での非合法的な闘争であったことは1987年の労働者大闘争のもう一つの特徴である。

　第4に，地域別，財閥グループ別の連帯闘争が試みられたことである。

　　社，1988年)；金錦守，前掲論文，586頁；盧重琦，前掲論文 (1997年) 参照。
(68) 韓国で産業化が本格化して以来1987年以前までの罷業に対する分析によると，
　　国の統制力水準と罷業の萎縮および膨張の間に相関関係があるといわれる。国

地域別，財閥グループ別，産業別の連帯闘争が初歩的であったとはいえそれが試みられたのである。地域別同盟罷業の形態は蔚山，光州，釜山，全州，ソウル，群山，浦項，安養等の運輸労働者の同盟罷業において，財閥系列社別の同盟罷業は大宇重工業の場合で昌原，仁川，永登浦，安養等4つの事業場での同盟罷業と現代グループ系列社内の蔚山地域の下請業体の労働者による同盟罷業，蔚山の現代精工と昌原の現代精工での同盟罷業においてであった。このような地域，グループ次元の闘争は地域組合協議会，グループ組合協議会等で組織化され，その後の民主組合運動をリードする核心的な組織体系に成長していく契機となった。

　第5に，個別的要求と組合民主化の要求の結合を指摘できる。闘争の規模と強度に比べて要求水準は個別事業場の次元にとどまる場合が大部分であった。労働三権の保障，1日8時間制，生活賃金保障，最低賃金制等の個別事業場の次元を超える政治的要求がなかったわけではないが，それは2次的なものにすぎなかった。

　第6に，労働運動の中心が軽工業，中小企業から重化学大企業へと移行したことである。1987年の労働者大闘争は重化学工業地域で爆発し軽工業地域およびその他の地域に拡散する等，大企業が要求事項の貫徹のために先導的な役割を果たした。これは以前とは異なる特徴であり，これからの労働運動の主軸が軽工業・中小企業から重化学工業・大企業に，また女性労働者中心から男性労働者中心に変わり，産業構造の変化により労働運動の主導勢力が変化したことを示すものである。

家の統制力が政治社会的要因により弱くなると労働争議が爆発的に増え，また統制力が再び復元されるとそれが急激に減る等の周期的な様子が繰り返されてきた。パクジュンシク「韓国における労働組合と政府との関係」『韓国資本主義と国家』（崔章集編，ハンウル，1985年）319-320頁参照。1987年の労働者大闘争も6月の民主化抗争による国の統制力の弛緩と密接に連関するものであった。

〈表1-3-12〉原因別労使紛争の発生現況 (1987-1989年)

区分	1987	1988	1989
未払賃金	45 (1.2)	59 (7.2)	59 (3.7)
賃金引上	2,613 (69.7)	946 (50.5)	742 (2.6)
休廃業および操業短縮	11 (0.3)	20 (1.1)	30 (1.9)
労働条件改善	566 (15.1)	136 (7.3)	21 (1.3)
労働協約	170 (4.5)	328 (17.5)	426 (26.4)
解雇	51 (1.4)	110 (5.1)	81 (5.0)
不当労働行為	65 (1.7)	59 (3.2)	10 (0.6)
その他	228 (6.1)	215 (11.5)	247 (15.3)
計	3,749 (100.0)	1,873 (100.0)	1,616 (100.0)

資料：労働部『労働統計年鑑』各年度。韓国労働研究院編『賃金関連統計資料集』(1990年)。

2　1988－1989年の労働運動

　1987年の労働者大闘争は9月末を前後に沈静下し翌年の賃金の引上闘争を契機にまた活性化された。1988年には与小野大という政治社会的状況と相俟って国の統制が弛緩する中で労働側の攻勢が持続された。1989年には労働者の闘争と国家の抑圧が猛烈に対立した。このような闘争を経ながら韓国の労働運動は量的にもまた質的にも成長していく。

　労働組合組織の側面では1988年末現在労働組合数は6,142,組合員数は170万名余であり，1987年12月末の労働組合数4,086,組合員数126万名余と比較してみると組合数も2,056,組合員数も44万名増加した。労働組合数の増加率も50.3%にも上り，また組合員数の増加率も34.7%に達している。このような増加傾向は1989年にも続いた。1989年度に新たに組織された組合は単位組合だけで1,719あり，組合員数も23万名余に達している。労働組合の組織率は1987年の17.3%から1988年末には22.0%となり4.7ポイント上がり，さらに1989年末には23.3%までに上がり史上最高であった。
1988年の労働争議件数は1,873件であり1987年に比べては大きく減ったが依然として1987年以前より遥かに高い水準である。1989年には前年度に比べ争議件数は250件余減ったが，争議参加者数は10万名以上に増え，労働損失日数はむしろ大きく増えた。これは紛争の大規模化，長期化によるものと思われる。

そこで労使紛争を原因別にみよう。1987年全体の紛争原因の中で70％余を占めていた賃金の引上げは1988年には50％に，さらに1989年にはその比率がより減った。他方，労働協約が原因となった紛争は大きく増えた。これは企業水準での労使問題が賃金のみならず多様な問題領域にまで拡散していくことを表すものといえよう。以上のように1988年と1989年の労働運動は，闘争と組織化の両面において1987年の成果を受けながら持続的に成長した。

3 1980年代末労働運動の成果と含意

1980年末の労働者大闘争の成果と含意を労働運動の側面でいうと次のとおりである[69]。

第1に，労働組合の組織的基盤が広くなったことである。労働組合の組織状況をみるとこの点は明らかである。労働者大闘争の直前である1987年6月30日現在の労働組合数と組合員数はそれぞれ2,742，105万名余であったのが，労働者大闘争後の同年末には各々4,086，126万名余に増加し，半年の間で新設された労働組合は1,344，新しく組織化された労働者は21万7,000名余にもなった（〈表1-3-13〉参照）。

第2に，韓国の労働運動の新たな主力となった民主組合という自主的な労働者組織が前面に登場する決定的な契機となったことである。それまでに協助主義的路線を堅持してきた韓国労総に与えた打撃は少なくない。

第3に，労働法改正の必要性を拡散させる等一定の成果をあげたことである。その結果，労働者大闘争が進行中であった同年7月の労働法改正論議，11月の企業別組織形態の強制条項の廃止等の労働法改正，1989年3月の勤労基準法改正等が行われた。

第4に，実質的賃金および労働条件の改善，前近代的な労務慣行の是正等があげられる。賃金と労働条件が使用者により一方的に決定されてきた慣行の代わりに労使間の団体交渉により決定される慣行が拡散された。労働条件の改善は非組織事業場においても同様であった。

労働者大闘争はこの他政府の労働市場政策にも変化を与えた。従来賃金

---

[69] 張弘根，前掲論文，78－84頁。

の引上げの抑制を目的とした賃金ガイドライン制が撤廃されたのはその代表的な事例である。

　1980年代末の労働運動を通じ労働組合の組織活動に重大な変化が起きた。すなわち従来製造業が中心であった労働運動が多様な業種までに労働運動の土台がつくられた点，また企業別組織の限界の克服のための業種別地域別連帯組織が結成された点である。

　また1987年以後労働運動は製造業，生産職に限らずホワイト・カラー業種にまでその幅を広げた。事務，専門，技術，研究，販売，サービス職の労働者の組織と闘争が活発になり，多数の労働組合と業種別組合協議会が結成された。地下鉄組合の職制改編闘争（1988.6），鉄道機関士の罷業（1988.7）等公共部門での活動も注目すべきものがあった。病院，研究院，言論機関，大学，教師，金融業，各種公社，流通業等広範囲にわたって多様な階層を含むこれらの労働者の活動は，労働運動の量的拡大のみならず労働運動の政治・社会的影響力の増大という側面で大きな意味を有するものと評価される[70]。

　また企業別組合の限界を克服するための多様な形態の自主的な連帯組織が発展した。この連帯組織の動きは製造業を中心とする地域別連帯組織と業種別連帯組織に分かれて進行していった。

　地域別連帯組織は工業団地という地域的条件を背景とし主に製造業部門の民主組合を中心に国の弾圧に共同対応し組合運営において相互支援しようとする目的で結成された。1987年から1989年までに全国の大部分の地域において地域組合協議会が組織された。1987年12月の'馬山・昌原地域労働組合総連合'の結成をはじめ，1989年11月の'大邱地域労働組合連合'に至るまで16の地労協が630余の組合，26万名の組合員を含む組織体に整備された[71]。地域別連帯組織は以後'全国労働組合協議会'の中心とな

---

[70] 詳しくは，曺尤鉉・尹辰浩『韓国のホワイト・カラー労働組合研究』（韓国労働研究院，1994年）参照。

[71] 1989年末現在地域別組合協議体の組織状況については，林栄一『韓国の労働運動と階級政治（1987－1995）』（慶南大学校出版部，1998年）101頁参照。

った。

　ホワイト・カラー職種の労働組合も活動過程において企業単位の組合の限界を痛感しながら同一業種間の連帯を模索するようになった。1989年末までに事務金融，言論，病院，専門技術労連および建設業，民主出版，外国機関，大学組合協議会等全部で10余の事務，専門および関連職種の業種別組織体が構成された(72)。

　地労協と業種会議に含まれた組合は地域業種別労働組合全国会議の下に結集された。全国会議は一次的に賃金の引上闘争と労働法改正闘争を共同に組織するための会議体であったが，長期的には韓国労総とは別途に民主組合側の全国的組織を結成しようとする目標を持っていた。全国会議は1988年12月22日第1次会議が開催された以降，1990年1月全国労働組合協議会が創立するまでに各地域組合協議会を巡回しながら全14回にわたって開催された。約1年間にわたって全国会議は民主組合側の全国的な求心点として全国中央組織の設立の産婆的役割を果たした。

　他方，韓国労総内において労働者大闘争を契機に注目すべき変化が生じた。新しく急成長してきた民主組合運動に刺激され，自らの改革の声が大きくなったことである。政治的激変期ごとに韓国労総の態度（対応）をみてきた労働者は，新規組合が韓国労総に加入せず，あるいは既存の組合が加盟費を納付しない等の方法で，韓国労総の立場と路線に大衆的に反発し，そこで組織の体質改善が必要となった。このような雰囲気は1988年11月19日の臨時代議員大会において改革派の朴種根委員長の体制を発足させた。朴種根委員長体制の下で韓国労総は改革を標榜し新たな労総の誕生のために努めた。その後も韓国労総は民主組合側とは異なり合法的で妥協的な路線をとるが，韓国最大組合のこのような動きは過去に比べると一歩進んだものといえる。

---

　　(72)　1989年末現在の業種別労働組合協議体の組織状況については，林栄一，前掲書，101頁参照。

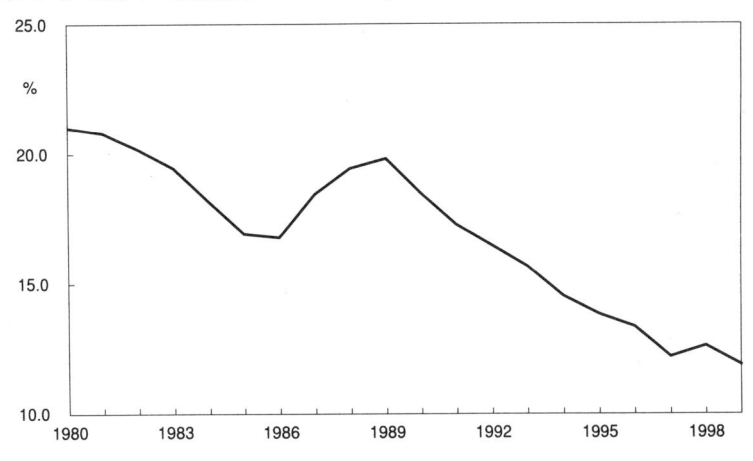

〈図1-3-1〉組織率の変動推移（1980－1999年）

4　1990年代の労働運動の変化様相

　1980年末を頂点として1990年代にはいり，韓国の労働運動は沈静局面にはいる。労働組合の組織率または労働争議件数も減っていく。しかし他方，民主組合側では民主労総を誕生させるが，韓国労総と民主労総の間には理念，運動路線，組織範囲と活動内容等において異なる点が多く，韓国労働運動の発展のための本格的な競争体制に突入した。

　ところで1990年代の韓国労働運動に対しては相反の評価が出されている。その中には1980年代後半急速に膨張した労働運動が1990年代にはいりその力を失いつつあったばかりか労働運動主導権も政府および使用者に移りつつあるという見解がある。他方，組合の組織率の持続的な低下，形式的な争議件数の減少は事実だとしても労働運動において新しい軸が形成されるなど質的な発展および第2段階の運動方向にはいったという見解もある(73)。以下ではこれと関連した評価はしばらくおいて客観的な事実を通じ労働運動の展開の様子をみることにする。1990年以降を中心とする韓国労働運動の量的・質的変化とその階級的および政治的意味を考察する。

---

(73)　リジャンウォン「現段階での労働運動の診断と展望」『21世紀における国の道』第43号（1996年5月）60頁参照。

〈表1-3-13〉労働組合組織の現況 (1977-1999年)

単位:ヵ所, 千名, %

年度	労働組合数	組合員数	組織率	年度	労働組合数	組合員数	組織率
1977	4,598	955	24.3	1988	6,142	1,707	22.0
1978	4,875	1,055	24.0	1989	7,861	1,932	23.3
1979	4,965	1,088	23.6	1990	7,698	1,887	21.5
1980	2,635	948	20.1	1991	7,656	1,803	19.7
1981	2,158	967	19.6	1992	7,527	1,735	18.4
1982	2,211	984	19.1	1993	7,142	1,667	17.2
1983	2,255	1,010	18.1	1994	7,025	1,659	16.3
1984	2,382	1,011	16.8	1995	6,606	1,615	15.3
1985	2,551	1,004	15.7	1996	6,424	1,598	14.7
1986	2,675	1,036	15.5	1997	5,733	1,484	12.2
1987(a)	2,742	1,050	14.7	1998	5,560	1,402	12.6
1987(b)	4,086	1,267	17.3	1999	5,637	1,480	11.9

注1) 組織率 = $\frac{組合員数}{非農家常用雇と臨時雇} \times 100$

注2) 1987(a) = 1987.6.30基準, 1987(b) = 1987.12.31基準。
注3) 労働組合数は, 1979年以前までは中央組織と産別組合, そして組合支部, 分会を合算したものであり, 1980年以降は中央組織と産別連合団体, 単位組合を合算したものある。
注4) 組合員数の増加にもかかわらず, むしろ1999年の組織率は下落した。教員組合の設立が許容されていったのみならず, 1999年の景気回復のために組織対象労働者の増加(11.5%)が組合員数の増加(5.6%)を上回ったからである。
資料: 韓国労働研究院『2000年KLI労働統計』; 統計庁, 2000年韓国の社会指標。

(1) 労働組合運動の量的変化

　1990年代にはいり労働組合運動の流れは量的にみて1980年代末に比べ著しく減少している。まず1987年体制の下での労働組合組織の量的な変化は1987年の労働者大闘争以降1989年まで急激に増加したが, 1990年を頂点に減少している (〈表1-3-13〉〈図1-3-1〉参照)。

　労働組合数をみると, 1987年の労働者大闘争以降約2年半の間に5,000余の組合が新設され, 1989年末に7,800余であったものが, その後減少し1994年には7,000余の水準に減った。組合員数もそれと同様の変化がみられた。すなわち1989年までに増加した組合員数は1989年末を頂点に減っていき, 1996年末現在には160万名以下までに減っている。組合員数の変化とともに労働組合の組織率も1989年の23.3%を頂点として下降局面にはい

〈図1-3-2〉争議発生件数の推移（1977－2000年）

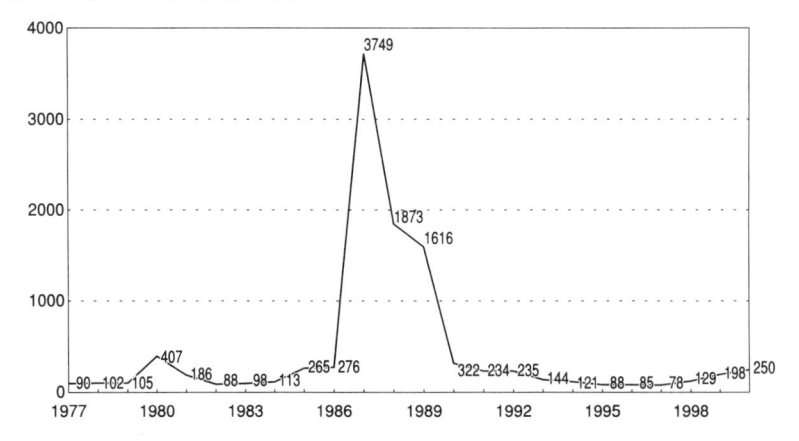

り，1996年末には14.7％水準に落ちていることがわかる。

　労働争議の量的指標は1989年を分岐点としそれ以前と以後にはっきりと区別される。労働争議は1989年までには比較的に活発に発生していたが，1990年以後には持続的に減少し，最近は年間100件未満であり1987年以前よりも少ない。しかし1999年には198件，2000年には250件で再び増加した。

　争議参加者数の推移も1989年以後に激減し，1995－1996年には10万名未満に大きく減っている。労働損失日数は1991年までは300万日以上を維持してきたが，その後も減っていき1995年には前年度の3分の1の水準に落ちた。しかし1996年には労働損失日数が90万日の水準に再び増えた。争議行為の強度をみせる罷業性向の変化も1989年以後は持続的に減少したが(74)，1990年代後半から再び増加する。

（2）　労働運動の連帯強化と民主労総の結成

　1980年末の闘争を契機に地域別業種別連帯が強化され，韓国労総の路線

---

(74)　1990年代半ばまでの沈静局面は何よりも経済的要因があげられる。1990年代にはいり景気が好況の局面を終え沈滞の局面にはいり，同時に産業構造調整と労働の柔軟化政策がより本格化されることになり非典型労働者の増加，雇用不安心理の拡散等で組合の組織的基盤が弱くなったからである。張弘根，前掲論文，149頁。

〈表1-3-14〉労働争議の推移（1977-1996年）

区分	争議発生件数	争議参加者数(名)	労働損失日数(日)	罷業性向(日/千名)
1977	96	7,975	8,294	1.5
1978	102	10,598	13,230	2.1
1979	105	14,258	16,366	2.5
1980	407	48,970	61,269	9.5
1981	186	34,586	30,948	4.7
1982	88	8,967	11,504	1.7
1983	98	11,100	8,671	1.2
1984	113	16,515	19,984	2.6
1985	265	28,700	64,300	7.9
1986	276	46,970	72,000	8.5
1987	3,749	1,262,285	6,946,935	755.8
1988	1,873	293,455	5,400,837	562.0
1989	1,616	409,134	6,351,443	611.4
1990	322	133,916	4,487,151	409.8
1991	234	175,089	3,271,334	288.2
1992	235	105,034	1,527,612	132.1
1993	144	108,577	1,308,326	111.3
1994	121	104,339	1,484,368	120.7
1995	88	49,717	392,581	30.8
1996	85	79,495	892,987	68.5
1997	78	43,991	444,720	33.6
1998	129	146,065	1,452,096	119.1
1999	198	92,026	1,366,281	109.1

注）　罷業性向とは賃金労働者千名当りの労働損失日数をいうが，この指標は罷業強度を表す最も普遍的な労働争議行為の指標として用いられている。
資料：韓国労働研究院『2000年KLI労働統計』；統計庁，2000年韓国の社会指標。

と立場を批判してきた労働者側は1990年代にはいってその連帯活動を続け，やがて1995年11月民主労総を結成する。その後民主労総は合法的な承認が認められなかった間はもちろんのこと，合法的な地位を得た以後も韓国労総とともに韓国労働組合の二大中央組織の一つとして活動している。民主組合側はいくつかの段階と迂余曲折を経ながら民主労総を結成することができた（〈図1-3-3〉参照）。

すでにみたように1980年代末にはいり国の労働統制に共同で対処するために組合間の連帯活動が多様な形態で展開された。製造業組合の地域を媒介とした地域的連帯は地労協の設立に，非製造業種の組合の間では業種間の類似性に基づく連帯が業種別協議会に発展し，これらの地労協と業種協を中心とする'地域業種別労働組合全国会議'を結成し，さらに全国的な民主組合の組織的団結へと進んだのである。

全国会議の長年にわたる準備作業と熾烈な内部論争のすえ，全国労働組合協議会（以下'全労協'という）が1990年1月に発足する。全労協の出現は韓国の労働運動史において全評以後最初の自主的といわれる労働組合の全国組織である点で重要な意味をもつ[75]。

全労協には最初に中小製造業組合中心の'地域労働組合協議会'と小規模の'業種労働組合協議会'の2つ（出版，建設）を中心に600余の労働組合と20万名余の組合員が参加していた。非製造業の業種協議会所属の組合と大部分の大企業組合は全労協に参加していなかった[76]。全労協はその出現と同時に国家の弾圧をうける。すなわち全労協に対しては'急進的な不法労働団体'というイデオロギー攻撃が加えられ，核心幹部に対する拘

---

(75) 林栄一，前掲書，102頁参照。
(76) しかし非製造業と大企業の連帯会議は全労協と非公式的，友好的な関係を維持してきた。事務職労働者らは1987年6月民主化抗争以後社会の民主化とともに生産職労働者による激烈な罷業闘争に大いに影響を受けたが，労働運動の形態は著しく穏健で慎重であって多くの組合が'職場民主化'の活動にとどまった。したがって生産職労働者との連帯が当面の課題であることの認識はしていたものの，実際の活動においては組織力を欠如していた。非製造業の業種会議が全労協の活動に友好的でありながらそれに参加できなかったのはそのためであった。大企業組合の場合は他の理由で参加しなかった。1987年以後1990年初め韓国の労使関係の接点は大企業の現場で形成されたといっても過言ではない。大企業の組織活動と団体交渉はその他の事業場に決定的な影響を与え，政府の労働政策または企業の現場の労務管理はこれを抑制する方向で行われ，労働者に相当の影響を与えた。そこで大企業組合の間の連帯を通じた解決方法を模索する必要性が生じ大企業連帯会議が結成された。大企業組合は連帯会議の活動に対する弾圧によりその活動が不可能となった後，事案別の結合を通じ全労協と緊密な関係を維持した。林栄一，前掲書，102－109頁参照。

束・手配等の措置がとられ，加入組合の脱退を誘導するために'組合業務調査'が労働部により推進された(77)。その結果，発足後1年で全労協加入の組合および加入組合員数はほぼ半数の水準に落ちた。全労協は大企業組合と事務専門職のホワイト・カラー組合を加入させようと努めたが，政府の弾圧を受け実質的な成果をあげることができなかった。しかし全労協は1995年11月に民主労総の出現とともに解体されるまで民主組合運動を代表する全国的組織として機能していた。

全国会議の長年にわたる準備作業と熾烈な内部論争のすえ，全国労働組合協議会(以下'全労協'という)が1990年1月に発足する。全労協の出現は韓国の労働運動史において全評以後最初の自主的といわれる労働組合の全国組織である点で重要な意味をもつ(78)。

全労協は事務職と大企業までを組織化する全国組織化には失敗し，中小製造業中心の戦闘的な労働組合の全国組織にとどまったが，民主労働側の全国的結集のための努力は続けた。1990年末に出現した'連帯のための大企業労組会議'(以下'連帯会議'という)はその努力の一環であった。連帯会議には現代自動車等一部の組合を除き当時韓国の大企業の民主労働組合を代表する組合のほとんどが加入していた。連帯会議は組合の代表者の間の交流機構にすぎない水準の連帯組織であったが，それにもかかわらず国の経済に重大な影響を与える大規模事業場の組合が一つの組織に統合される潜在的可能性をみせ，国に大きな脅威となった。政府は1991年1月10日に会議を終えて会議場所を出る連帯会議の組合幹部67名を'第三者介入禁止違反'の疑いで全員連行し，大企業連帯会議は事実上中断された。

連帯会議が崩れ全労協の活動も沈滞している状況のもとで，民主労働運動の新たな連帯のための努力が模索された。そして労働法改正の闘争のための'ILO基本条約批准および労働法改正のための全国労働者共同対策委

---

(77) 民主労総委員長を含む副委員長および中央委員級の幹部等17名が拘束された。また金営大ソウル労働組合協議会の議長兼全労協委員長の職務代行をはじめ12名の幹部が手配された。それとともに全労協加入組合を中心とする全国160余の事業場の労働組合に対し業務調査が行われた。

(78) 林栄一，前掲書，102頁参照。

〈図1-3-3〉民主労総の全国的組織化過程（1987年以後）

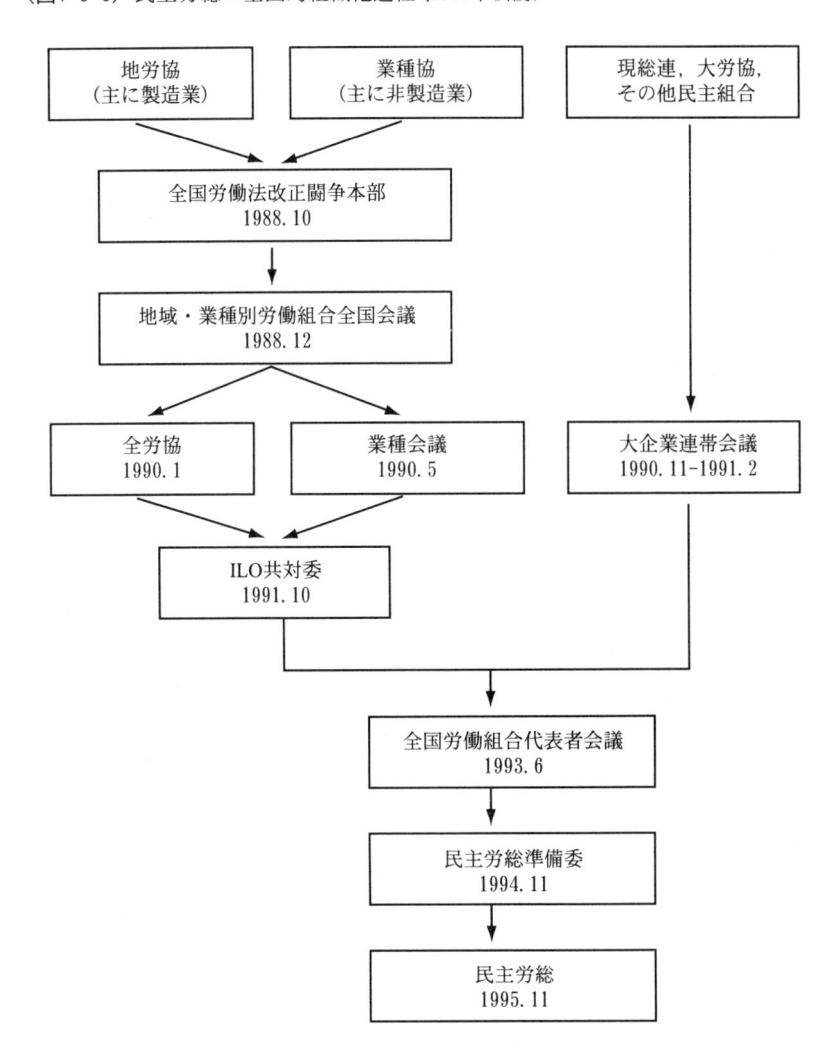

```
┌──────────────┐  ┌──────────────┐    ┌──────────────┐
│   地労協     │  │   業種協     │    │ 現総連，大労協，│
│ (主に製造業) │  │(主に非製造業)│    │ その他民主組合│
└──────┬───────┘  └──────┬───────┘    └──────┬───────┘
       │                 │                   │
       └────────┬────────┘                   │
                ▼                            │
   ┌──────────────────────┐                  │
   │  全国労働法改正闘争本部 │                  │
   │       1988.10        │                  │
   └──────────┬───────────┘                  │
              ▼                              │
   ┌──────────────────────┐                  │
   │ 地域・業種別労働組合全国会議│                │
   │       1988.12        │                  │
   └──────┬───────┬───────┘                  │
          ▼       ▼                          ▼
   ┌──────────┐ ┌──────────┐       ┌──────────────────┐
   │  全労協  │ │ 業種会議 │       │   大企業連帯会議  │
   │ 1990.1   │ │ 1990.5   │       │ 1990.11-1991.2   │
   └────┬─────┘ └────┬─────┘       └─────────┬────────┘
        └─────┬──────┘                       │
              ▼                              │
      ┌──────────────┐                       │
      │  ILO共対委   │                       │
      │  1991.10     │                       │
      └──────┬───────┘                       │
             │                               │
             └───────────┬───────────────────┘
                         ▼
             ┌──────────────────────┐
             │ 全国労働組合代表者会議 │
             │      1993.6         │
             └──────────┬───────────┘
                        ▼
             ┌──────────────────┐
             │   民主労総準備委  │
             │     1994.11      │
             └──────────┬───────┘
                        ▼
             ┌──────────────────┐
             │     民主労総     │
             │    1995.11       │
             └──────────────────┘
```

員会'(以下'ILO共対委'という)も結成された。ILO共対委は全労協,業種協議会,大工場組合が参加した共同闘争組織であった。ILO共対委はその後,1993年6月に'全国労働組合代表者会議'(以下'全労代'という)にその組織を改編した。全労代は1987年の労働者大闘争の後民主労働運動の展開過程において3つに分かれ,すなわち中小製造業生産職中心の全労協,事務職・専門職労働者の業種会議,そして財閥企業の組合協議会である現総連と大宇グループ労組協議会(以下'大労協'という)を軸に構成された。しかし全労代は既存の組織をそのまま維持しながら共同事業を推進するための会議体機構であって組織的連帯は強くなかった。

他方,1993年に続き1994年にも韓国労総と経総との間の賃金合意のための交渉が続く中で韓国労総を脱退する組合が出てくる等,民主組合の全国的組織化を早急にする必要性に対する認識が拡散し,1994年夏には全労代の単位組合の代表者の修錬大会で民主労総の設立が本格的に論議され,同年9月に既存の全労代運営委員会が母体となって民主労総の設立推進委員会が構成された[79]。この過程を経て1994年11月の全国労働者大会において'民主労総準備委員会'が結成され,民主労総設立のための本格的な準備が始まった。民主労総設立準備委員会の1年余の準備作業で1995年11月に民主労総が結成された。

民主労総は結成当時全労協と業種会議,大企業グループ労組協議会(現総連,大労協)所属の組合を中心に計861の組合に組合員数は418,154名であった。民主労総は1998年12月現在1,305の労働組合で508,200名の組合員を有する全国的組織となっている。

---

[79] 民主労総の設立推進委員会の結成は1994年9月30日の全労代の第18次代表者会議において決定された。この会議では民主労総設立推進委を結成し,既存の全労代運営委員会を拡大し改編することとし,拡大改編の範囲は全労代4つの組織(全労協,業種会議,現総連,大労協)と地域・業種・グループ単位組織と単位大企業組合にすることを決議した。

Ⅳ 現在の労働組合組織——韓国労総と民主労総の二大体系

現在のところ韓国労働組合の勢力は韓国では合法的な組織として古い歴史を有する韓国労総と，1995年11月に創立大会を行い，1999年11月22日組合設立申告証を交付され合法性を認められた民主労総との，二大全国中央組織に区分される。大部分の単位組合が両団体のいずれかに加入しているから韓国労総と民主労総の組織的，理念的，政策的側面における特性を理解することが韓国労働運動の現在を理解するうえに役立つと思われるので，これと関連し簡略にみておく。

1 組織的側面

管轄行政官庁が作成し，提出した労働団体カードを基礎として，労働部が2000年6月24日に配布した報道資料によれば，1999年12月31日現在，韓国労総は，4,051の単位組合（支部，分会を含む）で組合員数は888,503名，民主労総は，1,256の単位組合で組合員数は564,774名，中間組合は，330の単位組合で組合員数は27,389名である。

韓国労総の組織規模は民主労総の1.5ないし2倍程度であるが，組合員数の増加率は民主労総が韓国労総に比べて遥かに高い。韓国労総は1989年1,666,255名から1996年1,021,134名に減って，7年間に年平均5.7%程度減少しているが，民主労総は1995年11月創立当時418,154名から1997年5月には525,325名に1年半の間に25.6%の増加率をみせている。IMF管理体制の影響で休・廃業事業場が増え，1998年末には508,200名に減ったが，韓国労総の組織が相当数民主労総側に移っていることがわかる。

両大組織はいずれも製造業の方が高い比重を占めている。具体的には韓国労総の場合に金属と化学が全体の17.3%，14.1%をそれぞれ占めている。民主労総は金属が全体の34%であるより高い比重を占めている。公共部門では韓国労総は15.1%であり民主労総は26.0%であって民主労総の方が高い。両大組織の単位組合当りの平均組合員数は韓国労総が281.1名である反面，民主労総は389.4名であり，大企業部門は民主労総に集中していることがわかる。

〈表1-3-15〉産別組合数および組合員数の現況（1999年12月末現在）

名称	組合数	全体組合員数	男子組合員数	女子組合員数
全体	5,637	1,480,666	1,173,239	307,427
韓国労総（計）	4,501	888,503	720495	168,008
韓国労総（直轄組合）	10	522	487	35
鉄道組合	1	25,816	24,826	990
繊維労連	178	32,984	12,867	20,117
鉱山労連	26	7,204	6,801	403
電力組合	3	24,367	22,452	1,915
外機労連	41	20,538	15,944	4,594
通信労連	27	7,988	7,071	917
港運労連	57	33,134	31,398	1,736
海商労連	59	40,092	39,993	99
金融労連	101	88,919	64,408	24,511
タバコ・人参組合	3	6,240	5,286	954
化学労連	655	96,065	72,507	23,558
金属労連	596	119,379	86,049	33,330
連合労連	537	70,076	54,993	15,083
出版労連	59	3,906	2,920	986
自動車労連	600	84,982	84,241	741
観光労連	117	11,883	7,398	4,485
郵便組合	2	23,492	17,479	6,013
タクシー労連	862	102,290	101,242	1,048
コム労連	18	9,638	7,992	1,646
都市鉄道労連	6	7,579	6,612	967
公共サービス労連	23	11,938	9,281	2,657
アパート労連	21	4,063	3,960	103
公共建設労連	7	4,973	4,368	605
医療産業労連	5	4,547	1,366	3,181
政投労連	23	19,280	17,301	1,979
芸能人労連	13	1,594	1,184	410
韓教組	1	25,014	10,069	14,945
民主労総（計）	1,256	564,774	433,207	131,567
民主労総（直轄組合）	43	7,624	4,771	2,853
言論労連	87	18,501	16,116	2,385
病院労連	23	33,989	10,085	23,904
大学労連	4	6,682	4,451	2,231
金属産業労連	252	172,658	162,383	10,275
民主化学労連	77	19,133	17,860	1,273
貨物運送労連	23	3,844	3,783	61
施設管理労連	24	1,298	1,145	153
民主タクシー労連	173	23,986	23,591	395
民主繊維労連	26	11,226	8,956	2,270
民主観光労連	27	6,234	3,514	2,720
事務金融労連	211	72,673	49,143	23,530
公共労連	145	94,635	79,683	14,952
女性労連	19	1,164	－	1,164
建設産業労連	93	20,476	19,418	1,058
商業労連	28	7,997	3,246	4,751
全教組	1	62,654	25,062	37,592
上級団体未加入組合	330	27,389	19,537	7,852

注1) 組合の数には支部・分会も含まれている。
注2) 直轄組合とは産業別連盟には未加入，連盟の地域本部にのみ加入している組合，上級団体未加入組合とは産業別連盟に加入しない単位組合をいう。
資料：韓国労働研究院『2000年KLI労働統計』。

2 理念的側面

(1) 韓国労総

1987年の労働者大闘争の後，韓国労総は過去の非自主性を克服し既得権を維持するために努めた。1988年10月24日に会員組合代表者会議が開かれ，'民主化時代を迎え韓国労総の面貌を一新し，民主発展時代に相応する第2の労総創立のために'韓国労総役員の全員辞退と臨時代議員大会で新執行部を選出することを勧告することを決議し，11月に代議員大会で決議文を採択した。決議文では国家権力の不当な支配介入を頑固に拒み，与野党を問わず労働者の生活向上と権益を擁護する政策を公開的に支持し，労総内の政治活動全担機構を常設・運営すること等の11項目を述べている。

その後1991年に'1990年代韓国労総の運動理念と活動方針（案）'を作り，1990年代労働運動理念を産業社会において労働者の利益を全体国民の利益と調和の中で実現する'民主福祉実現のための労働組合主義'と規定した。韓国労総は，これを"経済的組合主義と政治的組合主義の限界と短所を現在の状況の下で克服し，労働者の主体的力量の強化と国民的連帯の中で'統一の民主福祉国家'を設立していくための基本的理念"だと説明している[80]。

1995年2月全国代議員大会において，発足以来堅持してきた'反共主義'を削除し，'民主福祉社会の実現のための労働組合主義'を新たな理念として規定した。その内容は，①自主的・民主的労働運動の展開，②革命的階級闘争の排除と狭い経済主義の克服，③賃金・労働条件改善および労働基本権の伸張，④労働者の国民生活圏の保護およびその利害の調和，⑤韓国資本主義の構造的改革，⑥企業と政府の政策決定過程への参加，⑦政治活動の展開，⑧労働組織の統一と市民運動，民主的な運動との連帯，⑨民族統一と世界平和への寄与等である[81]。

韓国労総の運動理念に対しては一般に経済的組合主義の性格を有すると

---

(80) 韓国労働組合総連盟『90年代韓国労総の運動基調と活動方針（案）』(1991年)。
(81) 韓国労働組合総連盟『2000年代を対備した労総の運動基調と活動方針』(1995年)。

評価している(82)。

(2) 民主労総

民主労総は結成大会で採択した宣言を通じて，'民主組合運動の成果を承継した自主的・民主的労働組合運動の全国中央組織' であることを自ら闡明している。すなわち，この宣言は，'自主・民主・統一・連帯の原則の下で労働者の政治・経済・社会的地位の向上と全国民の生活の質の改善' を通じ '人間の尊厳と平等を保障する統一祖国の民主社会の設立のための闘争' を目標として掲示した。このような目標の実現のために次のような綱領を採択した(83)。

1．自主的・民主的運動歴史の承継と人間の尊厳性と平等とを保障する真の民主社会の設立
2．労働者の政治勢力化の実現，民主勢力との連帯強化，民族の自主性と健康な民族文化の確立，民主的権利の勝取り，祖国の平和的統一の実現
3．組織力量の拡大強化と産業別共同交渉・共同闘争体制の確立を通じた産業別労働組合の設立と労働組合運動の統一
4．権力と資本の弾圧統制の粉砕と労働基本権獲得の完全勝利，共同決定に基づく経営参加の拡大，労働現場の非民主的要素の剔抉
5．生活賃金確保および労働条件の改善と男女平等の実現等全ての形態の差別撤廃および安全・快適な労働環境の勝取り
6．独占資本に対する規制強化および中小企業農業の保護と社会保障，住宅，教育，医療，税制，財政，物価，金融，土地，環境，交通等と関連する政策と制度改革
7．国際労働運動の力量強化および人権伸張，戦争と核武器の脅威に対処するための恒久的な世界平和の実現

民主労総の運動理念は自主的・民主的運動の原則を基本軸としながら全般的に経済的目標よりは権力と資本に対する闘争と政治的目標を強調した

---

(82) リウォンボ「労働運動の両大勢力，韓国労総と民主労総」『動向と展望』第35号（韓国社会科学研究所，1997年）73－75頁参照。
(83) 全国民主労働組合総連盟『創立大会資料集』(1995年)。

ものと思われる。労働者の政治勢力化，民主勢力との連帯，民主的自主性を基礎とした平和的統一，権力と資本の弾圧と統制の粉砕等が優先的に提示されていることはそれを物語る。このような民主労総の運動理念を一般に社会改革的組合主義であるという(84)。

3 労働政策に対する対応方式
(1) 韓国労総

韓国労総の国家権力に対する対応方式の全般的な基調は参加と協力であるといえる。すなわち政府政策に参加し労働者の権益を伸張させ労働者のための政策には積極的に協力することにより実益を確保するというものである。韓国労総は政府内の各種の委員会に代表を派遣し，政策の審議決定に参加する政策参加と政府に対する政策建議，政府および政党との政策協議，国会に対する立法請願等多様な手段を講じている。

しかしすでにみたように韓国労総の組織的位相は自分の力に基礎したものというより，政府の庇護の下で確立してきた側面が強い(85)。それは韓国労総に対する政府の財政支援の規模からもわかる。韓国労総に対する政府の財政支援は1987年以後に支援項目と金額面の両方において毎年急増し1997年には42億1800万ウォンに上る(86)。1996年に大統領諮問機構として発足した労改委の参加方式とやり方をみても参加と協力の基調が明らかである(87)。この点は民主労総が労使関係改革委員会から中途に脱退したことと対比される。

韓国労総の国家権力に対する対応方式が1987年以後民主組合側の構築に刺激され以前より多少抵抗的な姿勢をみせていることも事実である。すなわち民主組合運動の活性化で組織離脱の兆しが出てきて，それを恐れて'労総改革'というスローガンの下で委員長の断食闘争，大衆集会等積極的抵抗の形態をとった。しかしこのような対応方式も1992年の労・経総の

---

(84) リウォンボ，前掲論文，76-77頁参照。
(85) 盧重琦，前掲論文（1995年），294-295頁参照。
(86) リウォンボ，前掲論文，70頁参照。
(87) 韓国労働組合総連盟『1996年度事業報告』（1997年）385-386頁。

合意，社会的合意等を経ながら退色していき，この協力の基調は組織内から反発と抵抗を招いた。
　そこで韓国労総は1996－1997年冬の国会において労働関係法改正案が変則的に通過されたことをきっかけに抵抗する姿勢に転じ，2つの総罷業（以下‘労働法総罷業’という）を断行する。韓国労総は組織内の保守勢力の反対があったにもかかわらず大衆抗議集会と籠城幹部の削髪等を通じ，1次総罷業553,000名，2次総罷業に1,510,000名の組合員を参加させた。さらに民主労総との連帯闘争も行った[88]。韓国労総は1999年初めにも自ら支援した金大中政権の一方的な構造調整に反対し総罷業を断行した。現在労使政委員会の参加と関連し韓国労総は強温の両面戦略をとりながら労働者側の主導権の確保に努めている[89]。
　（2）　民主労総
　民主組合側の形成と拡大の過程は基本的に対決構図という特徴を持っている。このような対応様式が1996年に一定の変化の契機を迎えた。民主労総は1996年4月に政府の新労使関係構想と関連し政府の提議をうけてそれに参加することを決定した[90]。しかしこの方針は長く続くことができず労使関係改革委員会から脱退し，1996－1997年労働法総罷業を主導していく中で[91]また対決構図に復帰する。
　政府は民主労総，金属連盟等の組合設立申告を返戻しながら物理的・直接的な抑圧を自粛し，労働委員会に民主労総側代表の参加を割り当てる等全国中央組織としての実体を認定する態度をみせた。そこで対決構図は大

---

(88)　韓国労働組合総連盟『1996年度事業報告』（1997年）382頁。
(89)　カンヨンベ「韓国労総上半期の闘争評価」『労働社会』7月号（韓国労働社会研究所，1999年7月）43－53頁。
(90)　全国民主労働組合総連盟『創立までの事業報告』136－137頁。
(91)　この労働法総罷業には，1996年12月26日から1997年3月10日までに4次にわたり延べ500万名に近い労働者が参加した。これは全国の862社会団体と多くの教授，宗教人，市民を闘争の隊列に結集させたのみならず，大規模の支援と連帯を呼び起こした‘史上最大の政治的・大衆的総罷業’であった。韓国労総も参加したものの，罷業の勃発と展開過程における主導権は民主労総側が握っていた。総罷業の展開と意義については，張弘根，前掲論文，204頁以下参照。

いに稀釈されていった。1998年から労使政委員会への参加,労働委員会への代表の派遣等,実質的に中央組織としての合法的領域を広げていくことに努めてきた。しかし民主労総は労使政委員会の合意事項が忠実に履行されていないこと,金大中政権の政策自体が新自由主義的柔軟化政策を一方的に強行処理していること,特に構造調整の過程から労働者排除的な政策で一貫していること等から1998年12月に労使政委員会を脱退し現在に至っている。民主労総は労使政委員会からの脱退の後闘争力による対政府・対資本との直接交渉のための枠作り,主体力量の復元等を目標としている(92)。

4 産別体制への転換

韓国の労働組合の組織形態は企業別組合が圧倒的に多い。1996年現在労働組合の91.9%が企業別組織であり組合員の90%が企業別の単位組合に所属している。全国規模の産別の単位組合は1996年末現在4で組合員数は9万名余にすぎない。

韓国の企業別組合体系は日本の場合と違って労働者が自発的に選択したものというより政府により誘導(維新の時期)または強制(第5共和国の時期)されてきたものであるといえる。企業別体系は企業規模による賃金および労働条件の格差,労働組合相互間の連帯の阻害等といった見逃すことのできない問題点を露呈している。

民主労総は綱領で産別体制への転換を組織の目標としている等,韓国労総と民主労総はともにこの課題に真剣に取り組んでいる。そのために民主労総は中央のレベルにおいて各組織の担当者を中心に'産別特委'を構成し,独自に研究計画を立てて推進しているし,韓国労総も'産別労組設立特別推進委'を構成し,2001年の産別組合の設立を目標としている(93)。

---

(92) 全国民主労働組合総連盟『代議員大会会議資料』(1999年2月) 152-156頁。
(93) 韓国の産別組合についての論議は,キムヘラン「労働者大衆の力で産別組合を作るために」『現場で未来を』(韓国労働理論政策研究所,第45号,1999年);権恵子「産別組合設立に対する企業別労組の展望」『韓国労総政策研究98-1』(韓国労総中央研究院,1998年)等参照。

現場でも企業別体系の限界を克服するために産業別・業種別組合の設立およびそれへの転換作業を活発に進行し，部分的には成果をあげている[94]。産別体制への経路は業種と産業により多様に設定されているが，特徴として過去の支部中心の産別体制とは異なり両団体は交渉単位の集中化と組織形態の中央化を重要な内容としている。最近の統合の動きをみると類型化できないほど離合集散が急激に行われていて，巨大な連盟の中では業種別単一組合と小規模連盟間の統合が同時に，また並列的に進行している。

---

[94] 民主労総の場合に，旧公共連盟，民主鉄道労連，公益労連が1999年3月に，事務労連と民主金融労連が1999年2月に，それぞれ連盟の間の統合という形で産別組合組織化へと進んでいるし，病院労連は1998年2月組合間の統合で単一組合（保健医療産業労働組合）を結成している。その他にも商業民主観光連盟統合推進委，民主化学，民主繊維化学統合推進委等それぞれ組織別に統合論議のための会合が行われ，産別組合の設立に努めている。韓国労総も中央レベルでの研究と，金融，繊維，通信，化学等の連盟産別組合の設立のための論議が活発に進行しているが，まだ現実的な成果はみられていない。

第3節 総 括

　以上，韓国の労働法の形成と内容に影響を及ぼしてきた社会経済的要因として，労働市場と賃金構造の変化および労働運動の展開過程をみた。これは次章で述べる韓国労働関係法の変遷の理解のための予備的な知識を提供するものであった。

　韓国で本格的な労働市場が形成され始めたのは1960年代以後――具体的には1961年5・16クーデターに続く近代化・産業化政策がとられて以後――からであるといえる。国家が積極的に経済に介入し，圧縮高速成長を主導して資源を経済的効率性の観点から再配置し，そこで労働市場も急激な変化を辿った。労働力構成と関連してみると，第1次産業の比重が急激に減って製造業労働者の比重が増大し，特に1980年以後は重化学工業を本格的に育成し労働運動の主力集団が形成される土台が作られた。労働力需給構造の側面でみると，初期産業化段階では農村労働力の都市への大量流入により労働力の無限供給時代が継続したことから労働力需給上の問題は生じなかった。しかし1980年初めより潜在的過剰人口が枯渇し労働力供給能力に限界が現れ労働力の高学歴化，高齢化，女性化が進展することにより生産職での労働力が不足した。1990年代にはいっては企業のリストラや，外部労働力からの支援等労働の柔軟化戦略を持続的に推進し，産業の高度化・情報化のための高級技能労働者に対する需要を増やすなど，労働市場での労働力需給上の不均衡問題が深刻となった。韓国での労使関係の激動（動態性）はこのような労働力構成の変化と労働力需給構造上の不一致にその基本的な原因があるというべきである。

　韓国の賃金構造は政府の労働政策に直接的に多くの影響を受けてきた。1970年代半ばまでの韓国経済は低賃金を基礎とした労働集約的商品の輸出増大を通じ成長と雇用の極大化を図ることができた。しかし持続的な経済発展の結果，1970年代末から賃金が持続的に上昇する等賃金安定基調が揺れると，政府は賃金抑制政策の一環として賃金ガイドライン政策を推進する。このような政府の政策は1987年の労働者大闘争を契機に限界に至らざるをえなかった。1980年代後半の三低好況（低油価，低金利，低為替率）に

よる企業の支払能力の上昇と景気活況による労働需要の増加が合わさって，労働組合は社会的衡平化を要求しながら集中的に賃金引上闘争を展開し，政府としてもそれ以上従来の賃金抑制政策のみに固執しえない状況となったからである。その結果，1987年から1989年まで賃金引上率が年ごとに2つの数字を記録し，それが労働生産性を遥かに上回った。そこで1990年代にはいって政府は不干渉主義を変更し，より直接的に介入していく。企業競争力強化と物価上昇抑制という経済的効率性の観点から一つの数字の賃金引上方針を立てて賃金ガイドライン政策を再び実施し，1992年には総額賃金制を試みる。このような賃金管理政策も労働界の反発で実効をあげることができず，現在は労使自律による賃金交渉が定着しつつある。使用者の人件費節減要求と労働者の生活の質の向上の要求が鋭く争われる賃金問題において開発体制の効率性の論理はもはや全面的に支配することができないということは，韓国の賃金市場で産業民主主義が進歩したものと評価できる。IMF管理体制の下で労働者が賃金削減を自発的に甘受したこともこのような自律決定の原則の経験によるものであるといえる。

　労働運動を規定する基本的変数は労働市場の推移およびそれによる労働者の需要の変化である。20世紀後半まで韓国の持続的な経済成長とそれによる労働市場の拡大と葛藤の増大は労働運動が質的・量的に発展することができる社会経済的な土台となった。しかし，すでにみたように韓国では，外国に比べ政治的変数が多く介在していることがわかる。1987年以前の開発独裁体制の下では，政府が経済的効率性に執着し，多様な労働統制メカニズムを活用し労働運動を抑圧したので，妥協的な姿勢をとっていた韓国労総のみが政府の公式的な対話の窓口として機能していた。しかし韓国労総が労働者の要求を制度的に反映することができず，1970年代からいわば民主組合陣営の萌芽が出て政府と使用者の弾圧の中で組織力を強化し，それが1987年労働者大闘争と1995年の民主労総の誕生を契機に韓国労総と民主労総の二元体制を発足させる原動力となった。政府との協調的関係を維持してきた韓国労総と対政府闘争を主に行ってきた民主労総とでは，組織的側面，理念的側面，労働政策に対する対応様式において大きく異なるが，それらは韓国労働運動の歴史性と特殊性を理解せずに正確に把握することはできない。本章で解放以後の全評と大韓労総の関係および米軍政期の労

働政策を敢えて紹介したことも，そのためであった。歴史的経路の問題はしばらくおいても1987年以来，従来のような露骨な労働統制が緩和された後，両大労総は社会的衡平性を図り，産業民主主義を高める2つの軸として機能している。最近になって使用者が労働の柔軟化戦略に努め労働力需給構造の不均衡が深化され雇用不安の心理が広がっていくことにより，賃金引上闘争に効率的であった企業別体制を脱皮し，政府を相手にした専門的で集中化した交渉戦略を追求せざるをえなくなった。また実際に両大労総は現在，産別体制への組織形態の転換を目標としている。

　このように1987年を前後とした労働市場の急激な変貌と労働運動の急速な伸張で政府は経済的効率性を最優先とする開発独裁型労働関係法をそれ以上維持することができなくなった。しかし1987年以後から1997年労働関係法の大幅な改正までの過程をみると，各争点の固有の法論理によるものというより，当時の政治的環境・労使の力関係・政府の態度等の外部的要因と相俟って，迂余曲折と跛行を繰り返しながら激動の法変遷史をみせた。

　1980年代後半までは労働関係法の改正は政府の政策的考慮から行われたものであったが，その後は労働関係法の改正における主導権が労使当事者に移転する様相をみせた。それは単なる改正手続における参加の拡大にとどまらず，1980年代後半になると立法的解決を必要とする懸案事項に対し立法的要求を提起できるほどに労使当事者の組織化水準が確保された反証でもある。それにもかかわらず，現実においてもまた規範的にも，適合した労働関係法を整備し，労使関係の合理的な規範的規律が可能になるまでには，状況や経験においていまだに未熟であるといえる。

　すなわち，既存の労働組合の指導的な地位を維持させることにより国家の労働統制を図るという労働政策的な考慮から，労働運動の発展によりそれまでの統制の政策基調が揺れざるをえなかった1990年代の後半になって複数組合問題が労働三権の保障という観点から取り扱われるようになったが，依然として事業場単位での複数組合の許容の猶予や交渉窓口の単一化の問題が課題となっている。そして争議行為を制限し禁止する法規定，またはその正当性を厳格な要件の下においてのみ認める判例法理，組合員批准投票の要らない労働協約の締結権限を組合代表者に認める判例法理とそ

れを明文化した法改正,組合専従者に対する給与の支払いを禁止する立法措置等,特に集団的労使関係法の領域では,労働三権の規範的要請よりは労使関係の秩序を人為的に規制しようとする政策的な考慮が,成長段階にある労働側の要求と衝突する現実は根本的に解決されていない。他方,賃金債権に対する保護の強化および最低賃金制の実施,整理解雇の正当性の要件に対する判例法理およびその立法化,就業規則の不利益変更,労働者の集団的同意に対する判例法理およびその立法化は,個別的労働関係法の領域での生存権保護という要請によるものであるが,それに至る過程では,依然として,労働市場における再生産の確保のための最少限度の条件を確保しようとする政策的な考慮が払われている。

要するに労働側は労働運動の伸張により社会的衡平化を図る方向に,他方,使用者側は変化する労働市場に対処するために労働の柔軟化を図る方向に,各々対立している。そのなかで,政府としては,変化している世界経済の状況下での国の競争力の高揚と国際労働基準の遵守という新たな時代的要請に対応しながら,労使の主張を合理的に調整する必要性に直面している。これらが労働関係法をめぐる韓国労使関係の現実である。

したがって現在韓国の労働関係法を理解するためにはこれまでの労・使・政の間の葛藤と妥協の歴史的過程を追跡してみることが必要となる。第2章では沿革的な接近を通じ韓国労働関係法の歴史を概観し,それを土台にして第3章では争点別に分析し,その動態性をみることにする。

第2章　韓国における労働関係法の変遷

第1節　韓国労働法の形成

Ⅰ　米軍政下における労働法制

1　はじめに

　1945年の8・15解放から1948年の8・15大韓民国政府樹立まで、韓国は米軍政の下にあった。この時期の米軍政は政治権力の担当者であると同時に、他方では最も有力な使用者でもあった。日本帝国主義の敗北で日本が韓国から撤退し、米軍政がその財産の大部分を引き受けた。当時労働組合も本来の意味の労働組合であるというより解放後の特定の政治的目的を達成するための闘争団体としての性格が強く、それは左翼か右翼かを問わず一致していた。
　このような理由で当時の'労－使'関係は厳密にいうと'労－政'関係であったといえるし、米軍政の労働政策も米軍政の政治的な意図を実現するための手段としての役割を果たした。したがって米軍政期の労働政策は基本的に政治的性格を強く帯び、当時労働法制もその政策の影響を受けた。特に集団的労働関係法は当時産業別労働組合体制で組織されていた全評に対する対応策として活用されていた。
　この時期に米軍政が制定・施行した主要労働関係法令には、集団的労働関係に関するものとして、法令第19号（1945.10.30国家非常時期の布告による労務の保護）と第34号（1945.12.8労働調停委員会設立に関する件）および第97号（1946.7.23労働問題に関する公共政策公布・労働部設置）が、次に個別的労働関係に関するものとして第102号（1946.9.18未成年者労働保護）と

第121号(1946.11.7最高労働時間)等があった。

2　集団的労使関係法

(1)　法令第19号(国家非常時期の布告による労務の保護)

1945年10月30日公布された法令第19号は,米軍政の労働政策の基本原則を闡明したものである。その背景には軍政施行後2ヵ月間にわたる混乱の原因が生産機関の引受管理運動を主導していた労働組合と朝鮮共産党にあるとみる米軍政の認識があった。この認識に基づき労働組合を民主的な形で統制していく必要性が生じ,そこで労働関係に関する最初の法令である第19号ができた。

法令第19号は,第1条で軍政政策の基本的な方向を明らかにした後,労働者の保護(第2条),暴利に対する保護(第3条),民衆の福利に反する行為に対する公衆の保護(第4条),新聞その他の出版物の登記(第5条),罰則(第6条)等を定めた。

第1条は,'国家的非常時の宣言'(Declaration of National Emergency)という題名で,軍政の目的が日本帝国主義の残存の一掃および朝鮮の再建の促進にあると宣言し,その具体的な方法として,日本人財産の没収,労働者の労働条件の向上,土地の返還,公正な分配,自由市場経済秩序の回復等を提示した。またこの法令は,基本的に冬節期に食糧問題を解決するための臨時的な措置であることを明らかにした。

第2条では,'労務の保護'という題名で労働関係について規定している。この法令の公布当時の内容は次のとおりである。

> 個人または個人の集団として職業を遵守し妨害されることなく勤務する権利は,これを尊重し保護する。いかなる権利をも妨害することは不法である。
> 朝鮮軍政庁は工業生産の中止または減縮を防止することは民衆生活の必要上に不可欠なものである。この目的を達するためには約束と条件に関連する争議は軍政庁に設置された調停委員会において解決し,またそこでの決定は最終的なものであり拘束力をもつ。事件が労働調停委員会に提起され解決されるまで生産を継続し続けるべきである。

法令第19号が第1条についで第2条を設け,そこで労働政策に関し規定

したことは法令第19号の最も大きな目的が労働関係の混乱の解消にあることを表したものである。法令第19号は，右目的の達成のために2つの基本的な方針を規定していたが，それは現在の観点からいうと，争議行為に対する第三者介入行為禁止と強制仲裁であった。以下ではこれらについてみる。

1) 第三者介入行為禁止

米軍政庁司法部が1946年5月6日発令した通牒である'法令第19号に対する司法部の解釈'では，法令第19号第2条で規定している'個人の勤労の権利'とは宣言的なものにすぎないとしながら，これに介入する行為，すなわち争議行為に対する介入は不法であると解している[1]。右通牒によると法令第19号第2条の前段は正当な理由のない解雇または差別的な解雇を禁止した規定ではなく，労働関係の当事者以外の第三者が争議行為に介入することを防止する目的で規定されたものであることがわかる。

---

[1] 南朝鮮過渡政府労働部編『労働関係法令集』(1948年) 附録2-4頁。同通牒によると，法令第19号第2条は，"被雇用者の個別的な解雇を防止する意味はなく，第三者が雇用主と被雇用者間の労働関係に干渉することを禁止する。"また"法令第19号第2条の初めの部分の'勤労の権利'というものは，軍政当局がこの権利を尊重し保護する責任を負うことを意味するという一層総括的な原則を規定している。しかしこの規定はいかなる朝鮮人の個人または団体にいかなる義務を課すものではない"といい労働の権利は宣言的なものにすぎないとしていた。したがって同条項は理由のない解雇または差別的な解雇からの一般的な保護を規定したものではなかった。米軍政庁は，一般的解雇に対しては"法律上被雇用者を理由なく14日前（事情によってはそれ以上）に予告をしてから解雇することができる（民法第627条および第628条参照）"といい，解雇は使用者の自由であることを明らかにした。

しかし他方，"宣告した勤労の権利はあらゆる干渉から保護されるものである。'干渉'とは，介入，参加，その他との関連，仲介等の言葉と同意語である。……個別的労働契約の当事者の行為でなく第三者による勤労の権利の侵害をいう"とし，勤労の権利に対する第三者介入行為を禁止した。禁止される行為態様としては，"ボイコット，監視行為，ブラックリストの作成，商店廃鎖協定"等をあげている。この行為により"'個人または個人集団として職業を遵守'する権利に干渉することはできず，雇用主に政治的，宗教的手段としてその者を解雇するよう圧力を加えることもできない"とした。

しかし雇用関係のない者に対する争議行為への関与の禁止は労働者の労働関係に対する知識と経験のない当時の状況の下では事実上争議行為の禁止を意味するものにほかならなかった。それにもかかわらず右通牒が発表されたことは当時左翼系列の労働組合総連合団体であった全評の積極的な活動にその理由があったといえる。当時全評は産業別労組体制として組織された最大規模の組合であった[2]。法令第19号は産別組合であった全評の個別支部に対する争議支援を禁止することにより全評の企業内の活動を制限し結果的に争議行為自体に対する禁止を狙っていた。このように '直接に雇用関係を結んでいない者の争議行為に対する関与の禁止' は, その後1980年の集団的労働関係法で '第三者介入禁止' という形で復活する。

2) 強制調停の実施

法令第19号の公布当時, 第2条後段は "工業生産の中止または減縮を防止することは朝鮮軍政庁としては民衆生活上必要不可欠なものである。この目的の達成のために約束と条件に対し争議は軍政庁に設置された調停委員会で解決するから, その決定は最終的で拘束力をもつものである。事件が労働調停委員会に提出され解決されるまで生産を続ける" と規定している。しかしそれは法令の英語原文を誤訳したもので[3], 実務において相当の混乱が生じた[4]。その後1946年12月9日付の通牒の '労働組合等に関する質疑応答に関する件' で, "民衆生活上必要不可欠であると朝鮮軍政庁

---

(2) 左翼系列であった全評の組織規模については, 〈表1-3-1〉参照。

(3) この条文の英語原文は次のとおりである。

SECTION Ⅱ. PROTECTION OF LABOR

The right of any individual or group of individuals to accept employment and to work unmolested shall be respected and protected. Any interference with this right is unlawful.

In the interest of preventing suspension or reduction of output in industries which are declared by the Military Government of Korea to be essential to the people's livelihood, disputes arising over terms and conditions of labor will be settled by a mediation board set up by the Military Government of Korea whose decision will be final and binding on all parties. Until the matter is presented to the Labor Mediation Board and a decision is reached, production will continue.

(4) 司法部長に対する1946年5月24日質疑である '法令第19号国語翻訳文訂正に関する件' では, 次のような内容の質疑が交されている。南朝鮮過渡政府労働部編,

が宣布した産業において生産の中止または減縮を防止するために労働契約および労働条件に関し発生する争議は朝鮮軍政庁が設置した調停委員会で解決すべく，またその決定は最終的で拘束力をもつ。事件が調停委員会に提出され解決されるまで，生産は継続されるべきである。"と訂正された(5)。

この規定の趣旨と関連し，米軍政庁は"同条第2項は罷業と工場廃鎖と怠業等に関する制限により朝鮮民衆生活上必要不可欠な産業に対しては罷業または工場廃鎖等による産業の停止，怠業等による生産の減縮の防止のために，労働条件に関する争議の発生においても罷業，工場廃鎖あるいは怠業等を禁じ，事件の解決を労働調停委員会に委任し作業を継続することを命じたもの"であるといった(6)。

いかなる産業が'民衆生活上必要不可欠'なものであるのかに対し，"何の制約もない。軍政庁が朝鮮経済に不可欠であると認定した全ての商業，工業その他の産業に対し裁量で第2条第2項を適用することができる。軍政庁の決定は最終的なものであり法的な判断に左右されない"と答弁している(7)。米軍政庁は法令第19号第2条所定の'民衆生活上必要不可欠な産業'として次の産業をあげる(8)。

  前掲書，附録5頁。
  法令第19号国語飜訳文訂正に関する件（1946．5．24司法部長座下）
  "首題之件1946．5．30付の発布の法令第19号第2条国語飜訳文の中で次の部分は英語原文と一致しないから関係機関に誤解を招く恐れがあり，至急に改正するよう要望する。
  法令第19号第2条中
   '……工業生産の中止または減縮を防止することは朝鮮軍政庁で民衆生活上必要不可欠であるといった……'"
  この質疑に対する直接的な答弁はみられないが，法令第19号の誤訳が実務に混乱を呼んだものと思われる。
(5) 南朝鮮過渡政府労働部編，前掲書，附録34－35頁。
(6) 前掲書，34頁。
(7) 1946年5月6日の法令第19号に対する司法部の解釈。前掲書，附録4頁。
(8) 1946年11月15日の布告第3号，'必要不可欠な公用施設に関する布告'。前掲書，6－7頁。

① 一般公用発電送電に使われる各施設および設備工場，その製作，修繕，保存に関する各施設
② 各鉄道（地方鉄道と市街鉄道を含む），その運行，製作，修繕，保存に関する各施設
③ 一般船舶およびその他船舶と海事施設の製造，修繕，保存に関する各施設（船渠，埠頭，浅橋を含む）
④ 一般トラック，バスその他運輸に関する各施設，その運営，製作，修繕，保存に関する施設
⑤ 各航空機，飛行場，その運転，製作，修繕，保存に関する各施設
⑥ 貯水池，水道給水，送水の施設および設備，その運営，修繕，保存に関する各施設
⑦ 郵便，電信，電話，ラジオ，その他一般通信機関および設備，その運営，修繕，保存に関する各施設
⑧ その他公共施設とその運営，修繕，保存に関する各施設

米軍政庁は上記布告第3号で列挙した事業に限り強制調停の対象とすることができる。しかし上で列挙した事業は当時韓国において実質的に運営されていた工業の大部分を含むものであった。

米軍政庁は'民衆生活上必要不可欠な産業'を自由裁量で設定し，このような産業に対しては最終的・拘束的効力を有する労働調停委員会[9]の決定が出るまでは争議は禁止された。法令第19号の法文上では調停（mediation）という用語を使用しているが，その効力からいうと実質的に強制仲裁（compulsory arbitration）に該当した。そしてこの規定は当時国民には'特定産業'ではなく'全ての産業'における争議行為に対する制限として受け取られた[10]。

---

(9) 労働調停委員会は，1945年10月30日の法令第19号により初めて定められて以後，1945年11月22日の朝鮮軍政庁鉱工局の通牒である'労働調停委員会と労働調停手続'により，その具体的な手続が定められた。そして1945年12月8日の軍政法令第34号の'労働調停委員会設立に関する件'により正式に設置の根拠が設けられた。

(10) この法令は公布される前に予めラジオを通じて重大発表があると予告された。発表は1945年10月30日にソウル中央放送局の当時の民政長官によって行われた

(2) 法令第34号（労働調停委員会の設置）

1) 背景

　法令第2号により日本人の私有財産権を認めていた米軍政庁は世論の反対でこれを変更する。1945年12月6日に公布した軍政法令第33号の'朝鮮内所在日本人財産権取得に関する件'は，日本人の全ての財産およびその収入に対する所有権は公有・私有を問わず1945年9月25日付で朝鮮軍政庁がこれを取得し財産全部を軍政庁が所有すると規定した。その後1945年12月14日発表の官財令第2号の'軍政庁取得の日本人財産の報告と財産の経営，占有および使用に関する件'は，"全ての工業・金融・商業・農業・住宅およびその他の財産または企業は朝鮮軍政庁の管理人の財産管理または……朝鮮軍政庁局課・機関の管理を通じ許可された現行または将来の協定・手続に則して（同管理人の）経営・占有・使用に委任したものとする"（第2条）と規定した(11)。それによって日本人の資産は米軍政庁が任命する管理人に渡された。

　米軍政庁の右政策転換は労働関係構図の全面的な転換を意味するものであった。従来の労使関係上直接の使用者であった米軍政庁の代わりに，米軍政庁が任命した管理人が使用者として登場した。そこで形式的には従来の労働組合，特に'全評対米軍政庁'の対立構図の代わりに，'労働組合対使用者'の対立構図となった。その結果従来は争議行為の直接の当事者であった米軍政庁は一歩後退し，争議行為を調整し解決する地位に変わった。

　　　が，この放送において法令第2条は"労資の間で生ずる全ての紛争は軍政庁が設置した労資調停委員会に仲裁を一任し紛争中であっても仕事を続けること"と説明したこと（国史編纂委員会編『資料大韓民国史Ⅰ』(1968年) 335頁），そして'民衆生活上必要不可欠な産業'としてその対象が特定された時期は本法令が公布された日から1年が経った後であったこと，法令の国文翻訳が誤訳であってその意味が正しく把握されないままに相当の期間が経過したこと，同法令第6条で"本令の規定に違反する者に対する裁判は陸軍占領裁判所が担当し，所定の刑罰に処すること"という罰則条項を規定していること等からみると，一般国民には事実上全ての労働争議が禁止されるものと受け取られたのであろう。

(11) 朝鮮銀行調査部編『朝鮮経済年鑑』(1948年版) Ⅱ-82頁。

法令第34号はこのような状況の変化を反映した法令であった。法令第19号によりすでに労働調停委員会に対し争議行為に対する強制調停権限を附与していたから，その権限と任務を明らかにするために，米軍政庁は1945年12月8日の軍政法令第34号の'労働調停委員会設立に関する件'を公布した(12)。

　2) 内容

　法令第34号によると労働調整委員会の構成，権限および管轄権は次のとおりである。

　労働調停委員会は，中央労働調停委員会と道労働調停委員会に分かれる。中央労働調停委員会は軍政長官が任命する5名の議決委員および1名の議決権のない常任幹事で構成される。軍政庁労務課の将校を顧問とした7名の中央労働調停委員会代表員がそれを補佐した。任期は軍政長官が交替するまでにと規定されただけで特定されていなかった（第1条第1項参照）。道労働調整委員会は道知事が任命する3名または5名の議決委員および1名の議決権のない常任幹事で構成し，さらに地方軍政庁労務官を顧問とする。道労働調停委員会構成員の任期も特定されず道知事が交替するまでにと規定していた。各労働調停委員会の委員長は委員の多数決の投票により選出する。他方，道知事は，所管道内に必要な場合には労働調停委員会を設立することができ，調停委員会官吏，雇員の任命，給料の支払い，停職，解職の権限を有していた（第1条第2項）。

　中央労働調整委員会は，2道以上にわたる労働争議の調停および軍政庁労務課の委託を受けて，その他諸般の労働争議の調停に対する管轄権を有し，道労働調停委員会は所管道内の労働争議の調停に対する管轄権を有していた（第3条）。各労働調停委員会は労働調停委員会の規則，規定を制定，改正することができ，証人の出席，文書その他証拠物の提出を要求し，その要求に違反した場合には処罰し，労働調停委員会の任命または決定を施行するため令状を発令することができる（第2条）。

　同法令第4条では，"労働調停委員会は朝鮮軍政庁鉱工局労務課が規定

---

(12) この法令第34号に基づき労働調停委員会は1945年12月28日に設置された。韓国労働組合総連盟編『労働組合運動史』（1979年）258頁。

第1節　韓国労働法の形成　113

した手続を遵守しなければならない"と規定したが，右の手続を定めたものとしては，朝鮮軍政庁鉱工局労務課の鉱工局告示第8号の'労働調整委員会に関する行政手続'(13)と1945年11月22日の朝鮮軍政庁鉱工局通牒の'労働調停委員会と労働調停手続(14)等があった。

3）　特徴

労働調停委員会の構造と権限からみて3つの特徴を指摘することができる。

第1に，労働調停委員会は，その構成において形式的には軍政庁から相対的に独立的な中立機関としての形態をもっているが，実質的には'顧問'としての軍政庁労務課の完全な支配下にあったということである。それは事件が2つ以上の道にわたる労働争議でなくても軍政庁労務課が"現国の労務政策に莫大な影響を受けると判断される場合，または国の労務政策に重大な先例となると判断する場合"には，顧問と協議の後事件を中央委員会に付することができること，調停の結果が"最終的で拘束力をもつもの"であるといいながらも軍政庁労務課は，道調停委員会の決定に対し決定通告30日以内に道調停委員会または中央労働調停委員会に対し再審を要請する権利を有すること，また争議の発生の時から争議の事実関係または調停委員会の審理の経過および結果等に対し詳細な労務関係報告書を軍政庁鉱工局労務課に提出するよう求めていること等からも明らかである。

第2に，人的な構成面またはその設置の経緯からみても労働争議の中立的な調停機関であるとはいえないということである。労働調停委員会の設置と調停委員の人選作業は日帝支配下にあった満洲国の勤労部を経て，朝鮮総督府勤労部で徴用実務を担当した経歴の朴沢（後に労働部次長）と李大偉（後に労働部長）が担当したが，彼らは総督府勤労部の文書を整理しながら労働調停委員会というアイディアを出して，朴沢がその代表委員となった(15)。調停委員5名の内，金俊淵，金度演，洪性夏等3名は韓民党系であったし，また道労働調停委員会も事情は変わらない。調停委員とし

---

(13)　南朝鮮過渡政府労働部編，前掲書，9-11頁。

(14)　前掲書，附録5-6頁。

(15)　"座談会，大韓労総結成前後Ⅰ"における朴沢の証言。成漢杓「9月総罷業と労働運動の転換」『解放前後史の認識2』（ハンギル社，1985年）366頁。

て任命された朝鮮人は賃金労働者またはそれらの代表者ではなく，委員会委員は事業家，雇用主，知識人等で構成され事実上雇用主協会の性格を有していたので，この機構は制度の目的に合致した運営を行うことができなかった(16)。

第3に，労働調停委員会の行う調停の効力に対しては法令第34号で特別な規定は存在せず法令第19号で定めたところによる効力を有していたことである。法令第19号は，労働調停委員会の調停の効力は'最終的・終局的'であると定めていたし，労働調停委員会の調停は実質的には仲裁 (arbitration) に該当するものであった。

以上のようなことを総合的に考慮すると，労働調停委員会における労働争議に対する調停は事実上米軍政庁による強制仲裁であって，法令第19号から法令第34条までの労働政策の目標は，全面的な争議行為の禁止にあったといえる。

(3) 法令第97号（労働問題に関する公共政策宣布・労働部設置）
1) 背景

法令第19号および第34号による罷業禁止政策は失敗した。急激なインフレと工場解散等により生活が破綻に直面していて自衛手段として罷業を選択せざるをえなかった労働者にとって罷業禁止令は，大きな脅威にならざるをえず，解放政局において爆発的に高揚した社会的雰囲気は法規で統制できるような状況ではなかった。米軍政庁は，労働争議と失業者の急増等の労働問題が激化すると，商務部鉱工局労務課を商務部労働局に昇格させ，失業問題の解決のために全国11ヵ所に公共職業紹介所を設置し，また主要郡・邑・面に職業紹介係を設置し，1946年7月から南韓内の全839,783名の失業者（1946.7.19の商務部の発表による統計）に対して就業斡旋をすることを決定したが，成果をあげることはできなかった(17)。

そこで米軍政庁は，1946年7月23日の法令第97号を公布し，労働局を労

---

(16) Stewart Meacham, KOREAN LABOR REPORT, prepared for The Secretary of Labor by Steward Meacham, Labor Advisor to the Commanding General USAFIK （飜訳本：金錦守『韓国労働問題の状況と認識』（プルピ社，1986年）236頁）。

(17) 趙昌華「韓国労働組合運動に対する史的考察」（東国大博士学位論文，1974年）68-69頁。

働部に格上げさせ，法令第19号で代弁される'労働組合の抑圧政策'から'民主主義的労働組合の奨励政策'にその労働政策を変更した。

'労働問題に関する公共政策公布・労働部設置'という題名の法令第97号第1条は'政策宣布'という標題の下で，次のように規定している。

在朝鮮米国陸軍軍政庁は労働問題に関する公共政策を次のように宣布する。

(イ) 民主主義的労働組合の発展を奨励すること。

(ロ) 労働者は自律的労働組合を通じて労働連合会を組織しそれに加入し，他の労働組合を援助し，または援助を受ける権利があると同時に雇用主とその代理人の干渉を受けず，雇用契約の期間および条件を協定する目的で自己が選出した代表者を指名する権利があること。

(ハ) 雇用契約書において雇用主と労働組合と間で合意した資金，労働時間およびその他の雇用条件を明記した平和的協定を奨励すること。

2) '民主主義的労働組合'の意義

法令第97号でいう'民主主義的労働組合'の意義に対する労働部の通牒[18]は，"民主主義原則に基づいて組織を運営する労働組合を指すものであり，少数または個人の独断または強圧により組織されず，組合員の合意で組織され，組合員全体の支持を受ける組合員全体のための組合で，特定の組合員の独断で運営されることなく組合員合意によって運営される労働組合"をいうとした[19]。すなわち"労働組合の結成，規約および綱領の決定等が少数の個人または団体により一方的に行われてはならず，公開会議で組合員過半数の意見で決定されることはもちろん，全体組合員により公正な選挙により任命された役員が規約により組合業務を執行する労働組合"[20]をいうとした。

---

(18) 法令第97号では'民主主義的労働組合'に対し明示的な定義はない。
(19) 1946年12月9日の通牒の'労働組合等に関する質疑応答に関する件'。南朝鮮過渡政府労働部編，前掲書，附録33頁。
(20) 1947年5月29日の通牒の'労働組合運動の指導に関する件'。前掲書，附録36-37頁。

ところが政治運動団体は，前記民主主義的労働組合から排除された。労働部の通牒は，"労働組合とは本来労働者が労働条件の維持改善その他労働者の地位向上を図ることを目的とし組織される団体またはその連合をいい，政治運動をする団体またはその連合は名称の如何にかかわらず，労働組合として認定することができない"とした[21]。そしてこのように政治運動団体の排除政策は実際には全評のみを対象としたものであった[22]。

他方，法令第97号第1条での民主主義的労働組合の‘発展を奨励すること’とは，"自律的に組織され，また組織される労働組合の路線を民主主義的に発展するよう指導し，それに応じて発展する労働組合に対してはその発展を抑圧または妨げないという趣旨であり，官庁または雇用主が直接または間接に組合組織に関与しないこと"と解し[23]，官庁または使用者による労働組合の介入行為を禁止している。そのため"労働組合が法令第97号第1条に背馳する運動を展開しない限り道（市）は労働組合が所属した連合体が左翼であろうと右翼であろうと問わず，その運動を積極的に

---

(21) 1946年12月9日の通牒の‘労働組合等に関する質疑応答に関する件’。前掲書，附録33頁。他方，1947年5月29日の労働部通牒の‘労働組合運動の指導に関する件’では，"労働組合運動は解放以後発展もあったが，その反面運動が本来の使命を忘れ政治の道具とされ，あるいは思想宣伝の機関化し，いまだに混乱が続いている。労働組合運動がその目的に合致する純粋な運動を行わない以上，産業振興に及ぶ影響は実に憂慮すべきであり，それを積極的に指導し労働組合運動を本来の組合運動路線に復帰させると同時に，この運動を民主主義的に発展させ健全で順調な育成を図る必要がある"とした（前掲書，附録35頁）。

(22) 当時代表的な労働組合である全評と大韓労総は厳格にいうといずれも労働組合であるということはできない。なぜならば政治的目的を主たる目的としていたからである。しかし実際に労働組合としての性格が否定されたのは全評のみであった。1947年5月29日の労働部通牒の‘労働組合運動の指導に関する件’が出された後まもない1947年6月に当時労働部長官の李大偉は"政治色を帯びる労働組合は正当な団体として認めない"という談話を発表し（1947.6.8付の東亜日報），全評系列組合に対しては組合としての性格を否定した。‘民主主義的労働組合’の奨励という法令第97号の政策は結局全評を排除し，その代替勢力として大韓労総を奨励する政策にほかならなかったのである。

(23) 1947年5月29日の通牒の‘労働組合運動の指導に関する件’。南朝鮮過渡政府労働部編，前掲書，附録37頁。

保護すること"という原則の下で,"道(市)は警察が労働組合運動に対し不当な干渉をしないように常に連絡をとり,仮に道(市)の意に反し警察が不当な干渉をする場合には具体的な事実を詳細に報告するよう"に指示した。この指示は当時警察による労働組合運動に対する妨害行為が相当頻繁に発生していたことを表したものといえる。逆に"労働組合が労働運動の限界を超え政治運動その他の法に反し,警察がそれを問題にした時は労働当局は警察のとる措置に対しいかなる干渉もしない"といっていた。

結局,当時労働運動に対する統制は警察を中心として行われ,労働行政当局は間接的な役割しか果たすことができなかったことがわかる。

3) 労働政策の具体的な展開

(a) 労働組合の運営

労働組合の機関または運営に対し法令は特別な規定を定めておらず,通牒により具体的な事項までに指示が行われた。当時軍政庁の命令ないし指示が絶対的な影響力を有していたことを考慮すると,通牒の規定は事実上法令と類似の作用をした。たとえば1947年5月29日の労働部がソウル市長および道知事宛に出した通牒は労働組合主義がとるべき具体的な内容を詳細に指示している。

この通牒では,まず原則論として,労働組合の目的は純粋な経済闘争を目的とする団体として政治運動をしてはならない点を再び強調したのち,組合員の資格と関連し,"労働者とは,肉体労働者と精神労働者の両者を含むものであるが,雇用主の利益のために直接的・間接的に行為する者はこの雇用主側と見做すこと。したがって別個の指示がない限り工場事業長等の係長級以上は雇用主の利益を代表する者と解釈し,組合員になる資格がないものと理解すること"といい,事務職労働者に対しても組合員資格が認定されることを明示している。この通牒で敢えて精神労働者を労働者の範囲に入れた理由は当時事務職労働者の組合加入資格の有無が問題になるほど事務職労働者が労働組合に加入する事例が少なかったからである。また使用者の利益代表者を係長級以上とし,職級を中心に定義している点が特徴的である。

組合活動と関連しては,次のような行為を禁止している[24]。

① 企業主または正当な代表またはその代理人の企業経営の正当な権利

行使に干渉，抑圧または強制する行為，特に被用人の採用，解雇等人事権は企業経営権の一部であり，労働組合がこれに干渉することがないようにすること
② 労働組合に関する集会を勤務時間中に行い，あるいは労働組合事務の遂行のために自己職務を怠る行為
③ 組合の指導者または役員が理由もなく自分が雇われていない工場の事業場に自由に出入りするよう強要する行為
④ 雇用主が雇用主団体，その他の団体に加入し，あるいは加入しないことに対し干渉する行為
⑤ 他の労働組合の設立または発達を，暴行，脅迫で阻止し，または阻止しようとする行為
⑥ 組合員の資格を主義，思想またはある団体員であること，あるいは団体員でない者に制限する行為

要するに組合活動に対する経営権の優位を明らかにし，組合活動は事業場外・労働時間外にのみ可能とし，組合活動の範囲を限定した。特徴的なものとして労働関係のない組合役員に対する事業場への出入り，他の労働組合の設立を阻止し，あるいは妨害する行為，組合員資格を制限する行為を禁止することにより事実上労働組合の不当労働行為規定をおいていることを指摘できよう[25]。

他方，使用者の禁止行為としては，①被用人が労働組合員になることを理由に，または職場における自己の職務遂行に影響を与えず労働組合の職務を遂行することに干渉する行為，②労働組合の設立運営に干渉する行為，特に使用者が労働組合に対し財政その他援助する行為は労働組合運動の本質に反するものであり不当である，③ある労働組合の組合員になるよう，あるいはある労働組合に加入しないこと，もしくはそれを強要する行為等をあげている。今日の観点からみると，不当労働行為に該当する事項を列挙しているものといえる。

---

(24) 前掲書，附録37－38頁。
(25) この内容は，政府樹立以後1949年の社会部労働局の労働組合法草案にそのまま受け入れられた。

(b) 労働協約

まず労働協約の定義に対し，"労働協約とは，労働者団体の統制の下にある労働者と企業主との間で成立した労働関係の規範の創設を目的に，当該労働者団体と企業主（企業主が企業主団体の統制の下にある場合には企業主団体）との間で締結される労働協約をいい，この協約の内容は，(i) 雇用期間，賃金，労働時間等に関する規定のように当該労働関係を規律する規範と，(ii) 争議の解決を調停機関に委託する義務または協約違反に対する制裁等その規範の実施の確保のために当事者が遵守する義務に関するものとに大別"した(26)。

労働協約が'規範'としての地位を有していること，その内容は労働条件に対する規範的部分と当事者間の権利義務を定めた債務的部分を定めていることは今日の労働協約に対する理解と本質的には変わらない。労働契約との関係を明らかに設定していないが，'規範'としての地位を有していることから強行的な効力または補充的な効力を認めていたと思われる。

次に，労働協約の締結単位に対し通牒は次のように指導した(27)。

① 協約締結単位は特別の指示のない限り工場事業場等職場単位とし，産業別その他の単位にしないこと。

② 一つの職場に雇用主と労働協約が締結できる労働団体は一つの団体に限り，その団体は当該労働協約単位になる職場に従事する労働者の過半数を代表すること。

③ 労働協約の期間は当分の間6ヵ月を超えないよう指導すること。

ここで注目されるのは，まず産業別労働協約の締結を禁止し企業別労働協約の締結を強制していることである。産業別労働協約の締結を禁止することは当時産業別に組織されていた全評に対する牽制策であり，逆に企業別に組織された大韓労総に対する支援策として理解することができる。それは企業別労働協約体制が韓国で形成された契機は企業経営上の必要または労働者の要求によったものというより当時軍政庁の政治的な選択による

---

(26) 南朝鮮過渡政府労働部編，前掲書，附録39頁。

(27) この通牒は，韓国で企業別組合体制および企業別協約体制が確立される契機になったといえる。

ものであったことを表す(28)。
　(c)　代表的労働組合の選挙
　労働協約の締結主体である労働組合は従業員の過半数を代表することを要し，米国と類似の排他的交渉代表制を採用した。従業員代表選出の手続の原則に対しては次のように規定したが(29)，選挙主体は行政官庁であった。
① ある職場内に協約締結の代表になる資格があると主張する労働者団体が2つ以上存在し，雇用主として労働者団体と協約を締結することが困難な場合には従業員の代表者を選任するために秘密投票を実施すること。
② 右秘密投票の実施の必要があると思われる場合には予めその事由を当機関に申し出ること。
③ 道（または市）の協力の下で当機関が直接施行し，あるいは道（または市）が単独に実施するが，その決定は上申のある時に指示すること。道（または市）が単独に労働組合選挙を実施する際の取扱いの要綱に関しては別途に指示すること。

この原則により道（または市）が主管する選挙手続に対し，労働団体選挙の実施要綱では非常に詳しく規律した(30)。

---

(28) したがって"米軍政の労働関係法令は基本的に労働者保護立法に限られていたから，労働組合に関する立法措置をとらず集団的労使関係の安定化を制度的に図ることまでにはいかなかった。この点は戦後日本のGHQの労働政策と大きく異なるし，民主的労働組合結成の勧奨と自主的団体交渉の誘導，労働争議への警察の介入禁止等，産業民主主義を育成する方向に強力に進展した対日労働政策に比べると，米軍政の対韓労働政策は極めて初歩的なものであったと言わざるをえない"という評価（金元重「韓国労使関係の変遷と構造的特質」『韓国労使関係の展開と現状』（法政大学大原社会問題研究所（大原社研）編，総合労働研究所，1997）9頁）には賛成できない。労働関係法令が労働者保護立法に限定されていたことは明らかであるが，集団的労働関係に対しては米軍政は法令による直接的な規律でなく軍政庁の労働部の通牒を通じた間接的な規律を試み，その後それが韓国労働関係法に事実上そのまま受容されることにより一定の規範力を有していたものと解することが正確であろう。
(29) 南朝鮮過渡政府労働部編，前掲書，附録39-40頁。

3　個別的労働関係法

　個別的労働関係を規律する労働保護法は集団的労使関係法に比べてその数においても相対的に少なく，また重要とされなかった。この時期には何より失業が最も大きな問題の一つであったことから就業中の労働者に対する保護はそれほど重視されなかった。しかも最低労働条件の保障のための経済的な土台が未熟であり，その実効性に疑問があった。

　この時期に成立した最も重要な労働保護法として法令第102号（1946.9.18未成年者労働保護法）と法令第121号（1946.11.7最高労働時間法）をあげることができる。

　まず未成年者労働保護法は，(i) 12歳未満の児童の雇用を禁止すると同時に14歳未満の少年，16歳未満の少年，18歳未満の少年に対し各々一定の身体健康上有害な事業または非道徳的な事業への就業を禁止すること，(ii) 18歳未満の少年の雇用期間が6ヵ月を超えないこと，(iii) 18歳未満の少年に対する午後7時から午前7時までの夜間労働の禁止等を規定した。同法令はその他にも雇用許可制，身体検査制，教育附与等の規定を詳細に規律していた。また同法令と関連した米軍政庁の行政指針も非常に詳細であり労働者保護的性格を有していたが，同法令および関連行政指針の実効性には疑問があった[31]。

　次に最高労働時間法は，(i) 1日に8時間労働制の確立，(ii) 1週に48時間労働制，(iii) 労使の協定により週60時間まで延長できるが，48時間を超える時間に対しては賃金を基本給の15割以上支給すること，(iv) 法定公休日を有給休暇とし，8時間の基本給を支給すること等を主要な内容として規定した。時間外労働手当の算定において算定基礎となる基本給料は基本給に限らず'賃金その他の手当を合算したもの'と解し，各種の手当もこれに含まれると解釈された[32]。政府職員に対しても事務職を除外した者

---

(30)　1947年8月25日の通牒の'労働団体選挙実施要綱に関する件'．前掲書，附録44-50頁．

(31)　1947年12月4日の労文第615号の'法律第4号未成年者労働保護法第15条で規定された職務遂行状況報告の件'．前掲書，附録27頁．

(32)　1947年1月4日の'法令第121号第2条内容照会に関する件'．前掲書，附録18-19頁．

に対してはこの規定を適用すること，宿直・日直，その他の監視・警備等断続的または監視的業務に対しても時間外勤労手当を支給するとした点は注目される[33]。他方，'誠実な執行的・管理的または専門的な職場に従事する被用人'（第3条ウ号）は同法令の適用から除外された[34]。

以上の労働保護法に関する法令は当時の経済状況または実態からみてその実効性には疑問が大きいものであったが，この時期の労働保護法で提示した労働条件の相当部分はその後制定された勤労基準法上の基準に受容された。

II 憲法と労働関係法の制定

1 制憲憲法上の労働基本権

1948年7月17日に制定された大韓民国憲法は，第17条と第18条において，全ての国民の勤労権と，労働者の労働三権および利益均霑権とを各々規定した。

(1) 憲法第17条（勤労権）

制憲憲法第17条第1項は"全て国民は勤労の権利と義務を負う"と，第2項では"労働条件の基準は定めるところによる"と，第3項は"女子と少年の勤労は特別な保護を受ける"と各々規定している。この勤労権条項は制憲国会で最も議論の多かった部分である[35]。

---

(33) 1947年6月13日の労文第208号の'法令第121号（最高労働時間）運営に関する件'。前掲書，附録20-21頁。

(34) この意味について，米軍政庁は"執行的，管理的，専門的部門において事務，業務，人事，物品，労務，科学または学問技術等はもちろん，統轄権，指揮権，責任性と自由裁量権と独立判断権等が認定される全ての誠実な雇用人を総称する。例示すると社長，頭取，部長，課長級以上である"と解釈した（1946.12.23の'法令第121号第2条中超過時間に対する支払金額産出と同第3条ダ号意義および法令112号第4条，第5条運営に関する件'）。前掲書，附録17-18頁。

(35) 第2読会において金東俊議員は第17条の前に"国は国民に職場を与える義務を負う"という条項を入れることを提案した。国は国民に職場を与える義務を規定することにより国民は勤労の義務を課すことができると主張したが，それ

議論の多くは特に勤労権の意義についてであった。それに関し制憲憲法草案を事実上作成した兪鎮午氏は、"第17条で創設される勤労の権利と義務は憲法上の権利と義務である。したがってこの憲法上の権利と義務を実際の生活において具体的に主張しようとするものであったならばそれを具体化した法律が制定されなければならない。"と説明した(36)。これに対しては、"それでは憲法第17条の権利と義務は道義的な権利と義務と解すればどうか？"との質疑があったが、これに対し兪鎮午氏は、"道義的な権利、道義的な義務というならば憲法に制定する必要は何にもない。したがって道義的という言葉は抜いて憲法に勤労の権利と義務を負うと規定することにするが、それだけで具体的な権利と義務が創設されることにはならないと解釈される"と答えている(37)。

他方、第17条に対しては、勤労利益の配分に関する規定がないことをあげ反対する議員もいた(38)。この反対論と同時に労働者の企業参加と利益均霑を保障する修正案が提出され、国会で激烈な論争を呼んだ。本来この修正案は第17条に対して行われたが、結論的には第18条に加える形となった(39)。

(2) 憲法第18条第1項（労働三権）

制憲憲法第18条第1項は、"労働者の団結、団体交渉と団体行動の自由は法律の範囲内で保障する"と規定した(40)。そして国会の本会議でこの団体行動の自由には罷業の自由を含むものと議決された。

当時韓国では労働者と農民が全体国民の7－8割を占めていたし、労働者よりも農民の方が多かった。そこで労働三権が農民にも保障されるものなのか否かに対する質疑があった。兪鎮午氏は"この第18条でいう'勤

は否決された。国会図書館立法調査局『憲法制定会議録：制憲国会』(1967年) 449頁。

(36) 前掲書、142頁。
(37) 前掲書、142頁。
(38) 前掲書、246－247頁参照。
(39) 修正案をめぐる論議については後述。
(40) 憲法起草委員会で国会本会議に上程された草案には第18条は第1項のみであった。これに対して本会議から何の異見もなく拍手票決で可決され通過された。

労'とは都会の労働者をいうものである。しかし農民といっても農民組合を結成する権利は第18条により保障されるものといえる"と答えた[41]。

労働三権の法的性格に対し，兪鎮午氏は労働者の団結，団体交渉と団体行動の自由は自由権の特別な種類とみるべきである。しかし憲法上の自由権は，信仰および良心の自由，学問芸術の自由を除いては法律以前のものではなく法律により認定されるものといい，自由権の一種とみた。さらに兪鎮午氏は"本項の自由は'法律の範囲内で'認定するものであり，法律によらずそれを制限することができないという憲法上の他の自由よりもその許容する範囲が厳格であることは特に留意する必要がある"といった[42]。当時労働三権は生存権的性格を有する特殊な性格を有する権利として把握されず，他の自由権に比べてその制限の範囲が広い自由権に属するものと理解されていたことがわかる。

労働三権の保障は財産権の保障（第15条）[43]とともに憲法上の労使関係の基本的なルールとして考えられた。

(3) 憲法第18条第2項（利益均霑権）

憲法第18条第2項は，"営利を目的とする私企業においては労働者は法律の定めるところにより利益の分配に均霑する権利を有する"とし，いわば利益均霑権を規定した。

(a) 利益均霑権の導入の過程

労働者の利益均霑権は本来憲法起草委員会が提出した原案には含まれて

---

(41) 国会図書館立法調査局，前掲書，143頁。それは当時農民の数が圧倒的に多く，また国会議員の職業分布図においても農業が圧倒的に多い状況（43％）の下で農民の存在を無視することができなかったからである。当時制憲法上の労働者概念の解釈と関連し労働者という概念を農民までに含む勤労大衆のような概念と同様に解釈するのか，それとも賃金生活者に限って解釈するのかに対する問題提起が制憲過程であったことは注目に値する。

(42) 兪鎮午『憲法解意』（一潮閣，1959年）84頁。

(43) 財産権に対し，兪鎮午氏は"財産権は絶対的なものではなく法律によりその内容を定め，また法律によりその限界を定めることができ，その法律の許容する限界内で財産権は許容されるという規定である"と説明した。国会図書館立法調査局，前掲書，147頁。

いなかった。しかし第2読会の過程で労働者の企業参加と企業利益の分配を含む2つの修正案が提案された。このうち，文時煥他18名・チョジョンスン他12名・カンウクジュン他11名の3案を総括したものが第1案であり，チョベンハン他10名の修正案が第2案である。

　第1案は，第17条第1項を"全ての国民は勤労の権利と義務を負い，労働者は労資協助と生産増加のために法律の定める範囲内で企業の経営に参加する権利を有する"に修正し，同条第3項に"企業主は企業利益の一部を法律の定めるところにより賃金以外の適当な名目で労働者に均霑させなければならない"ことを加えたものであった。この案の提案理由として労資協助をあげたが，それは当時の状況では産業の復興がなによりも重要であり，そのためには労資協助が必須的であり労働者の企業参加と利益均霑が保障されなければならないという論理であった。この論理は当時同修正案に賛成した多くの議員が主張した論理の延長線上にあるものであった。

　第2案は，第17条第2項を"労働条件の基準は法律の定めるところによる。ただし労働者は利益配当の均霑権を有する"に修正したものであった。そしてこの案に対する提案理由も労資協力であった⁽⁴⁴⁾。

　上記の2つの案は激論の後，結局チョベンハンの第2案が条文の位置と文句が修正される程度で可決された⁽⁴⁵⁾。その結果，労働者の企業参加権は削除され利益均霑権のみ採択された。

(b)　利益均霑権保障の背景

　利益均霑権が憲法上の権利にまで保障された根本的な理由は，当時韓国の産業の大部分を占めていた日本人財産，いわば帰属財産の処理問題と米軍政下で活発に行われていた労働者自主管理運動にあった⁽⁴⁶⁾。それは帰

---

(44)　前掲書，457頁。

(45)　在籍180名，可91名，否88名，棄権1名。本来チョベンハン案は，第17条第2項で利益均霑権を挿入するものであったが，第3読会で利益均霑権の条文羅列問題，すなわち第17条第2項から第18条第2項に移すことの緊急飜案同意をチョベンハンが受け入れ若干の文句を修正し，結局第18条第2項で制憲憲法上の利益均霑権を規定することで可決された。

(46)　利益均霑権導入の背景には，第2次世界大戦以後全世界的に労働者の権益保障に努めた状況で一定の影響を受けたものがあった。終戦直後制定された各国

属財産を無主物とみて無主物を先占する法理により処理することには，帰属財産が当時韓国経済で占める比重が高すぎたからである。他方，社会主義下の北朝鮮のような国所有でない以上，労働者，使用者の一方がそれを所有することを放置することはできなかったのである。

　その認識には進歩政治勢力のみならず保守政治勢力も同感であった。'帰属財産法案対策大韓労総全国闘争委員会声明書'によると，韓民党を中心とした右翼陣営が米ソ共同委員会に提出した答申書の中には，土地は農民に分配すること，企業は資本本位の旧制度を廃止し，労働・資本・技術を同等の資格で企業に参加させ全ての権益を均霑することを明記した。その後，民族代表者大会当時の右翼陣営は選挙共同綱領において，農地は農民に分配すること，労働者の企業参加と権益均霑を約束した(47)。

　しかし韓民党の答申書と右翼陣営の選挙綱領に含まれていた農地分配と企業参加および権益均霑の中で農民に対する農地分配は，憲法草案に規定されたが，労働者の企業参加と権益均霑はそれに含まれていなかった。国会の読会過程において労働者の企業参加と利益均霑権を保障することの修正案が提出されたのは，それに対する問題提起ともいえる。すなわち兪鎮午が参考とした米国憲法とドイツ憲法ではみられない利益均霑権という独特の制度は結局韓民党の答申書の中に由来したものであった。

　(c)　利益均霑権の内容と意義

　利益均霑権の適用範囲は'営利を目的とする私企業'であった。したがって営利を目的としない私企業に対しては利益均霑権は認められなかった。そして公企業に対しても利益均霑権が認定されなかった。その理由については"国または公共団体が経営する公企業は営利を目的とするものではなく公益を目的として経営するものであり，この企業体の利益は当然に国民全体に均霑されるべきであるからである。特に鉄道，通信等独占的な公企業の使用料金は一種の税金的性質を有するものといえ，企業の利益はその

　　の憲法は，社会民主主義的理念を相当反映していたし，この動きは銭鎮漢の発言からもわかる。

　(47) 1949年11月15日の労働者農民報（金基遠『米軍政期の経済構造：帰属企業体の処理と労働者自主管理運動を中心に』（プルンサン，1990年）287頁から再引用）。

企業に従事する労働者にも均霑するのでなく国民全体に均霑しなければならない。さらに最初から国の収入を目的として経営される煙草，紅蔘等の専売事業においては，その利益は企業利得というより国民の納税収入というべきであり，事業の利益をそこに従事する労働者に分配することは全く成り立たない"と説明された[48]。

次に利益均霑権の法的性格について兪鎮午氏は，"事実は財産的価値を内容とする私法上の請求権の一種"[49]であるといいながら，労働者はこの請求権の確保を国に主張できると説明した。すなわち使用者に対し直ちに利益均霑権の実現を主張しうるものではなくそれが実現できるよう国がその義務を履行するよう請求しうるものにとどまる[50]。

利益均霑権は憲法に規定されたが，その実現可能性については早くも憲法施行当時から疑問が提起された。また実際に利益均霑権を具体化する法律が制定されなかったから憲法上利益均霑権は実効性がなかった。ただし以後の憲法改正過程で労働団体は一貫して利益均霑権の憲法上の規律を要求したことからみて，その精神はその後の韓国労働法制と労使関係の理念等に相当影響を及ぼしたといえる。

ところが，この利益均霑権条項は第2共和国憲法まで維持されたが，1962年12月26日の第3共和国憲法の改正時削除された。

2 労働関係法の制定

韓国の労働関係法は，1948年7月17日の憲法制定以後，1949年6月の労働組合法案提出から始まり4年余の期間において，いくつかの案が提出・廃棄される等の過程を経ながら，1953年に制定された。1953年3月8日には労働組合法と労働争議調整法および労働委員会法が，同年5月10日には勤労基準法がそれぞれ公布され（以下各々'労組法'，'労争法'，'労委法'，'勤基法'という），韓国の労働法の現代的体系が作られた。

---

[48] 兪鎮午，前掲書，85頁。
[49] 前掲書，85頁。
[50] 私法上請求権性を認定しながら対私人的効力は否定する矛盾的な立場をとったことからみても，利益均霑権の法的性格の把握に混同があったことがわかる。

以下においては労働関係法制定以前に提出されていた1949年と1951年の労働組合法草案等について概略的にみた後，1953年に成立した4つの労働関係法の主要内容についてみる。

(1) 1949年と1951年の労働組合法草案等

1) 1949年の労働組合法草案と利益均霑法草案

1949年6月，政府は労働組合法案（'社会部労働局案'）を国会に提出した。1949年の社会部労働局案は現在原案が消失され詳しい内容は知られておらず，新聞資料を通じ大略的にみるしかない(51)。草案の主要内容は次のようである。

(ア) 労働組合は企業経営と労働者の公民的自由権に干渉できない。

(イ) 労働組合は労働者に対し組合への加入，不加入を強制できず，また組合に対する加入を……本来労働条件に関係のない条件であって制限できない。

(ウ) 労働組合は雇用主の企業団体および政治・宗教団体等への加入または不加入を強制することができない。

(エ) 労働組合は政党または社会団体に隷属されてはならない。

(オ) 雇用主は労働者および労働組合に対し労働組合を組織しそれに加入することを干渉しまたは制限し，あるいは差別待遇をしてはならない。

(カ) 雇用主は政治的な理由で，組合員の除名，あるいは財政的援助または選挙等労働組合の活動に影響を与える行動をしてはな

---

(51) "労働部は勤労大衆の権限を拡大伸張し，その生活の向上・発展を保障する労働法令の制定・実施のために法律案を立案する中で，完璧なものになるよう草案の検討を慎重に行っている。……労働組合法や労働争議調整法等も制定・公布しようと考え，すでに案を作成し関係機関と協議を行っているところであり，まもなく全法令が発表されると思われる。解放以後朝鮮において勤労大衆の政治的社会的地位が大きいことを考えるとこれから法的擁護と保障が必要であり民主主義的理念の下で朝鮮実情に相応する法令が公布・実施されることを期待している"（勤労者の権益擁護・労組法，争議調停法を近いうちに発布，労働部と組合幹部との対談，1946.11.19付東亜日報）。

らず，また正当な組合代表者の誠実な労働協約の締結要求を拒絶し，あるいはそれを怠ってはならない。
（キ）　政府事業体以外の公務員は労働組合を結成し，あるいはそれに加入することができない。
（ク）　労働組合は経済的目的以外の政治的，宗教的，社会的運動に参加することができない。
（ケ）　雇用主または雇用主の利益を代表する者は，労働組合を結成することができず，また雇用主は労働組合の経営に補助金を支援することができない。

　この草案は，経済的理由以外の争議を厳格に禁止すると同時に，政治活動はもちろん，社会的活動に対しても強く制限している。また組合に対する経費支援または使用者の支配干渉および影響を与える行為に対して制限を加えることにより不当労働行為を規制しているものと考えられる。米軍政庁労働部の各種の通牒で規定していた内容の一部は大韓民国政府樹立以後にも一定の影響力を有していることの反証でもある。

　他方，利益均霑権に対しても利益均霑法を制定しようとしたが，その主要内容は次のとおりである[52]。
（ア）　労働者は自己の代表を選出し，その帰属する事業体の経理に対する監査を要求することができる。
（イ）　経営主の利益総額決定および配当比率は法律で定める。
（ウ）　労働者に対する利益配当は労働者の勤続年限，賃金，地位を考慮し決定する。
（エ）　利益配当は決算期ごとに現金支払い，銀行預金，養老年金等で支払う。

2）　1951年の法案

　1950年の6・25朝鮮戦争の勃発で，1949年の労働組合法案に対する論議は進まず，1951年になって3つの法案が提出される。1951年4月29日の趙光燮・林基奉案（以下'趙・林案'という），1951年6月8日の社会部労働

---

[52] 勤労大衆利益擁護労働組合利益均霑法等不遠制定，1949. 1. 28付東亜日報。

局案，そして1951年6月8日の社会保健委員会案の提出がそれである。その中で趙・林案は社会民主主義的立場に，社会部労働局案（1949年案を包含）と社会保健委員会案は相対的に保守的立場に各々立ったものであった。

趙・林案は提案理由として，"現政勢は資本階級が形成されずまた国家権力と結び付くものでもなかった。ただし貧富・身分の差別のない民主主義実現という憲法精神の下で新しい国作りをしている。そこで正当な労働組合運動を弾圧するには，どのような理由もない"との状況認識下に，"労働運動（中略）を社会秩序の破壊とみて，これを'カムフラージュ'し刑法により弾圧することは，わが国のとるべきことではないと考える"とした。さらに"少数のために国法を悪用して多数国民を犠牲にし，国を損なってはならない"[53]と警告した。

同法案は第2条で労働組合運動を"弾圧・拘束・妨害する一切の法令は適用しない。ただし暴力および破壊の手段をとることは労働組合運動として認められない"と規定し，第10条で'集会，同盟罷業，怠業，工場廃鎖等有利な行為をする自由'[54]の認定等全体的にほとんど完全に近い罷業権を認定し，また集団的労使関係法でも，最低賃金制の実施等をも含んでいた。

他方，社会部労働局案および社会保健委員会案では，労働組合の欠格要件を厳格に規定し，あるいは行政庁の干渉を強化する等の方法で，労働者の権利を制限する姿勢をとった。

(2) 労働関係法の制定

1) 立法の経緯

1950年の6・25朝鮮戦争が勃発するや否や，韓国は国家的危機に直面する。戦争によるインフレと産業施設破壊による失業者の激増等，経済的混乱および李承晩当時の大統領の再選のための憲法改正と関連した政治波動が社会的混乱を加重していた。当時の労働運動は戦時という状況的限界とともに李承晩政権の反労働組合的態度と労働運動抑圧策，大韓労総の御用

---

(53) 同法案の提案理由，国会事務処『議案文書第』8巻参照。

(54) 前掲書参照。

団体化，組合指導者の派閥闘争等，複雑な原因によりその勢力が弱体化した。しかし1951年以後生活苦の加重，政府と企業家の労働者に対する不当な待遇の増加等で労働争議が増えた。この中でも1952年の朝鮮紡織争議は大韓民国政府樹立後最も熾烈で規模の大きかった争議であったが，それは労働者の連帯意識の高揚，韓国の労働法制定を促進させるものであった。

そこで労働者が自分の利益と地位の向上のために活動することができる法的根拠を要求し，労働行政当局または国会議員も国難の克服のために労働法制定の必要性を痛感した。大韓労総の委員長を務めた銭鎮漢議員が1952年11月20日に提出した，労組法，労争法，労委法を優先的に提出し審議することの緊急動議案を契機とし[55]，1953年に民主的労働運動の基礎となる労働関係4法が制定された[56]。

労組法は社会保健委員会案を元に1952年1月23日に第15回国会本会議で修正議決・通過され，労働委員会法は政府案を元に1952年1月27日に，労働争議調整法は社会保健委員会案を元に1952年1月31日に，それぞれ修正議決・通過され，1952年3月8日に公布・実施された。勤基法は金用雨議員他45名の提出案を元に1953年4月15日に本会議修正議決・通過され，1953年5月10日に公布され，公布日から90日後に施行された。労組法，労争法，労委法の各施行令は1953年4月20日に大統領令で公布された。

2) 主要内容
(a) 勤労基準法

制定勤基法は，労働条件の最低基準を定めることにより労働者の基本的生活を保障し向上させることに目的をおいていた（第1条）。その主要内容は次のとおりである。

まず法律で定めた最低労働条件の基準に達しない労働契約の無効化（第

---

(55) 大韓民国国会事務処『国会速記録』第29号2－4頁。
(56) 1952年第1回追加更正予算案審議が終了された直後，労働関係法案を提出することを内容とする銭鎮漢議員他32名が提出した緊急議案は在席105名の中で可73票，否0票で可決されたが，その会期中には処理されず，第15回定期国会で優先的に審議，通過された。大韓民国国会民議員事務処『国会10年誌』（1958年）213頁。

20条)，男女の差別待遇禁止（第5条)，賃金の保護（第36条以下)，労働時間の1日8時間・1週48時間制（第42条第1項)，毎月1日の月次有給休暇制（第47条)・年次有給休暇制（第48条)，災害補償制（第78条以下）等が規定された。

次に雇用終了等と関連して，'正当な理由なく解雇，休職，停職，転職，減俸その他懲罰をしてはならない'（第27条第1項）と規定し，解雇において正当の事由を要求した。その他使用者が労働者を解雇する時には30日分以上の平均賃金を労働者に支給しなければならず，2年以上継続労働した労働者に対しては勤続年数1年に対し30日分を，勤続年数10年以上の場合には10年を超える1年に対し60日分を前項の日数に加算することを内容とする解雇手当制度を設けた（第28条)。

時間外労働と深夜労働に対しては通常賃金の100分の50以上を加算し支給しなければならないが（第46条)，休日労働に対しては加算制度をおいていなかった。休日は週休日以外の法定公休日も有給休日として規定した（第45条第1項)。

女子労働者に対する保護と関連し，生後1年未満の幼児を有する女子労働者の請求がある場合には，1日に1回30分以上で2回の有給授乳時間を与えなければならないと規定した（第61条)。

勤基法の実効性確保のために勤労監督官制をおき，違反行為に対しては原則的に罰金刑に処するとし，強制労働禁止と暴行禁止との違反に対してのみ1年以下の懲役に処することができるとした（第107条)。その他，常時10名以上の労働者を使用する事業場を設置，移転，変更する場合には危険防止に関する勤基法またはこの法に基づき発する命令で定める計画書を工事着手14日前までに社会部に提出すること（第73条第1項)，社会部が労働者の安全と保健上必要と認める場合には工事着手の中止または計画の変更を命ずることができること等（第73条第2項）の安全保健に関する規定をもおいた。

制定勤基法の主要内容は，当時の欧米先進諸国のそれと比較してみても優れていて，今日の勤基法の内容とそれほど差はない。当時韓国の実情では受容できるほどの経済的与件または各事業場の実質的能力が成熟しておらず，法の規定内容と現実とは相当の乖離があった。もちろん当時におい

てもこの点が充分に意識されており，'あるべき現実'を指向する法規範としての地位はもっていたといえる。

(b) 労働組合法

制定労組法は，"憲法に依拠し労働者の自主的団結権と団体交渉権および団体行動権を保障し，労働者の労働条件を改善することにより，経済的・社会的地位向上と国民経済に寄与すること"に目的があった（第1条）[57]。制定労組法は第1章総則，第2章労働組合，第3章労働協約，第4章罰則の4つの章で構成されていた。

第1章総則では，労組法の目的とともに労働組合の定義（第2条），労働組合の欠格要件（第3条），労働者（第4条）および使用者（第5条）の定義をそれぞれ規定していたが，その内容または規定形式は現行労働組合および労働関係調整法のそれと本質的な差はない。

労働組合に関する第2章では，労働組合の自由設立主義を明らかにし（第6条），労働組合設立の申告をした時に労働組合が成立したものと見なす規定（第11条第3項）があり，以後の労働組合の設立と関連する法規定に比較してみると労働組合の自治を重視する立場をとっていたといえる。特筆すべきは第10条で不当労働行為を規定していたが，不利益取扱いに関する事項を規定したのみで，その他の団体交渉の拒否または支配介入に関する規定はなかったことである。特に不当労働行為救済手続に関する規定を欠く罰則規定（第43条）を以てその実効性を担保しようとする直罰主義を採択したことは注目される。

他方，労働組合の運用と関連しては設立に関する規定と比較し，国の介入の余地が多く，第13条では組合規約が法令に違反し，あるいは公益を害する場合には行政官庁が労働委員会の議決を得て，その取消または変更を命ずることができ，それは労働組合決議に対しても同様であった（第19条）。さらに労働組合が法令に違反し，または公益を害した場合には行政官庁が同一の手続を経て解散を命ずることができる制度（第32条）等，広範にわ

---

(57) 社会保健委案は，第1条に団体行動権の規定はなかったが，銭鎮漢議員の修正案に採択されて挿入された。大韓民国国会事務処『国会速記録』第9号1－6頁。

たり国の介入を許容した。

　労働協約に関し規定している第3章では，交渉権限（第33条），労働協約の規範的効力（第38条），一般的拘束力（第40条），地域的拘束力（第41条）等今日の法律規定と同様の内容を規律していた。ただし特徴として，まず，労働協約締結拒否を組合に対しても禁止し，使用者またはその団体が労働協約の締結を要求する場合には労働組合は正当な理由なくこれを拒否し，あるいは懈怠しないことを規定していたことを指摘できる（第34条第2項）。さらに労働組合が労働協約の締結を拒否し，または懈怠した場合にも罰則規定をおき（第43条），労働組合の不当労働行為を認めるような構造をとっていることは注目される。次に，労働協約の単位と関連するものとして，第35条は"労働協約締結は工場，事業場その他の職場を単位とする"と規定し，企業別協約を強制していることである。これは米軍政期の労働政策の影響を直接に受けたものであり，それに対しては当時にも批判があった(58)。

　第4章での罰則の特徴は，全て罰金刑であることであった。不当労働行為を含む労組法上各種義務の履行を自由刑ではなく罰金刑のみに依存することにより，刑罰の威嚇力は相対的に低い方であった。この時期の組合活動ないし組合運営に対する国の介入は主に規約の変更命令等行政官庁の命令によって行われた。

　(c)　労働争議調整法

　制定労争法は，憲法に依拠し，労働者の団体行動権を保障し，労働争議を公正に調整し産業平和を維持することをその目的とした（第1条）。その主要内容は次のとおりである。

　まず，争議行為の当事者と関連し，労働組合のみならず使用者もその主張の貫徹のために争議行為をすることができる（第5条第1項）。使用者が職場を閉鎖する場合には行政官庁と労働委員会に対する報告義務以外には特別な要件がなく，いわば'攻撃的職場閉鎖'も可能であった。

　次に，争議行為の保護と関連し，正当な争議行為に対し労働者に不利益な取扱いをすることができず（第10条），争議行為により使用者が損害を蒙

---

　(58)　金振雄「労働運動と労働法」『思想界』（1960年9月）93-95頁。

るとしても労働組合または労働者に対し損害賠償を請求することができないこと（第12条），争議期間中の拘束禁止（第13条）等，争議行為の保障のための諸制度をおいた。また代替労働の禁止も明示的に規定した（第11条）。

　また争議行為の制限と関連し，争議行為中の暴力行為の禁止（第5条），保安施設における争議行為の禁止（第6条），組合員の直接無記名投票により過半数の賛成で決定されない限り労働組合の名義で争議行為をすることができないこと（第8条），争議行為の実施において組合員全体の過半数の賛成を要するのか，それとも投票に参加した組合員の過半数の賛成を要するのかが明らかではなく，'労働組合の名義'で争議行為をすることができないと規定した趣旨が明らかでなかった。

　争議調整手続と関連して，行政官庁の斡旋（第15条以下），労働委員会の調停（第19条以下）および仲裁（第22条以下）等の手続を規定し，斡旋または調停が失敗した場合に限り争議行為を認めるというういわば斡旋調停前置主義をとった（第7条）。公益事業としては運輸事業，通信事業，水道・電気またはガス供給事業，医療または公衆衛生事業等4つを列挙していた（第4条）。これらの事業に対しては強制仲裁が許容されるようになっていた。その他，今日の緊急調整制度と類似するものとして，政府が国会の同意を得て，その事業停廃が国民経済を危なくし，あるいは公衆の日常生活を脅威する事業を1年以内の期間に限り公益事業として指定することができる制度（第4条第2項）をおいた。当時は公益事業といっても斡旋調停を経ない限り争議行為をすることができなかったから強制仲裁の問題は提起されなかった。

　最後に，本来の社会保健委員会案第6条第2項では全国的規模の争議行為禁止条項をおいたが，これは国会本会議の中で削除された[59]。第5条の公務員に対する争議行為の制限と第8条の労働組合の名義使用制限規定は国会本会議で多くの論議が行われたが，議決・通過された[60]。

---

(59) 『国会速記録』第16号，5－12頁。
(60) 『国会速記録』第16号，4頁；『国会速記録』第18号，7－9頁。

(b) 労働委員会法

制定労委法は国民経済の発展と労働行政の民主化を図り、労使関係の公正な条件を確保するために労働委員会を独立的機関として設置することをその内容とした（第1条）。

労働委員会は労・使・公益の三者の同数代表で構成し、組織は中央と地方の労働委員会とし、特別の必要がある場合には一定の地区または事項に関し特別労働委員会を設置することができる。委員任命権者は中央労働委員会の場合には大統領、その他の委員会の場合には主務部長官であった。委員会は法律の定める事項の審査決定権、労働争議の調停および仲裁権、労働条件の改善に関する建議権等の権限を有していた。委員会法は政府案を基本として修正通過されたが、政府案中の労働委員会の委員身分は公務員とするとの規定（第9条）は削除され、また第11条の委員会召集権者に関する規定は修正された。特に委員会構成原理に対しては修正案が多く提示されたが、最終的には政府案が通過された[61]。

III 生成期の韓国労働法の特徴

米軍政期の労働法制は体系的に形成されたものでなく事案ごとに場あたり的に制定・運用された。したがって法律としては完全なものであったとはいえず、過渡期的な性格を有するものであったといえる。

米軍政期の労働法制および労働政策の最も大きな特徴として指摘できるのは政治的な色が濃いということであろう。それは当時相当の勢力を形成していた全評の勢力の拡散を防ごうとしたのである。すなわち当時の労働法制と労働政策は労使関係を規律することにその目的があったというよりもむしろ朝鮮半島における軍政政治の道具として機能していた。

しかし、それはその当時においてはやむをえないことであったといえる。すなわち集団的労使関係の展開のための産業の基盤が全く形成されておら

---

[61] 労・使・公益委員の比率を6：3：3とする案と、2人以上の公益委員が同一政党または社会団体に属することを禁止する、趣旨の規定を新設しようとする案等があった。

ず，政治的空白状態や解放の中で，新たな政治秩序を形成しなければならなかった時代的な特殊性があったからである。このような状況の下で労働運動は政治運動を指向し，それに対応する米軍政庁の政策の目的も主に政治的なものにならざるをえなかった。米軍政庁は当時の経済水準において労働保護法の水準も，分断の過程にあった北朝鮮の労働条件との対比から自由ではなかったことを勘案すると，個別的労働関係法も政治的性格が強かったと評価することができよう。

1953年制定の労働関係4法は，韓国労使関係の現実または外国法制に関する綿密な調査・研究により作られたものではなく，米軍政期の労働政策の下で形成された法的慣行の一定の部分を受容しながら基本的な枠組みは日本の労働関係諸法を受容し，形成したものであった。したがって韓国の労働法も日本の労働法と同様に全体的な法体系，特に労働契約および労働協約に対する法理論的な面においては，大陸法的基礎の上に米国労働法上の制度を受け入れる混合的な制度であった[62]。

先進資本主義国の場合と同様に労働者階級の自覚と資本家に対する抗争の結果として，また労使間の妥協の産物として労働法が制定されたのではなく，貧困の拡大とそれによる社会・政治的混乱の惹起により，国が社会不安の除去の予防措置として，そして労働運動の方向提示と限界の設定の必要性から制定された[63]。したがってその後数次にわたる改正作業はやむをえないものであったといえる。

当時の集団的労使関係法はその後の集団的労使関係法に比べて，労働組合の自由設立主義，労働組合の対内的民主性と対外的自主性の確保，協約自治，自衛的調整の原則，自由な争議権の行使等を内容とする自由主義的労使自治主義をその基盤とした集団的自治に比較的充実した立法であったと評価できる。

---

(62) 米国式制度から承継したものとしては，不当労働行為制度，労働争議に対する冷却期間制度，労働委員会による調整制度等があった。金亨培「韓国労働法の変遷」『韓国の労働経済』（文学と知性社，1980年）267頁。
(63) 李炳泰「労働法改正の方向」『考試界』（1964年4月）141-143頁。

この原理に充実した立法ができた基本的な理由は手続の面では国会により主導されたことにある。労働法制はその立法過程では，利害当事者の立場が何らかの形で反映され，立法が変質され，あるいは歪曲されざるをえなかった場合が多かった。しかし労働関係法を制定する当時は労働法の意義に対する利害関係当事者の理解の欠如，戦争中という特殊的な状況等があり，国会が中立的な立場にたち独立的に法を制定することができた。政府の独自の案もあったが，それよりむしろ国会の独自の労働法案を中心に法が制定されたことは当時の政治的力学構図と関係があるといえる。何より以後の集団的労使関係法に比して集団的自治という原則に充実した立法ができたことは注目に値する。

他方，個別的労働関係を規定した勤基法はその構成または体制は，今日のそれと本質的に差はなく，当時の基準からみても決して低い労働条件ではなかった。しかし現実的実効性は事実上なかったと思われる。この時期の勤基法は指向すべき現実を予め規定した理想型としての性格を有していたと評価できる。

そこで生成期の韓国労働法は，'形成'されたという意味をもつだけであって，その内容上効率性を高める役割を果たし，あるいは社会的衡平化を図る役割を果たしたとはいえない。特に1953年の制定労働法は憲法上の労働基本権の精神を反映する内容を含んでいたが，それはあくまでも名目だけにとどまり，実効性はない法制であった。こういう意味で時代を先行した先進的な内容が法制上に受容できたという逆説も成り立つといえる。

そこで当時の労働関係法がこのように名目的な性格のみを有した理由を整理してみよう。第1に，大陸法系の日本法を体系的には継受したが，韓国では労働法制の物的土台である労使関係が形成されていなかったこと，第2に，現実的利害当事者である労使間の対立がなくむしろ中立的であった学者等が中心になって理想型のモデルを設定することができたこと，第3に，その当時の冷戦体制の政治的状況の中で，北朝鮮に対する体制優越的な地位を占めるためには，'制度のみであっても'完璧なものを作らなければならないという競争要因が作用したこと等をあげることができる。

第2節　効率性の指向（1961−1986年）

1961年から1986年までの韓国労働法制の大きな特徴は経済発展のための効率性の極大化の手段として労働法制が改正・運用されたことである。この時期に労働法の両軸である労働保護法と集団的労使関係法は極端に対比して展開していく。労働保護法において上からの（top-down）保護はこの期間中に一度も後退したことがなかった反面、集団的労使関係法において労使自治は持続的に後退する様子をみせた。

I　効率性指向の整地作業（1960年代初め）

1　背景と展開過程
(1)　労働団体の再編

1961年の5・16クーデターで政権を握った軍事政権は1961年6月6日に国家再建非常措置法を制定・公布し憲法の効力を停止させた[64]。労働関係法も1961年5月22日の政府布告令第6号により効力が停止された。全ての政党および社会団体の解散命令により既存の労働組織は強制的に解体され、1960年4・19民主化革命を契機に組織された韓国労働組合総連盟（以下'韓国労連'という）も強制解散された[65]。以後、1961年8月3日公布の'社会団体登録に関する法律'により労働団体が社会団体の一種として登録が許容され（同法第2条第1項）、同日に公布された'労働者団体活動に関する臨時措置法'により労働組合は制限された範囲内で活動を再開した。

'労働者団体活動に関する臨時措置法'は、第3条で労働組合を設立しようとする時には行政官庁に申告しなければならず、行政官庁の適格の審査により申告証を交付し、"労働組合は申告証の交付を受けた時に成立す

---

(64)　第2共和国の憲法は国家再建非常措置法に違背しないかぎりにおいてのみ効力を有することになる。

(65)　辛仁羚『労働基本権研究』（未来社、1985年）69頁。

る"と規定した。これにより労働組合法上の自由設立主義は放棄され，事実上設立許可主義に近い形で運用された。この法を通じて政府主導による労働組合の組織体系の再編が行われた。

　労働組合の組織体系は政府の施策により，1961年を起点に全国を単位とする産業別組織に再編された。政府も韓国労働団体再建委員会により，1961年8月30日に韓国労総が結成された。産別組合への組織体系再編と労組法の改正により労働組合の組織率は1963年を起点として継続して増加した。

　それにもかかわらず当時の産別体制は労働運動または資本主義の発展段階により展開されたものではなく政府主導によって行われたものであり，産業別組合の名目にもかかわらず実際には企業別組織 (66) を維持していたから，事実上産業別連合形態であった点でその限界があった。

(2)　憲法上労働基本権条項の改正

　軍事政権は労働組織の再編とともに新たな労働政策の展開を模索した。特に意欲的な長期経済開発計画の立案とともに経済発展の原動力でありその核心的推進勢力となる産業労働力の育成・開発および産業平和の確立に重点をおいた労働政策を推進した。

　政府は1962年12月16日に憲法を改正（以下 '第3共和国憲法' という）し，労働基本権に関する条項が修正・補完された。第3共和国憲法では，勤労の権利に対しより積極的に規定する一方，労働三権の法律留保を削除し，現実に合わない労働者の利益均霑権条項を削除した。そして従来の国家公務員法，教育公務員法等実定法規を通じて規制していた公務員の団結権・団体交渉権・団体行動権を憲法の中に規定し制限した。

2　労働関係法の改正内容

　第3共和国政府（当時国家再建最高会議）は憲法改正の前後に各種の労働関係法を全面的または部分的に制定・改正した。まず勤基法を一部改正

---

(66)　団体交渉も依然として企業別に組織された支部，分会において行われたし，労働組合はこれを統一的に遂行する能力を有していなかった。

第 2 節　効率性の指向（1961 − 1986年）　141

(1961. 12. 4) し，ついで労組法と労争法を全面的に改正 (1963. 4 . 17)⁽⁶⁷⁾ した⁽⁶⁸⁾。特に集団的労使関係法の改正は'経済開発５ヵ年計画'の推進過程で既存の対立的・闘争的労使関係が妨げになることを政府が憂慮したからである⁽⁶⁹⁾。

　その他政府は職業安定法・船員法・産業災害補償保険法・職業訓練法等をそれぞれ制定・改正し，経済開発に必要な総合的な労働力確保ないし人材開発を図った。経済発展のための新たな労働政策を効果的に遂行するために従来の保健社会部労働局をも労働庁に改編・昇格させた。

(1)　勤労基準法 (1961. 12. 4)

　改正勤基法において注目すべき内容として次の２つがあげられよう。

　一つは，法定退職金制度の新設である。以前の勤基法第28条でも'解雇手当'を規定していたが，これは一般的な解雇の場合に解雇手当を支給す

---

(67)　両法は1963年12月７日に再び一部改正された。

(68)　この改正は，労働法または労働運動に対する政府の関心を高めたほか，労働者の法意識を向上させ，また使用者には労働法の認識を高揚する契機ともなったという評価もあった。沈泰植「労働法改正の問題点」『司法行政』(1964年２月) 63頁。

(69)　他方，1970年１月１日には外国人投資企業体において労使関係の安定を図ろうとし，'外国人投資企業の労働組合および労働争議調整に関する臨時特例法'を制定・公布した。この法によると米貨10万ドル（当時韓貨4800万ウォン相当）以上が出資した電気および電子・化学・油類・製鉄および金属・機械・繊維・窯業・輸送および観光事業において労働組合の設立が制限され（第４条），労働争議に対し強制仲裁に回附され（第５条・第６条），労働三権が本質的に制約された。同日には輸出自由地域設置法も制定・公布され，輸出自由地域内の入住企業体に従事する労働者の争議および争議調整に関しては，労働争議調整法上の公益事業に関する規定を適用するようにした（白在鳳「政府の労働政策と労働運動の相関関係」『韓国労働運動の歴史と展望』(1985年) 311頁）。これは輸出主導型の国の経済政策の下で，外国資本の誘致を促進するという理由で，労働者の基本権である団結権と争議権を制約する立法であった。経済成長という目的の達成のために衡平性を失った代表的な立法であったといえる。この法は1986年になって，'その間の経済成長によりこの法が制定された当時とは労使関係の現実が大きく変化し，外国人投資企業の保護が現行労働関係法によっても可能である'という理由で廃止された (1986. 5 . 9 法律第3819号)。

る内容であって(70)、実質的には退職金と解する余地もあった。しかし両者の関係は充分に解明されていなかった。ただし就業規則等により退職金を支給する場合、これとは別に法定手当である解雇手当を請求することができるのかという問題があった。これに対し判例は、就業規則等により退職金が支給され、その支給率が解雇手当の支給率を上回る場合には支給される退職金の中で法定手当である解雇手当が含まれる形で支給されたものと解することができると判示しただけであった(71)。しかし改正法は両者の関係を明らかにした。旧法では解雇手当の支給除斥事由(72)が規定されていたが、それは新設された法定退職金とは異なる。結局新設の法定退職金制度は旧法上の解雇予告手当と退職金をそれぞれ法定手当と規定し、両者の区分を明確にした点で意義がある。

　もう一つの特徴は勤基法の違反に対する罰則の強化である。旧法では1年以下の懲役または1万ウォン（1953年2月16日の貨幣改革以前の旧貨幣単位）以下の罰金であった罰則を最高5年以下の懲役または50万ウォン以下の罰金に大幅にアップする一方、罰則を加えることができる使用者の違反行為を追加した。たとえば正当な理由なく労働者を不当に解雇した使用者に対しては、旧法では罰則規定をおいていなかったが、改正法では2年以下の懲役または20万ウォン以下の罰金に処せられることとなった(73)。

---

(70) 解雇手当の支給率は勤続年数が2年以上である労働者には勤続年数1年に対し30日分以上の平均賃金、勤読年数が10年以上である労働者には10年を超える勤続年数1年に対し60日分以上の平均賃金であった。

(71) 大法院1964．7．23．64ダ44解雇手当金；大法院1965．4．22．65ダ99解雇手当。

(72) 労働者の責めに帰すべき事由があり、あるいは天災事変その他やむをえない事由で事業を続けることが不可能となり、それについて社会部の認定を得て解雇する場合には解雇手当を支給しなくてもよいとした。

(73) 改正法は全般的に労働条件の基準を高く調整するとともに罰則も強化することにより高くなった労働条件の実効性を確保する枠組みを作った。しかし実際には正反対の結果となった。経済水準に比して高すぎる法定勤労基準を遵守することは使用者にとって事実上不可能であったし、法違反に対する行政監督もほとんど行使されず、法違反に対する罰則の適用はほとんど行われなかった。この事情は勤基法が制定された後しばらく続いた。それにもかかわらず罰則が高く調整されたことは非常的な手段により政権を掌握した当時軍事政権の抑圧

その他の改正事項として，平均賃金を計算する際に必要な算出基礎日を'総労働日数'から'総日数'に変更し，その算出の金額が通常の賃金より低い場合にはその通常賃金額を平均賃金とするという内容を新設し（第19条第1項および第2項），勤基法制定当時に導入の際に議論のあった解雇予告制度（第27条の2）を新設した。また賃金等の金品清算期間を7日から14日に延長した（第30条）。旧法にはなかった休日労働に対する割増賃金制度が新設され（第46条），有給休暇の積立使用または分割使用の期間を1年間とした（第47条第2項）。労働時間および休息時間の特例規定を新設した（第47条の2）。産後の有給保護休暇期間は30日以上確保されなければならないと規定した（第60条第1項但書）(74)。

(2) 労働組合法（1963. 4. 17）

改正労組法(75)は，労使関係改革委員会（以下'労改委'）による法改正で，労組法と労争法が統合され，1997年3月13日の労働組合および労働関係調整法が成立するまで，韓国において労働組合と関連した法規制の基本

的性格と無関係ではない。その後も非常的な法改正の際に刑罰は持続的に強化された。しかし依然として実効性のある処罰が厳格に執行されず，刑罰の脅威により勤基法を守らせることは事実上期待することができなかった。

(74) 勤基法に関する限り，全般的には労働者の労働条件を向上させる方向で法が改正されたと評価することができる。これに対し，使用者団体である商工会議所は現実に適合しないことを理由に再改正を要求した。すなわち手工業ないし加工業の規模の中小企業は法の圧力により工場閉鎖に直面していたし，有給休暇に勤基法上の月次有給休暇まで与えると法定公休日を含み年間80日の休暇を与えることになり，それを改正すべきであると主張した。8時間労働制に対しては非機械化を理由に12時間の労働制を，1日3交替制に対し2交替制を，解雇30日前予告制度に対し解雇後労働委員会の認定制を，退職金支給規定に対し退職金積立および保険制を提案し，生産の増強と雇用増大の理由として18歳以上の女子労働者に対する年間150時間の時間外労働の上限に対し，年間520時間の延長を提案した（朴玄採「"光復後韓国労働運動の展開過程―史的概念とその反省』『韓国労働運動の歴史と展望』（1985年）236頁）。しかし，この要求は受容されなかった。

(75) この法は，1963年12月7日に労働庁の新設等により再び一部改正されたが，大きな変化はなかった。

的な枠組みが作られた。

　この法は，特に複数組合禁止に関する法規制をおいたこと，産業別労働組合体制の前提の条項を新設したこと，労使協議会に対する法的根拠をおいたこと，労働組合の運営に関する規制の強化等においてその特徴がみられる。

1)　複数組合禁止条項の新設

　改正労組法は労働組合の定義規定で消極的要件を追加した。制定労組法で規定していた事項[76]の他に第5号を新設し，"組織が既存の労働組合の正常的な運営を妨害することを目的とする場合"は，労働組合としての欠格事由に該当すると規定した（複数組合禁止条項）。欠格事由に該当する労働組合は設立申告証を交付されないことはもちろん，労働組合という名称も使用できず労働争議の調整と不当労働行為の救済申請をもできない（第15条および第7条参照）。

　この複数組合禁止条項は今日までに韓国の労働法改正の中で最も議論の多かったものであり，それが導入された背景は，当時，韓国労総の組織分裂様相による混乱を防止し，韓国労総の立場を強化しようとするところにその狙いがあった[77]。複数組合禁止条項は労働組合運動を産別とし中央集権的体制の下におき，競争的組合の出現を禁止することにより労働運動

---

[76]　制定労組法は第3条で労働組合の欠格要件について，"1．労働組合が使用者または通常その利益を代表し行動する者の参加を許容する場合，2．労働組合が経費支出において主に使用者の援助を受ける場合，3．労働組合が共済，修養その他福利事業のみを目的とする場合，4．労働組合が労働者でない者の加入を許容する場合"と規定した。

[77]　当時韓国労総の設立過程から排除された過去韓国労連勢力は，ソウル，仁川地域を中心に組合を組織し，韓国労総が組織した部門または企業で第2組合を結成し始めた。1963年3月10日の労働節に政府代表が韓国労総記念式に参加している時に韓国労連は別途の労働節記念式を行う等，活発な組織活動を展開していた。趙昌華「韓国労働組合運動史」東国大学博士学位論文（1974年）580-582頁参照。当時韓国労連は政府から設立許可を受けていなかったが，韓国労連の勢力の拡張により政府としては労働組合の組織体制を産別に転換させ労働運動に対する統制を容易にしようとする構図に支障が生じた。このような背景の下で複数組合禁止条項が制定されたのである。

を容易に統制しようとすることにその目的があった。

2) 産業別労働組合体制を前提とした規定の新設

労働組合の組織形態に関し旧法は何の規定も持たなかったが，改正法は全国的規模の単一組織形態の指向ないしそれを前提とする規定を新設した。すなわち労働組合を設立しようとする時には設立申告書に'傘下労働団体の名称と組合員数'も記載し，全国的規模の労働組合の傘下支部は行政官庁に申告しなければならなかった（第13条第１項第５号および第３項）。また規約の必要記載事項として，'全国的規模の労働組合の傘下支部が労働協約の締結または労働争議の当事者となる場合には，これに関する事項'をおいた（第14条第11号）。臨時総会の召集は傘下労働団体の３分の１以上が会議の召集を要求した時には可能であった（第26条第２項）。全国的規模の労働組合の傘下支部の代表者にも交渉権限を認定し（第33条第２項），全国的規模の労働組合の傘下支部が争議行為を行う時には当該支部組合員の直接無記名投票による過半数の賛成のほかに，所属労働組合の承認を得なければならなかった（労争法第12条）。

その趣旨は判例によっても承認された。連合団体が傘下団体として認定しないとの通牒があったが，それが労働組合に対し解散命令を下す根拠の一つになれるとの裁判例もあった[78]。

1963年12月７日の改正労組法には，労働組合管理機関を労働部長官と地方自治団体の長に分離し，全国的規模の労働団体は労働庁長に，地域別または企業別労働団体はソウル特別市長・釜山市長または道知事に提出しなければならなかった（第13条）。また200名以上の組合員を有する労働組合の場合にのみ組合の代議員会を構成することができ，200名以下の組合員を有する労働組合の場合にも一定の条件の下で代議員会をおくことができるとし（第20条第２項），また不当労働行為の救済申立期間を６カ月から３カ月に短縮した（第40条）。

3) 労使協議会設置の根拠作り

改正組合法により労使協議会を設置することができる規定が新設された。同法第６条は"使用者と労働組合は労使協調に基づき産業平和の維持のた

---

[78] 大法院1969．5．13．68ヌ163。

めに労使協議会を設置しなければならない"と規定した。しかし具体的な内容は規定せず，労使協議会の構成または地位機能等は明らかではなかった(79)。そして改正労組法第33条第4項は"労使協議会の代表者は第1項の規定による団体交渉の代表権の委任を受けたものとみなす"と規定し，労使協議会が団体交渉権まで有し，労働組合と労使協議会が競争的関係になる可能性があった。

4) 労働組合の設立と運営に関する規制の新設

改正法は，旧法上労働組合の会計監査を3ヵ月に1回受けるとしたことを6ヵ月に1回に緩和した（第25条）ものもあったが，組織の設立と運営に対する行政官庁の介入規定を多く新設した。

まず，労働組合の設立と関連し，旧法上の申告時の成立規定（第11条第3項）を削除することにより労働組合の成立時期を解釈に委ねた。しかし軍事政権が初期に公布した'労働者の団体活動に関する臨時措置法'により，労働組合の設立申告を行政官庁が審査し行政官庁により交付される設立申告証の交付を受けた時に労働組合が成立したこととみるという規定により，労組法が改正された後にも同様に運用された。結局，旧法とは異なり，労働組合は行政官庁から設立申告証の交付を受けた時に成立するものとされ，労働組合設立申告に対する行政官庁の実質審査が行われた。後述のように判例もこの観点から規律していたから，この事実上の許可主義は1997年法により改正されるまで30余年間は慣行として維持されてきた(80)。

---

(79) その趣旨を産業別組合体制への再編成により事業場内従業員の代表機構としての性格を与えることを目的としたものとみることはできない。企業別組合が産別組合の支部，分会の形を事実上残していたから，当時産業別組合体制は実質的な産業別組合体制とみることができなかったし，企業ないし事業場での別途の従業員代表組織を達成する必要性がそれほど大きくなかった。したがってこの法の下で労使協議会の設置に関する規定が定められ，労使協議会が実定法体系の中に包摂され，労働組合と競争的組織として活動することができる根拠が作られた点で評価する方がより妥当であろう。

(80) "創立総会で設立決議を終え事実上団体活動をしている団体であっても，これを労働組合法上の労働組合とはいえない"という判例（大法院1969.12.23.69ヌ100）が代表的事例である。このような立場は，その後も維持されている（大法

次に，労働組合の活動と関連し，組合の政治活動を禁止する規定を新設した（第12条）。それによると労働組合は公職選挙に際して特定政党を支持し，あるいは特定人物を当選させるための行為をすることができず，組合員から政治資金を徴収することができないのみならず，労働組合基金を政治資金に流用することを禁止した。

また組合員の3分の1以上の要求のある場合には労働組合の代表者は臨時総会または臨時代議員会を召集する義務があることを明示した(第26条)。

5) 不当労働行為制度の具体化

改正法は不当労働行為制度に関し具体的な規定（第39条－第44条）を新設する一方，"労働組合が当該事業場に従事する労働者の3分の2以上を代表している時には労働者がその労働組合の組合員になることを雇用条件とする労働協約の締結"は，不当労働行為に該当しないとし，いわばユニオン・ショップ協定の効力を認定する規定をおいた（第39条第2号但書）。

(3) 労働争議調整法（1963. 4. 17）

労組法とともに改正された労争法の特徴として，争議行為に対する規制の拡大と労働委員会の労働争議に対する適法審査権の附与等を指摘することができる。

1) 争議行為に対する手続的制限の拡大

改正労争法では争議行為に対する手続的制限を拡大した。

第1に，上級労働団体の争議行為承認制を導入し，組合支部の争議行為の開始手続が厳格化された。旧法は争議行為の過半数投票制（第12条第1項）のみを規定したが，全国規模の労働組合の傘下支部が争議行為をする時には過半数投票の手続以外に所属している労働組合の承認まで得なければならないという手続が追加された（第12条第2項）。

第2に，労働争議が仲裁に回附され冷却期間（一般事業20日，公益事業30日）が経過しても労働争議が解決されなかった場合には，その期間の終了後20日間争議行為が禁止された（第31条）。そして公益事業に対しては関係当事者の意思とは関係なく行政官庁の要求または労働委員会の職権で仲裁に回附されることができ（第30条第3号），公益事業に対する争議禁止期間

院1979. 12. 11. 76ヌ189)。

が延長された。

　第3に，公益事業の範囲も拡大された。公益事業には，運輸・郵便・専売および造幣事業，水道・電気・瓦斯および国にその損益が直接帰属する油類事業，公衆衛生および医療事業，証券取引所および銀行事業が含まれている。

　第4に，緊急調停制度が新設され，"保健社会部長官は争議行為が公益事業に関し，あるいはその規模が大きくその性質が特別であって著しく，また国民経済を害する国民の日常生活を危なくする危険が現存する場合には，緊急調停の決定をすることができる"とした（第40条）。緊急調停が決定されると争議行為を中止しなければならず，公表日から30日間は争議行為が禁止された（第41条）。緊急調停が決定されると中央労働委員会は調停を開始し（第42条），調停が成立する可能性がないと認定される場合には仲裁に回附することができる（第43条，第44条）。

　以上のように争議行為の手続的要件が強化されることにより，労働者が合法的な争議行為をするためには従来に比べてより多く制限されることとなった。

　2）　労働争議に対する労働委員会の適法審査権

　改正法のもう一つの重要な内容として労働委員会に対し労働争議の適法審査権を附与したことをあげられる。

　旧法では労働争議が発生した時には関係当事者は遅滞なく行政官庁と労働委員会に報告する義務を負うことに止まったが（第14条），改正労争法によると労働争議が発生した場合には行政官庁および労働委員会に'申告'しなければならず，労働委員会は労働争議の申告があった時には遅滞なくその適法与否の審査を行い，労働争議が適法ではないと判定した時にはこれを却下し，争議行為は禁止される（第16条）[81]。

---

(81) 労働委員会の労働争議適法審査権と関連し，労働委員会法も改正された。公益委員の数を3名ないし5名に改正し，労働者委員および使用者委員の数より公益委員の数が多く，常任委員に関する規定を新設し（第6条ないし第7条の3），地方労働委員会または市別労働委員会に対し事務処理の基本方針と法令の解釈に関し必要な指示をすることができ，その権限を中央労働委員会に附与した（第17条）。その他に公益委員のみが行使できる権限に属する事項を旧法は労

このような改正に対しては改正当時から批判が強かった[82]。
　すなわち行政官庁からの独立性が保障されていなかった労働委員会に対し労働争議の適法与否の判定権限を認定し、その後の集団的労使関係の発展に否定的な影響を与えた。ところが1973年3月13日の労争法の改正においては上の判定権限が労働委員会から行政官庁に移管され、その危険はより大きくなった。そこで労働委員会ないしは行政官庁の上の判定権限の根拠となっていた労争法の根拠条項が1987年11月28日の労争法改正において廃止され、それについて1988年4月15日の労争法施行令改正で労働委員会に対し調停の対象ではない場合にはその理由と、別の解決方法を提示するという内容に改正されて、判例もこれを確認した[83]。それにもかかわらず、このような争議行為に対する事実上の制限として機能した根本的な問題点はいまだに解決されていない。

II　効率性指向のための再編（1970年代）

1　維新体制の成立

(1)　国家保衛に関する特別措置法による労働基本権の制限

　韓国労働法制はいわば維新体制の成立によりまた激動の時期を迎える。維新体制は朴正熙当時の大統領の3選許容のための改憲によって触発された政治的危機を打開し朴正熙当時の大統領の長期執権体制の構築を目的として形成されたが、すでに維新体制が成立する前に発効した各種非常措置は戦時国家的な立法の下で憲法上の基本権を制限し、または禁止する内容

　　働委員の決議により定めることとしていたことを法律の中に具体的に規定した（第20条）。
(82)　詳しくは、金烱光「労働法改正とその適用範囲―争議の適法判定と緊急調停制度を中心に」『企業経営』（1965年8月）51頁；沈泰植「労働法改正の問題点―労働争議の事前適法与否審査制度を中心に」『司法行政』第5巻第2号（1964年）等参照。
(83)　"労働委員会が……原告の右申告を一度受理し返戻したとしてもその申告行為自体には何ら影響を及ぼすものではないことは明らかである"とする下級審の判決がある（ソウル高法1990. 6. 21. 89グ14269）。

を含んでいた。1972年12月27日の憲法改正（以下'維新憲法'という）後の労働関係法の改正は非常措置の内容を具体化する方向で行われたから労使自治を毀損する深刻な規定を多数含んでいた。

政府は3選改憲に反対する示威等による政治的危機の打開のために1971年10月15日に衛戍令，1971年12月6日に非常事態をそれぞれ宣布した。そして1971年12月27日に'国家保衛に関する特別措置法'を制定・公布する。同法は大統領に非常大権を与え国家安保のために憲法上の基本権を制限することができるとした'超憲法的な'法律であった。

国家保衛に関する特別措置法は非常事態の下で労働者の団体交渉権または団体行動権の行使は予め主務官庁に調停を申請しなければならず，その調停・決定に従わなければならないとし（同法第9条第1項），憲法上の労働基本権の行使を事実上禁止した。また大統領は国家安保を害し国家動員に支障をもたらす国の機関・地方自治団体と国営企業体・公益事業に従事する労働者および国民経済に重大な影響を及ぼす事業に従事する労働者の団体行動を規制するために特別の措置をとることができるとした（同法第9条第2項）。同法により労組法と労争法は事実上その機能が中止されたといえる。

従来の産業別労働組合を通じた国の間接的な労働統制が，国による直接的な統制に転換した。労働庁はこの特別措置法の施行のための労働庁例規第103号の'国家非常事態下の団体交渉権等調停業務処理要領'を発した。それによると団体交渉をするときには当事者が特定できる事項，調停の対象となる事項，当事者の主張および理由を記載した団体交渉調停申立を主務官庁に提出し，主務官庁は調停申請があった場合に申請書を受理した日から30日以内に調停を決定しなければならず，調停が決定されたときにはその内容・効力発生日・履行期間・その他の必要な事項を明示した調停決定書を関係当事者に送達し，関係当事者はこれに従わなければならず，それに違反した者は1年以上7年以下の懲役に処せられる。行政官庁の内部的業務処理指針にすぎない行政例規により団体交渉権の本質が侵害された。

(2) 維新憲法の制定と労働関係法の改正過程

1972年12月27日に維新憲法が公布された。維新憲法は労働関係に対し前述のような国家保衛に関する特別措置法第9条の内容を基本的に受容した。

第2節　効率性の指向（1961－1986年）　151

　これにより団結権をはじめ労働基本権は法律の定める範囲内で保障され，公務員と国・地方自治団体・国営企業体・公益事業体または国民経済に重大な影響を及ぼす事業体に従事する労働者の団体行動権はこれを制限し，あるいは認定しないことができる。

　維新憲法の具体化のために非常国務会議の議決により1973年3月13日に労組法，労争法および労委法が改正された。また1974年1月1日の大統領緊急措置第3号の内容を反映し，1973年12月24日には勤基法とともに労組法と労争法が再び改正された。1975年にはこのような法改正に従って，各法の施行令も改正された。その他船員法（1972.2.5），職業安定法（1974.12.24），産業災害補償保険法（1973.3.13，1976.12.22，1977.12.19）がそれぞれ改正され，また職業訓練基本法が制定（1976.2.3）され，その後改正（1979.12.28）された。

2　労働関係法の改正内容

(1)　勤労基準法（1974.12.24）

　当時の法改正提案理由によると，改正勤基法の目的は，"従来の勤基法上の災害補償水準および罰則等が現実に合わないから大統領緊急措置第3号（1974.1.1国民生活の安定のための大統領緊急措置）の精神に立脚して罰則を強化し，災害補償の水準を産業災害補償保険法レベルに整備・補完することにより，労働者の権益保護の実効性をより高めるためのもの"であった。その主要改正内容をみると次のとおりである。

　第1に，当時中小企業の労働者が企業の倒産により賃金を受け取ることができない現実の下で，賃金債権優先弁済に関する規定を新設し，労働者の賃金等の債権の優先弁済制度を設けた（第30条の2）。すなわち"賃金，退職金，災害補償金その他の労働関係による債権は，使用者の総財産に対し質権・抵当権・租税・公課金を除いては他の債権に優先して弁済を受ける権利を有する"ということであった。

　第2に，賃金債権および災害補償請求権の時効を民法の短期消滅時効期間である3年と同一にするために，従来の2年であったのを3年に延長した（第41条，第93条）。

　第3に，労働時間の特別な保護の対象となる年齢を16歳から18歳未満の

者まで拡大し，年少者保護の年齢を統一させた（第55条）。

第4に，勤基法上の災害補償水準と産業災害補償保険法上の補償の水準の差を解消するための改正であった。当時産業災害補償保険法の適用対象となる事業場で働く労働者と労基法のみが適用される事業で働く労働者との間に，業務上の災害を被った場合，補償に差が生じていた。そこでこのような不均衡を解消することが改正の意図であった。

最後に，法律上の労働条件の最低基準保護のために罰則を強化した（第107条ないし第111条）。

(2) 労働組合法（1973.3.13および1974.12.24）

当時の法改正提案理由によると，改正労組法の目的は，"労働争議の提起を総会議決事項とする，労使協議会の機能を明らかにして労使協議体制を確立する一方，労働組合の運営を能率化しようとする"ことであった。つまり1973年3月13日の労組法の特徴として2つがあげられる。一つは産別体制への指向を放棄し，また企業別体制に事実上戻されたことであり，もう一つは労使協議会の性格と機能を明らかにしたことである。

1) 産別体制への指向の放棄

1973年3月13日の労組法の改正で最も重要な変化は産業別労働組合体制を指向していた規定を削除し，企業別労働組合体制に復帰したことである。

旧法上の '全国的な規模の労働組合'（第13条，第14条第11号）と '傘下労働団体'（第12条第2項）という表現を削除する一方，団体交渉権限を有する労働組合の代表者に産業別組合支部の代表者も含まれると規定していた第33条第2項を削除することにより，従来の産別組合体制の前提または指向の態度を変え，企業別または事業場別組合体制への転換を図った。同時に労組法施行令第7条を改正し，労働組合の支部または分会をして労働組合の設立申告を義務化し，労働組合の組織を企業別に転換しようとする立法意図を明らかにした[84]。

---

(84) 名目上では産業別単一組織の形態をとったが，電力，郵便，鉄道，専売組合等一部業種別組合を除き，企業別組合の産業別連合体としての性格を有し，実質的には企業別組合体制に戻った。

2) 労使協議会の地位の明確化

1973年3月13日の労組法は，労使協議会は労働協約または就業規則に規定された範囲内で生産増強と不満処理等に対し，協議・協助し生産性向上を図るためのものであるとし（第6条），労使協議会の目的を明らかにした。そして労使協議会の代表者が団体交渉権限を有するとしていた以前の労組法第33条第4項を削除することにより，労働組合と労使協議会の機能の混同を部分的に調整した。

1974年12月24日の労組法の改正では，労使協議会の目的として従前の'労働協約または就業規則の範囲内で生産・教育・訓練・作業環境・不満処理'以外に'労使紛糾の予防'を追加し，協調的労使関係を主な目的とすることを明らかにし，労使協議会の運営に関して，必要な事項を大統領令で定めることとした（第6条第3項新設）。同法施行令では，労働組合の設立申告を受けた日から30日以内に労使協議会を設置し，労使協議会の組織と運営に関する事項は労使協議会の設置日から15日以内に行政官庁に申告しなければならず，労使協議会の申告に関しては労働庁長に報告しなければならないと規定し，また労働組合のある事業体では労使協議会を強制的に設立するようになった。協議内容は行政当局に報告すること，必要な場合には関係公務員が労使協議会会議に出席し，意見を述べることができるようになっていた。同法施行令により労使協議会の組織率は急激に増加し，1975年以後は対象事業体のほぼ100％に達していた。労使協議会は，労働組合の非生産的で戦闘的性格を変える労働者の代表機構として，また国の政策的道具として位置づけられ，また強制された。

3) その他の改正

1973年3月13日の労組法では総会の議決事項に'労働争議に関する事項'を新設し（第19条第1項第8号），労働争議に突入するためには総会の決議を経ることとした。組合員が200名以下の場合には関係行政官庁の承認を得て代議員会をおくことができるとした旧法第20条第2項を削除し，行政官庁の承認がなくても役員会を設置することができるとした。

(3) 労働争議調整法（1973. 3. 13および1974. 12. 24）

当時の法改正提案理由によると，改正労争法の目的は，"憲法の改正により国その他の公益事業体に従事する労働者の団体行動権の制限について

規定するとともに無用でかつ解釈上曖昧な条項を調整すること"であった。そこで具体的には団体行動権の行使を大幅に制約する形で現れた。

　第1に，国・地方自治団体または国営企業体の行う事業と国民経済に重大な影響を及ぼす事業を公益事業に準じて処理することにし（第4条第2項），これらの事業に従事する労働者の団体行動権の行使が大幅に制約された。

　第2に，労働争議の斡旋制度を労働委員会から行政官庁に移管し（第18条ないし第21条），特に従来労働委員会の公益委員の権限に属していた労働争議に対する適法審査権を行政官庁に委管した[85]。

　第3に，申告された労働争議について'労働委員会の適法判定があった日'としていた冷却期間の起算日を労働争議の申告を'行政官庁が受理した日'とし（第14条），また仲裁回附時の争議行為の禁止期間に対し，旧法は"労働争議が仲裁に回附され事件が第14条の規定による冷却期間の満了時までに解決されない時には第14条の規定にかかわらずその期間の終了後20日間は争議行為を行うことができない"と規定していたことを，"労働争議が仲裁に回附された時には第14条の規定にかかわらずその日から20日間は争議行為を行うことができない"ことに改正した（第31条）。すなわち労働争議が仲裁に回附されたその時点から争議行為は禁止されるのを意味することであった。

　その他，労組法で産別体制への転換を放棄することにより労争法でも旧法上の上級労働団体の争議行為に対する承認制（旧法第16条第2項）を削除した。

　他方，1974年12月24日の労争法は国民生活安定のための大統領緊急措置に立脚して労働協約と同一の効力を有する事項を遵守しない者に対する罰則を定め，確定した仲裁裁定書の内容または再審決定書の内容を遵守しない者に対する罰則を強化し（第46条，第47条，第48条），また労働争議斡旋

---

[85]　行政官庁は，労働争議の申告後，その申告を受けた日から5日以内に当事者の要件，団体交渉の経緯，争議提起手続等の適法与否を審査・決定することとし，審査の結果，争議が適法でないと認定した場合には遅滞なくこれを却下しなければならないと規定し（第16条第2項），争議行為の正当性を事実上行政官庁が審査することとなった。

書・調停書の内容を遵守しない者に対する罰則規定を新設した（第46条の2，第46条の3）。

Ⅲ　効率性極大化のための再編（1980年代初め）

1　1980年労働関係法改正の背景
(1)　憲法改正による労働基本権保障の変化
　1979年の10・26大統領暗殺事件以後登場した新軍部は，国家保衛非常対策委員会を設置し，国民の民主化要求を抑圧するとともに，改憲案を国務会議で議決（1980．9．12）・公告（1980．9．29）した後，国民投票を実施して1980年10月27日新しい憲法（以下'第5共和国憲法'という）を公布・施行した。
　第5共和国憲法は維新憲法と比較すると次のような点で異なる。
　第1に，維新憲法上の労働三権に対する法律留保条項の中で，団結権と団体交渉権に対する法律留保条項（第31条第1項）は削除された。
　第2に，公務員に対しては，'法律に定める者'に限り労働三権を有するとした（第31条第2項）。
　第3に，団体行動権の制限対象に'防衛産業体従事者'を追加することにより，その範囲を拡大した（第31条第3項）。
(2)　労働関係法改正の背景
　第5共和国憲法附則第6条により国会は解散され，国会の権限は'国家保衛立法会議'（以下'立法会議'という）が代行することとなった。立法会議により1980年12月31日に労組法と労争法および労委法がそれぞれ改正され，労使協議会法（以下'労協法'という）が制定された。
　この制定・改正で第5共和国発足におけるいわば'社会の安全のための団体行動権等に対する規制'が一般労働関係法まで広がり，他方，使用者の要求事項が大部分受容されることによって勤基法制定以来持続的に向上されてきた法定労働条件の基準が初めて後退した。従来の労働関係法で一貫していた'労働保護法による労働者保護の強化と集団的労使自治に対する制約'という構図が崩壊し，労働条件も低下し，労働三権も制約されるという二重の統制が行われた。

政府は法改正に先立って大規模の浄化措置を実施した。韓国労総傘下の産別組合委員長をはじめ組合幹部が所属企業体から退けられ労働組合を脱退せざるをえず，韓国労総傘下の地域支部も全て解体された。この過程で13回にもわたる労働庁による労働側浄化指針が伝えられたことからもわかるように，当時新軍部政権は労働側を完全に再構築（re-design）しようと試みたといえる。その後新軍部政権は労働関係法を全面的に改正した。

2　労働関係法の改正内容

(1)　勤労基準法（1980.12.31）

改正勤基法の主要内容としては，大きく３つをあげられる。退職金の差等禁止条項の新設，賃金債権等の弁済順位の調整，変形労働時間制の導入等がそれである。

1)　退職金差等禁止の新設

改正勤基法は退職金の支給と関連し，一つの事業内で種別に退職金支給率が異なり，労働者にとって不満の要因となっていたことを考慮し，退職金制度の設定において一つの事業内に差等制度を設けてはならないとする規定（第28条第２項）を新設した。しかし，この制度は退職金の低レベルでの平準化のために導入された。退職金の差等禁止規定は平等原則を具体化するためのものであったというよりも，それまで退職金累進制等によって相対的に高い額が支払われていた事務職労働者の退職金を生産職労働者の水準にまで引き下げるために採用された[86]。

2)　賃金債権等の弁済順位の調整

改正勤基法は，「①質権・抵当権，②租税・公課金，③賃金」となって

---

(86)　実際の判例では，退職金差等に該当すると認定した事例として，地域を異にするが同一事業体を構成する本社と工場との間の差等（大法院1993.10.12.93ダ18365），大学校と大学附設病院間との差等（大法院1999.8.20.98ダ765），海運会社での陸上労働者と海上労働者間の差等（大法院1995.2.3.93ダ58776；大法院1998.3.13.97ダ37746），放送会社の職員と視聴料徴収員間の差等（大法院1993.2.9.91ダ21381），国内職員と海外機能工間の差等（大法院1997.11.28.97ダ24511），放送会社の職員と放送要員間の差等（大法院1998.2.27.96ダ54294）等があげられよう。

いた旧法上の賃金債権に対する弁済順位を，「①質権・抵当権，②賃金，③租税・公課金」の順に調整した（第30条の2）。しかし賃金債権の弁済順位を租税・公課金より優先させたものの，その実効性には依然として疑問が多い(87)。

3) 変形労働時間制の導入

改正勤基法において注目すべきこととして，労働条件が低レベルに調整されたことが指摘でき，変形労働時間制の導入がその代表的な例である。勤基法は"使用者は当事者間の合意のある場合には4週間を平均し，1週間の労働時間が48時間を超えない範囲内で特定日に対し8時間，特定週に48時間を超えて労働させることができる"（第42条第2項）と規定した。時間外労働手当が生活給を補充する意味を持っていた当時の事情からみると，変形労働時間制の施行は労働者にとって事実上賃金の削減を意味することにほかならない。

4) その他の改正

請負事業の場合，下請人の労働者の賃金保障のために直上請負人に下請人の賃金債務に対する連帯責任を課している（第36条の2）。そして賃金未払に対して自由刑を科すことができる等法違反に対して罰則を強化した。

(2) 労働組合法（1980.12.31）

改正労組法の主要内容として，①第三者介入禁止条項の新設，②労働組合設立等に対する制約，③団体交渉権に対する制約の3つをあげられる。

---

(87) 当時国税基本法第35条第1項は，国税・加算金または滞納処分費は伝貰権・質権または抵当権よりも1年遡及優先することとした。この規定によれば担保付債権さえその弁済の優先順位を確保できない場合が多い。したがって租税・公課金よりも弁済順位が優先されたとしても実質的な意味はない。そして使用者の責任財産は大部分金融機関に担保として提供され，あるいは租税優先主義の対象になる場合が多く，賃金債権優先弁済の実効性のない場合が多かった。労働者が賃金債権の強制執行を確保するために実務上多く活用していた方法は，使用者が第三者に対して持つ債権（物品代金債権，事務室の賃貸保証金等）の差押である。しかし，こうした債権差押の方法も債権譲渡等の方法により，他の第三の債権者にすでに移転された場合にはその実効性がない。

1) '第三者介入禁止条項'の新設

改正労組法はいわば'第三者介入禁止条項'を新設した。第12条の2を新設し,"直接労働関係にある労働者または当該労働組合または法令により正当な権限を有する者を除き何人も労働組合の設立と解散,労働組合への加入・脱退および使用者との団体交渉に関し関係当事者の操縦・煽動・妨害,その他これに影響を及ぼすことを目的として介入する行為をしてはならない"とし,労働三権の行使において労働者が第三者から一切の援助を受けることを禁止した。

2) 労働組合の設立等に対する制約

改正労組法は単位労働組合の設立を企業別に強制する一方,企業別組合の設立要件を定めた。すなわち"単位労働組合の設立は設立総会の決議により労働条件の決定権のある事業または事業場単位で労働者30名以上または5分の1以上の同意を得なければならない"(第13条第1項)。これによって形式的な産業別単一組織は産業別連合体に後退し,企業別労働組合のみが存在することになった。

また組合役員の欠格事由(第23条第2項)と任期(第23条第3項),組合費の一定比率を労働者福祉厚生事業に使わなければならないこと(第24条第2項),組合の運営状況を会計年度ごとに全組合員に公開しなければならないこと(第29条)等を定めた。そして1963年12月7日の労組法改正時に設置された制限的ユニオン・ショップ協定規定(第39条第2号但書)を削除した。この改正によって労働組合の団結権の本質が侵害されたといえる。

3) 団体交渉権に対する制約

改正労組法は団体交渉権に対しても様々な制約をおいた。

第1に,労働組合の団体交渉権の委任を禁止した(第33条第1項)。企業別労働組合体制を強制し,他方では第三者介入禁止規定と団体交渉委任禁止規定をおき,団体交渉は従業員によってのみ可能ならしめた。

第2に,賃金を除いた事項に対する労働協約の有効期間の最長限度を1年から3年に延長した(第35条)。

第3に,行政官庁は労働協約の内容の中で,違法不当な事実がある場合には労働委員会の議決を経て,これを変更し,またはそれを取り消すことができる(第34条第4項)[88]。それによって協約自治は深刻な侵害を受け

た。実際に是正・変更命令が下された事例をみると，労働協約の締結の前に組合総会の認准投票を経ることとする労働協約[89]，運輸業体で配車問題に対し労働組合の合意を得ることとした労働協約[90]，団結強制に関する労働協約[91]等に対する行政官庁の労働協約の是正命令である。

(3) 労働争議調整法 (1980.12.31)

改正労争法の主要内容は次のとおりである。

第1に，公益事業の範囲の拡大である。運輸事業，水道・電気・ガスおよび精油事業，公衆衛生および医療事業，証券事業および銀行事業を原則的に公益事業とし，その他国民経済に重大な影響を及ぼす事業として大統領令で定める事業または事業体は公益事業に準ずるとした（第4条）。

第2に，国，地方自治団体，国・公営企業体および防衛産業体労働者は争議行為をしてはならない（第12条第2項）。

第3に，争議行為の態様と関連して事業場以外の場所では争議行為をすることができず（第12条第3項），争議行為の時にも第三者の介入を禁止する規定を新設した（第13条の2）。

第4に，従来公益事業のみに認定していた職権仲裁を一般事業に対しても，可能にした（第30条第3号）。これは労争法の仲裁回附時の争議行為の禁止条項（第31条）とともに，事実上争議行為が全面的に禁止されることと同様の効果を招いた。

その他，冷却期間を従来の20日（一般事業）と30日（公益事業）から30日（一般事業）と40日（公益事業）にそれぞれ延長し（第14条），調停委員会の構成において，労働者委員は使用者が，使用者委員は組合が望む者とした（第23条第3項）。

(4) 労使協議会法の制定 (1980.12.31)

1980年の労働関係法の変化の中で注目すべきは，労協会法が制定された

---

[88] 組合規約が法令に違反し，あるいは公益を害する場合は行政官庁が労働委員会の議決を経てその取消または変更を命ずることができるとした条項は，労組法が制定された当時から継続して存在していた。

[89] 大法院1993. 4 . 27. 91누12257。

[90] 大法院1994. 8 . 26. 93누8993。

ことである。労使協議会に関する規定は，1963年4月17日の労組法改正により同法第6条に盛り込まれた後，1973年3月13日の労組法改正と1974年12月24日の労組法改正を経て，1980年12月31日には独立の単行法律として制定・公布された。

制定労協会法は，"労働者と使用者双方が理解と協調を通じ，労使共通の利益を増進することにより，産業平和を図り国民経済発展に寄与することを目的に"（第1条）7つの章と32の条文で構成された。主要内容は次のとおりである。

労使協議会は原則的に労働条件の決定権のある事業または事業場単位で設置される（第4条）。従業員100名以上の事業場では義務的にそれを設置しなければならない。労働組合の団体交渉，その他全ての活動はこの法により影響を受けないと規定し，労使協議会と労働組合の機能を分離した（第5条）[92]。

労使協議会は，3名以上10名以内の労働者委員と使用者委員で構成されるが（第6条），委員の任期は1年であり（第8条第1項），委員長は委員の中で互選する（第7条第1項）。

労使協議会は，3ヵ月ごとの定期会議および臨時会議を開催し（第11条），労使間の協議事項および使用者の報告事項を協議する（第20条，第21条）。そして全ての事業または事業場では労働者の苦衷を聞きその処理のために苦衷処理委員をおく（第24条）。もちろん労使協議会にも第三者は介入することができない（第27条）。

他方，労働政策の主要事項の審議のために保健社会部長官所属の下に中央労使協議会をおく（第28条）。

---

(91) 大法院1997. 4. 11. 96ヌ3005。

(92) しかし実際に労働組合のない事業場での労使協議会は，労働組合の結成を妨げるものとして作用したことを否定することはできず，賃金と労働時間等労働条件に関する事項が労使協議会で議論され，事実上労働組合の代替機関としての役割を果たす結果となった。

第2節　効率性の指向（1961 － 1986年）　161

3　1986年の労働関係法改正

1980年の憲法および労働関係法の改正は労働三権の制約および労使関係に対する国の主導という1963年以降の集団的労使関係法の改正が頂点に達した時期だったといえる。韓国労総をはじめ労働団体は，1980年の改正以来集団的労使関係法に対する再改正を要求した。しかし政府はこのような要求に応えないばかりかむしろ労働統制を強化した。しかし1980年代後半になって抑圧一辺倒の労働統制政策は，労働者の規範意識の成長，上級団体の統制力の弱化による非合法的な労使紛争の増大，さらに景気の後退で部分的に緩和せざるをえず，1986年12月31日の労組法と労争法の改正および最低賃金法の制定[93]はこのような状況の変化を反映したものであった。

(1)　労働組合法（1986.12.31）

改正労組法の主要内容は，上級団体である労働組合の活動領域が拡大されたことである。

まず，上級団体は単位組合の結成および組合活動を支援することができる。すなわち'総連合団体である労働組合または当該労働組合が加入した産業別連合団体'を，介入禁止規定が適用された第三者の範囲から除外した（第12条の2但書）。これは1980年12月31日の労組法に第三者介入禁止条項が新設されて以降，上級団体の指導力・統制力が大幅に弱体化し，単位労働組合の機能発揮が制限され，組合を排除したまま提起された非合法的労使紛争が頻発し，労働組合の上級団体または弁護士・学界・言論界等による合理的な指導または調整・監視機能が消滅し，労働問題は表面化されずに内部的に深化され，問題を拡散する可能性が現実化することを考慮したものである。労組法の改正以前にすでに1985年3月14日の労組法施行令はこれと関連する条項を新設し，"総連合体である労働組合または産業別連合団体である労働組合はそれに加入した労働組合の活動に対し協調・支援または指導することができる"（施行令第7条第3項）と規定していた[94]。

---

(93) 1953年5月10日の制定勤基法が最低賃金制に関する規定をおいていたが（第34条，第35条），最低賃金制は，1986年12月31日の最低賃金法の制定によって初めて導入されたものと評価することができる。

(94) したがって韓国労総と産別連盟らの上級団体はすでに単位組合の活動を支援

このような変化が法に反映されたことが上記の改正にほかならない。

また単位組合からの団体交渉の委任を受け，上級団体が組織力を強化することができた。なぜならば労働組合の団体交渉権は'当該労働組合が加入している連合団体である労働組合'に限り委任ができたからである（第33条第2項）。

(2) 労働争議調整法（1986.12.31）

改正労争法の主要内容は次のとおりである。

第1に，公益事業の範囲に石炭鉱業・産業用燃料事業および放送・通信事業を追加しながら準公益事業指定規定を削除した（第4条）。

第2に，第三者介入禁止規定上の第三者の範囲から'総連合団体である労働組合または当該労働組合が加入している産業別連合団体'を除外した（第13条の2但書）。これは労組法の改正と同一の脈絡の改正であった。

第3に，職権仲裁の回附の対象から一般事業を除外した（第30条第3号）。

第4に，使用者の職場廃鎖を労働者の争議行為の後にのみ可能とした（第17条）。

その他，冷却期間を30日（一般事業）と20日（公益事業）に各々短縮し（第14条），一方当事者が労働争議発生申告をできることとした（第16条第1項）。

(3) 最低賃金法の制定（1986.12.31）

同法は労働者に対し賃金の最低水準を保障し，労働者の生活安定と労働力の質的向上により国民経済の健全な発展に寄与することを目的としている（第1条）。同法の適用範囲は，勤基法の適用を受ける事業または事業場で，大統領令の定める事業に限定し（第3条第3項），同法施行令によると常時10名以上の労働者を使用する製造業・鉱業および建設業の事業または事業場に適用された（施行令第2条）。最低賃金の決定基準は労働者の生計費，類似労働者の賃金および労働生産性を考慮し最低賃金審議委員会の議決を経て労働部長官の定める事業を種類別に区分して定める（第4条）。

同法の制定趣旨は最も重要な労働条件である最低賃金水準の確保にあっ

していた。李相洙「労働関係法―法と現実との乖離」『政経文化』（1985年5月）298頁。

たことはいうまでもない。しかし同法の制定の背景には米国の圧力という特殊の事情があった。

1984年制定の米国の'貿易と関税に関する法'（Trade and Tariffs Act）は国際的労働基準を侵害する開発途上国または後進国に対し，1987年1月から一般特恵関税（GSP）の恩恵を廃止すると規定していた。米国は1986年末まで最低賃金法の制定と労働関係法の部分的改正を要求してきて，それが貫徹されなければ1987年からGSP恩恵を与えないとの圧力をかけた[95]。1986年最低賃金法はこのような背景の下に作られたものであった。

Ⅳ 効率性時代の特徴とその評価

1) 1960年の5・16クーデターにより発足した第3共和国の国政運営の基本的目標は'高度経済成長を通じた韓国の近代化'にあった。したがって国の全ての政策は経済開発という目標のための手段となり，労働政策または労働法制も例外ではなかった。経済開発という国の目的の達成において最も効率的な方法として労働法制が修正されたのである。

集団的労使関係法のレベルでは，一方では産業別組合体制への労働組合組織体系の再編成と複数組合の禁止を通じ，中央集権的な唯一労働組合体制を強制し，他方では労働組合に対する国の介入を許容する制度的措置を整えることにより国がコントロールしやすい方向に改正された。それと同時に法定労働基準に関する勤基法の改正および産業災害補償保険法の制定・改正などを通じて国の労働条件に対する保障を強化し，それによって労働組合運動に対する労働者の欲求を相当部分弱体化しようとした。要するに労働法制は国が後見的な地位に立って労使関係全てを実質的にコントロールする制度的装置の一環として作られたといえる。また職業安定法と職業訓練法を制定し，経済開発のための労働力動員政策の基盤をも作った。

---

(95) 朴栄基「最近労使問題の動向と対応」『1990年代韓国労使関係の発展方向』（大韓商工会議所韓国経済研究センター編，1988年）92頁；許祥洙「1987年労働関係法改正の問題点」『動向と展望』第1号（1988年）295-296頁。

手続面からみると，国会で制定された労働関係法が国家再建最高会議という非常的な立法機関によって改正されたものであるといえよう。その後の法改正の過程においても非常的状態下の立法機関により行われたが，それが先例となった点において不幸であったといえる。

労組法の中に労使協議会に関する規定が挿入されたことも注目される。労使協議会の性格と機能に対し詳細に規定したものではなかったが，権威主義的政権であっただけに協調的労使関係を政治的に利用しようとした意図があったと思われる。

2) 非常国務会議という非常的機構により改正された維新体制下の労働関係法は，労災保険と職業訓練制を改善し補完したものの，集団的労使関係法の領域では団体交渉の機能を弱体化し争議行為に対する規制を強化した。

この時期の労組法改正の最大の特徴は，産別体制を放棄し，企業別体制を立法政策的に誘導したことと，労使協議会制をより体系化することにより企業別組合の弱化および団体交渉機能を萎縮させることを意図したことである。

また組合の組織体系は依然として産別体系であったが，施行令において企業別支部に対する設立申告を強制し，産別単位組合の力を分散させようとした。当時御用の執行部による紛争が継続し，労働組合の組織率と勢力が拡大する過程で国が中央執権的な産別組合を画一的に統制することが効率的ではないとの判断の下で，労働者の団結力を企業別支部に孤立・分散させ，体制安定を図ったものと指摘できる。そして結果的には，企業別支部の権限を強化させながら労使協議会の機能と地位を高めることとなった。そこに組合支部を通じた労使関係の対立を避け，事業場レベルで協調的労使関係を支援する政策的意思が読み取られるのである。それは1972年から大規模に展開した'工場セマウル運動'とともにイデオロギー的な労使協調主義を実現する手段として利用されたといえる。

3) 1980年非常戒厳状態の下で国家保衛立法会議によって改正された労働関係法により，労働者の団結権，団体交渉権，団体行動権の全ての領域で大きな制限を受けることになる。それで自主的で民主的な労働組合活動は事実上不可能となった。労働関係法の改正とともに国家保安法，集会お

よび示威に関する法律等，国民の基本権を制約する法律も労働組合活動を制約する大きな要因となった。

　労働基本権の失踪と言ってもいいほど団結権が著しく制約された。企業別組合の強制，第三者介入の禁止，組合設立に必要な最少人員の法定化，組合役員の資格制限等のような，労働組合の設立を制約し封鎖するために，外国の立法例ではみられない独特な条項および制度が次々と新設された。これらの条項は主に1987年以後違憲論議の対象となったことはある意味で当然であろう。

　労協法を制定し義務的に労使協議会の設置を強制したことも上記のような政策の意図と一致するものである。結局，労使協議会を通じ労働組合の団体交渉の機能を弱体化させ，使用者中心の協調的労使関係を強制しようとしたものである。労使協議会は実際に労働組合の機能を果たすようになり，そして労働組合の正常な成長や発展を妨げるという逆の機能を遂行した。当時労働側が労協法を廃止することを要求したこともそのような理由によるものであった。

　このような法的な側面での制約以外にも労使関係の運用の側面における制約も深刻であった。その代表的なものがいわば労働対策会議であった。これは労働組合活動を政権維持を脅すものと規定し，治安維持の次元で制約しようとして作られた機構であるといえ，行政単位ごとに設置され，労働部に代わり重要な労使紛争の解決方向または労働対策等を決定してきた。

　4）　産業化のために強力な政策をとり始めた第3共和国（1961－1970年）から政治的正当性を欠き，政権維持に努めざるをえなかった維新体制（1971－1979年）まで，さらに第5共和国（1980－1986年）の権威主義的な政権に至るまで，労働関係法は経済的効率性ないし機能的効率性を極大化するための道具としての性格を強く持っていた。労使協議会を媒介した協調的労使関係の発展というものもその真相は労働三権を制限するものにすぎなかった。労働政策もその特殊性が無視され，経済政策に従属され，その結果，労働者の団結活動は厳しく抑圧された。国が主導権を行使する家父長的労使関係が形成され，労働市場における労使の集団自治は極めて困難となった。労働社会学者たちがこの時期を'排他的国家権威主義体制'と断定したことも当然であったと思われる。

当時の法改正の傾向を形式的にみると，集団的労使関係法の領域において規制と抑圧を強化し，他方，個別的労働関係法の領域においては労働者保護を強化したものと整理できる。しかし実質的にみると，使用者が労働者保護法を遵守しなかったことはもちろんのことであり，国がこれを傍観する場合が多く，保護法としての機能自体にも限界があった。

第3節　衡平性の模索（1987－1997年）

I　1987年憲法・労働関係法の改正

1　背景と経緯

(1)　1987年の労働者大闘争

1987年は韓国労使関係において大きな転換点であった。同年夏の労働者大闘争は1961年以来経済成長の効率性を極大化する手段として利用されてきた労使関係と労働法体制が崩される契機となった。

その第1次的要因は政治的変化にあった。1987年の6・10民主化抗争[96]において噴出した国民の民主化の欲求は効率性の極大化政策の政治的基盤であった権威主義的軍事政権の根幹を揺るがした。当時の政府は早くも6月29日に従来の立場を撤回し（以下'6・29宣言'という），大統領直選制への憲法改正を急ぐ等，国民の要求の一部を受容した。この過程で一時的に政府の抑圧メカニズムが緩和されるや，経済成長過程で徹底的に疎外されていた労働者は賃金と労働条件の向上および労使関係の民主化等を要求し，7月から全国的に罷業と示威を行った[97]。

1987年7月から1987年9月までの3ヵ月余の期間の労働者大闘争は労使

---

[96]　1987年の6・10民主化抗争の直接的な契機は，1987年4月13日に全斗煥当時の大統領が護憲措置を宣言したことであったが，6月初めから始まった護憲撤廃および大統領直選制を要求する市民の示威は6月末まで続いた。

[97]　1987年労働者大闘争の要因としては次の2つをあげることができる。一つは資本の蓄積方式と政権の労働政策である。すなわち，1987年以前までの資本の蓄積方式は低賃金と長時間労働を基礎としたものといえる。それによる労働者と使用者との間の対立と社会的矛盾の深化とともに，軍事政権の労働運動に対する一貫した弾圧政策は1987年の労働者大闘争を惹起した主要な原因となった。もう一つは前近代的な作業場労務管理体制である。1987年以前の韓国の作業場体制は'権威的単純統制'の類型に属するもので，労使間の紛争を処理し，労使間の意思疎通のチャンネルもない状況の下で労使間の葛藤は労働運動に対する規制緩和とともに爆発的に噴出する可能性が常にあったといえる。朴濬植『生産の政治と作業場民主主義』（ハンウル，1996年）39頁。

関係に多くの変化をもたらした。まず，最大の変化といえば労働組合の組織的基盤の拡大である。労働者大闘争の直前に2,742個あった労働組合数が，1987年12月には4,000組合個余に増え，組合員数も20万名余に増加した。また労働者の賃金および労働条件も相当改善された。それはもちろん労働者の交渉力の増大による結果であるが，政府の労働市場の政策変化も一つの要因となった。従来賃金引上抑制を目的としていた賃金ガイドライン政策は撤廃され，賃金交渉は労使間の自律交渉に委ねられ，賃金が大幅に引き上げられた(98)。

6・10民主化抗争とそれに続いた労働者大闘争は，法的・制度的な側面からみて，1987年憲法と労働関係法の改正に直接的な原因となった。

(2) 憲法改正の論議

政府の6・29宣言により大統領の直選制等，政治体制の変更を含む憲法改正の論議が始まると，韓国労総は第5共和国の憲法上の労働基本権に対する制約の撤廃等を含む改正案を1987年7月14日に国会に提出した(99)。このような労働側の動きに対し，経営側は独自の憲法改正の請願はせずに韓国労総の主張に反対する形で何回も意見を提示した。

他方，当時の政治圏は憲法の改正論議を進めたが，労働基本権と関連した論議は2次的なものにとどまり，慎重な検討もせずに与野党は政治的な取引に応じた(100)。当時与党であった民正党の憲法改正案の労働関係条項

---

(98) 張弘根「韓国労働体制の転換過程に関する研究：1987－1997」（ソウル大社会学博士学位論文，1999年）69頁。

(99) 韓国労総の憲法改正案の主要内容は，①労働三権の完全な保障：団結権の完全な保障，団体行動権の法律留保事項の削除，公務員の労働基本権の許容，国・公営企業体等における団体行動権禁止規定の削除，②労働者の経営参加権と利益均霑権の憲法上の保障，③労働条件の保障：生活賃金の保障，労働条件に関する権利の具体化，女性および年少労働者に対する保護の具体化，労災被害者等に対する就業機会の特別保障規定の新設，④社会保障受給権の充実，⑤その他：国民の経済的・社会的基本権の保障のための経済社会審議委員会の設置と同委員会での労働者団体の参加保障，独寡占企業の経営と株式の公開および必要な場合の国・公営化のための根拠条項の新設等，であった。

(100) 韓国労総の憲法改正案について与野党が賛否の論議を繰り返しながら憲法改正を進めたことは注目すべきである。政界の方は独自の案は事実上なかった。

は，基本的に第5共和国憲法上の労働三権規定を維持することを前提に，団体行動権が制限される労働者の範疇を"法律の定める防衛産業体"に制限しようとする意見があった。一方，当時野党であった民主党の憲法改正案は，公務員の労働三権を含む労働三権の完全な保障を内容としたものであった。　政治圏ではこれらの労働関係条項について特別の論議が行われず，単に民正党案の中で"団体行動権の行使は法律の定めるところによる"という団体行動権の制限に関する但書を削除する代わりに，"法律で定める公務員は団結権，団体交渉権，団体行動権を有する"という公務員の労働三権に関する部分は受容することで1987年8月6日に民正党と民主党との間で合意が成立し，1987年10月29日には上記の改正内容を含む改正憲法が公布された（現行憲法，以下'1987年憲法'という）。しかし労総が主張した経営参加権または利益均霑権の保障，労働災害被害者の優先就業権等は受容されなかった。

(3)　労働関係法改正の論議

労働者大闘争により労働法制の再編は不可避なものとなった。労働関係法改正のための動きは政府から出た。政府は，既存の労働関係法がその前の法に比べて労使関係の安定的・持続的な発展に効果がないという認識の下で，労働関係法を単に1980年以前の状態に復帰するにとどまらず，労働関係法の非民主的な部分を整理し，労使関係の自律性を大幅に保障するという方針を定めると1987年7月3日に報じられた[101]。そこでは，①組合設立に必要な最少人員に関する規定等，組合設立と関連した制限規定の廃止，②ユニオン・ショップ制度の復活，③組合に対する役員の改善命令および組合運営監査制度の廃止等，組合運営における大幅な自律権を附与しようとする内容と，④企業別組合の強制規定を廃止し産別体制を中心とした組合形態の自律化，⑤組合の政治活動の許容等，当時としては画期的な内容まで含まれている。

これに対し韓国労総は1987年7月14日に労働関係法の改正案を請願し

　　このような労働関係条項に対する政界の無関心は憲法改正以後の1987年の労働関係法の改正においても同様であった。

(101)　1987年7月3日付の毎日経済新聞。

(102)，経営側は，労働関係法に対しても別途の立法の請願をせず，労総の主張に大体反対する形で3回にわたりその立場を表明しただけであった。

　国会保健社会委員会は，1987年10月22日に法案審査小委を構成し，10月23日，10月26日，10月28日の3日の審議のすえ，労働関係法改正に関する単一案を作ることができ，同委員会の議決を経て成立した代案は，1987年10月30日に本会議に提出され議決された(103)。

　1987年の労働法改正の大きな特徴は，手続面において労働関係法制定以降初めて正常な立法機関により正常の立法手続を経て，法改正が行われたということである(104)。しかし内容的にみて大統領選挙に先立って当時の急迫な政治状況により充分な論議もないまま政治的妥協が行われ，労働者の要求に応えるものではなかった。

---

(102)　韓国労総の労働関係法改正請願の主要内容は，①労組法：組合設立人員数の制限の削除，組織形態の自律化と設立申告の簡素化，設立申告書の受理2日以内の申告証の交付，一般公務員の組合加入の保障，行政官庁の規約取消・変更権・組合業務検査権・解散命令の削除，役員の資格制限の削除，団体交渉委任要件の緩和，第三者に対する団体交渉権委任の許容，労働協約有効期間の1年への短縮，ユニオン・ショップ条項の締結権の認定，第三者介入禁止と政治活動禁止の規定の削除，②労争法：公益事業の範囲の縮小，職権仲裁制度の廃止，国，地方自治団体，国・公営企業体および防衛産業体に従事する労働者に対する争議行為の許容，事業場外での争議行為の許容，斡旋制の廃止，緊急調停の決定権者を大統領に変更，③労委法：労働委員会の独立性保障，④労協法：同法の全面廃止および経営組織法ないし共同決定法の制定，⑤勤基法：延長労働時間の限度を1日2時間・1週10時間以内に制限，労働委員会による不当解雇救済手続の新設，即時解雇事由の厳格な制限，賃金債権の優先弁済順位を被担保債権より優先した形での調整等であった。

(103)　『第137回国会保健社会委員会会議録』第8号，第9号；大韓民国国会事務処『大韓民国法律案沿革輯』第3巻（1992年）参照。

(104)　1987年労働関係法改正は，政党，使用者側そして合法団体であった韓国労総がその手続に何らかの形で関与した。他方，労働側の中で，労働者大闘争を事実上主導した民主労働運動勢力は除外された。それは民主労働運動側は，法改正当時労働組合の組織を拡大し，地域単位の連帯を強化することを重視することにより，労働法改正の過程で組織的に介入する余裕がなく，さらに合法的団体の当事者もこれら民主労働運動側と労働関係法の改正を論ずる意思がなかっ

2 1987年の憲法上の労働関連条項

(1) 労働基本権条項

1987年の憲法は労働三権に対する制限を一部緩和した。

公務員の労働三権と関連し、"公務員である労働者は法律の定める者に限り団結権、団体交渉権および団体行動権を有する"とし、原則的にこれを保障する形で規定した[105]。

次に、団体行動権と関連し、旧憲法上の団体行動権に対する法律留保を削除するとともに団体行動権が制限・禁止される労働者の範囲も'法律で定める主要防衛産業体に従事する者'に縮小した[106]。

(2) 労働保護条項

労働保護と関連した憲法条項は第5共和国憲法に比べて具体化された。

第32条第1項で国の最低賃金制施行の義務が新たに追加された[107]。また同条第4項の"女子の労働は特別な保護を受け、雇用・賃金および労働条件において不当な差別を受けない"との条項と、同条第5項の"年少者の労働は特別な保護を受ける"との条項を新設し、韓国労総の主張を反映した。第32条第4項の趣旨は男女雇用平等法の制定によって具体化された。

たからである。しかし、民主労働運動側は、1987年労働関係法改正以後は労働法の再改正を要求する主導勢力となる。

(105) 第5共和国憲法第31条第2項は、"公務員である労働者は法律で認定した者を除き団結権、団体交渉権、団体行動権を有することができない"とし、原則的に否定したことに比べると、多少改善されたものと評価できようが、実質的には大差はないといえる。

(106) 第5共和国憲法第31条第3項は、"国、地方自治団体、国・公営企業体、防衛産業体または国民経済に重大な影響を与える事業体に従事する労働者の団体行動権は法律の定めるところによりこれを制限しあるいは認定しないことができる"と規定し、団体行動権が制限される労働者の範囲は一般的に広く立法裁量となったといえる。

(107) 憲法改正以前である1986年12月31日に最低賃金法がすでに制定されていたので、憲法上国の最低賃金制の実施義務条項の新設は特別な意味を持つものではなかった。

3 労働関係法の改正内容

集団的労使関係法の改正は憲法改正作業と同時に推進され，それまでに労働者の不満となってきた労働基本権の侵害条項が是正された。他方，個別的労働関係法は1987年の改正自体はそれまでに改悪されてきた集団的労働関係の改正に関心が集中していたのであまり変化がなかった。ただし改正憲法により男女雇用平等法が制定されたことは注目すべき変化であるといえる。

(1) 労働組合法 (1987. 11. 28)

1) 複数組合禁止規定の強化と解雇の効力を争う者の組合活動保障

1987年11月28日の労組法は複数組合禁止条項を強化した。すなわち旧法では，'既存の組合の正常な運営を妨害することを目的とする場合'のみにおいて第2組合の設立が禁止されたが，1987年11月28日の労組法ではこれをさらに強化し'既存の組合と組織対象を同じくする場合には'いかなる場合においても第2組合を設立することができないとした（第3条第5号）。他方，組合活動に主導的な役割を果たした労働者を解雇する事例が多く生じ，社会的な問題となった。そこで，これらの者に対しても組合員の資格を維持させる必要があった。したがって'労働者でない者の加入を許容した場合'という従来の労働組合の消極的要件に'解雇の効力を争っている者を労働者でない者と解してはならない'という但書を新設し，解雇の効力を争う者の組合員の資格を認定した。

2) 労働組合の設立に対する規制の緩和

1987年11月28日の労組法は旧法に比べ，あらゆる側面から労働組合の設立が容易になった。第1に，労働組合の設立形態を自由にした。1980年12月31日の労組法で新設した企業別組合の強制条項（第13条第1項）を廃止し，従来からあったこの条項をめぐる違憲是非を終熄させた。第2に，組合の設立要件を緩和した。1980年12月31日の労組法にあった組合設立のための最少人員の規定[108]を削除し，労働者の数に関係なく自由に組合を設立で

---

(108) 1980年12月31日の労組法では，労働条件の決定権のある事業または事業場単位で労働者30名以上または5分の1以上の参加を労働組合の設立要件として規定していた。

きることとした。第3に，組合の設立申告証の交付期間を従来の10日以内から3日に短縮した（第15条第1項）。第4に，組合設立の申告書類を簡素化した。

他方，このような規制緩和とともに，組合執行部の恣意的な運営を防止し組合の民主性と自主性を確保するために規約に記載すべき事項を追加した。すなわち旧法上の11の必要的記載事項の他に，所属連合団体の名称，代議員をおく場合には代議員会に関する事項，争議に関する事項，代表者と役員の規約違反に対する弾劾に関する事項，役員および代議員選挙手続に関する事項，規律と統制に関する事項が追加された（第14条）。

3）組合に対する行政官庁の干渉制限

1987年11月28日の労組法では組合に対する行政官庁の干渉も多く減った。

第1に，行政官庁の裁量権濫用の防止のために組合規約の取消または変更命令を'変更または補完命令'に緩和し，その要件も'法令に違反し，または公益を害する恐れがある場合'となっていたのを'労働関係法令に違反する場合'に制限した（第16条）。第2に，組合の決議に対する行政官庁の干渉を大幅に縮小し，"行政官庁は組合の決議または処分が労働関係法令または規約に違反すると認める場合には，労働委員会の議決を得てその是正を命ずることができ，是正命令を受けた労働組合は10日以内にこれを履行しなければならない"と改正した（第21条）。第3に，組合役員の欠格事由および行政官庁の役員の改善命令権を削除し，組合の役員の構成を組合の自治に委任した（第23条）。第4に，行政官庁の定期的な組合に対する業務検査制を廃止し，必要な場合に限って組合の経理状況その他の関係書類を提出させ調査することができるとし，組合に対する検査を自らの監査機能に委任した（第30条）。第5に，組合に対する行政官庁の解散命令権を廃止した。

4）団体交渉制度の改善

単位組合は組合員過半数の同意を得て行政官庁に申告し，交渉権限を委任することができる。法は団体交渉権の委任手続を簡素化する一方，労働協約の有効期間も短縮した。

1987年11月28日の労組法は，"単位組合は組合員過半数の同意を得て行政官庁に申告し，交渉権限を委任することができる"という旧法上の交渉

権委任手続を改正し，組合総会または代議員会の議決を経て委任することができるとし，その手続を簡素化した（第33条第2項）。また行政官庁への事前申告制を事後通告制に改善した（第33条第3項）。次に労働協約の有効期間を3年から2年（賃金協約の場合は1年）に短縮した（第33条，第35条）。

5) 臨時総会の召集手続の改善

1987年11月28日の労組法では臨時総会の召集に弾力性を附与するために代議員の3分の1以上の要求によっても臨時総会を召集することができるとした（第26条第2項）[109]。また当該組合総会または代議員会の召集権者のいない場合には組合員または代議員の3分の1以上が会議に附議すべき事項を提示し，行政官庁に総会または代議員会の召集権者の指名を要求した時には，行政官庁は労働委員会の意見を聴取することなく召集する者を指名し，会議を召集させることができる（第26条第4項）。

6) ユニオン・ショップ協定の許容

1987年11月28日の労組法は1980年12月31日の労組法で廃止したユニオン・ショップ協定の規定を復活させ，労働組合の団結権を強化し，労使間の勢力の均衡を図ることとした。ただし復活されたとはいえ，通常のユニオン・ショップ協定とは異なり，ユニオン・ショップ協定の締結・存続の条件として当該組合は労働者の3分の2以上を代表することを要求し，また効力の面においても除名された労働者に対しては解雇できないとした。これは組合内部の対立等により除名された労働者が雇用上の不利益を受けないようにすることにその趣旨があった。

(2) 労働争議調整法（1987.11.28）

1) 争議行為制限の緩和

1987年11月28日の労組法は1980年12月31日の労組法上存在していた多数の争議行為の制限・禁止規定を削除し，または改正することにより，争議行為制限をかなり緩和した。その主要内容をみると次のとおりである。

第1に，公益事業の範囲を縮小した（第4条）。すなわち旧法上の公益事

---

[109] 1980年12月31日の労組法では，臨時総会の召集手続が硬直していた。すなわち労働組合の臨時総会は組合の代表者が職権で召集を要求した場合または組合員の3分の1以上（連合団体である組合においてはその構成団体の3分の1以上）が要求した場合にのみ，召集することができるとした。

業であった石炭産業・産業用原料・証券取引産業を削除し，運輸産業を公衆運輸産業に縮小するとともに，列挙した事業の中から特に公衆の日常生活に欠かせないか，あるいは業務の停止または廃止が国民経済を著しく危うくする事業のみを公益事業に限定した（第4条）。

　第2に，争議行為禁止の対象となる労働者の範囲を縮小した（第12条）。1980年12月31日の労組法上争議行為が禁止されていた'国，地方自治団体，国・公営企業体および防衛産業体'に従事する者の中で，国・公営企業体を除外する一方，防衛産業体も'防衛産業に関する特別措置法により指定された防衛産業体'に変更し，その範囲を縮小した。

　第3に，争議行為の制限期間を縮小した。まず1980年12月31日の労組法上には争議発生の申告後の冷却期間が一般事業は20日，公益事業は30日であったのを一般事業は10日，公益事業は15日に各々短縮した（第14条）。また仲裁と関連した冷却期間も仲裁開始後20日であったのを仲裁回附後の15日に短縮し（第31条），緊急調整時の争議行為禁止の期間も30日から20日に短縮した（第41条）。次に，調停案を受諾した後，その解釈または履行方法をめぐって関係当事者間に意見の不一致が生じた場合には，関係当事者は調停委員会に明確な見解の提示を求めることができるが，その期間中には争議行為は禁止され，その期間も15日から7日に短縮された（第28条）。1980年12月31日の労組法と1987年11月28日の労組法上の争議行為の制限期間に関する規定を比較してみると〈表2-3-1〉のとおりである。

〈表2-3-1〉　争議行為の制限期間の改正内容

条文	区分	1980年法	1987年法
第4条	一般事業の冷却期間	20日	10日
	公益事業の冷却期間	30日	15日
第28条	労使当事者が調停案の解釈等に関し異議があり調停委員会に有権解釈を要請した後争議行為が制限される期間	15日	7日
第31条	仲裁回附後の争議行為の制限期間	20日	15日
第41条	緊急調停決定の公布の後の争議行為の制限期間	30日	20日

2)　労働争議調整制度の改善

　1987年11月28日の労組法は従来実効性のない労働争議調整制度を大幅に

改正した。主要なのは労働争議申告に対する行政官庁の適法性審査制の廃止，行政官庁が担当していた斡旋機能の労働委員会への移管，斡旋期間の廃止，当事者の合意による仲裁委員の選定（ただし関係当事者間の合意が成立しない場合には，労働委員会の公益を代表する委員と公益を代表する特別調停委員の中から指名），任意調整制度の導入等である。

(3)　労使協議会法（1987.11.28)

1987年11月28日の労協法は，労使協議会の自律的な運営を保障するために，既存の労働者側の委員に対する資格制限，公務員の意見陳述，労使協議会の解散命令等の規定を削除した。

また労働者委員の公正な選出および活動を保障するために，労働者委員の選出に対する使用者の介入禁止，労働者委員の業務のための便宜供与，労働者委員に対する不利益処分の禁止等を新設した。

また労使協議会の機能を充実させるために，協議事項に人事・労務管理の合理的な運営のための制度改善事項を追加し，報告事項に経営計画全般および実績に関する事項と企業の経済的・財政的状況を追加した。

(4)　勤労基準法（1987.11.28)

1987年労働関係法の改正論議はそれまで改悪を繰り返してきた集団的労使関係法の改正に関心が集中され，勤基法上の変化はそれほどでもなかったといえる。そこで次の2つの改正について検討する。

第1に，賃金債権の最優先弁済条項が新設された。すなわち改正法では第30条の2を新設し，最終3ヵ月分の賃金に対しては質権，抵当権により担保された被担保債権よりも優先し弁済させると改正した。

第2に，変形労働時間制（現行法上には'弾力的労働時間制'）の廃止である。1980年12月31日の勤基法では当事者間の合意による4週間変形労働時間制を導入していたが，1987年11月28日の勤基法ではこれを全面的に廃止した。

(5)　男女雇用平等法（1987.12.4制定）

1987年の憲法で女性保護条項が新設され，それによって1987年12月4日に男女雇用平等法が制定された。同法の主要内容は，次のとおりである。

第1に，男女差別禁止と関連し，労働関係の開始から終了までの全ての過程において男女の差別を禁止した。具体的には労働者の募集および採用

において女子労働者に対し男性と平等の機会を保障すること，労働者の教育，配置および昇進において女性であることを理由に男性と差別待遇をしてはならず，労働者の停年および解雇において女性であることを理由に男性と差別待遇し，あるいは女子労働者の婚姻，妊娠または出産を退職事由として予定する労働契約を締結する行為等が禁止された。これに違反した者は250万ウォン以下の罰金に処せられる。

第2に，母性保護と関連し育児休職等が規定された。生後1年未満の幼児を有する女子労働者がその幼児の育児のために休職を申請する場合に，事業主はこれを許容しなければならず，その期間は産前・産後の休暇期間を含めて1年以内とした。また事業主は女子労働者の継続就業の支援のための授乳，託児等の育児に必要な施設を提供しなければならない。

第3に，この法の適用と関連して紛争解決手続を規定した。まず，事業主は募集と採用，教育，配置および昇進，停年，退職および解雇，育児休職，育児施設等に関する女子労働者からの苦衷の申告を受けた時には，苦衷処理機関にその処理を委任し，自律的な解決に努める。またその場合に紛争が自律的に解決されず，関係当事者が苦衷解決の支援を地方労働行政機関の長に要請した時には雇用問題調停委員会が調停する。

II 1989年の労働関係法の改正の試み

1 背景と経緯

1987年に労働関係法を改正してから後1年も経たないうちに，労働法の再改正を求める声が出てきた。特に1987年の労働者大闘争を実質的にリードしたにもかかわらず法改正の過程において除外された民主労働運動勢力が労働法の再改正の運動を先導した。労働法の再改正の要求は1988年5月21日に結成された，'組合弾圧阻止労働者共同対策協議会'（以下'共対協'という）から最初に出された。1988年6月3日には，地域業種別労働組合協議会が集まって'労働法改正全国労働組合特別委員会'（以下'労組特委'という）を結成した。これらは労働法改正公聴聞会等，意見の調整過程を経て，1988年7月28日には'労働法改正試案'を発表した。それには複数組合禁止・第三者介入禁止の廃止，公務員組合の許容，国等に従事

する労働者の争議行為の許容,職権仲裁の削除,労働条件の改善(休業手当の引上げ,延長労働の縮小,出産休暇の延長等)が含まれていた。韓国労総と使用者団体も各々独自の意見を提示した。

　国会はそれを直ちに受容した。当時国会は韓国憲政史上初めて野党議員の議席数が与党のそれより多い,いわば'与小野大'の国会であったので,野党が立法に対する主導権を握っていた。労働側の労働関係法改正要求に対し,3野党は1988年7月29日に,'労働関係法改正合同公聴会'を開催し,'労働関係法改正のための野党3党の共同委員会'を構成し,1988年9月28日に労組法と労争法の改正試案を,1988年10月3日に勤基法と労委法の改正試案を発表した。そして1989年3月9日に国会は,労争法と勤基法に対しては与野党が合意案を出し,与野党満場一致で通過させ,労委法と労組法に対しては表決処理により[110]野党3党案を通過させた。国会を通過したこれらの法案の中で,勤基法案は1989年3月29日に公布されたが,労組法案と労争法案は,1989年3月25日に盧泰愚当時の大統領の拒否権の行使により[111],またその後の国会議員の任期終了により自動廃棄となった。

2　労組法案と労争法案および改正勤基法の内容

(1)　労組法案(1989．3．9国会議決)

1989年3月9日の国会議決の労組法案の主要内容は次のとおりである。

①現役軍人,警察公務員,矯正公務員,消防公務員を除いた6級以下の公務員の団結権と団体交渉権を認定した。②第三者介入禁止条項を緩和し,連合団体以外に'当該労働組合の委任を受けた弁護士および公認労務士の資格を有する者と労働委員会の承認を得た者'に対しては,組合設立・運営または団体交渉に介入できるとした。③労働組合の設立時期に関し設立

---

(110)　公務員の団結権保障に対し当時与党であった民正党が反対したので合意に至ることができず,票決により採択された。

(111)　労組法に対しては6級以下の一定の公務員の団結権を保障したこと,組合成立時期を申告時としたこと,また労争法に対しては防衛産業体の争議行為を公益事業に準じ保障したことを,それぞれの改正案に対する拒否の事由としてあげた。

申告時に成立したものとみなし，設立申告書を受理した時には直ちに申告証を交付すること等の規定を新設し，労働組合設立申告と関連した紛争を解決しようとした。④総会開催時期に関し，単位労働組合は年に1回，連合団体の労働組合は3年に1回開催するとしたことを，両者を区別せず1年ごとに開催することとした。⑤"労働組合役員の人事に関し使用者は予めその労働組合の同意をえなければならない"とし組合役員の身分保障を強化し，さらに役員の選挙と解任および組合員の除名を組合員の投票により決定することにした。⑥臨時総会の召集に対する具体的な手続等を規定した。⑦行政官庁の資料提出・調査権は削除した。⑧団体交渉権の委任の手続を具体的に定めた。⑨労働協約に対する行政官庁の介入に対し，その事由を従来の'違法または不当な事実がある場合'としたことを，'違法な事実がある場合'に制限し，さらにその命令権限も従来の'変更または取消'を，'変更または補完'に縮小した。⑩労働協約の有効期間を賃金に関するものか否かを問わず一律的に1年に短縮した。

(2) 労争法案（1989.3.9国会議決）

1989年3月9日の労争法案の主要内容についてみると次のとおりである。

①防衛産業体に従事する労働者の争議行為を公益事業の労働者のそれに準ずるとした。②争議行為に対する第三者介入禁止の対象から'労働組合の委任を受けた弁護士または公認労務士と労働委員会の承認を得た者'を除外した。③職場閉鎖の開始要件を具体化し，労働組合が争議行為を開始してから5日が経った後のみ可能ならしめた。

(3) 勤労基準法（1989.3.29）

1989年3月29日の勤基法の主要内容は次のとおりである。

①勤基法の適用範囲を常時5名以上の労働者を使用する全ての事業または事業場に拡大した。②労働委員会も不当解雇の救済を担当することができ，その手続は不当労働行為救済の手続を準用するとした。③最優先弁済の対象となる賃金債権の範囲を既存の最終3ヵ月分の賃金の他に退職金と災害補償金までに拡大した。④ブラックリストの作成を禁止した。⑤休業手当を従来の平均賃金の100分の60から100分の70に引き上げた。⑥労働時間を44時間に短縮する一方，年次有給休暇の日数を従来皆勤者は8日，9割以上の出勤者には3日であったのを，各々10日，8日に延長した。⑦女

子労働者に請求のない場合にも月ごとに1日の有給生理休暇を保障した。⑧就業規則の不利益変更時に労働者の過半数の同意を得るべきであるという従来の判例法理を明文化した。

Ⅲ 1997年労働関係法の制定

1 労働関係法制定の背景
(1) 1990年代初めの労働法改正の試み

1989年労働関係法改正の際に全く役割を果たすことができなかった政府は,それ以後積極的に法改正を試みる。1990年商工部の改正検討作業,1991年労働部の労働関係法改正の試み,1992年労働法改正研究委員会の改正作業等がそれである。しかし,これらは労使両当事者の強力な反発により失敗に終わった[112]。

1990年3・4月の商工部の労働関係法改正の試みは,労働関係の主務官庁でない商工部から突然提起された点で注目される。その基本的な方向は労働の柔軟性を図り,労働組合活動を大幅に制限するものであった[113]。

---

(112) 詳しくは,崔栄起・全光錫・李哲洙・劉汜相『韓国の労働法改正と労使関係』(韓国労働研究院,2000年) 117頁以下参照。このような改正の試みは直接・間接的に1997年労働関係法の制定に影響を与えた。1990年商工部の労働関係法改正の試みは'労働の柔軟化'の名の下で労働条件基準の低下の動きが政府側から現れた。これはその後使用者団体の労働条件基準の引下げの要求の正当化のために利用されてきた。そして1991年労働部の総額賃金制の導入を中心とする改正の試みは賃金体系に対する再編成の必要性を認識させる契機として作用し,1992年労働法改正研究委員会の動きはその後の労改委の構成と活動に影響を及ぼした。

(113) その内容中,勤基法に関することは,退職30日前の労働者に対する退職予告義務,平均賃金算定において成果配分的特別賞与金の除外,賃金最優先弁済条項の削除,休業手当を通常賃金の100分の60へ減額,週労働時間を46時間へ延長,変形労働時間制の導入,時間外・夜間・休日労働の加算率を25%へ引下げ,月次有給休暇の廃止,女子労働者に対する夜間労働および時間外労働に関する制限の廃止等を含んでいた。そして集団的労使関係法に関することは,組合の役員の資格を勤続年数3年以上の者に制限したこと,労働者の過半数の支持を受ける労働組合のみ団体交渉権を認定したこと,団体交渉事項の縮小と明文化

第3節　衡平性の模索（1987 − 1997年）　181

その内容は労働法改正史上最悪と評価されてきた1980年法の水準にも及ばないものであって，労働側の強力な反発を呼び起こし，労働部でさえ非現実的な案であると評するほどであった。しかし，そこで'労働の柔軟性'という言葉が労働法改正の重要な話題として本格的に提起された。

　1991年労働部の法改正の試みでは当時労働部長官が推進していた総額賃金制および時間外労働手当の支給を前提としない土曜隔週休務制を勤基法に導入する代わりに，それに対する反対給付として労働組合の政治活動を許容することが主な内容であった(114)。この改正の試みに対しては，使用者団体は歓迎したが，労働側の反対が強かったので失敗した。しかしそれは最初に韓国の賃金体系に対する問題が提起された点で意義があったといえる。

　1992年には金泳三当時の大統領の指示によって構成された，労働関係法研究委員会が中心となって労働法改正の論議が行われた(115)。実際の作業と試案の作成は全て学界の8名の学者で構成された起草委員会で行われた。起草委員会は29次にわたって論議を繰り返し，労働関係法の改正試案を作成し，8次にわたる全体会議を通じ，労使当事者を含む全体委員の意見を

　　　（労働条件に関する事項に制限し人事権・経営権に関する事項を除く），無労働無賃金原則の明示，労働委員会に対する争議行為の正当性の判断権限および職権中止権限の附与，争議行為要件の強化（組合員4分の3以上の賛成を受けること），争議時の代替労働の認定，使用者の職場廃鎖権限の明文化等が含まれた。

(114)　労働部は，当時生産性の向上に比べ賃金が急速に引き上げられた理由を賃金体系の歪曲にあるとみて，総額賃金を基準とし団体交渉における賃金の引上率を決定しようと試みた。総額賃金とは，実際の労働量と経営成果により賃金額の変動は成果配分的変動賞与金または超過労働手当，現物給与その他予め確定されていない金品を除いた労働所得をいう。労働部が総額賃金制の実施を主張した理由は，各種の手当の新設等のように政府が賃金の引上げを統制することが困難であったからである。集団的労使関係では，労働組合の代表者に対する労働協約の締結権の附与，労働協約の有効期間を3年に延長する等が提示された。

(115)　労働関係法研究委員会は労働部長官の諮問機構として勤基法，労組法，労争法，労協法，労委法等，5つの法律の改正を政府に提案することを目的とした。韓国労総3名，経総3名，公益を代表して学界から8名，法曹界から2名，言

受け入れたが，合意に達することはできなかった。結局，労委法に対してのみ改正試案を確定し労働部に報告し，その他の4つの法案に対しては改正の提案を提出することができなかった[116]。労働関係法研究委員会の活動は可視的な成果をあげることはできなかったが，その後の労改委の地位と構成および活動に相当影響を与え，またその内容もその後の労働関係法改正に多く反映された。

(2) 対内外的環境の変化と労働法改正の必要性

韓国は1991年9月10日に南・北韓の国際連合(UN)への同時加入により，1991年12月9日にはILOの正式会員となった。政府はILOの会員となることにより，"国際的外交舞台に堂々と立つことができ，先進国を含む加入国との多様な交流を通じ国際的な視野を広げるなど，労使関係の発展を図ることができた"と評価し，"韓国の労働環境の正確な実像を知らせることにより，国内外の誤解と不信を解消"できる機会となったといわれた[117]。しかし実際に展開された様相は全く異なるものであった。ILOは民主労働組合側が提起した請願を受け入れ，何回も韓国政府に対し労働法の改善と労働弾圧の中止等を求めた[118]。それに対するILO側の法改正の勧

　　　　論界から2名の18名で構成された。同委員会は本格的な活動を前にして，韓国労総，経総からの労働法改正に関する意見書，また民主労働組合側が結成を主導した'ILO共対委'側の見解まで聞き，これを基礎にして論議した。

(116) 改正試案は活動を終了する1996年7月までに公式的に公開されなかったが，その大綱は次のとおりである。集団的労使関係法では，上部団体に限る複数組合の設立の認定，第三者介入禁止規定を削除すること，解雇の効力を争う労働者の組合員としての地位を不当労働行為の救済の再審判定が出るまでに認定すること，防衛産業体に従事する労働者の争議行為を公益事業に準じ取り扱うことにより部分的に許容したこと，6級以下の公務員と教員の団結権を認定し，組合の政治活動禁止を削除すること等，当時の基準としては画期的な内容を含んでいた。勤基法では書面協定による1ヵ月単位の変形労働時間制の導入，月次有給休暇制度の廃止の代わりに，年次有給休暇の日数を増やすこと等が含まれていた。

(117) 労働部『労働白書』(1992年) 289-290頁。

(118) 国際労働機構の活動が韓国の労使関係に及ぼした影響について詳しくは，李哲洙『国際労働基準と国内労働関係法』(韓国労働研究院，1994年) 187-189頁参照。

告と1994年前期の米国を中心として提起された，いわゆるブルーラウンド交渉の動き等は，政府をして団結権を侵害する労働関係法の改正の必要性を認識させた。また政府は大統領任期中にOECDに加入しようと試みたが，それも法改正の要因として作用した。すなわちOECDでは韓国政府に対し労働関係法を国際水準にふさわしい内容に改正することを求めたのである[119]。

対外的要因以外に労働関係法の改正の直接的な要因として対内的要因もあげられよう。まず構造的要因として，以前の非常的な資本主義体制，すなわち権威主義政権により歪曲された経済秩序に対する挑戦が市場から登場したことである。一方では硬直された労働条件基準に対し労働の柔軟化を要求する経営側の攻勢的な姿勢が，他方では勢力を拡大した労働組合側の自主的団結権の要求が強く求められた[120]。また経済的状況を示す経済成長率は，1990年代前半には急激に低下したものの（1990年の9.5％，1991年の9.1％，1992年の5.1％，1993年の5.8％），1990年代半ばになって増加し（1994年の8.6％，1995年の9.0％），それは労働関係法の改正によい機会を与えたといえる。

当時政府は従来の大企業中心の輸出主導型大量生産体制とこれを支えている伝統的な労使関係に依存する経済政策では，多品種で小量生産体制に代表される新たな経済秩序に積極的に対処することができないという認識とともに，労働者の自発的参加と協力が前提となる労使関係でなければ全世界的な競争から淘汰されるという危機感を持っていた。政治的要因としては，任期の末期に経済改革を完了することにより歴史の評価を受けようとする意思が法改正の要因として作用したものと考えられる。

このような対内外的環境変化を背景に，政府は1996年4月24日に'新労

---

(119) 1996年4月当時，OECD首席秘書指名者であるDonald Johnston氏は，韓国のOECD加入条件を論議し，労働法改正に関する見解を表明するためにソウルを訪問した。訪問期間に，OECD法律顧問であったChristian Schriche氏は労働基準と韓国のOECD加入承認を連繋する意思を明確にした。

(120) 特に民主労働運動勢力が1995年11月13日に民主労総を結成することにより労使関係改革に対する要求はより加速化した。

(121) これによると現代の状況は産業化時代から世界化・情報化時代へと転換する

使関係構想'を⁽¹²¹⁾発表するとともに，労改委を通じて労働関係法改正作業を本格化した。

2　労改委における労働関係法の改正論議

労改委はその活動時期により，1996年5月に発足した第1期労改委と，1997年4月に発足した第2期労改委に分けることができる。以下では1997年労働関係法制定の基礎作業をした第1期労改委の活動を中心にみる。

(1)　労改委の構成と課題設定

金泳三当時の大統領が発表した'新労使関係構想'の具体的な実行のために，大統領諮問機構として'労使関係改革委員会'が1996年5月9日に発足した。労改委は労使代表各5名と学界代表10名，公益代表10名など総勢30名で構成された⁽¹²²⁾。しかし実際の労改委活動においてはこれらの代表以外に多数の特別委員と諮問委員および専門委員が参加した⁽¹²³⁾。

　　　　文明史的大転換期という認識を基礎とし，産業化時代の対立と葛藤の労使関係を情報化・世界化時代にふさわしい参加と協力の関係に転換しなければならないとし，そのためには慣行，制度等あらゆる領域で改革が行われなければならず法改正の必要性を強調している。新労使関係構想に対し経営側は国家競争力強化という観点から歓迎し，労働側は政府の労働関係法改正意思それ自体を労働側の持続的な労働関係法改正闘争による部分的な成果として把握した。このような相反する認識は，その後の労改委の運営と決定における跛行をすでに予定していたといえる。

(122)　労改委の構成と関連し特筆すべきなのは，当時労働組合の設立申告が返戻され合法的な労働団体としての性格が否定されていた民主労総側代表が参加することにより政府から事実上合法的な労働団体性が認められたこと，労働法改正の直接的当事者である労使側委員より公益委員の数が遥かに多かったことである。これは1990年代の一連の労働関係法改正の失敗から得られた教訓を反映した結果と考えられる。相当の勢力を確保していた民主労働組合運動勢力を改正論議の過程から排除したならば実質的な労使関係の安定は期待できず，直接的な利害当事者の数よりは中立的な立場にたつ公益委員の数を増やすことにより労使の間の合意と妥協を促進する雰囲気を助成することができたからである。

(123)　政府側の次官級人事として必要な場合に労改委で発言権が与えられる特別委員4名，委員会活動を支援し世論の形成を担当する目的で言論界，学界，労使団体，市民団体等の関係専門家で構成された諮問委員30名，委員会が推進する

労改委は21世紀における世界一流国家への跳躍のために新たな労使関係の実現および大統領の新労使関係5大原則の具体化を目標として，新たな労使の意識と慣行の定立，労働関係法および制度の改革，公共部門労使関係・労使教育・労働行政の刷新を3大課題として掲げた。そのために3つの分科委員会をおき，そこでそれぞれの課題が取り扱われた。労使関係の改革を段階的に推進するために1段階 (1996. 5 - 1996. 6) では労使関係改革基盤の構築，2段階 (1996.7 - 1996.12) では法と制度改革の推進，そして3段階 (1997. 1 - 1998. 2) では新労使文化の定着等段階別にその目的を設定した[124]。

(2) 労使関係改革委員会の活動

1) 労働関係法改正の基本方向の合意

労改委活動は労使関係改革に対する国民的な共感の形成と世論の形成のために各地域での公聴会と4回にわたる専門家討議で始まった。これに基づき1996年7月10日に労改委は第5次全体会議において満場一致で「法・制度改善の基本方向」と「部門別推進方向」に合意し，1996年7月15日に合意事項を金泳三当時の大統領に報告し，労使関係改革基盤構築のための1段階作業を終了した。

労改委が発表した「法・制度改善の基本方向」の内容は，①労使協力関係の増進および利害対立の合理的調整，②労使自治と対等関係の尊重，③労働者の生活の質の向上と労働市場の活性化，④経済の国際競争力の向上および均衡発展のための多様性の重視，⑤基準概念の明確化と手続的規定の整備，⑥国際的な基準と慣行の尊重，⑦労使間合意および国民利益の尊重等，7大基本方向である。

これを具体化するための「部門別推進方向」としては，労働者の生活の質と関連する部門[125]，集団的労使関係と関連する部門[126]，政府の役割

　　　課題に対し専門的に研究を遂行し公聴会を主管する専門委員20名がそれぞれ労改委に参加し，作業を進行した。そして行政支援業務のために事務局を設置し関係部所から公務員が派遣された。

(124) 労使関係改革委員会第1次全体会議案件，議案番号第1号『労使関係改革委員会運営計画案』。

(125) 労働者の生活の質に関して，第1に，労働時間，休日・休暇制度は，労働者

と関連する部門(127)に構成されていた(128)。

2) 活動の具体的な展開

労改委は基本方向に合意した後本格的な労働関係法の改正作業に着手した。まず1996年7月16日－7月31日に労働関係法改正のための公開討論会

の生活の質と生産性を向上するように改善し，労働者と事業場の多様性を考慮し，制度の運用の効率性を高めること。第2に，雇用制度の改善においては労働者の能力の開発を通じ雇用の安定を高めることに努め，新たな雇用慣行の尊重とともに雇用不安が生じないように合理的な補完策を講じること。第3に，賃金・手当等補償制度は労働者の能力と成果に対する客観的で公正な補償が行われるように賃金体系の改善と多様な補償制度を導入することをいう。

(126) 具体的には，第1に，労働組合はその運営と活動において自主性，民主性，透明性を高め，企業と国の発展の責任のある同伴者になるようにすること。第2に，団体交渉制度は労使の間の対等な交渉力に基づき自律的な交渉慣行を確立し，労使当事者および国民経済的な負担を最小にすること。第3に，紛争調整制度を，必要ない作業中断を最小化するために自律的な交渉と平和的な妥結を支援・誘導する制度に発展させながら，脱法的な事項に対しては迅速・公正な判定と厳正な法執行を通じ「ルール」による労使自治主義原則を確立すること。第4に，労使協議制は労使間の協議と情報の共有を促進するようその役割と機能を強化し，品質と生産性の向上，労働者の生活の質の向上のための作業現場での参加を優先的に行い，企業の次元および政府の政策への参加等のための基盤をつくることをいう。

(127) 政府の役割および公共部門の労使関係に関連しては，第1に，公務員と教員に対しては労働者としての基本権益を尊重しながら社会的な責務性を勘案し，合理的な労使関係制度を模索し，公企業等公共部門の労働条件の決定および労使間の利害関係調整は労働者の福利と国民の負担を考慮し均衡を保つように合理的に調整する。第2に，労働行政は参加・協力的な労使関係の定着と発展のための支援サービス行政，地方化・分権化時代にふさわしい行政体系を確立することをいう。

(128) 以上の基本方向と部門別推進方向は抽象的な内容が多く，その具体的な内容の解釈に関しては見解の対立があった。しかし，それは満場一致で合意し，労改委に対する期待は社会的に形成されたといえる。なぜならば改革の基本方向に労・使・公益が満場一致で合意したということは労働関係の改革必要性に対し共感していることを意味し，労使間の意見の対立を労改委内で妥協する可能性があることを意味しているからである。

第3節　衡平性の模索（1987－1997年）　187

を6回にわたり開催し，労働者および使用者側の見解と関係専門家の見解等を公開的に討論する機会を設けた(129)。

その後労改委は法制度改革のための小委員会を別途に構成し，そこで具体的な論議を進めることを決定し，'労働関係法改正要綱小委員会'を構成した(130)。小委員会は公益委員会議10回，小委員会会議総23回を開催し公益委員の調整・仲裁と労使の意見調整を通じ合意を試みた。しかし小委員会においても労使間の対立が激しく公益委員の調整も失敗に終わった。そこで公益委員のみで4回にわたり会議を行い，その結果1996年9月3日に討議の結果の資料が公開された。討議資料を土台に小委員会は検討にはいったが，依然として労使間の対立は続き，結局小委員会では合意事項，合意可能事項，未合意事項，未討議事項にその内容を区別しそれを全体会議に報告した(131)。

そして全体会議では核心の争点に対し激しい討論が行われたすえ1996年10月25日に第12次会議において労働委員会制度の改編等の合意案が作成され，それを議決した。この過程で民主労総が参加しないことを宣言(132)する等の迂余曲折を経て，1996年11月7日に争点事項148個の中で107個に対し合意した。そして全体会議での討論は上記の合意事項とその残りの未合意事項に対する公益委員案を報告する形で政府に送られた。それによって

---

(129)　公開討論会は主題別に開催された。1次公開討論会では労働時間・休日・休暇および複数組合の問題を，2次公開討論会では解雇制度と労使協議会制度を，3次公開討論会では賃金および退職金制度と労働組合の活動を，4次公開討論会では労働委員会制度と争議行為を，5次公開討論会では女性および非典型労働と団体交渉および労働協約を，6次公開討論会では公共部門労使関係と公益事業の紛争調整を各々取り扱った。ところが公開討論会では労働側と使用者側が従来の主張を繰り返しただけで両者間の意見の差は全く調整できなかった。

(130)　小委員会は常任委員を委員長とし労使委員各2名，公益委員4名など9名で構成された。その他責任専門委員5名と事務局職員3名が小委員会の活動を支援した。

(131)　小委員会は約1ヵ月にわたり150個余の争点に対し集中的に討論をし110個余の争点に対しては完全に合意に達したが，複数組合禁止，整理解雇制等の争点には合意することができなかった。

(132)　その当時民主労総が参加しなかった背景には労働法改悪の動きに対する積極

労働関係法や制度革命のための2段階作業は終了し，政府と国会の間における具体的な法改正の手続だけが残ることとなった[133]。
(3) 合意事項および未合意事項に対する公益委員案の内容
1) 合意事項
合意した主要事項の内容は次のとおりである。
(a) 労働組合の設立と運営
第1に，組合設立の制限を緩和し産別組合への転換を容易にした[134]。
第2に，労働組合の政治活動制限規定の削除[135]。
第3に，労働組合総会公告期間を7日（従前15日）に短縮したこと，臨時総会の召集権者の指名の義務化。
第4に，行政官庁の組合運営に対する介入条項の整備・縮小[136]。

　　　　的な対応という状況的な要素と民主労総の内部の強硬派と穏健派との間に争いが生じるなど内部的な要素があったからであった。崔栄起・金晙・盧重琪・劉汜相『韓国の労使関係と労働政治(I)』（韓国労働研究院，1999年）155頁参照。その後民主労総は参加しなくても得られる成果はほとんどないと判断し，1996年11月初めに再び労改委に参加した。
(133) 重要な争点に対し合意が成立せず公益委員案のみが提出されたから，その後の法改正過程は公益委員案を修正・補完する方向で行われる。
(134) 具体的には労働組合設立時期を申告証交付を条件に申告書を受理した時とし，また申告証返戻事由を再調整し，それを母法で規定することにより，行政官庁の恣意的な申告証返戻の余地をなくした。その他，組合組織形態の変更を解散の手続を経ず総会の議決で可能にし，合併・分割または解散・組織形態変更に関する特別議決の定足数を在籍組合員の過半数出席と出席組合員の3分の2の賛成に統一し，企業別単位組合を前提・誘導する条項を削除し，産別組合への転換を容易にする等，組合の自律的意思による組織形態を多様に選択できるようにした。しかし組織変更の効果と具体的な手続に対する明文の規定を欠き，立法趣旨である条項を根拠とし産別組合への転換が実際に容易になったとは限らない。
(135) その代わりに労働組合の政治団体化を防止するために政治運動を主目的とする場合を組合の欠格要件と明示し，組合の政治活動規制はその他の社会団体との衡平の観点から選挙・政治関係法令等で規律することにした。
(136) 法令違反の規約に対する行政官庁の是正命令制度は維持したものの，規約違反の決議・処分および法令違反の労働協約に対しては被害者の請求がある場合

第5に，組合費の自律化と組合役員兼職禁止規定の削除。
第6に，組合役員の3次決選投票制の導入 (137)。
第7に，労働組合総会の開催の時期および必要的議決事項の整備 (138)。
(b) 団体交渉
第1に，組合代表者の協約締結権の明文化。
第2に，労使の誠実交渉義務規定の新設。
第3に，団体交渉の委任通告規定の整備 (139)。
(c) 争議行為
第1に，調停前置制度の導入 (140)。
第2に，労働協約の解釈と紛争処理手続の新設 (141)。
第3に，主要防衛産業体の争議行為制限を緩和した。すなわち主要防衛産業体であっても防産物資の生産に参加する者の争議行為のみを禁止し，その禁止の対象者の範囲を明確化した。

にのみ行政官庁が是正命令を下すことができるとした。また行政官庁の労働組合の業務調査規定を削除する代わりに決算結果と運営状況を総会に報告し，公開しなければならないとした。
(137) 組合役員の選挙において組合員の過半数の得票が必要であり，また候補の乱立の場合に投票が継続する不合理性を改善するために第2次選挙までには過半数の賛成を得ることとしたが，3次決選投票においては多数得票者を役員に選出することとした。
(138) 総会開催時期に単位労働組合と連合団体とを区別せず一律的に毎年1回以上開催することとし，連合団体に対する総会議決の特則規定を削除し，総会の必要的議決事項の中で労働争議に関する事項を削除した。
(139) 組合の団体交渉委任において当事者である使用者または使用者団体にのみ通報すればよいとし，それまでの行政官庁に対する通報の規定を削除した。
(140) 労働争議申告制を廃止しまた冷却期間を調停期間に変えたほか，斡旋と調停手続を統合し調停を経た後に争議行為を行うことができるようにした。労使の調停手続の誠実参加義務の明文化，労使合意による調停期間の延長等により形式的な争議申告とそれに続く争議行為の濫用の防止，労使紛争解決に対する労使当事者の責任性と紛争調整の効率性・実効性の確保を図った。
(141) 労働協約の解釈・適用・履行に関連した紛争は労働委員会が判定し，それを仲裁裁定と同一の効力を有するものとし，労働協約に関する権利紛争の迅速な解決を図った。

第4に，公益事業の範囲および職権仲裁の対象の縮小，公益事業の紛争調整手続の改善[142]。

第5に，争議行為制限の合理的な調整[143]。

第6に，緊急調停期間の30日（従前20日）への延長。

(d) 個別的労働関係

労働条件と関連しては労働者の生活の質の向上と労働市場の柔軟性を図るという矛盾した目的の達成のために変化した産業社会の現実を反映し労働市場に対する硬直的な法的規制を緩和し，労働条件の決定において労使の自律性を高めることに合意した。また雇用形態の多様化に対応し，労働時間等の労働基準が効率的で弾力的な運営，合理的な水準で雇用安定等労働者保護のための補完装置を整えることに合意した。

具体的な合意内容は次のとおりである。

第1に，労働形態の変化にともなう多様な労働時間制度の導入[144]。

第2に，勤基法を4名以下の事業場にまで拡大適用。

第3に，年・月次有給休暇の代替制度を導入し，労使合意により年・月次有給休暇を他の休日に代替することを許容。

第4に，短時間労働（part-time work）の保護の明文化。

第5に，退職金制度の改善。法定退職金制度は維持するものの，それを企業年金制度に代替することを許容。

第6に，就業最低年齢をILO基準に合わせ13歳から15歳に引上げ。

---

[142] 公益事業の紛争発生の時に労使当事者が推薦する委員と公信力のある外部人士の参加する特別調停委員会が調整を行い，調整の失敗の時には職権仲裁を勧告することができ，公の世論と公益事業の社会的責務を勘案し紛争の公正な解決を図った。

[143] 現業公務員と事業場外の争議行為禁止規定の削除である。また争議行為が適法に行われるように労働組合の指導・監督責任規定を新設した。その他労働組合の承認のない支部または組合員により主導される山猫ストを禁止した。

[144] 具体的には，労働時間および休憩時間の特例規定の補完，選択的労働時間制と事業場外労働時間制（裁量労働と事業場外での労働を対象とする）を導入した。

第3節　衡平性の模索（1987 － 1997年）　191

(e)　その他

労働行政の専門性と公正性の強化のために集団的労使関係関連行政を労働部に一元化した。

労働委員会の独立性，専門性，中立性を図り，労働委員会の所属は労働部とし，人事・予算・教育訓練その他行政事務に関しては政府組織法上の中央行政機関と同様に独立性を保障した。公正性を図るために公益委員は労使推薦後の投票で選出し，判定・仲裁の実名化および審問手続の公開を推進し，委員長・委員の任期内の身分保障を明文化した。専門性を図るために中労委には再審事件のみを管掌させ，地労委は地域別業務量を勘案し委員を弾力的に任命し，公益委員と事務局は判定・調停部署に二元化し，専門化した。

2)　未合意事項に対する公益委員案

未合意事項の中で主要な争点に対する公益委員案の内容は次のとおりである。

(a)　複数組合の設立許容の可否等

複数組合を禁止している1987年11月28日の労組法第3条但書第5号を削除し，複数組合を全面的に許容し，団体交渉の窓口を単一化する。交渉窓口の単一化の方法は組織対象が重複する多数の組合が存在する場合，労働組合側に交渉単一化義務を課し，単一化に失敗した場合使用者側が交渉を延期することができる。組合側が交渉窓口の単一化義務を履行しなかった時には使用者が団体交渉を拒否しても不当労働行為は成立しない。

(b)　第三者介入禁止規定の撤廃等

既存の規定[145]を削除し，団体交渉の支援規定等を新設するとともに，労働組合と使用者が団体交渉または争議行為と関連し支援を受ける者の範囲を列挙し，その他の者は故意に団体交渉を妨害しあるいは争議行為を操縦・煽動してはならない。

---

(145)　1987年11月28日の労組法第12条の2では"直接労働関係にある労働者，当該労働組合または法令により正当な権限を有する者を除いては，何人も労働組合の設立と解散，労働組合への加入・脱退，使用者との団体交渉に関し，関係当事者を操縦・煽動・妨害し，またそれに影響を及ぼすことを目的に介入する行為をしてはならない。ただし，総連合団体である労働組合または当該労働組合

(c) 労働組合の消極的要件と解雇の効力を争う者の法的地位

労働組合の消極的要件の一つを定めた1987年11月28日の労組法第3条但書第4号[146]の改正が問題になったが，公益委員案は結論を下すことができず，それは第2次制度改革課題とされた。

(d) 不当労働行為に対する緊急命令制の導入

1987年11月28日の労組法上の労働委員会の救済命令違反に対する罰則に対し，憲法裁判所が違憲決定[147]を下し，労働委員会の救済命令が確定するまで使用者の履行を担保する規定がなくなった。そこで公益委員案は中央労働委員会の救済命令に対しては裁判所が緊急履行命令を発することができるとし，その実効性の確保を図った。

(e) 組合専従者に対する給与の支払い

組合専従者に対する給与の支払いは，複数組合の禁止とともに労働法改正過程で最も見解の対立の激しい争点であった。公益委員案は組合の財政の自立原則を宣言的に明文化し，複数組合の全面的許容の場合には，組合専従者に対する給与の支払いの問題は第2次制度改革の課題とし，論議することにした。

(f) 公益事業および必須公益事業の範囲

公益事業の種類は母法で規定し，具体的な範囲は施行令で定めるとした。公益委員案は公益事業の範囲を縮小し，定期路線旅客運輸事業，水道・電気・ガス事業および油類事業，公衆衛生・医療事業および通信事業とし，既存の銀行事業と放送事業を除外する立場をとった。公益事業の中で労働委員会による職権仲裁が可能な事業と職権仲裁が許容されない事業とに区

が加入している産業別連合団体である労働組合の場合には第三者介入とみてはならない"と規定した。1987年11月28日の労争法第13条の2と労協法第27条においても同一の内容がそれぞれ争議行為と労使協議会の運営に対し規定した。

(146) 1987年11月28日の労組法第3条但書第4号は労働者でない者の組合加入を許容する場合，労働組合とみなさないと規定し，組織形態を問わず解雇労働者に対しては原則的に組合員資格を認定しないが，同規定の但書で"解雇の効力を争う者に対しては労働者でない者と解してはならない"と規定し，例外的に組合員資格を認定する規定をおいた。

(147) 憲法裁判所1995．3．23．92憲ガ14決定。

分し，職権仲裁が可能な事業を水道・電気・ガス事業および油類事業，通信事業に制限した。

(g) 争議行為関連事項

まず，争議期間中の代替労働の許容に対し，同一'事業場'内の代替労働は許容するとした。次に争議行為期間中の賃金支給の許容に対し，罷業期間中の賃金支給を要求する争議行為を禁止した。

(h) 公務員の団結権

これについては結論を出すことができず，第2次制度改革の課題に移管した。

(i) 教員の団結権

教員に関する特別法を制定し，団結権と制限的な団体交渉権を認定し，団体行動権は認めないとした。

(j) 変形労働時間制の導入

就業規則により週48時間を限度に2週間単位の変形労働時間制を導入し，1ヵ月以上の単位の変形労働時間制は第2次制度改革課題に移管した。

(k) 整理解雇の法制化[148]

従来の判例の内容を受け入れ，整理解雇の正当化要件として緊迫した経営上の必要，解雇回避努力義務，対象者の公正な選定，組合（または労働者代表者）との協議を明文化した。

(1) 年・月次有給休暇制度の補完

これも第2次制度改革課題に移管した。

(m) 退職金の中間精算制

判例により認められていた労働者の自意による退職金の中間精算制の導入の根拠規定を新設した。

3 1996年労働関係法の強行採決と総罷業

(1) 政府での法改正論議

労改委で労働法改正に対する論議が終わると，政府は1996年11月13日から労働部等14の関係官庁の長官で構成される'労使関係改革推進委員会'（委員長は国務総理，以下'労改推'という）を構成し，労働法改正案を作る

---

[148] 整理解雇の問題は労改委で最も論議の激しかった争点の一つであった。

作業を進めた⁽¹⁴⁹⁾。労改推で労働部は労改委での論議の結果に基づき労働法改正草案を作った。しかし経済チーム（経済関連官庁中心）は労働部草案に対し相当部分において修正を要求した⁽¹⁵⁰⁾。これに対し労働チーム（労働関連官庁中心）は労改委合意事項と公益案を最大限尊重しながら政府案を作成することが労使の反発を最小化することができるという主張をした⁽¹⁵¹⁾。他方、教員の労働基本権に対し、特別法で団結権と制限的な団体交渉権を認めようとする労働部案に対し、教育部は2次課題として留保しあるいは現行教育法上の教員団体を複数化することを主張し、公務員団結権保障に対しては総務処が留保の意見を出した。

しかしこのような対立があったにもかかわらず年内に労働関係法を改正しなければならないという認識は政府内で一致していた。それは労働関係法改正を留保すると、国民的な関心を呼び起こした政府のいわば'新労使関係構想'が失敗に終わることを政府自らが認める結果となり、世論と労働側の反発または国際社会からの信頼の喪失等により1997年の大統領選挙に否定的な影響を与える可能性が高かったからである。

結局、李壽成当時の国務総理の調整で経済チームと労働チームとの間で妥協が模索され、1996年12月3日に政府の労働関係法改正案が確定した⁽¹⁵²⁾。この改正案は全体的に労改委合意事項と公益委員案をそれぞれ反映

---

(149) 同時に各官庁の次官で構成された労改推実務委員会も国務総理室行政調整室長を委員長とし構成された。

(150) この主張は競争力強化と労働市場の柔軟性を画期的に高めることによって経済回復を試みるものであった。それが貫徹しないと労働法改正は延期されなければならないという強硬な立場をとった。たとえば複数組合問題の場合、労働部は上級団体のみ許容し3年以上の猶予期間をおき、単位事業場まで許容する方針であったが、経済部処は労働争議が激しく発生するであろうという経営側の憂慮を考慮し整理解雇制、変形労働時間制等を大幅に受け入れない場合には複数組合の一部の許容措置も留保することを主張した。組合専従者の給与問題は企業単位の複数組合が許容されるならばこれを不当労働行為と規定するということが労働部案であった反面、経済部処は複数組合許容と関係なく一律的に禁止すべきであるとの立場をとった。

(151) 崔栄起・金晙・盧重琪・劉汜相、前掲書、166頁；李源徳『労使関係改革：未来のための選択』（韓国労働研究院、1997年）47頁参照。

したが，政府内での協議の過程において経済関連官庁の要求が強く，それに経営側の要求が新たに追加された形となった。政府の労働法改正案が確定すると，労働側はそれは当初の新労使関係構想で言われた労使改革の趣旨からかけ離れた労働法改正であるとし強く反発した。これに対し経営側は，上級団体複数組合の即時許容または組合専従者に対する給与の支払禁止条項の猶予期間の設定等に関しては'多少未完成の部分'とみたが，全般的に労使関係勢力均衡，雇用の柔軟性の確保を通じた国競争力の強化のために政府が努力したものという立場をとった。

(2) 労働関係法案の強行採決と労働法総罷業

1996年12月10日に政府の労働法改正案が国会に送付された。政府・与党は通常国会での法案処理を主張したが，野党は政府案に対し労使の立場の差が大きく，特に労働側の反対が強いことを理由に法案処理を実力で阻止し，通常国会はこの法案処理をしないまま閉会となった。しかし1996年12月24日に国会議長は当日正午までに労働関係法改正案を処理しないと議長職権で法案を提出すると環境労働委員会に通告し，そこで野党総務らは審査期間通告の撤回を公に要請した。しかし1996年12月26日午前4時に新韓国党（当時与党）は単独で国会本会議を開催し労働関係法改正案を処理した。与党が単独で強行採決した労働関係改正法は，政府案に経営側の立場をより多く反映したものであった[153]。

国会で労働関係法改正案が強行採決されたことが知らされると労働側の反発は一気に拡散した。民主労総は直ちに1996年12月26日から無期限総罷業を宣言し，当日から現代自動車をはじめ57個の労働組合が罷業に突入した。韓国労総も委員長名宛の指針を各事業場に伝え，1996年12月27日から

---

(152) この日に決定した労働関係法改正案は，当時の労組法と労争法を統合した労働組合および労働関係調整法，勤基法，労委法，労協法，教員地位向上に関する特別法の5つの法律であったが，教員地位向上に関する特別法は国会に提出されなかった。

(153) たとえば，整理解雇制に関しては緊迫した経営上の必要性の事由として'継続する経営の悪化，生産性の向上のための構造調整と技術革新または業種の転換等'を列挙して整理解雇をより容易にし，上級団体の複数組合を即時許容するという政府案とは異なりその許容を3年間猶予する内容に変更した。

罷業に合流し，そこでいわば'総罷業政局'が始まった。新年の年休の後には罷業が弱くなるであろうとの政府・与党の予想とは違って労働側の総罷業はその後も継続した(154)。宗教界・学界・社会団体等は改正法案の内容が著しく経営側に有利になっていること，またその処理の過程の手続に正当性がないことから法案の成立の無効を主張した。国際社会からの批判の声も提起された。

(3) 国会での再改正論議および1997年労働関係法の制定

労働関係法案の強行採決の社会的波紋は1997年1月21日の与野党領袖会談において国会で労働法改正論議を再開することを合意し収拾された。与野党領袖会談の決定により1997年2月17日に臨時国会を開き，労働法再改正の内容と形式について議論し，改正労働法の施行時点であった1997年3月1日以前に労働法再改正のための与野党単一案を作ることに合意した。

再改正審議過程では2回にわたり公聴会が開催され労使の立場と公益委員案に対する見解を聴取したが，実質的な論議は国会の環境労働委員会内の'労働関係法検討委員会'で行われた。そこでも複数組合禁止等といった労改委での争点事項の論争が繰り返され，結局1997年3月10日になって与野党の間で合意ができた。新しい労働法は，1996年12月26日に与党単独で強行採決され，1996年12月31日に公布された4つの労働関係法の改正形式ではなく，旧法の廃止と新法の制定という形式で確定され，1997年3月13日には旧法の廃止と新法の制定が同時に行われた（以下'1997年3月13日の制定法'という）。

強行採決以前の法，労改委の公益委員案，強行採決法，1997年3月13日の制定法の主要内容を比較すると〈表2-3-2〉のとおりである。

---

(154) 民主労総は1997年1月3日から再び総罷業に突入し，1997年1月7日には病院および放送4社組合が罷業に参加した。1997年1月14日から同年1月15日までの期間には公共部門を含む韓国労総と民主労総との連帯罷業の様相を呈したりもした。

第3節 衡平性の模索(1987 − 1997年)

〈表2-3-2〉1996-1997年期間中の法案の比較

	勤労基準法			
内容	旧法	公益委員案(11.7)	強行採決法(12.26)	制定法(3.10)
整理解雇	-規定なし。次の要件の下で可能(判例法理) ・緊迫な経営上の理由 ・回避努力義務 ・対象者公正な選定 ・組合と協議	-重大な経営上の理由 -解雇回避努力義務 -対象者の公正な選定 -組合との協議	・継続される経営の悪化、生産性向上のための構造調整と技術革新または業種の転換等緊迫した経営上の必要認定 ・労働委員会の承認	-公益案と同一であるが、施行を2年間猶予
変形労働時間制	禁止	-就業規則で2週間単位の変形労働の許容(週48時間、延長労働週12時間) *1ヵ月単位の変形労働は2次改革課題に移管	-就業規則で2週間単位週48時間限度導入 -労使協定1ヵ月単位週56時間	-強行採決法案と同一
退職金	-判例により自意的な中間精算制の認定	-中間清算制の導入	公益委員案と同一	-公益委員案と同一
	集団的労使関係			
内容	旧法	公益委員案(11.7)	強行採決法(12.26)	制定法(3.10)
複数組合	-禁止	-上級団体は許容するが、事業場単位組合は一定期間適用猶予	-上級団体は3年間、事業場単位は5年間猶予	上級団体は許容、事業場単位は5年間猶予
解雇の効力を争う者の地位	-規定なし。判例による確定判決時まで認定	-2次制度改革課題に移管	-中労委再審判定時まで認定	強行採決法と同一
第三者介入	-禁止、但し上級団体は除く	-上級団体、当該労使が申告した者等に対し支援を許容、その外の者は故意による交渉妨害、争議行為操縦禁止	公益案と同一	公益案と同一

内容	旧法	公益委員案(11.7)	強行採決法(12.26)	制定法(3.10)
罷業期間中の賃金	-規定なし。判例で当事者の意思により支給可能	-罷業期間中賃金支給を要求する争議行為の禁止	-公益案と同一	-罷業期間中賃金支給要求する争議行為の禁止、使用者に賃金支給義務のないことを明示
争議期間代替労働	-'争議と関係のない者'の採用または代替禁止	-同一'事業場'内の代替勤労許容および新規下負の禁止	-'事業'内代替労働許容および新規下負禁止	-強行採決法と同一
公益事業の範囲	-公衆運輸事業 -水道・電気・ガスおよび精油事業 -公衆衛生および医療事業 -銀行事業 -放送・通信事業	-定期路線旅客運輸事業 -水道・電気・ガスおよび油類事業 -公衆衛生および医療事業 -通信事業	-鉄道(都市鉄道包含)および市内バス(特別・広域市)運送事業 -水道・電気・ガス・石油精油および石油供給事業 -医療事業 -銀行事業 -通信事業	-強行採決法と同一であり、医療事業を病院事業とする。
組合専従者の給与	-規定なし。判例により支給可能。	-財政自立明文化 -組合専従者の給与問題は2次課題に移管	-不当労働行為で明示、2002年から施行	-強行採決法と同一
教員の団結権	禁止	-教員に関する特別法で団結権および制限的団体交渉権認定	規定なし	規定なし
公務員の団結権		2次課題に移管	規定なし	規定なし

　上の表からわかるように1997年3月13日の制定法は公益委員案と強行採決法を折衷する水準で処理されたものである。労働側は以前と同じであるとし反発したが、労働法改正は大統領選挙と相俟って、これ以上議題となることはなかった。1996年4月の大統領の'新労使関係構想'から始まり1997年3月に制定法ができるまでに1年間継続した論議と1996年冬から

1997年春までの'熱い冬'がついに終わったのである。

4 1997年制定労働関係法の内容
(1) 集団的労使関係法

集団的労使関係を規律する法として以前には労働組合法と労働争議調整法とに分離され運営されていたが，今は'労働組合および労働関係調整法'（以下'労組法'という）に統合され，形式面でも大きな革新が行われたといえる。内容的にも1987年11月28日の労組法と1987年11月28日の労争法に比べて，相当部分労働基本権を充実させた内容となっている。以下，その主要な点を紹介する。

1) 労働組合の設立に対する規制の緩和：複数組合禁止条項の撤廃

1997年3月13日の制定法は1987年11月28日の労組法上の複数組合禁止規定を削除した(155)。原則的に複数組合の設立は全面的に許容するが（第5条），その附則において事業または事業場単位の複数組合の設立を2002年12月31日まで猶予すると定めた（附則第5条）(156)。また複数組合設立の許容を前提に，交渉窓口の単一化方法を労働部長官が提示するよう規定した（附則第5条）(157)。

2) 労働組合の運営と活動に対する規制緩和

1997年3月13日の制定法では労働組合の運営に対する規制が大幅に撤廃ないし緩和された。

---

(155) 1987年11月28日の労組法は"既存労働組合と組織対象を同じく"（前段）あるいは"その労働組合の正常的な運営を妨害することを目的とする場合"（後段）を労働組合の消極的要件と規定し，事実上複数労働組合の設立を禁止してきた。右後段は1963年4月17日の労組法改正時に新設されて，右前段は1987年11月28日の労組法改正時に挿入されたものである。

(156) 事業場単位で複数組合設立時に予想される組合乱立と交渉上の混乱を憂慮し，上級団体に対しまず許容し，企業単位では施行上の副作用を予防できる交渉方法，手続の補完法案を考究し猶予期間をおくことに目的があった。

(157) 全面的に複数組合が許容されたわけではないが，上級団体の場合には複数組合が即時許容され1980年代後半以後韓国労働運動を主導してきた民主労働運動勢力の総連合団体である民主労総が合法性を勝ち取ることができるようになった。

第1に、行政官庁の組合業務調査権が削除された。すなわち1987年11月28日の労組法上の行政官庁の組合業務調査権を削除し、その代わりに労働部長官が要求する場合には労働組合が決算結果と運営状況を報告するものと改正した（第27条）(158)。

第2に、組合費の上限規定を削除した。従来賃金の100分の2を超えることができないとした組合費の上限規定を削除することにより、組合財政の自律性を図った。

第3に、臨時総会の召集手続を改善した。すなわち"労働部長官は労働組合の代表者が第18条第2項の規定による会議の召集を故意に忌避し、あるいはこれを怠り、組合員または代議員の3分の1以上が召集権者の指名を要求した時には、15日以内に労働委員会の議決を要請し、労働委員会の議決があった時には遅滞なく会議の召集権者を指名しなければならない"（第18条第3項）と規定し、1987年11月28日の労組法上の臨時総会召集権者の指名関連条項を補完した。

第4に、労働組合の政治活動禁止条項を削除した(159)。

3）　公益事業の範囲と職権仲裁の縮小

1997年3月13日の制定法では公益事業と必須公益事業とを区分し、公益

---

(158)　既存の行政官庁の業務調査権が行政官庁の必要があればいつでも発動でき、恣意的に運営される余地があり、労働組合の自主性を侵害する恐れがあるとの批判を受容した結果であった。

(159)　1987年11月28日の労組法では公選選挙において特定政党を支持しあるいは特定人の当選のための行為、または組合員から政治資金の徴収および組合基金の政治資金への流用等を禁止した（第12条）。1997年3月13日の制定法ではこれを削除することにより労働組合の政治活動が原則的に許容された。しかし選挙関連法により他の社会団体と同一の制限は依然として残った。すなわち労働組合または組合代表者名義の選挙運動と政治資金寄附が禁止されたから（公職選挙および選挙不正防止法第85条・第87条、政治資金に関する法律第5条第3項・第12条参照）、まだ完全な政治活動が可能となったとはいえない。後述のように労働組合の政治活動が事実上完全に許容されたのは、憲法裁判所の政治資金に関する法律の違憲決定（憲法裁判所　1999.11.25.　95憲マ154決定）と、2000年2月16日の政治資金に関する法律によって労働組合に政治資金の寄附が許されたからであると言えよう。

事業の中で"公益事業としてその業務の停止または廃止が公衆の日常生活を著しく危くし，あるいは国民経済を著しく阻害し，またその業務の代替が容易でない"事業を必須公益事業とし（第71条第2項），必須公益事業に対してのみ労働委員会内での'特別調停委員会'が労働委員会に仲裁を勧告することができ，仲裁回附の如何は労働委員会の決定による（第74条，第75条）。

4) 第三者介入禁止の廃止と第三者支援の新設

1997年3月13日の制定法では第三者介入禁止条項を廃止し，その代わりに"当該労働組合または当該使用者が支援を受けるために労働部長官に申告した者"等に対しては団体交渉，争議行為に対する支援ができる（第40条）。

5) 労使協議会制度の強化

労協法を廃止し，その代わりに'労働者の参加および協力増進に関する法律'（以下'労働者参加法'という）を制定した。

労働者参加法では労使協議会の適用範囲を30名以上の事業に拡大し，労使協議会の議決事項を新設した。労働者の教育訓練および能力開発基本計画の樹立，福祉施設の設置と管理，社内労働福祉基金の設置，苦衷処理委員会で議決されなかった事項，各種の労使共同委員会の設置等に対し必ず労使協議会の議決を経ることとした（第20条）。これで本格的な経営参加的要素が一部導入された。

また1987年11月28日の労協法では労働組合に対し一律的に労使協議会の労働者委員に対する推薦権を与え，それを労働組合の下部機関化したが，新法では従業員過半数を代表する組合に対してのみ労働者委員推薦権を与え，そうでない場合には従業員の投票で選出することとした。

その他協議事項が1987年11月28日の労協法に比べ大幅に拡大された。労使協議会の協議事項として，生産性向上と成果配分，労働者の採用・配置および教育訓練，労働争議の予防，労働者の苦衷処理，安全・保健その他作業環境改善と労働者の健康増進，人事・労務管理の制度改善，経営上または技術上の事情による労働力の配置転換・再訓練・解雇等雇用調整の一般原則，作業および休憩時間の運用，賃金の支払方法・体系・構造等の制度改善，新機械・技術の導入または作業工程の改善，作業規則の制定また

は改正，従業員持株制その他労働者の財産形成に関する支援，労働者の福祉増進等を規定した。

労働者参加法では，一部共同決定事項の導入，協議事項の拡大等事業場単位で労使協議会による参加と協力のための制度的装置をおいたが，労使協議会の議決事項の効力と労働協約との関係に対する根拠規定を欠き相当の議論の余地を残した[160]。

6) その他争点事項

1997年3月13日の制定法は以上のような進展があったにもかかわらず一定の部分においては労使自治を制約する新たな制度を導入し，労働基本権保障の観点からの批判を免れることができない。その要点をみると，次のとおりである。

第1に，解雇の効力を争う者の法的地位と関連し，1987年11月28日の労組法では使用者の不当解雇により組合活動が妨害されることを防止するために労働委員会に救済を申請し，あるいは裁判所に訴訟を提起し解雇の効力を争う者に対しては判例により確定判決が出るまでは組合員としての地位を認定してきた。しかし1997年3月13日の労組法は解雇の効力を争う者の組合員の地位を'労働委員会に不当労働行為の救済申請をし，中労委の再審判定まで'のみと制限した。

第2に，労働組合の代表者に団体交渉権限および労働協約締結権を明示的に与えることにより（第29条），組合総会の認准投票を事実上禁止しようとした。従来判例の立場を法制化したものとはいえ，この判例に対しては学説上批判が多かった。

第3に，争議期間中の賃金支給を要求する争議行為を禁止した。すなわち"使用者は争議行為に参加し労働を提供しない限り，労働者に対してはその期間中の賃金を支給する義務はない"と宣言し，"労働組合は争議行為の期間に対する賃金の支給を要求し，それを貫徹することを目的として争議行為をしてはならない"と規定し（第44条），これに違反した場合には処罰される（第90条）。

---

(160) 詳しくは，李承昱「労使協議会議決事項の効力」『労働法学』第9号（韓国労働法学会，1999年）265頁参照。

第4に，組合専従者に対する給与の支払いを不当労働行為とした。組合専従者に給与を支払うことを支配介入とし組合専従者に対する給与の支払いを禁止している（第81条第4号）。ただし組合専従者に対する給与の支払いを一時に制限すると組合活動に困難が生ずることを予想し，"この法の施行当時使用者が組合専従者の給与を支援している事業または事業場の場合には，第24条第2項および第81条第4号の規定（組合専従者に対する給与の支払いに関する規定に限る）を2001年12月31日まで適用しない"（附則第6条）とし，その適用を猶予している。このような猶予は2001年3月28日の労組法の改正によって，また2006年12月31日まで延長された。
(2)　個別的労働関係法
　1997年3月13日の勤基法の焦点は労働の柔軟性の拡大にある。整理解雇制が法制化され変形労働時間制をはじめ労働時間の規制を多様化した。その他に短時間労働者の労働条件保護に関する根拠規定をおいた。
　整理解雇に対しては，その標題を'経営上の理由による雇用調整'とし（第31条），使用者は経営上の理由により労働者を解雇しようとする場合には緊迫した経営上の必要がなければならず（同条第1項），また使用者は解雇を避けるために努めなければならず，合理的で公正な解雇の基準を定め，その対象者を選定しなければならず（同条第2項），使用者は解雇を避けるための方法および解雇の基準等に関し当該事業または事業場に労働者の過半数で組織された労働組合がある場合にはその労働組合，労働者の過半数で組織された労働組合のない場合には労働者の過半数を代表する者と誠実に協議しなければならず（同条第3項），使用者が第1項ないし第3項の規定による要件を満たして労働者を解雇した時には，第30条第1項の規定による正当な理由がある解雇とみなす（同条第4項）と規定している。ただし，この規定の施行を公布日から2年が経過した日からとし，その適用を猶予している（附則第1条）[161]。

---

(161)　この適用猶予規定に関し，猶予期間中の整理解雇がどの基準により行われるのかが問題となったことがある。勤基法附則第1条の意味は経営上の理由による解雇に対し1999年3月13日から勤基法第31条の要件と効力を適用するものであり，それまでには勤基法第31条によらず第30条（'正当な理由'のない解雇を禁止した条項）および既存の判例により経営上の理由による解雇の正当性を

労働時間に関しては，変形労働時間制と選択的労働時間制，裁量労働時間制，事業場外労働時間制等，労働時間規制を多様化した。変形労働時間制は‛弾力的労働時間’という標題の下で2週間単位の変形労働時間制と1ヵ月単位の変形労働時間制を各々週48時間,週56時間を限度に導入した。

また短時間労働者に対する保護規定を新設した。短時間労働者を"1週間の所定労働時間が当該事業場の同種の業務に従事する通常労働者の1週間の所定労働時間に比べ短い労働者"と定義し，これらの者の労働条件は通常労働者の労働時間を基準として算定した比率により決定される。したがって通常労働者に比べて労働時間が1時間短くても短時間労働者に該当する。ただし，1週間の所定労働時間が著しく短く，15時間未満の短時間労働者に対しては，勤基法の中の退職金制度，週休，月次有給休暇，年次有給休暇規定の適用を排除した（第21条および第25条）。

5　制度改善のための第2期労改委の議論
(1)　第2期労改委の構成と目的

1997年3月13日の制定法により第1期労改委はその目的を達成し解散したが，全ての課題がそれで終了したわけではない。法それ自体に対する労働側の不満が残っており，労改委自らのプログラムによっても，3段階の改革過程の中の2段階が完了したのみであり，3段階の課題である新労使文化定着のための方策は残っていた。これを本格的に議論するために1997年4月に委員の交替，組織の再編等で第2期労改委が構成された。

第2期労改委は第1期労改委の過程で合意に至らなかった事項および2次改革課題として残された事項のみならず，労使意識と慣行・労働福祉・雇用および労働力等，労働行政全般にわたる改革を推進することを目的としていた。しかし労改委自体の評価によっても労働関係法改正後の労改委委員の意欲の低下，労使団体等の参加に対する熱意の減少，大統領選挙の

判断しなければならないと解するという学説（金亨培『労働法』（博英社，1997年）410頁）と労働部の立場（労働部『新しい労働法解説―新労使文化を開く道』（1997年）79頁）が存した。

熱気，委員会終了期間の到来等で，1期労改委に比べ活動に相当制約があった(162)。

(2) 主要活動

第2期労改委は，労使団体等から意見を聴取し公開討論会を経た後，'国民生活の質の向上'と'国の競争力の強化'を目標とし，労使関係，労働福祉，雇用・労働力等3大分野に分けて各々について分科委員会を構成し，本格的な活動を開始した。

労使関係を扱う第1分科委員会では，団体交渉に関する労使準則，労使協議会の活性化方法，新労使関係の定着のための労使関係教育の強化方法，私的調整・仲裁の活性化方法，企業単位の複数組合の下での交渉窓口の単一化方法等を扱った。そこで注目すべき事項としては企業単位の複数組合の下の交渉窓口の単一化方法である(163)。

労働福祉を扱う第2分科委員会では，4名以下の事業場に対する勤基法適用の拡大方法，退職金支給制度の改善方法，基準賃金制度の改善方法，労働時間および休日・休暇制度の改善方法，労災保険運営体系の改善の基

---

(162) 労使関係改革委員会『労使関係改革委員会白書』(1998年) 305頁。

(163) まず交渉窓口の単一化の決定単位を，原則的に組織対象と関係なく'一つの事業または事業場（労働条件の決定権のある事業場）'とし，組織対象を異にする場合に使用者が拒否しないかぎり交渉窓口の単一化を強制しないとしている。次に交渉代表権者の決定に対しては，第1に，事業場内で組織労働者の過半数を代表する組合がある場合にはその組合が少数組合まで包括する交渉代表権を有し使用者はそれと交渉する義務を負うが，そのような労働組合がない時には使用者は適正期間内に組合側に交渉窓口の単一化を要求することができ，組合間の自律的調整で交渉窓口を単一化した場合に初めて交渉義務が生ずるとする。第2に，適正期間内の組合の自律による単一化が失敗した場合に労働委員会等の公的機構の管掌の下で組合員の選挙を通じ過半数の支持を得た一つの組合が交渉代表権を有し，その場合に1次選挙で過半数組合がない場合には決選投票を行うとしている。その他に交渉窓口を単一化した場合に労働協約の効力に関する特則を設け，交渉代表権者が締結した労働協約の労働条件等に関する事項は他の組合の組合員にも適用し交渉代表権者に公正代表義務を課し，交渉窓口の単一化をめぐる紛争の解決のために公的機構を整備することを提示している。労使関係改革委員会『第2次労使関係改革案』(1997年) 49頁以下参照。

本方向，労災保険適用の拡大方法，社会保険管理・運営体系の改善方法，労働所得税の特別控除制度および年金課税体系の改善方法等を扱った。①基準賃金制度の改善方法は，賃金に関する法的規律が平均賃金と通常賃金とに二元化し，企業の賃金管理が困難で複雑であり，通常賃金に含まれない手当および賞与金の比重が過大であり，賃金体系が歪曲されたことを考慮し，両者を統合した基準賃金を導入しようとする趣旨であった。しかし政府に対し平均賃金と通常賃金の概念・範囲を明確にするために諸般の措置を講じ，中長期的に基準賃金の単一化方法を検討するよう勧告するにとどまった。②労働時間および休日・休暇制度の改善方法に関しては，労働時間短縮は労働者の生活の質の改善のための必須的な課題であること，労働時間短縮のために何よりも実労働時間を短縮する方法が必要であるという点を前提とし，法定労働時間短縮の問題は休日・休暇制度と同時に検討するが，業種別・規模別に段階的に推進するよう勧告している。また労使政・公益で構成された専属機構を設置し，労働時間の短縮および休日・休暇実施慣行と関連制度の改善を推進することを提案した。

雇用・労働力を扱う第3分科委員会では，雇用安定対策の推進原則，職業訓練・職業紹介事業の活性化のための総合対策，女性雇用の拡大と保育サービスの拡充方法等を扱った。

第2期労改委は総合課題として，21世紀労使関係および関連制度の発展方向を提示した。対立的な労使関係を前提とした団体交渉中心の労働関係法の問題点を補完し，参加・協力的労使関係の構築のための法制度を作ること，労働保護法制となっている既存の勤基法の体制を労働契約法として制度化し産業構造および労使の意識の変化に応じて補完し，労働福祉および生活の質の改善方法が必要であること，雇用形態の多様化を受容できる法制度を検討し，労働市場の変化の展望とそれに基づく雇用安定および能力開発政策の方法を講ずること等がその主な内容である。

第2期労改委は，1997年11月7日に以上の内容を大統領に報告し，その後1998年2月17日に解散した。これによって1996年4月から試みられてきた，労改委を通じた法改正という'巨大な実験'は幕を閉じた。

Ⅳ 政治的民主化と社会的衡平化の模索

1) 1987年の憲法および労働法の改正は民主化という時代的な状況もあって充分な討議過程を経ることなく行われた。特に1980年12月31日の労組法と1980年12月31日の労争法で問題となっていた条項が多かった集団的労使関係法の領域に集中して改正された。

集団的労働関係法の基本方向は'制限緩和'および'衡平性の模索'にあった。原論的な立場からみると満足できない点が多かったといえるが，過去の抑圧と統制を緩和し，より自律的な労使関係の形成を図ろうとした点では一応肯定的に評価してよい。憲法改正を通じた団体行動権の法律留保条項の削除と国・公営企業体に対する争議行為制限禁止規定の削除，労組法改正を通じた労働組合設立における自律性の実現と組合活動に対する行政官庁の介入緩和，労争法改正を通じた争議行為規制事項の縮小と争議調整制度の合理的改善等は以前に比べると一歩進んだものといえる。

しかし第三者介入禁止条項，公益事業の職権仲裁条項等のように，すでに当初から違憲性が争われていた集団的労使関係法上の条項を残し，さらに'所属の連合団体の名称'を設立申告書の必要記載事項に追加し，その後の労使関係および法実務において相当の対立と混乱を招いた。そればかりか複数組合の禁止条項はむしろ強化され，その後現在に至るまで違憲の論争は続いている。要するに1987年11月28日の労組法と労争法の改正は集団的労使関係法では制限の緩和という肯定的な側面を持つといえるが，それまで争点となっていた核心の条項に対しては依然として不充分な解決にとどまり，限界があったといえる。

他方，勤基法では大きな変化はなかった。勤基法は1987年11月28日改正当時の争点事項も多くはなかったし，争点といっても対立の少ないものであったからである。ただし1980年から導入された変形労働時間制が廃止されたことと男女雇用平等法が新設されたことは注目に値する。

2) 大統領の法律案拒否権の行使で法律としての成立という成果はあげられなかったが，1988年から1989年に至る労働関係法の改正過程は，その手続の面において注目する必要がある。すなわち労働側が法改正を要求し，国会がそれに積極的に応ずる形で進行したこと，公聴会という手続を通じ

利害関係当事者・教授等の公益を代表する者の見解を聴く等(164)、政府が傍観者的な立場をとってきたそれまでの労働関係法の改正の手続とは異なる。

　国会により改正された労働関係法の内容は労働側の要求を相当受容したが、特に公務員の団結権および団体交渉権の認定は画期的なものであった。しかし複数組合は依然として禁止されており、第三者介入禁止も部分的に緩和されたものの維持している。他方、勤基法と関連しては、労働者側の主張を大幅に受容したといえる。

　3) その後、労働法改正は政府の主張政策の懸案となっていたが、可視的な成果はなかった。1990年にはいるとWTO体制に世界経済秩序が再編され、韓国がILOに加入することにより、国際化・世界化の観点から労働法を再検討する必要性が提起された。同時に継続した労働側の法改正の要求とともに労働の柔軟性を図るとともに企業競争力の強化を掲げて使用者側では勤基法の改正を強力に主張した。それは金泳三政権で労改委が発足した契機となった。労改委での深い論議と総罷業、改正法の廃止、再制定といった迂余曲折のすえに現行法ができた。そこでは集団的労使関係法の領域で違憲性が論争されていた条項は相当部分改善されたが、個別的労働関係法の領域では労働の柔軟性を図る規定が導入された。その他に合理的に制度を改善したところも見られる。

　集団的労使関係法の領域で超企業的な労働組合に対し複数組合を許容する等労働組合の設置に対する制限を緩和し、第三者介入禁止条項、政治活動禁止条項等、組合活動を萎縮させる条項が削除され、または改正された。必須公益事業の概念を導入し、職権仲裁の対象となる事業を縮小した。しかし公務員および教員の団結権は未解決の状態であったし、組合専従者に

---

(164) 政府の中立性が深刻に疑われていた当時の状況下で、利害関係の当事者である労使のみならず教授や研究者等、公益代表を参加させたことは、比較的に公正な観点で改正の方向を提示できる代案として作用した。以後労働法改正の過程では公益的地位にある教授や研究者の参加が活性化し、それは後述の労改委のモデルとなった。特に1988-1989年の改正の過程で労働者側に韓国労総側のみならず当時制度圏外にあった民主労総までも参加させて、変化した労働の現実を積極的に受け入れようとした。それは1987年法改正の過程において民主労総を完全に排除したことと対比される。

対する給与の支払いを禁止し，争議行為期間中の賃金支給と関連し無労働に対する無賃金の原則を規定する等，労働側が不満を抱く条項も新設された。労働の柔軟性を高めるための規定として，弾力的労働時間制（変形労働制）・選択的労働時間制・裁量労働時間制等の導入，短時間労働者（パートタイム）規定の新設，退職金中間精算制および企業年金制の導入，労働時間特例条項の改正，労働協約の有効期間の調整等があげられる。

また合理的に改善されたものとしては，従来の労組法と労争法の統合，労働委員会の独立性と専門性を高め，労働者参加の水準と幅を広げる等，制度的な枠組みを変化させた点をあげることができる。具体的な条項としては，不当労働行為に対する緊急命令制の導入，労働協約紛争解決手続の新設，業務調査権の削除，組合費に対する上限規定の削除，誠実交渉義務と調停前置主義の導入，組織形態の変更条項の新設，争議行為の場所的制限の廃止，労働争議調整手続の整備等があげられる。

4）1987年から1997年に至る労働関係法の改正過程は手続の面でみると以前の法改正の過程とは著しく異なる。1987年になされた労働法の改正は労働法の制定以後最初に正常的な立法機関により政界の討論を経て，与野党の合意により行われたものであった。それ以前までの労働法の改正は充分な討論なしに非常的な立法機関によって行われたが，1987年以後はもはや変則的な手続による法改正はみられなくなった。

内容面からみても集団的自治は部分的に後退することはあったが，全体的にみて段々と定着してきたといえる。集団的自治の拡大は労働運動の発展に沿うものであった。1987年から1997年に至る法改正の過程は，1980年代の抑圧的な労働法制の下での労働者大闘争や，政府および与党による労働関係法の強行採決を力で阻止したいわゆる労働法総罷業闘争に至る労働運動の発展段階と時期を同じくする。それは決して単純で偶然の結果ではなかったのである。1987年以前の労働関係法の展開で現れた典型的な特徴は，労働保護法上の労働条件の持続的な強化と集団的労使関係法上の集団的自治の後退と要約することができる。しかし集団的自治に支えられず国家による一方的な労働条件保障だけでは限界があるはずであることを韓国の労働関係法の変遷史は経験的に立証している。労働保護法が強化され具体化されたとして労働紛争が減少するものではないし，また現実の労働条

件が向上されるものでもなかった。実効性のある労働条件の維持・改善も対等な交渉の条件が備えられた状態の下で初めて可能となることを韓国の労使関係の歴史は証明している。1987年から1997年に至る労働運動の展開過程は結局対等な交渉を可能ならしめる制度を形成するための法改正の闘争であったといっても過言ではない。

したがってこの時期は労働関係法改正の手続および内容の面での正常化の過程であったと評価できる。このような正常化は社会全般の民主化により初めて可能となる。1987年のいわば6月抗争から始まった韓国の民主化の進展は、労働関係法の改正と直接的な関係を有する。それまでの労使関係に対する国の抑圧は法的または制度的な装置以外にも非制度的またはイデオロギー的な道具により促進されまた強化された。しかし民主化は労使関係に対する制度的な障害物を除去すると同時に，非制度的な抑圧装置の除去を促した。

市民社会の民主化が労使関係の民主化へと進んだということで韓国の民主主義は充分に進行したと評価できよう。民主主義を自己決定権の拡大ないし貫徹という側面から把握できるというならば，韓国での市民社会の民主化は大統領直選制に代表される政治的領域での市民の自己決定権の獲得の過程であったといえるし，労使関係における民主化は労働条件決定に関する当事者の自己決定権の貫徹過程であったといえよう。さらに労使関係において自己決定権の拡大は1987年を契機とし個別の事業場レベルでの労働条件決定から1996－1997年の法改正と関連した政策決定レベルまでに質的に深化した。

この時期労働関係法の正常化および民主化を指向した点は，効率性に代わる衡平性の模索にあったと表現することができる。それまでの労働関係法は限定された社会的資源を集中的に投じ最大の効果をあげるという効率性指向の法制であり，上記のような体制の下では少数者による資源の効率的利用が可能なシステムを形成することが課題にならざるをえなかった。しかし1987年から1997年に至る労働関係法は，限定された資源の配分権限を社会の根底まで拡大することにより，配分の決定に社会的弱者である多数の参加を可能とする体制，すなわち衡平性を模索する段階であったといえる。

第4節　効率性と衡平性の調和の試み（1998年－現在）

I　外貨・国際的金融危機と労働関係法改正の必要性

　IMFに資金の支援を要請することとなった1997年下半期の国際的金融危機は，韓国が1960年代以後40年余の経済成長過程では経験しなかった初の危機状況であった。国際的金融危機による経済危機により大量失業事態と賃金の引下現象が続出し，そこで1997年労働法体系に対する全面的な再検討が不可避となった。

　まず労働の柔軟性を高めるために整理解雇法制をはじめ個別的労働関係法の規定に対する再改正の必要性が強く求められた。特に整理解雇の実施を2年間猶予した法規定では現実の適応力を喪失したとの認識が拡散した。のみならず政府と経営側の持続的な改正要求にもかかわらず労働者の激烈な反対で制定が留保されてきた労働者派遣制を実施せよとの国際金融機構の要求も無視できなくなった。

　他方，1997年12月19日に金大中氏が大統領選挙で勝利し，相対的に労働問題に進歩的な立場をとってきた金大中当選者は労働基本権保障と関連した法改正の必要性を認識していた。同時に労働側が長年にわたり要求したにもかかわらず1997年法改正の時に反映されなかった事項が前向きに検討され，それは整理解雇法制を制度化する雰囲気を形成するために戦略的にも必要であったといえる。

　さらに労使関係におけるこのような動きは労使政委員会が発足する一つの要因として作用した。

II　労使政委員会の構成と活動

1　第1期労使政委員会の発足と主要活動内容(1998. 1. 15－1998. 6. 2)
(1)　第1期労使政委員会の発足と構成

　1997年12月に政府とIMFとの間において救済金融協商が始まると，財閥をはじめ多くの企業は自ら構造調整の計画を次々と発表した。このような

急迫した事態の展開の中で民主労総は12月3日に'経済危機克服と雇用安定のための労使政三者機構'を構成することを公式に提案した。1997年12月19日に大統領選挙で勝利した金大中大統領当選者は12月24日に経済界人事と韓国労総委員会および民主労総側と会合し、三者会議機構の構成を提案した。そして2日後である同年12月26日に金大中大統領当選者は'IMF体制の克服のための労使政協議会'の構成を公式に提案したのである。選挙直後に三者機構構成の問題が最も至急の懸案として扱われたのは、経済主体の間の社会的合意の導出を条件にIMFから100億ドルの早期支援を受けることを約束したからである(165)。

労働側は最初は労使政協議体が整理解雇を合法化するための手順にすぎないと疑い、それに反発した。なぜならば金融・外換危機の解消のために当選者側と経済政策担当者を構成員とし、1997年12月22日に構成された非常経済対策委員会が整理解雇制度と派遣制度の導入を推進していたので(166)、労使政協議体がこの目的に利用されるものと判断したからである。しかし金大中当選者側が整理解雇問題のみならず財閥改革等といった経営側改革推進方針、教員・公務員の労働基本権、組合の政治活動保障等労働側の要求事項を論議することを受容し、そこで労使政委員会の発足が可能となった。1998年1月15日に公式に発足した第1期労使政委員会は財政経済院長官と労働部長官、両労総委員長、全国経済人連合会(以下'全経連'という)と経総会長、各政党4名等の10名で構成された。その下に実務(基礎)委員会、専門委員会をおき、必要に応じて分科委員会を設置できるとした(167)。

(2) 第1期労使政委員会の活動と合意事項

第1次会議において金大中大統領当選者は政府の優先的苦痛分担、労使公正待遇、国の競争力の優先という3つの原則を提示し、1998年1月19日

---

(165) 崔栄起・金唆・盧重琪・劉氾相、前掲書、210頁参照。

(166) 非常経済対策委員会『活動結果報告書』(1998年2月)81-82頁。

(167) 実務(基礎)委員会は、韓国労総から3名、民主労総から2名の労働側5名、経営側5名、政府代表として財経院、労働部から各1名、政党から4名、16名で構成された。また専門委員会は労働側4名、経営側4名、政府および政党4名の12名で構成された。

の議題として10の論議課題を選定した[168]。論議の課題の中で労働法制度と直接に関連するのは"労働基本権保障等民主的労使関係確立"と"労働市場の柔軟性を高める方法"であった。前者と関連しては公務員・教員の労働基本権保障問題，労働組合の政治活動の許容の範囲の拡大等，国際基準に合う労働基本権の保障の問題，労使政の政策協議機構の制度化の問題，労使交渉構造改善方法等が具体的な議題として含まれた。後者と関連しては雇用調整に関する法制整備，派遣労働者等非典型労働関連制度の整備等が設定されていた。翌1月20日に労使政委員会は'経済危機克服のための労使政間の公正な苦痛分担に関する合意文'を発表した。そこでも整理解雇に対する直接的な言及はなかったが，関連する内容として，労働組合は"企業の急迫した経営上の事由がある場合に失業発生を最小化するために賃金および労働時間の調整に積極的に努力"することを内容としていた。

労使政委員会は10の議題を確定した後，専門委員会を中心に争点事項に対する論議を継続した。労働側の脱退宣言等といった迂余曲折もあったが，110の議題の中で90の議題に対して合意が得られた。

1998年2月6日の労使政委員会は全90項目にわたる'経済危機克服のための社会協約'を締結したが，その中で労働法制と直接関連するものをみると次のとおりである。

まず整理解雇制度と関連し，①条文名を従来の'経営上の理由による雇用調整'から'経営上の理由による解雇の制限'に変える。②経営上の理由により労働者を解雇しようとする場合には緊迫した経営上の必要がなければならず，経営悪化の防止のための事業の譲渡・合併・引受の場合にも緊迫した経営上の理由があるものと見做す。③合理的で公正な基準による解雇対象者の選定において性差別禁止を明文化する。④解雇する60日前に労働者代表に解雇回避方法および選定基準を通報し，誠実に協議したうえ

---

[168] 合意した10の議題とは，①企業の経営透明性確保および構造調整促進方法，②物価安定方法，③総合的な雇用安定および失業対策，④社会保障制度の拡充等低所得層労働者の生活保護対策，⑤賃金安定と労使協力増進方法，⑥労働基本権保障等民主的労使関係の確立，⑦労働市場の柔軟性確保方法，⑧国民大統合のための措置，⑨輸出増大および国際収支改善のための国民運動展開，⑩その他経済危機の克服のための労使政，国民の役割に関する事項等である。

で労働部に事前に申告する。⑤整理解雇された者に対しては，再雇用の努力義務規定を新設するとし，整理解雇規定の施行を２年間の猶予とした規定を削除した。

　労働者派遣制度と関連しては，1998年２月の臨時国会で次のような内容の'派遣労働者保護等に関する法律'を提出することに合意した。①労働者派遣対象業務において，専門知識，技術または経験等を必要とする業務に対してポジティブ・システムを採択し，具体的には大統領令で定める業務とし，単純業務分野はネガティブ・システムを採択し，出産，疾病，負傷等で欠員が生じた場合または一時的・断続的に労働力確保が必要な場合には法令が禁止する業務の対象から除外し，それを許容することとした。ただし，後者の場合には労働者代表または過半数組合と事前に誠実に協議する。②派遣期間は１年以内とし，当事者が合意した時には１回に限り延長できる。③その他に差別禁止等派遣労働者保護措置と，争議中の事業場への派遣禁止，整理解雇後一定の期間当該業務の派遣を禁止する等労働者派遣の制限，派遣事業主と使用事業主の責任所在等を明確にすることに合意した。

　また事業主倒産の時の労働者の賃金債権を保障する法案を1998年２月臨時国会に提出することに合意した。具体的には事業主負担金等で造成された賃金債権保障基金を設置し，５名以上の事業場の労働者に対し賃金債権優先弁済範囲である'最終３ヵ月分の賃金および最終３年間分の退職金'の中で大統領令で定める金額を同基金から使用者に代わって支給したのち，求償権を行使して回収するようにした。その他零細事業場の労働者保護のために５名未満の事業場に勤基法の一部条項を適用できるように関連法令を改正することに合意した。

　労働基本権保障と関連し，①公務員に対して政府は，1991年１月から職場協議会設置のための関連法案を1998年２月臨時国会に提出し，労働組合結成方策は国民世論を反映し，２段階に推進することに合意した。②教員に対しては1999年７月から教員の労働組合結成権が保障されるよう1998年定期国会で関連法律の改正を推進することに合意した。③その他1998年前半期中に選挙と政治資金に関する法律の改正を通じて労働組合の政治活動を保障し，労働基本権の確立のために失業者に超企業単位の組合への加入

資格を認め,また労働協約の一方的な解止の通報期間を既存の3ヵ月から6ヵ月に延長する等の改正案を1998年2月に臨時国会に提出することに合意した。

以上のような合意を以て第1期労使政委員会はその任務を終了した。

2 第2期・第3期労使政委員会の発足と主要活動内容(1998.6.3-現在)

(1) 第2期労使政委員会(1998.6.3-1999.8.31)の構成と追加合意事項

第1期労使政委員会の合意事項を履行し構造調整と雇用問題をめぐる葛藤の解決,各種の経済・社会改革の課題等に対する論議のために第2期労使政委員会が1998年6月3日発足した。第2期労使政委員会は本会議,実務委員会,特別委員会(不当労働行為・公共部門構造調整・金融産業発展),そして実務委員会傘下の4つの小委員会(経済改革・雇用失業対策・労使関係・社会保障)で構成された。また各種会議体の円滑な運営を支援するために専門家および労使団体代表等で構成される専門委員をおいた。

第2期労使政委員会では1998年12月末までに第1期労使政委員会の合意事項の中で立法が遅延されていた教員の労働組合結成権保障,医療保険の統合・一元化,公共資金管理基金法改正,労働組合の政治活動保障,失業者の超企業単位組合の加入資格の許容等に対する具体的履行方法に対し追加合意を導出した。同時に公共・金融部門の構造調整と関連し構造調整の原則,基準,方向等を協議し対政府建議文および勧告文を採択した。

しかし1998年12月31日民主労総が教員組合合法化等の合意事項の立法の遅延等を理由に労使政委員会への不参加を宣言し,さらに1999年2月24日労使政委員会脱退を宣言した。他方,韓国労総も労使政委員会のあり方と機能に不満を抱き,1999年4月9日労使政委員会脱退を宣言し,労使政委員会の活動が実質的に中断される[169]。以後政府は労働側の参加を誘導するための努力に集中した。

労使関係と関連労使関係小委員会は[170]10大優先課題として,①教員・

---

[169] 当時労働側では労使政委員会の法的地位と役割が不明確であるのみならず,実際に労使政委員会が労働側の不満を抑え労働を統制する機構として活用されているとの認識が拡散していた。

[170] 労使関係小委員会は委員長をはじめ常勤委員,労・使・政を代表する各2名

公務員の労働基本権の保障，②失業者の超企業単位組合への加入資格の認定，③労働組合の政治活動保障のための政治資金法改正，④法定労働時間の短縮（休日・休暇制度改善方法等を含む），⑤賃金体系の改善，⑥組合専従者に対する給与支払いの処罰問題，⑦必須公益事業の範囲の調整問題，⑧業種・地域等各レベルの労使協議の活性化問題，⑨労働組合組織および交渉体系（企業別または産業別改善方法），⑩退職金制度の改善方法を論議した。

'教員の労働組合結成権保障'の問題は1998年10月31日労使政委員会で合意し国務会議を経て'教員の労働組合設立および運営等に関する法律'制定案が国会に提出された。しかし1998年11月21日国会教育委員会所属のハンナラ党議員15名が韓国労総（案）を参考に'教員団体の設立および団体交渉に関する法律'制定案を別途に発議し，国会の法案審議の過程においてかなり対立した。

'失業者の超企業単位組合への加入資格の認定'問題は，労使政委員会の合意により"前職失業者に限り超企業単位組合の加入資格を認める"とする内容の労組法改正案を1998年11月18日労働部が次官会議に提出したが関係部処との間で意見が調整されず国務会議が遅延した。

(2) 第3期労使政委員会（1999. 9. 1－現在）の構成と公益委員案

労働側のボイコットにより活動が中断されていた労使政委員会を復活させるために政府は韓国労総との非公式の交渉をする等多角的に努力した。その結果労使政委員会の地位を格上げするために労使政委員会法の制定を推進し，1999年5月24日労使政委員会の設置および運営等に関する法律が制定された。また1999年6月25日には労働部長官と韓国労総委員長との間で組合専従者，労働時間短縮の問題等労働側がこれまでに強く要求した事項を最優先に論議することで合意ができた。このような雰囲気の中で1999年9月1日第3期労使政委員会が公式に発足することとなった。しかし労働側のもう一つの軸である民主労総は依然として不参加のままである。

労使関係と関連し，労使関係小委員会では重要課題として，①組合専従者の給与と関連する事項，②法定労働時間制度の改善方法，③労働組合の

の委員と2名の責任専門委員で構成された。

組織および交渉体系に関する事項, ④必須公益事業の範囲の調整に関する事項, ⑤賃金体系および退職金制度に関する事項, ⑥労働者の経営参加の拡大, 労使協議会関連経営情報の事前提供等に関する事項, ⑦複数組合の交渉窓口の単一化と関連する事項を論じた。この他にも第1, 2期合意事項の履行を促すための論議も継続した。

ところで韓国労総は1999年11月15日発足後2ヵ月で, 組合専従者の問題が解決されず, 韓国電力の民営化の強行, 公共部門の予算の編成指針の不当性等の問題点を理由に労使政委員会の活動を停止すると宣言した。そこで労使政委員会は再び両大労総が参加しない状態となった。労使政委員会では重要懸案に対し公益委員会を作り政府に提案する等活動を継続した。その結果1999年12月15日組合専従者, 複数組合の交渉窓口の単一化の問題等 '労働懸案に対する公益委員案' を作り政府に提案した。各懸案に対する公益委員案の内容を具体的にみると次のとおりである。

第1に, 組合専従者に対する給与の支払いの問題と関連して, 使用者に給与支払義務がないことを明示したが, 使用者は大統領令の定める組合専従者の数を超えない範囲内で労使合意により組合専従者の給与を支払うことができ, 他方, 労働組合は組合専従者に対する給与の支払いを目的に争議行為を行うことができないことを明示し, 現行法第24条第2項および第81条第4号の組合専従者に対する給与の支払禁止に関連する規定は削除する。

第2に, 複数組合の交渉窓口の単一化と関連して, まず労働組合間の自律により交渉窓口を単一化することを原則とするものの, 単一化ができなかった場合には全体従業員の過半数を代表する労働組合に対し排他的な交渉権を附与し, 従業員の過半数を代表する労働組合がない場合には大統領令の定める方法により決定する。

第3に, その他労使政は賃金体系を改善し, 労働時間短縮の問題を国際的基準, 韓国労働市場の環境等を考慮し漸進的に改善するためにできるだけ早く労使政委員会で論議し, また韓国電力の分割・売却問題は政府・韓国電力・労働組合が労使政委員会で充分に協議し処理する。

政府は上記の公益委員案を反映し組合専従者, 複数組合の下での交渉窓口の単一化の問題等と関連した改正法律案を作り国会に提出した。同改正

案に対し労使双方が反発し，結局，立法化することには失敗した。

III 最近（1998－2000年）の労働関係法の制定・改正内容

以上のような労使政委員会での合意等を基礎として，新たな制度が導入された他，既存の制度の一部修正等で，1998年以後労働関係法制は相当変わった。個別的労働関係法の領域においては整理解雇法制が勤基法の改正を通じ一部修正されたことをはじめ，労働者派遣制の導入，使用者倒産時の賃金債権等の保護規定の改正(171)および賃金債権保障法の制定等大きく変化した。集団的労使関係法の領域では，教員の労働組合設立が可能となり公務員の職場内団結活動が公務員職場協議会を通じ一部可能となり，また労働組合の政治活動の範囲が労組法上の関連条文の削除および整備，そして政治関係法の改正を通じ拡大される等の変化があった。それを具体的にみると次のとおりである。

1 整理解雇法制

労使政委員会において最も論議の対象となった整理解雇法制は1998年2月20日の勤基法改正において改正された。まず労使政委員会の合意により条文のタイトルが1997年3月13日の勤基法上の'経営上の理由による雇用調整'から'経営上の理由による解雇の制限'に変わり，それは1997年3月13日勤基法附則にあった2年間の実施猶予条項を削除することにより直ちに実施された。そして整理解雇の要件と関連して次のようないくつかの改正があった。

第1に，緊迫した経営上の必要性と関連して，1997年3月13日の勤基法では'緊迫した経営上の必要'のみを規定し，その具体的な解釈は裁判所に委任した。しかし労使政合意により改正された1998年2月20日の勤基法

---

(171) この時期の勤基法の改正の大部分は労使政委員会での論議を根拠としていたが，使用者倒産の時の賃金債権等の保護に関する勤基法の改正は労使政委員会が構成される前の1997年12月に行われた。それは1997年にすでに憲法裁判所が同規定に対し憲法不合致および1997年末までの適用制限を内容とする決定（憲法裁判所1997．8．21．94憲バ19等決定）を下した事情によるものであった。

第4節　効率性と衡平性の調和の試み（1998年－現在）　219

では"使用者は経営上の理由により労働者を解雇しようとする場合には緊迫した経営上の必要がなければならない"との規定（第31条第1項第1文）は維持したが，第2文において"この場合経営悪化の防止のための事業の譲渡・引受・合併は緊迫した経営上の必要があるものと見做す"として，いわばM&Aの場合を経営上の必要とみなす条項を導入した。

第2に，解雇回避努力については変化はなかった。

第3に，解雇基準等と関連し，合理的で公正な解雇の基準を制定し，これにより解雇対象者を選定するという点では同一であったが，1998年2月20日の勤基法ではそれに"この場合男女の性を理由に差別してはならない"との規定を加えた[172]。

第4に，整理解雇の手続についてであるが，1997年3月13日の勤基法では"当該事業または事業場に労働者の過半数で組織された労働組合がある場合にはその労働組合，労働者の過半数で組織された労働組合がない場合には労働者の過半数を代表する者（以下'労働者代表'という）と誠実に協議しなければならない"と規定していたのみであった。しかし1998年2月20日の勤基法ではそれに"解雇しようとする日の60日前までに通報し誠実に協議しなければならない"との要件を加え（第31条第3項），一般的な解雇予告期間である30日に比べて協議期間を延長した。そして第4項を新設し"使用者は第1項の規定により大統領令の定める一定規模以上の人員を解雇しようとする時には大統領令の定めるところにより労働部長官に申告しなければならない"とし，大量解雇時の使用者の申告義務を加えた[173]。

---

(172)　法理論的な側面において但書の新設に大きな意味はない。だがこの但書は整理解雇過程において実際に女子労働者が解雇対象者として優先的に選定された当時の状況の反省から設けられたものと解される。

(173)　これにより勤基法施行令第9条の2では，解雇計画の申告に対し使用者が，①常時労働者数が99名以下である事業または事業場では10名以上，②常時労働者数が100名以上999名以下である事業または事業場では常時労働者数の10%以上，③常時労働者数が1000名以上である事業または事業場では100名以上の人員を1ヵ月の期間以内に解雇しようとする場合には最初に解雇しようとする日の30日前に労働部長官に申告するよう規定している。

また1998年2月20日の勤基法では第31条の2に優先的再雇用等に関する規定を設け,第31条規定により労働者を解雇する使用者は労働者を解雇した日から2年以内に労働者を採用する時には第31条の規定により解雇された労働者が望む場合には解雇前の職責等を勘案し,その労働者を優先的に雇用するよう努めなければならないとし(第1項)[174],また政府は第31条の規定により解雇された労働者に対し生計安定,再就業,職業訓練等必要な措置を優先的にとらなければならないと(第2項)[175]規定した。

2 労働者派遣制の導入

政府は1993年7月28日の法案をはじめ労働者派遣制の実施のための法案を数回にわたり作ったが,労働側の反対で立法化には成功しなかった。労改委の論議の過程においても主要な議題となったが労使間の利害の対立が激しく,2次課題に移され未解決の状態のままであった。金大中政権になって1998年2月9日労使政委員会の合意を契機に本格的に同制度導入の議論が始まった。すなわち'経済危機克服のための社会協約'において労働市場の柔軟性を高める方法として政府が1998年2月に派遣法案を臨時国会に提出することに合意した。

立法化の過程では派遣対象業務と派遣期間が論議の対象となったが[176],製造業の直接生産工程は派遣対象業種から除外され,一時的・断続的業務に対する派遣期間を3ヵ月以内の必要な期間とすること等を含む派遣労働者保護等に関する法律が1998年2月20日に制定された。同法は1998年7月1日から施行された。同法の主要内容は次のとおりである。

---

(174) 社会協約では,整理解雇制を扱った項目でない他の項目を設けて,経営上の理由で解雇を行う使用者は解雇を通告した日から2年以内に労働者を採用する時には,解雇された労働者が望む場合には解雇前の職責等を勘案し優先的に雇用するよう努める,と規定していたが,それはこの合意内容を立法化したものである。

(175) この規定により整理解雇された労働者に失業給与等を優先的に支給するよう雇用保険法を改正し,また雇用政策基本法,中小企業勤労者福祉振興法等も改正した。

(176) 詳しくは,崔栄起・全光錫・李哲洙・劉汎相,前掲書,384-385頁参照。

(1) 派遣対象業務

労働者派遣対象業務に関する規律としては，絶対禁止業務および許容業務が定められた。そして許容業務には常時許容業務と一時許容業務がある。

まず，絶対禁止業務とは，いかなる事由であっても当該業務に関し派遣事業主は労働者派遣事業を行うことができず，使用事業主も派遣労働者を使用することができない業務をいう（第5条第2項但書）。これには建設工事現場で行われる業務（第1号），各種法規による荷役業務であって職業安定法第33条により労働者供給事業の許可を受けた地域の業務（第2号），船員法第3条による船員の業務（第3号），産業安全保健法第28条による有害または危険な業務（第4号），その他勤労者保護等を理由に労働者派遣事業の対象としては適切でないと認定し，大統領令で定める業務（第5号）がある。他方，第5条第2項但書では明示していないものの，公衆衛生または公衆道徳上有害な業務も絶対禁止業務に属する。

次に，常時許容業務とは，派遣事業主は常時労働者派遣事業を行うことができ，使用事業主も期間制限の範囲内で派遣労働者を常時使用できる業務をいう。製造業の直接生産工程業務を除外し，専門知識・技術または経験等を必要とする業務であって大統領令の定める業務（第5条第1項）がこれに属する[177]。

最後に一時許容業務とは，使用事業主の事業または事業場で一時的に労働力不足等の解決のためにその目的の限度内で派遣労働者を使用することができる業務をいう。派遣法では出産・疾病・負傷等で欠員が生じた場合

---

[177] このような業務としてはコンピュータ専門家の業務，事業専門家の業務，記録保管員，司書および関連情報専門家の業務，言語学者，翻訳家および通訳家の業務，電信・電話通信技術工の業務，図案士の業務，コンピュータ補助員の業務，録画装備操作員の業務，ラジオおよびテレビ放送装備操作員の業務，分類されないその他教育準専門家の業務，管理秘書および関連準専門家の業務，芸術，演芸および競技準専門家の業務，秘書，打字員および関連事業員の業務，図書・郵便および関連事務員の業務，集金員および関連労働者の業務，電話交換事務員の業務，旅行案内要員の業務，調理士の業務，保母の業務，看護人の業務，家庭個人保護労働者の業務，注油員の業務，自動車運転員の業務，電話外販員の業務，建物清掃員の業務，守衛の業務等が規定されている（同法施行令別表1）。

または一時的・断続的に労働力を確保する必要がある場合であって絶対禁止業務から除外された全ての業務（常時許容業務包含）がこれに属する（第5条第2項）。一時許容業務の場合派遣労働者を使用しようとする使用事業主は、当該事業または事業場の労働者代表（労働者の過半数で組織された労働組合がある場合にはその労働組合、そうでない場合には労働者の過半数を代表する者、以下同様）と事前に誠実に協議しなければならない（第5条第3項）。

使用者は、以上の規定に違反して労働者派遣事業を行い、あるいはその労働者派遣事業を行う者から労働者派遣の役務の提供を受けてはならない（第5条第4項）。これに違反した派遣事業主は3年以下の懲役または2,000万ウォン以下の罰金（第43条第1号）に、使用事業主には1年以下の懲役または1,000万ウォン以下の罰金（第44条第1号）にそれぞれ処せられる。

(2) 派遣労働者の使用制限

許容業務に属する場合であっても次のような場合には派遣労働者を派遣し、あるいは使用することができない。

まず、派遣事業主は争議行為中である事業場にその争議行為により中断された業務の遂行のために労働者を派遣することができない（第16条第1項）。派遣事業主がこれに違反した場合には1年以下の懲役または1,000万ウォン以下の罰金に処せられる（第44条第3号）。使用事業主も争議行為により中断された業務の遂行のために派遣労働者を使用した場合には労働組合および労働争議調整法第43条第1項の違反で派遣事業主と同一の罰則に処せられる（労組法第91条第1号）。

次に、何人も勤基法第31条の規定による経営上の理由による解雇をした後、大統領令の定める一定期間が経過するまでは当該業務に派遣労働者を使用してはならない（第16条第2項）。一定期間は原則的に2年とし、使用事業主が労働者代表の同意を得た場合には6ヵ月となる（令第4条）。これに違反した場合には1年以下の懲役または1,000万ウォン以下の罰金に処せられる（第44条第3号）。

(3) 派遣期間

労働者派遣の期間（派遣期間）は労働者派遣の対象業務によって異なる。

常時許容業務である場合に派遣期間は1年を超えることができない。た

だし，派遣事業主・使用事業主・派遣労働者との間の合意がある場合には1回に限り1年の範囲内でその期間を延長することができる（第6条第1項）。一時許容業務である場合の派遣期間は，出産・疾病・負傷等その事由が客観的に明白な場合にはその事由の解消に必要とする期間であり，また一時的・断続的に労働力を確保する必要がある場合には3ヵ月以内の期間である。ただし，その事由が解消されない場合は三者の間の合意により1回に限り3ヵ月の範囲内で期間を延長することができる（同条第2項）。派遣期間の制限に違反した場合には，派遣事業主は2年以下の懲役または2,000万ウォン以下の罰金（第43条第1号）に，使用事業主は1年以下の懲役または1,000万ウォン以下の罰金（第44条第1号）に処せられる。

他方，使用事業主が2年を超え継続的に派遣労働者を使用する場合には，2年の期間が満了された日の翌日から派遣労働者を雇用したものとみなされる。ただし，当該派遣労働者が明示的に反対意思を表明した場合はその限りではない（同条第3項）。

(4) 使用者責任の分配

勤基法は原則的に派遣事業主と使用事業主を勤基法上の使用者とみて適用されるが（第34条第1項本文），具体的な責任についてみると次のとおりである。

産業安全保健法の適用においては原則的に使用事業主を同法上の事業主とみて同法を適用する（第35条第1項）。ただし同法第5条，第43条第5項（作業場の変更，作業の転換および労働時間短縮の場合に限る），第43条第6項但書，第52条第2項の適用においては派遣事業主および使用事業主を事業主とみる（第35条第3項）。そして第43条第1項による採用・定期健康診断の実施においては派遣事業主を事業主とみる（第35条第4項）。派遣事業主と使用事業主が産業安全保健法に違反する労働者派遣契約を締結し，派遣労働者を労働させ，同法に違反した場合には，両者を同法上の事業主とみて罰則規定を適用する（第35条第6項）。

3 賃金債権最優先弁済条項の改正と賃金債権保障法の制定

使用者倒産の時の賃金債権等の保護のために韓国では一般的優先弁済と最優先弁済制度を設けている。前者は賃金等の債権は使用者の総財産に対

し質権・抵当権により担保された被担保債権を除いてはその他の一般債権より優先し弁済する制度である（勤基法第37条第1項）。後者は賃金，退職金の一定部分と災害補償金は，被担保債権より優先し最優先的に弁済する制度である（勤基法第37条第2項）。

しかしこの制度の中で実質的に賃金債権保護の効果を有する'最優先弁済'に関する第37条第2項規定の一部（退職金全額に対しても最優先弁済の効力を有するとした部分）が憲法に合致しないという憲法裁判所の決定を[178]契機に同規定が1997年12月24日に改正された。

他方，1998年にはいって労使政委員会は優先弁済制度の欠点（事業主の無能力等の事情により労働者が賃金債権等を弁済されない事情）を補う'社会保険的'制度を設けることに合意した。それにより1998年2月14日の賃金債権保障法が制定された。

(1) 最優先弁済条項の改正

1997年3月13日の勤基法第37条第2項は使用者倒産の時の最優先弁済的効力のある賃金債権等の範囲を'最終3ヵ月分の賃金と退職金および災害補償金'としていた。ところで憲法裁判所は'勤労基準法第37条第2項の中の退職金部分は憲法に合致しない'という決定を下し，また立法者に対しては1997年12月31日までに関連規定を改正することを，さらに裁判所その他国の機関および地方自治団体に対しては同法改正までに関連規定の中の'退職金'部分の適用を中止するよう命じた[179]。

---

(178) 憲法裁判所1997. 8. 21. 94憲バ19，95憲バ34，97憲ガ11（併合）決定勤基法第30条の2第2項違憲訴願等。それ以前の立法論的論議については，季哲洙，『労働関係法国際比較研究』（韓国労働研究院，1993年）103頁以下参照。

(179) 憲法裁判所決定（多数意見）の要旨は，"退職金額に何らかの制限を加えずその全額に対し'担保物権が設定された債権（被担保債権）'より優先弁済受領権（最優先弁済）を認定することは憲法に合致しない。その理由は担保物権の本質的内容を侵害する余地があるのみならず，権利（担保物権）制限の方法と程度においても適正性と侵害の最小性および法益の均衡性の要請に抵触し，過剰（侵害）禁止の原則に違背するからである。しかしその全額でなく'適正な範囲'内の退職金債権をその他の債権より優先弁済させることは退職金の後払賃金的性格および社会保障的給付としての性格に照し相当であり，'適正な範囲'の決定はその性質上立法者の立法政策的判断に委ねるのが望ましい。た

そこで国会は1997年12月24日勤基法を改正し最優先弁済権の保護対象の範囲を'最終3ヵ月の賃金，最終3年間の退職金および災害補償金'に限定する一方，法施行日以前に入社した労働者に対する退職金に対しては附則で経過規定をおいた。改正された内容を具体的にみると次のとおりである。
① '最終3ヵ月分の賃金，最終3年間の退職金および災害補償金'は，'使用者の総財産に対して質権または抵当権により担保された債権，租税・公課金および他の債権に優先し弁済'される（第37条第2項）。
② 退職金は'勤続年数1年に対し30日分の平均賃金で計算した金額とする'（第37条第3項）。
③ 現行法施行日（1997.12.24）以前に退職した労働者の場合には，1989年3月29日以後の勤続年数に対する退職金全額が（附則第2条第1項），現行法施行以前に採用され現行法施行以後に退職する労働者の場合に1989年3月29日以後から現行法施行前までの勤続年数に対する退職金に現行法施行後の勤続年数に対し発生する最終3年間の退職金を合算した金額が，それぞれ最優先弁済の対象となる（附則第2条第2項）。そして附則第2条第1項と第2項の退職金は勤続年数1年に対し30日分の平均賃金で計算した金額とする（附則第2条第3項）。
(2) 賃金債権保障法の制定

賃金債権保障法の制定の直接的な契機となったのは1998年2月9日労使政委員会で合意された'経済危機克服のための社会協約'である。同社会協約の中の'社会保障制度の拡充'の一つには賃金保障機構制度の導入も含まれていた。すなわち"政府は事業倒産時の労働者の賃金債権を保障する法案を1998年2月臨時国会に提出する"，"事業主負担金，借入金等で造成された賃金債権保障基金を設置"し，"賃金債権最優先弁済範囲である'最終3ヵ月分の賃金および最終3年間の退職金'の中で大統領令の定める金額を支給した後，求償権の行使を通じ回収"するという合意が労使政の間で成立した。この社会協約により1998年2月14日臨時国会で賃金債権

だし関連規定の退職金部分の違憲性が濃く立法者が関連規定を改正するまでにその部分の適用を中止することが相当である。"と判示した。

保障法が制定された。

　賃金債権保障法の主要内容は，次のとおりである。
① 　国が一定範囲の賃金債権の支給を保証する。事業主が破産等で退職者に賃金と退職金を支給することができなかった場合に一定の要件の下で国が使用者に代わってこれを支給する。国（現行法上では労働部長官）が事業主に代わって支給する賃金および退職金を '替当金' というが，替当金の受給要件は次のとおりである。
　　㋑適用対象となる事業は産業災害報償保険法第5条の規定による事業である（第3条）。
　　㋺適用対象事業の '労働者でなければならない'。ここでいう労働者とは勤労基準法第14条規定による労働者で（第2条第1号），具体的な基準は大統領令で定める（第6条第3項）。
　　㋩事業主が破産等大統領令の定める事由に該当する場合に退職者が貰うことができなかった賃金および退職金を労働部長官に請求しなければならない（第6条第1項）。この場合に労働者は退職を証明する書類およびその他労働部令の定める書類を労働部長官に提出しなければならない（第11条第1項）。
② 　労働部長官が事業主に代わって支給する賃金および退職金（替当金）の範囲は原則的に勤労基準法第37条第2項第1号および第2号で規定された賃金と退職金に限られる（第6条第2項本文）。すなわち最優先弁済的効力のある '最終3ヵ月分の賃金' と '最終3年間の退職金' の中で '勤続年数1年に対し30日分の平均賃金' で計算した退職金である。ただし替当金の具体的な額を定める際には大統領令の定めるところにより労働者の退職当時の年齢等を考慮しその上限の金額を制限することができ，また替当金が少額である場合には支給しないことができる（第6条第2項但書）。
③ 　替当金を支給される権利（替当金受給権）を譲渡または担保に提供することはできないが（第10条第1項），その受領は大統領令の定めるところによりこれを委任することができる（同条第2項）。そして未成年者である労働者は単独に替当金の支給を請求することができる（同条第3項）。

④　労働部長官は労働者に替当金を支給した時には，その金額の限度内で当該事業主に対する当該労働者の未支給賃金および退職金請求権を代位する（第7条第1項）。この場合，労働部長官は，大統領令の定めるところにより当該事業主に財産関係を明示した財産目録の提出を命ずることができ（第12条第1項），この命令を受けた事業主は特別な事由のない限り，7日以内に労働部長官に財産関係を明示した財産目録を提出しなければならない（同条第2項）。

⑤　労働部長官は替当金の支給に充当させるために賃金債権保障基金を設置する（第15条）。基金の財源は事業主の負担金，替当金に対する事業主の弁済金，外部機関からの借入金，基金運用から生ずる収益金，その他収益金で造成する（第16条）。この中で最も重要な財源は事業主の負担金である。事業主の負担金は当該事業に従事する労働者の賃金総額の1,000分の2の範囲内で賃金債権保障基金審議委員会の審議を経て労働部長官の定める負担金比率を乗じた金額とする（第8条第2項）。この場合，労働部長官は，勤労基準法第34条第4項[180]の規定による退職保険に加入する事業主に対する負担金を軽減することができる（第9条）。

⑥　基金の管理・運営は労働部長官が担当する（第17条第1項）。またそれに関する重要事項を審議するために労働部に賃金債権保障基金審議委員会をおく（第5条第1項）。委員会は労働者を代表する者，事業主を代表する者および公益を代表する者で構成され，その数はそれぞれ同数とする（同条第2項）。負担金または徴収金の納付および徴収をはじめ，具体的な保険事務は労働災害報償保険と類似した方式で管理・運用する（第14条参照）。したがって基金運用を除いた大部分の業務は現在のところ労働災害報償保険を管理・運用している勤労福祉公団が担う。

---

(180)　"使用者が労働者を被保険者または受益者として大統領令の定める退職保険または退職一時金信託に加入し，労働者退職時に一時金または年金で受領する場合には第1項の規定による退職金制度を設定したものとみる。ただし，退職保険等による一時金の額は第1項の規定による退職金の額より少なくしてはならない"と規定している。

4 教員労組法と公務員職場協議会法の制定

(1) 教員労組法の制定

1987年9月27日の全国教師協議会の結成および1989年5月28日の全国教職員労働組合（以下'全教組'という）の発足以後，韓国内で激しい論争を呼び起こした教員組合の合法化の問題もこの時期に解決される。

1998年2月6日労使政委員会では，1996年の労改委の議論等を受けて，教員組合に対し1998年定期国会で関連法律の改正を推進することに合意した。その後，具体的な進展はなかったが，1998年6月3日発足した第2期労使政委員会において，この問題が本格的に議論された。議論の過程において教員組合の認定方式と組織形態等の争点に関し政府と全教組，教総の立場は対立し，政府部処内においても労働部と教育部の立場が対立した。このような論争を経て，労使政委員会において民主労総は労働部が主張した特別法の立法形式を受容し，労働部は労働協約締結権認定と交渉窓口の自律的単一化等民主労総の主張を受け入れ，結局1999年1月6日'教員の労働組合設立および運営に関する法律'が制定され1999年7月1日より施行されるようになった。

(2) 公務員職場協議会法の制定

韓国では一般公務員の労働三権を全面的に禁止したので，国内においては違憲論が提起されたのみならず国際的にも批判の声が出た。

労使政委員会では，社会協約を通じ公務員の団結権保障と関連し，第1段階として公務員職場協議会の設立を許容し，第2段階として国民的な世論の助長および関連法規の整備等を考慮し，公務員組合を許容することに合意した。

上記の合意により1998年2月16日'公務員職場協議会の設立・運営に関する法律'が制定され，1999年1月1日から施行されている。職場協議会は公務員の勤務環境改善，業務能力の向上および苦哀処理のために設置されるものであり一般事業場の労使協議会と類似の地位を有するものといえる。

5 労働組合の政治活動の許容

労使政委員会では，1998年上半期中に選挙と政治資金に関する法律の改

正を通じ,労働組合の政治活動を保障することに合意した。そこで国会は選挙法を改正し,労働組合および労働関係調整法による労働組合は"特定政党または候補者を支持・反対し,あるいは支持・反対することを勧誘する行為"をすることができるようになった(第87条)。それによって労働組合の政治活動は原則的に許容された。

しかし政治資金に関する法律第12条は労働団体の政治資金寄附を禁止しているから,この部分において労働組合の政治活動は依然として制限されていた。そこで第2期労使政委員会は超企業単位の組合および連合団体の政治資金寄附を許容し,政治資金を寄附する労働組合は政治資金の寄附のための別途の基金を設置・管理することに合意したが,法改正までには至らなかった。

このような議論の過程のなかで憲法裁判所は労働組合の政治資金寄附を禁止した政治資金に関する法律に対し違憲決定を下すことにより[181],法改正に対する圧力として作用した。2000年2月16日に改正された現行政治

---

[181] 憲法裁判所1999.11.25.95憲マ154決定。憲法裁判所の違憲決定の要旨は大きく3つに要約される。①政治資金の寄附は政党に影響力を行使する重要な方法の一つであり,政党と議会・政府に対し団体構成員の利益を代弁し貫徹しようとする全ての利益団体は政治資金の寄附を通じ政党に影響力を行使しようと試みることは当然であり自然な状況である。そして今日社会団体の中で最も重要な役割を果たす利益団体といえば労働団体と使用者団体である。②労働団体が団体交渉および労働協約等の方法のみで'労働条件の向上'という本来の課題を遂行し,その他の全ての政治的活動をしてはならないという思考に基づいた政治資金に関する法律の立法目的は,憲法上保障されている政治的自由の意味およびその行使の可能性を空洞化させるものである。③また政治献金により憂慮される労働団体財政の悪化または組合員の過重な経済的負担を防止しようとする立法目的も労働団体の政治資金の寄附に対する禁止を正当化するものにはならない。労働組合の財政が貧弱であることは,労使団体が私的自治を通じ労働条件を形成する過程において,私的自治が機能できる条件である'勢力の均衡'または'武器の対等性'が労働者に不利になっていることを意味するのみであって,国が社会団体の政治貢献を労働組合に不利に規律することにより,他の社会団体に比べて労働団体の地位をより弱体化することを正当化するものにはならない。

資金に関する法律は、第2期労使政委員会の合意内容と同様に事業または事業場別に組織された単位組合の政治資金の寄附を制限しており（同法第12条第1項第5号），政治資金を寄附しようとする労働組合に政治資金の寄附のための別途の基金を設置・管理する義務を課している（同法第12条第2項）。

IV 意義と課題

　労使政委員会は韓国の労働関係法における最も核心的な争点に対し労使政の合意で立法化に成功したことで肯定的に評価することができる。労使政委員会の合意内容による労働関係法の制定または改正は全体的にみて，政府と労働側が整理解雇制および労働者派遣制と，公務員と教員の団結権および労働組合の政治活動許容等を相互に交換したものといえる。
　しかし'労働の柔軟性'に関する事項と'団結権の保障'に関する事項という直接的関連性のない争点を交換形式で折衷し妥協したことは労使政委員会の下での法制化の限界であったことを指摘することができる。前者は労働側が既存の労働条件決定方式を一定範囲内で譲歩したものであるが，後者は当然に享有すべきである労働者の憲法上の権利を法制化したものであるから厳密にいうと交換の対象にはならない性質のものであったはずである。
　しかし合意過程で政府が公の場に出て社会的コーポラティズム（social corporatism）を実験しようとした試みは高く評価できる。労改委における労働関係法の改正論議を経ながら政府ももはや裏で労使関係秩序を一方的に統制することはできないということを経験した。それを契機に労使政委員会という合議機構を通じ労使政いずれも責任のある交渉主体として合意の可能性を模索したものと評価できる。第1期の労使政委員会で労働側は対等な交渉のパートナーとしてのスタンスをみせた。金融危機という国家的な危機に直面し整理解雇制を受け入れ責任のある主体としての姿勢をみせたこと，短期的には整理解雇制または労働者派遣制の受容により損害を受けているといえるが，公務員および教員の労働基本権が認められ，また政治活動が可能となり長期的にはより大きな利益を確保することができる

という期待の下で戦略的な判断をしたこと等は一歩進んだ態度であるといえる。それは1987年以後賃金引上闘争に執着してきた運動にとどまらず，巨視的または国民経済的レベルで国の政策の決定過程での一つの軸として，その役割を果たすことを意味するものでもある。そしてその結果は，衡平性と効率性が一定の調和をなす労働関係法の改正として現れた。

　労使政委員会体制の下での労働関係法の制定または改正は従来に比べてより細分化し具体化する傾向をみせている。この傾向は個別法または集団法を問わず，特別法の制定においても同様であった。それは予測可能性を高め，恣意的な労働行政の裁量を縮小し紛争の発生を減らすものとしても理解できる。その理由として，労働関係法の内容において労使当事者の見解が直接反映される形式で改正されたこと，労使当事者の労働関係法に対する専門性が高められたこと等をあげることができる。法規定の細分化の傾向は立法のみならず法の解釈と適用段階においても労使関係当事者の自己決定権が拡大されたことを意味するものでもあるし，特に韓国のように'形成過程にある労使関係'では自律的な労使関係の形成を促すことになるという点において肯定的に評価することができよう。

第5節　総　括

　以上で韓国における労働法制の展開過程を概観した。韓国では経済の急成長と同様に労使関係もまた非常にダイナミックな変化をみせた。その典型的な特徴は効率性の指向，衡平性の模索，効率性と衡平性の調和の3つに要約することができる。1987年以前の労働法制が主に限定された資源を経済開発という目的のために効率的に利用するための手段として改編されたものであったというならば，1987年以後のそれは労使間の衡平性を模索したものであったといえる。

　名目的な生成期の労働法制はいわば法と現実との間に大きな乖離が生じて法の実効性を期待することはできなかったが，当時の労働基本権の精神と趣旨を充分に反映することにより以後の労働関係法改正において理念型モデルないし比較の対象となった[182]。1960年代の労働関係法改正の一次的な目的は資源の効率的活用を通じ外形的経済成長を図ろうとしたものであったが，その後の維新時代の改正，1980年の新軍部による改正等を経ながら政権安定の目的のための内容が大幅に修正された。労働者の権益向上のためでなく経済発展のための効率性の観点を重視し，あるいは治安維持のための政治的な動機ないし目的で労働法制が歪曲されたことから，いわば'開発体制の労働法'[183]の典型をみせたものであったといえる。

　1987年の労働者大闘争を契機に上記の開発体制の労働法制はそれ以上続くことができなくなった。労働運動の質的・量的発展による社会的衡平化の要求を法制度的に反映せざるをえない状況となったからである。1996年の労改委活動を通じ1997年に労働関係法が成立したこともこのような流れと一致する。1997年改正以後のIMF管理体制下での労働の柔軟化要求等，経済的環境と状況の変化により経済的効率性の観点から労働者派遣制が導入され，整理解雇条項が改正されたが，この問題は労使政委員会で公務

---

(182)　米軍政の労働政策が，その後の労働政策に参考となることもあった。1980年の第三者介入禁止条項はその代表的な例である。

(183)　林和彦「開発体制と労働法」『日本労働研究雑誌』第469号（1999年8月）。

員・教員の団結権，組合の政治活動等と関連して論議され，1998年2・6社会協約で一括妥結された過程をみると，社会的衡平化は現在においても依然として立法政策上重要な考慮事項となるものといえる。要するに現在の状況は経済的効率性と社会的衡平性の弁証法的調和を模索しながら産業民主主義を実現していく過程にあると評価できる。

　このような展開の過程で非常に注目される特徴といえば，政府主導で労働法制が改正されたものの，全体的にみて労働保護法は強化された反面，集団的労使関係法における労使自治は後退したことである。これは韓国労使関係の変遷の歴史は労働保護法の強化と具体化が必ずしも集団的労使関係の安定に結び付くものではなかったことを物語っている。すなわち効率性のみを強調し，団結権等を犠牲にして労使関係の安定を図る対価として国が個別的な労働条件を労働組合に代わって確保するという体制では労使関係の安定が達成されないということが韓国労働法制の展開過程で立証されたといえる。同時に労働保護法の遵守と実効性の確保が国の刑罰権のみで担保されうるものではないことも確認することができた。すなわち労働保護法に対する罰則は政権の正当性が挑戦を受ける時期には厳しく強化されたものの，労働保護法の実効性確保と事業場レベルでの賃金水準の実質的な向上は1987年以後労働運動が活性化する時期になって可能となったのである。労働保護法の実効性の確保は労働組合を中心とした労働者の団結力によって初めて維持されることをよく表しているといえる。

　韓国労働法制の流れは，労働関係当事者の自己決定権の拡大の過程としても理解できる。1987年以前までは政府による一方的な決定が集団的労使関係法の領域のみならず個別的労働関係法の領域においても貫徹されたが，1987年を起点として労使当事者による事業場単位での交渉の枠組みが形成され始めた。主に賃金交渉を中心とした交渉の枠組みは個別の事業場単位で労働関係当事者による自己決定権を確保することができる契機を提供した。しかし個別事業場単位での労働関係当事者の自己決定権を制約していた制度的要素が相当部分残存していたので、新たな枠組みを模索しようとする動きが1996年の労改委活動から始まり，それは1998年労使政委員会の活動まで続いた。その間は事業場レベルで賃金等の労働条件を中心とする労働関係当事者の自己決定権が政策レベルまでに高められつつあった時期

であった。ここで注目されるのは労働関係当事者の自己決定権の拡大は社会全般の民主化と相当関連を持って展開されたことである。これは西ヨーロッパにおいて労働組合に対する法認の過程が産業化とともに普通選挙制の確立のような民主主義の拡大過程と関連性を持ちながら展開されたことと同様であったと評価することができる。

第3章　韓国労働関係法の主要争点

　第1章と第2章ですでに述べたように1987年を分岐点とする韓国の労働法は経済的効率性のみを強調する開発体制の類型から政治的民主化と社会的衡平化の過程へと進行し始めた。

　これまでは叙述の便宜上，①効率性を指向する時期，②衡平性を高める時期，③効率性と衡平性との調和を模索する時期に分けて図式的に分析したが，立法過程と判例法の形成のような具体的な内容を考察すると，このような過程が単線的にのみ進行されたとはいい難い。なぜならばこのような変化の中での民主化と衡平化の要求は，政権の保守的態度，裁判所の市民法的思考，世界化への進展と新自由主義的な思潮の充満および労使の力関係等の複合的な諸要因から出たものであり，しかも立法および判例法理は法原理的な当為性に充実したものであったというより現実的な妥協策として模索されたこともあったからである。

　本章では，韓国労働法の特徴，また韓国の労使関係を理解するうえで有益であると思われる争点に対して具体的に考察することにより，形式的な図式化によって生じうる危険性を排除し，読者の理解を図りたい。

第1節　集団的労使関係法

I　複数組合と交渉窓口の単一化：民主化・衡平化への傾向と効率性の加味

1　問題状況

　複数組合の禁止規定が導入されたのは，1963年4月19日の労組法が'既存労働組合の正常的運営を妨害することを目的とする場合'という規定の新設によるものである。同規定は結果的に5・16クーデター以後再編された韓国労総の立場を強化させ，第2組合の出現を抑制するために新設されたものであるといえる。この規定はその後20年以上にわたり維持され，1987年11月28日の労組法が'既存の労働組合と組織対象を同じくする場合'を新設し，組織対象が重複する複数組合の出現を禁止することにより既存の組合を中心とする単一組合体制をより強化した。

　新設規定はその当時韓国労総の御用性の是非で民主組合運動が拡散されることを制度的に封鎖し，既存の企業別組合を中心とする単一組合体制を維持するために追加されたものである。1963年4月17日の労組法の"正常的運営を妨害することを目的とする場合"とは，解釈の如何によっては第2組合が出現する可能性はあると解する余地もあったが，1987年11月28日労組法の'既存労働組合と組織対象を同じくする場合'の組織対象の概念を恣意的に解釈し[1]事実上第2組合の出現可能性は最初から封鎖され，以後複数組合禁止条項の廃止の議論は主に1987年11月28日労組法規定を対象として行われた。複数組合の問題は既得権を守ろうとする韓国労総と1980年代後半から急成長している民主陣営組合との間の緊張関係の中で生

---

[1]　組織対象の重複の与否の判断基準は一次的に既存の組合の規約であり，大部分の企業別組合の規約では該当企業の労働者全体を組織対象としているから，新たな組合の出現は現実的に不可能となり，通常1企業1組合の形態をとった。このような点を考慮し，組織対象の重複性を実質的に判断した判例はあったが，設立申告証の交付のために行政官庁がこれを審査することから行政便宜上規約により判断した。

じた韓国特有の論争ともいえるが，法改正の際には常に主要争点となってきた。

複数組合禁止規定に対しては'労働組合の自由設立主義の原則'に反するものであるとの批判が古くから出ている。特に1991年10月9日韓国がILOに加入して以来，複数組合保障の問題は労働側で提起される労働関係法改正要求の中の最大の争点として登場し，他方，1995年11月11日創立した民主労総が労働部に提出した設立申告書が組織対象重複等を理由に返戻されたこともあって[2]，現実的にも論議の焦点となった。そこでILO，ICFTU等国際労働団体は韓国労働法制の中で改善されるべき優先的な課題として複数組合保障の問題を提起し，またOECDへの加入，Blue Round (social clauses in international trade) の現実化によりILO基準に適合した労働法の改正が必要であるとの指摘が続いた。複数組合禁止条項は憲法上保障された基本権である団結権に対する著しい侵害であり違憲であるとの批判が提起された。

このような事情を反映して1997年3月13日の労組法は複数組合禁止規定を削除した。しかし事業または事業場レベルにおいて複数組合の設立は2001年12月31日まで依然として禁止され，2002年1月1日から複数組合が企業レベルで保障されるとしても，その団体交渉窓口を単一化することとなっている。1997年3月13日の労組法以後の第2期労改委においても交渉窓口の単一化方法が論議されたが，それもこのような事情によるものであった。現在労使政委員会でも交渉窓口を単一化することを前提に具体的な方法に関して論議が進行中である。

以下では複数組合禁止に対する判例法理の影響を分析し，その保障をめぐって展開された論議および現在の状況と制度的補完のための論議を時期を分けて検討する。

---

[2] 民主労総は計5次（1995.11.23, 1997.5.6, 1998.4.15, 1998.11.11, 1999.11.12）にわたって設立申告をした。複数組合であること，不法団体である全教組（合法化以前）を加入させていること，解雇された者が役員として選出されていること等が設立申告の返戻または補完要求の事由であった。

2 複数組合禁止関連の学説・判例の傾向

1987年11月28日の労組法第3条第5号では"労働組合の正常的な運営を妨害すること"(前段)を目的とし,あるいは"既存の労働組合と組織対象を同じくする場合"(後段)を労働組合の消極的要件(欠格要件)として規定していたが,実務または解釈論上の課題あるいは立法論上の論争は後段を中心に提起された。複数組合禁止条項に対して大部分の学者は違憲であるとの立場をとっている。

> 憲法上保障されている基本権の制限は,国の安全保障・秩序維持または公共福利のために必要な場合に限られる(憲法第37条第2項)。その中で複数組合禁止と関連する制限事由は'公共福利'であるが,より具体的には判決上複数組合禁止条項の立法趣旨としてあげられているのは,いわば労労紛争・頻繁な団体交渉・御用組合設立の防止である。はたして立法趣旨の中の'労労紛争・御用組合設立の防止'が団結権制限の正当事由になりうるのか。立法趣旨による複数組合設立禁止が正当化されるためには第1組合が常に真正な組合であって第2組合が逆に御用組合または保護に値いしない労働組合であるとの等式が成立しなければならない。しかしこのような前提は理論においても,さらに実態においても成り立たない。また制限事由である'頻繁な団体交渉'であるが,それも団体交渉権の行使の局面で問題になるものであり団結権の行使の局面である組合結成それ自体を禁止する根拠にはならない。したがって複数組合禁止条項の立法趣旨としてあげられた事由を以て競争組合の設立を禁止することは憲法上保障された基本権に対する重大な侵害であり違憲であるというべきである[3]。

複数組合禁止は実際の運営においても多くの困難を呼んだ。それは何よりも組織対象の重複の与否を判断する基準が明らかでないからである。実務上は組合規約という形式的な基準により組織対象の重複の与否を判断しているから[4],一部労働者をして予め御用組合の設立申告をさせる等,脱

---

[3] 金裕盛『労働法Ⅱ』(法文社,1996年)60-61頁。
[4] 国務総理行政審判裁決1994.7.29.94-276;ソウル高法1989.1.19.88グ7851。

法的に第2組合の出現を防止しようとする事例も多くみられた。しかし学説は団結選択権は団結権の一つの内容であり憲法上保障されているものであるから，それを制限する組織対象の同一性の如何は厳格に判断しなければならないと主張した。組合規約という形式的基準のみによらず，組織形態（単位組合，連合団体，企業別形態，職種別・産業別形態等）と職務の性質（たとえば生産職，事務職等）を考慮し実質的に判断すべきであろう[5]。

このような事情を反映し最高裁も組合規約外に構成員の実体と構成範囲等実質的な基準により判断すべきであるとし，その代表的な例をみると次のとおりである[6]。

　組織対象の同一性の如何は，同一の形態の労働組合との間で生ずる問題であり，単に規約上の組織対象に関する形式的な規定内容のみを基準としてはならず，その規約が定める組織形態と実際労働組合構成員の実体と構成範囲等を考慮し既存の労働組合と新設しようとする労働組合が同一の形態の労働組合であるか否かを検討しなければならないであろう。

3　労改委における論議過程
(1)　各団体の立場

ILO協約および憲法の団結権保障の精神に反する条項により，法的紛争が絶えず生じ，特に民主労総が登場し，その組織的実態が事実上認定されるなど[7]，複数組合禁止条項の存在意義は実際上機能していないといえる。労改委論議過程で民主労総が労働側の代表として参加していたこと，経営側も複数組合の許容は避けられないものと受け入れ，その代わりに整理解雇制の導入，組合専従者に対する給与の支払いの禁止等を求める戦略をと

---

[5]　金裕盛，前掲書，59－60頁；金亨培『労働法』（博英社，1996年）435－438頁；李炳泰『最新労働法』（玄岩社，1996年）120頁。
[6]　大法院1993．5．25．92ヌ14007。
[7]　民主労総は，法令上連合団体レベルでの複数組合の禁止が廃止され，全教組が合法化された以後，組合員資格の是非があって雇われた者を申告する役員の名簿から外し提出した1999年11月12日の設立申告により，1999年11月22日になって初めて設立申告証の交付を受けることができた。

っていたこと等は，そのような状況を物語っている。

しかし全経連と経総で代表される経営側のみならず，労働側の代表勢力である韓国労総と民主労総との間に複数組合保障をめぐって異見がないわけではない。それは各々の組織の立場の違いによるものといえるが，以下では労使の各団体の立場を具体的にみよう。

1) 労働側

複数組合の全面的な許容に対しては韓国労総と民主労総が原則的に同意していたが，その許容の範囲に対し若干異見があった。すなわち韓国労総は複数組合を企業単位まで全面的に許容すべきであるとの原則的な立場を堅持したが，民主労総は原則的に複数組合を全面的に許容すべきであるが，その許容の範囲については全体的な合意を尊重するという立場をとり，企業単位における複数組合の許容を猶予する余地を残した。

韓国労総と民主労総との間の立場の差は両組織がおかれている状況から出たものである。韓国労総はすでに上級団体としての地位が認められていたが所属単位組合は主に中小企業が中心となっていて，大企業または重要事業場での組織化が必要であった。民主労総は大企業，公共部門等規模が大きく，組合の力が強い単位組合で構成されていたが，事実上の連合団体としての地位のみを有し，1999年11月12日に設立申告証を交付されたものの，それ以前には合法的な連合団体としての地位が認められなかった。

2) 経営側

経営側では，①複数組合の場合，組織間の善意の競争や派閥による過熱競争で組織が分裂し，組織力が弱化し，労使対等の組合活動をすることが困難であること，②必然的に組合間競争をせざるをえず，過激な労働運動で労使関係の混乱を招来すること，③使用者側が複数組合禁止を悪用し，御用組合を設立させ既存組合と対立させる恐れがあること，④団体交渉の進行方法，労働協約の当事者問題等団体交渉構造が複雑になること等を理由とし複数組合の許容に反対した。

そして複数組合を許容するとしても事業場単位まで複数組合を全面的に許容すると労労葛藤，組合の乱立等による交渉権の混乱および労使関係の不安定が予想され，労使交渉力の均衡回復と複数組合許容の場合の弊害の防止のための環境造成が必要であるとの前提の下で，複数組合を許容しよ

うとする時には，使用者の組合専従者に対する給与支払いの禁止，排他的交渉代表制の導入，無労働無賃金の法制化，争議期間中の代替労働の許容，変形勤労時間制の導入等が先行されなければならないと主張した。
  (2) 労改委の公益案
  公益委員は複数組合禁止条項を改正しなければならないという点では共通の認識が形成されていたが，当為論と現実論を適切に妥協させるための具体的な方法については意見が分かれた。そして2つの案を作り，それを中心に討論が行われた。
  第1案は，複数組合を原則的に許容するが，交渉窓口を単一化するということである。交渉窓口の単一化の方法は組織対象が重複する多数の組合が存在する場合，労働組合側に交渉単一化を義務化し，単一化しない場合に使用者側は拒むことができるということである。
  第2案は，超企業レベルでは複数組合を全面的に許容し事業場レベルでは組織対象が重複すると複数組合の設立を原則的に制限するという案である。
  興味深いのは労使間の妥協を誘導するために複数組合と後述の組合専従者の問題と関連して論議したことである。すなわちこの第1案を採択する場合には，組合専従者に対する給与の支払いを使用者の不当労働行為とみるが，第2案のように上部団体にのみ複数組合を許容する場合には組合専従者に対する給与の支払いを不当労働行為と取り扱わないこととしたのである。　公益の最終案は複数組合の許容と組合専従者に対する給与の支払禁止ということで整理されたが，労使の現場への影響を考慮し，適用上の猶予期間を設定した。すなわち交渉窓口の単一化を前提に複数組合を全面的に許容するが，経過規定において一定期間は上級団体のみ許容し，企業単位では制限的に許容した。この場合に組合専従者に対する給与の支払いは使用者の不当労働行為とするものの，経過規定で一定期間はそれを猶予することにした。

4　現在の論議
  (1) 現行法の内容
  公益案は労改推の論議で，1997年の労働法総罷業等の迂余曲折を経て修

正した形で現行法に反映された。

　1997年3月13日の労組法は複数組合の設立を禁止していた1987年11月28日の労組法第3条第5号を削除し，複数組合の設立を原則的に許容する方向に改正された。しかし，附則第5条第1項で"一つの事業または事業場に労働組合が組織されている場合には第5条の規定にもかかわらず2001年12月31日までにはその労働組合と組織対象を同じくする新たな労働組合を設立することができない"とし，第2項では"行政官庁は設立しようとする労働組合が第1項の規定に違反した場合にはその設立申告書を返戻しなければならない"と規定することによって，企業単位でない複数組合は全面的に許容するのに対し，企業単位での複数組合は2001年12月31日までは依然として禁止していた。また附則第5条第3項では政府が企業単位での複数組合が許容できる時期に対備して交渉窓口の単一化の方法を講ずる根拠規定として"労働部長官は2001年12月31日までに第1項の制限が維持されるが，それが経過した後に適用される交渉窓口の単一化のための団体交渉の方法・手続その他，必要な事項を講じなければならない"との規定を持っていた。これは企業別交渉が支配的な韓国の状況の下では，一つの事業場内で複数組合が許容されるこれからの状況に対備して，団体交渉の過程で生ずる混乱に対する対応方案の必要性に留念したものである。このように2002年1月1日からは企業単位まで複数組合が許容され，複数組合禁止の全面廃止になる予定であったが，2001年3月28日の同附則条項の改正によって再び，2006年12月31日まで延期された。

　とにかく，現在，企業単位でない複数組合は許容されるが，企業単位の複数組合は禁止になっているため，'一つの事業または事業場に組織されている労働組合'の意味について解釈論上の争いが提起されている。これに対しては'一つの事業または事業場に組織されている労働組合'とは事業または事業場に組織されている既存の労働組合をいい，それが企業別単位労働組合に限定されるものではないという見解と[8]，事業または事業場を対象として組織される単位労働組合，すなわち企業別単位労働組合を指すものと解する見解とが対立している[9]。

これと関連する最高裁の判決はみられないが，下級審の判決は概して3つの立場に分かれる。学説と同様に設立肯定説[10]と設立否定説[11]の立場

---

(8) 林鐘律『労働法』（博英社，2000年）45頁。労働部の立場でもある。労働部は"附則第5条の趣旨を複数組合は許容するが，上級団体は即時許容し，上級労働団体に該当する産業別連合団体と総連合団体および企業の範囲を越え設立される業種別・職種別労働組合等は複数組合設立が可能であると把握しながら，特定企業の労働者の一部で構成された組合が設立され，あるいは産業別・職種別・地域別単位組合に実際に加入している場合に，当該企業の他の労働者は組織対象が重複する新たな企業別単位組合を設立し，あるいは他の産業別・職種別・地域別単位組合に加入し傘下組織を結成することができない。"といい単位組合・支部・分会等名称を問わず一つの企業内で組織対象が重複する複数組合を設立することができないと解している。労働部『わかりやすい労働法解説』（1997年）43－45頁。

(9) 金裕盛『労働法Ⅱ』（法文社，2000年）68頁。

(10) "'一つの事業'とは，特別な事情のない限り経営上の一体をなす企業体それ自体を意味し，1987年改正法では'一つの事業場'という制限がなく全面的に複数組合を禁止していたが，現行法はこのような制限を設け，関連規定の沿革からすでにみたように労組法附則第5条第1項は企業別組合が主な軸となっている韓国の現実に照して産業現場に与える衝撃を最少化するために企業単位の複数組合設立のみを時限的に禁止した趣旨と解するのが相当であること等を勘案すると，上記の条項で予定している既存の組合は企業別単位の労働組合と解することが相当であるといえる（ただし，超企業的な産業別，職種別，地域別の単位組合であっても団体交渉に関しその支部または分会が独自的な規約および執行機関を有し独立した団体として活動をし協約能力を有し，使用者側もその代表性を認め賃金交渉等に応じた場合には超企業的単位組合の支部または分会も既存組合に該当すると解さなければならない）。"釜山地法2000．2．11．2000カ合53団体交渉拒否禁止仮処分〈釜山高法2000．4．12．90ナ7794判決の原審〉；同旨水原地法1999．5．1．3．98グ1437。

(11) "交渉窓口の単一化のための団体交渉の方法等必要な事項が作られていない状況の下で特定事業（場）の労働者が地域単位の組合に加入している場合に当該事業（場）の労働者の一部が他の地域労働組合に加入することを許容することは一つの事業（場）に事実上複数組合が存在することになり，労働組合の分裂による交渉力の弱化，労働組合相互間の競争と交渉窓口の二重化による労使関係の混乱等が生じ，複数組合の設立を許容しながら附則で一つの事業または事業場の場合には2001年12月31日まで団体交渉権を有する複数組合を認めないという立法趣旨に反する結果となる"。釜山高法2000．4．12．90ナ7794〈釜山地法

にたつ判例があり，その他に労組法附則第5条を制限的に解釈し，独自的な交渉および労働協約の締結能力を有しておらず設立申告もしていない超企業別組合の企業内支部は企業別単位の労働組合と併存することができると解する折衷的な立場にたつ判例もある[12]。

(2) 現行法に対する各界の立場

企業レベルにおける複数組合の設立の猶予に対する批判が提起された。法改正直後に開かれた討論会で韓国労総は次のように批判的な意見を述べている。

　制定法案は企業単位での交渉上の混乱を防止することを理由に単位組合での複数組合の許容を猶予している。しかし韓国と労働法制度，労働環境等と類似する日本の場合に単位事業場に複数組合がほとんど存在せず，交渉上の混乱で労使関係が困難なところもほとんどない実情である。仮に日本式の自律的交渉制度が韓国の労働環境で問題があるとするならば交渉窓口の単一化も導入することが可能であろうが，これは企業単位の組合に結社の自由を保障した後，労・使・公益の合意を経てそこで施行できるものである。それにもかかわらず交渉制度を問題としながら単位事業場の複数組合の許容を5年間猶予するとは結社の自由を保障する要請からも賛成できない[13]。

　　　2000．2．11．2000カ合53判決の抗訴審〉。
(12) "労働組合および労働関係調整法附則第5条第1項の'一つの事業または事業場に労働組合が組織されている場合'でいう労働組合（以下，'既存の労働組合'という）は企業別単位の労働組合またはこれに準ずる場合，すなわち独立した労働条件の決定権のある一つの事業または事業場所属の労働者を組織対象とする限り，超企業的な産業別・職種別・地域別単位の労働組合の支部または分会として独自的な規約および執行機関を有し，独立した団体として活動しながら単位労働組合の委任によることなく独立して団体交渉および労働協約の締結能力を有することをいう。"ソウル行政法院2000．6．29．2000グ9860。
(13) 元正淵「労働法は再改正されるべきである」『改正労働関係法の評価と課題』（韓国労働法学会，1997年度春季政策討論会，1997．4．12）。韓国労総のこのような立場は当初複数組合の許容範囲と関連し企業単位まで含む全面的な許容を主張したことと通じるものである。民主労総がこれと関連して明らかな立場を表明していないこともその点で理解できよう。

経営側は改正法の内容に対し明確な反対意思を表明せず，猶予期間がすぎた後企業単位での複数組合が全面的に許容されることに備え，関連制度を整備しなければならない課題が残っていることを指摘する水準でその立場を表明しているにすぎない。

　　上級団体の複数組合の許容が産業界に与える影響を恐れている。そこで労使政としては複数組合の許容による初期的な混乱を最少化するために努力を尽くす(14)。

　そして学界は複数組合設立の禁止条項が憲法上保障されている団結権を侵害し，国際基準にも合致しないこと等を指摘してきたので複数組合の認定を肯定的に評価している。ただし企業レベルでの複数組合の許容に対しては団体交渉窓口の単一化等方法論上の問題点を解決するための研究が必要であると指摘しているにとどまっている。

　　第2労働組合の設立を許容したことは労働組合の民主性ないし宣明性の確保に寄与するものと期待される。労働組合の民主性と自主性は相互に密接な関連があり民主的な第2組合の設立は労働運動の透明性のために肯定的に作用するものと判断される。ただし，企業別単位での第2組合の設立と関連しては方法論上多くの問題点が予想される。これからも慎重な研究が行われなければならない(15)。
　複数組合設立禁止の違憲性，労働者の抵抗，さらに国際的な非難等を考慮すると上部組合での複数組合認定は当然だと考える。ただし2002年から事業場単位の組合まで複数組合が認定されるまでに団体交渉窓口の単一化のための努力を労組法附則第3項では労働部長官に課しているが，それは立法府が履行すべきものだと考える(16)。

---

(14) 趙南弘「新たな労働法に対する経営側評価」『改正労働関係法の評価と課題』（韓国労働法学会，1997年度春季政策討論会，1997. 4. 12）。

(15) 金亨培「改正労働関係法に対する評価」『改正労働関係法の評価と課題』（韓国労働法学会，1997年度春季政策討論会，1997. 4. 12）。

(16) 李炳泰「労働組合および労働関係調整法の内容と問題点1」『改正労働関係法

以上の現行法に対する各界の立場をみると，結局企業単位での複数組合が全面的に許容される場合に生ずる諸般の問題，たとえば組織間の過熱競争による組織紛争問題，組合事務室または組合専従者の認定問題，労働組合に対する使用者側の差別待遇問題，労働協約の競合または労働協約の効力拡大問題，ユニオン・ショップ協定の運営問題等をどうするのかが重要な課題となっていることがわかる。しかしその中で最も重要なことは，団体交渉制度をどのように整備すべきなのかということであろう。

　原論的には企業別交渉が一般化されている韓国も日本と同様に各組合ごとに独自に交渉権を認めることが最も望ましいであろうが，実際に複数組合体制が現実化されると団体交渉上の困難を来たす恐れがあることは否定できない。すなわち各組合ごとに交渉をする場合の費用の問題，ある組合は企業別交渉を要求するが他の組合は団体交渉権を上級団体に委任する場合もあろうし，またある組合は交渉は妥結されたものの，他の組合は交渉が決裂し労働争議が生ずる場合も予想されるなど，複数組合の下での団体交渉をめぐる問題は複雑で難しい[17]。そこで改正労組法が労働部長官をして交渉窓口の単一化のための方策を講じさせることを定めていることはこのような観点で理解できる。

　現在のところ韓国では複数組合と関連する論議の焦点は望ましい交渉窓口の単一化の方法の模索に集中されているといえる。

(3) 交渉窓口の単一化の方法に関する論議
1) 法改正以後の第2期労改委での論議[18]

　交渉窓口の単一化に関する論議は，法改正以後第2期労改委の改革課題となったが，合意までには至ることができず，労・使・公益案を列挙する方式で終わった。

　労働側では韓国と労働組合の組織形態が類似する日本のように企業単位複数組合の体制での交渉窓口は自由放任制が妥当であると解している。基

　　の評価と課題』(韓国労働法学会，1997年度春季政策討論会，1997．4．12)。

(17) 尹性天「事業(場)単位での複数労組と団体交渉問題」『労働法学』第8号(韓国労働法学会，1998年) 512-513頁。

(18) 以下の内容は，労使関係改革委員会『労使関係改革白書』(1998年2月) 350-355頁；李哲洙，『交渉窓口の単一化方法』(労使政委員会，2000年11月)参照。

本的に労働組合の組織形態がこれからどう展開していくのか不明確である状況の下で交渉窓口の単一化の論議は果たして実益があるのか疑問である。交渉窓口の単一化を論議するには複数組合時代を迎える交渉制度全般に対する検討，諸外国の事例とその長所・短所，将来の望ましい交渉制度に対する基本的構想等に関して論議がまず行われるべきである。これに対し経営側では交渉窓口の単一化は必ず実現されるべきであり，その代案として米国のような労働者の過半数の賛成を得た組合のみが交渉当事者と認定される排他的交渉制度を導入することを主張している。

労使の意見が一致しないところで公益案が作られたが，公益案は交渉窓口の単一化の基本単位，単一化方法および制度的補完事項の基本原則を定めている。

① 交渉窓口の単一化の基本単位

交渉窓口の単一化の基本単位は一つの事業または事業場（労働条件の決定権のある事業場）とすることを原則とし，例外的に使用者が組織対象を異にする労働組合に対しては別途に交渉できる。

② 交渉窓口の単一化の方法[19]

交渉組合の代表性を高め組合の自律性を尊重し費用負担を最小化するためには事業場の事情を具体的に勘案し段階的な接近方式をとることが望ましい。

第1に，事業場内の全体組合員の過半数を代表する組合がある場合にはその組合が特別な手続をとることなく少数組合まで代表する排他的交渉権を有し使用者は過半数組合と交渉する義務を負う。

第2に，全体組合員の過半数を代表する組合がない場合には使用者は組合側に交渉窓口の単一化を要求することができ，組合間の自律的な調整で交渉窓口が単一化される時に初めて交渉義務が生ずる。この場合に組合間の自律的調整の方式は全面的に組合に任せる。したがって比例代表制によ

---

[19] 第2期労改委では交渉窓口の単一化の方法として，①米国式の排他的交渉代表制として事業場内の選挙等を通じ多数従業員の支持を得る組合のみに交渉権を与える排他的交渉代表制方式，②組合員数に比例し交渉委員団を構成する比例的交渉代表制方式，③労働組合が自律的に交渉委員団を構成し単一化された

ろうと，選挙を通じて特定組合に交渉権を一任しようと，2つ以上の組合が連合し排他的交渉権を獲得しようと，それは問題にならない。

第3に，組合の自律的な調整が失敗する場合に労働委員会等の公的機構が関与し選挙を通じ代表の組合を選出する。このように最終的に公的機構が関与し組合の自律性を尊重し公的費用を最小化するのである。

③ 制度的補完事項

団体交渉の窓口が単一化し，代表組合が交渉を行う場合に少数組合を差別しないことが制度の成功のために必然的な要請となる。これは特に組合活動において重要な意味を有するが，日本では解釈論に任せているこの問題を立法的に解決することにより不当労働行為の生ずる可能性を減らすことができよう。

また代表組合が締結した労働協約上の労働条件または労働者の待遇に関する事項は他の組合の組合員に適用されるという旨の法規定を新設することも必要となる。

場合にのみ使用者が交渉に応ずる義務を負う交渉単一化義務制方式，④事業場内労働者の過半数の要件は必要でなく最大組合に排他的交渉権を与える単純多数代表制方式を想定し，この各代案の長所・短所を次のように整理している。労使関係改革委員会『労使関係改革白書』(1998年2月) 352頁。

〈表3-1-1〉交渉窓口単一化方法の比較

代　案	長　所	短　所
排他的交渉代表制	・民主性(選定手続) ・交渉窓口完全単一化 ・使側の交渉費用減少	・公的機関の関与および費用負担 ・交渉代表選出期間過多 ・公的機関の関与 ・非組合員参与(争議損失) ・交渉権(職種代表性)弱化
比例的交渉代表制	・民主性(少数意見尊重)	・交渉団内部意見調整難易 ・交渉妥結の遅延
交渉単一化義務制	・組合自律性の保障	・少数労組の単一化妨害 ・不当労働行為憂慮
単純多数代表制	・現実性が高い	・代表性弱化 ・公的機関の関与 ・組合員数算定困難

2) 労使政委員会の論議

　第2期労使政委員会において，この問題を本格的に論議する計画であったが労働側の不参加により正常的な会議の運営が困難となり問題解決の機会を得ることができないまま，その議論は第3期労使政委員会に移管された。しかし第3期労使政委員会においても労働側の一つの軸である民主労総が参加しなかったため本格的な論議は行われることがなかった。

　そこでこのような状況を打開するために第3期労使政委員会において労働懸案に対する仲裁案が作成され，この問題の解決のために公益委員連席会議が設置された。そして1999年12月28日に上記の公益会議の案が政府に提出された。公益会議案は交渉窓口の単一化の方法に関するものであったが，それは第2期労改委の内容を次のように修正するものであった。

　　複数組合を許容する時の交渉窓口の単一化に対しては自律的な調整を原則とし失敗する場合に過半数以上を代表する組合（2個以上の組合の連合も可能）に排他的な交渉権を与え，過半数以上を代表する組合がない場合には大統領令の定めるところにより決定する。

　公益会議案は時間的な余裕もなく充分な論議を経ることなく採択された。議題となっていた，組合専従者に対する給与の支払いについては労働側が反対したから，2000年になって論議がより本格化されているが，結局実りもなく，依然として課題を残した状態である。労働側は日本のように全ての組合が独自に交渉権を有しなければならないと主張している。

5　小　結

　複数組合の禁止条項は，効率性指向の効果的な労働統制を通じ，企業競争力を強化するために新たに創設・導入された制度の典型的な例であるといえる。そこで1987年労働者大闘争以後社会的衡平化の観点から同条項を改正または削除することを主張する要求が続いた。ところが，1987年11月27日の労働関係法改正で"既存の組合と組織対象を同じくし，あるいは"という文句を挿入し禁止条項をより強化した。そこに同条項の有する問題の複雑性があり，同時に韓国的な特殊性が反映されている。複数組合の禁

止条項に対しては絶えず違憲性が提起されたし,労働側が強力にその廃止を主張し,1997年改正において同条項は削除されたが,事業場レベルでの適用は2001年末まで猶予されたままであり,また交渉窓口の単一化を前提として複数組合を許容する線で妥協したことはこの問題の複雑性を表すものといえる。それは開発体制の経済的効率性から脱皮し,社会的衡平性を図る方向に進行したが,産業現場での混乱を勘案し効率性の観点を考慮したものといえる。

実際に事業場レベルでの複数組合の許容は現場に複雑で困難な問題を発生させる。現在韓国労総と民主労総は公式的には日本と同様に交渉を労使の自律に任すことを主張するが,産別体制への移行問題,組合専従者に対する給与の支払いの問題と相俟って必ずしもその主張のとおりと理解してよいとはかぎらない。

原論的な立場からみると全ての組合に固有の団体交渉権を認定することが望ましい。しかし複数組合の乱立による否定的な効果を立法政策においては考慮せざるをえないであろうし,沿革的にみて現在は白紙状態での論議でなく,交渉窓口の単一化を前提とした論議が進行されているので,当為的妥当性と現実的要請を適切に調和させる必要があろう。また米国またはドイツのように,組合員・非組合員を問わず一つの事業場では一つの窓口のための代表機構を選出する制度が増加している現状は注目される。交渉窓口を単一化するのか,また窓口単一化の方法や施行時期等をめぐり激論が行われている。

II 組合専従者に対する給与の支払い:衡平性と効率性の緊張と調和の模索

1 問題状況

企業別組合が支配的である韓国では使用者が組合専従者に給与を支払う慣行が長年にわたり定着してきた。労働部が1993年末を基準に全国の労働組合5,923ヵ所を対象に組合専従制の実態を調査した結果をみると,組合専従者をおく組合は調査対象組合の77%である4,577ヵ所であり,組合専従者の数は常時専従者8,005名,半専従者2,781名を含めて総勢10,786名であ

ることがわかり事業場当り平均専従者数は1.7名（半専従者包含時2.5名）であり，組合員183名当り1名の常時専従者（半専従者を含むと136名当り1名）をおいていることがわかった。また使用者が組合専従者の給与を支払う組合は組合専従者のある組合の80.9%である3,705ヵ所であり組合専従者7,592名に対する年間支給総額は1,062億ウォンであり，組合専従者1名当り月平均支給総額は117万ウォンであることもわかった。

他方，経総の調査によると，1998年12月末現在5,560の組合を対象に調査した結果，専従者のある組合の数は3,526であって，組合専従者の総数は8,191名（半専従者1,593名を含む）であり，組合専従者1名当り平均組合員数は212名（半専従者を含む時171名）であることがわかった。

このように現実に存在する組合専従制に対し経営側は反対する。組合専従者に対する給与の支払いの慣行は世界的にみてもその例が稀であり，無労働無賃金の原則にも反すること等から組合専従者に対し給与を支払う誤った慣行を是正するための立法的な措置が必要であると主張する。経営側は特に法改正のための労改委での論議の過程で複数組合の禁止条項が廃止されることが予想されるや，組合専従者に対する費用の負担の増加等を理由に複数組合の問題と関連し論議することを提案した。すでにみたように複数組合の問題が組合専従者に対する給与の支払いの問題と関連して公益案が作られたのもこのような事情によるものであった。

1997年3月13日の労組法では経営側の要求を大幅に受容し使用者が組合専従者に対する給与の支払いを禁止し，またこれを不当労働行為とした。ただし法改正当時に使用者から組合専従者として給与の支払いを受けていた組合に対しては2002年から施行することで労働側の反発を撫摩した。

金大中政権になって労働側はこの問題が労働組合運動の存廃にかかわる問題であると認識し，1997年3月13日の労組法を全面的に白紙化し労使の

〈表3-1-2〉組合専従者の現況（労働部調査，1993年末現在）

調査対象組合	専従者のある組合	専従者給与支払組合	組合専従者の数			事業場当平均組合専従者数	
			計	常時専従者	半専従者	常時専従者	半専従者を含む
5,923	4,577	3,705	10,786	8,005	2,781	1.7	2.5

〈表3-1-3〉組合専従者の現況（韓国経営者総協会調査，1998年末現在）

調査対象組合	専従者のある組合	組合専従者の数			事業場当平均組合専従者の数	
		計	常時専従者	半専従者	常時専従者	半専従者を包む
5,560	3,526	8,191	6,598	1,593	1.2	1.5

自律交渉に任せることを強力に要求して，労使政委員会で本格的に論議した。労使政委員会では，①使用者は組合専従者に対する給与の支給の義務がないという原則の宣言，②法令の定める範囲内での労使合意による給与支給の認定，③組合専従者の給与の支払いの確保のための争議行為の禁止，④給与の支給行為を不当労働行為とみなす規定の削除等を主な内容とする公益案を採択したが，労働側と経営側の双方が反発し，韓国労総はそれを理由に労使政委員会を脱退するなど，現在韓国の労使関係の最大の争点となっている。

2　旧労組法上の学説・判例の動向

組合専従者は従業員としての地位を維持しながら労働契約上の労働を提供せず常時労働組合の業務に専念することが許容される者であり，企業別組合の形態が普遍的である韓国の状況で認められた組合活動に対する便宜提供の一種としての性格を有する[20]。旧労組法は組合専従者に関連し，何の法規定も定めておらず，組合専従者制度の法的根拠と組合専従者の法的地位および給与の支給行為の不当労働行為性の問題は解釈論に委ねられていた。

(1)　組合専従者関連の学説

まず，組合専従者制度が認められる法的な根拠についてはいわば協定説と団結権説があるが，前者は組合専従制の認定の可否は労使間の自主的な交渉により決定されるという立場であり[21]，後者は団結権の内容から直接権利性を導き出すことはできないが，企業別組織形態が支配的でありそ

---

[20]　金裕盛『労働法Ⅱ』（法文社，1996年）101頁。
[21]　金亨培，前掲書，444頁。

れを前提とする法体系を考慮すると使用者は組合専従制を承認する義務を負うという立場である(22)。

次に，組合専従者に対する給与の支払いが不当労働行為に当るか否かは旧労組法第39条第4号但書の解釈論とも関連するものであった。1987年11月28日の労組法第39条第4号但書は労働時間中の組合活動の許容，厚生資金または経済上の不幸その他災厄の防止と救済等のための基金の寄附行為，最小限の規模の組合事務所の提供のような経費援助に対しては不当労働行為に当たらないと規定していた。学説はこの但書規定を例示規定とみて労働組合の自主性を阻害しない限り組合専従者に対する給与の支払いも同但書に該当し不当労働行為にならないと解する見解（否定説）と，但書規定を列挙規定とみて組合専従者に対する給与の支払いは同但書に該当しない経費援助であって不当労働行為に該当するという見解（肯定説）に分かれていたが，否定説が通説であった。

(2) 組合専従者関連の判例

判例は組合専従制の法的根拠に関しては協定説に近く，組合専従者の法的地位に関し基本的に休職状態にある労働者と類似の地位にある者と解してきた。すなわち使用者との基本的な労働関係は維持されるということである(23)。しかし具体的には組合専従者に対し就業規則の適用が全面的に排除されず，就業規則所定の手続を経ないで組合事務室に出勤しなかったことを無断欠勤と(24)解していた(25)。業務上災害が争われた事案で組合業務は使用者の労務管理業務と密接な関連があり，組合業務遂行中の過労等

---

(22) 李炳泰，前掲書，186頁。
(23) 学説もおおむねこれに賛成する。金亨培，前掲書，445頁；李炳泰，前掲書，187頁。
(24) 大法院1995. 4. 11. 95ダ58087。
(25) これに対し学説は批判的である。たとえば組合により選出された役員が，組合業務を怠る場合には組合自体の規約により規律することが妥当であり就業規則により組合専従者の出退勤を規制することは妥当でないとする批判（河京孝「組合専従者に対する給与支払いの慣行」『経営界』1996年7月），組合専従者に対する会社の指揮・監督権を著しく広く認め，組合専従者の活動範囲を著しく縮小する解釈であるとする批判（金基中「労働組合専従者の労働関係」『労働法研究』第5号（ソウル大労働法研究会，1996年）等がある。

の事故が業務上災害に該当するとしながら[26],争議行為等により使用者と対抗関係にはいった後にはそのかぎりではないと[27]解した[28]。

組合専従者に対する給与の支払いが不当労働行為に該当するのかについては,裁判所はこれを否定的に解釈した。その代表的な判例をみる[29]。

> 労組法第39条第4号本文は使用者が労働組合の運営費を援助する行為を不当労働行為の一つとみてこれを禁止し,組合専従者または組合幹部が使用者から給与の支給を受けることを形式的にみるとこの規定に該当するようにみられるが,運営費援助禁止の立法目的が組合の自主性を確保するところにあると解すべきであり,同規定の所定の不当労働行為の成立の可否は形式的に判断してはならず,その給与の支給により組合の自主性を欠く危険性が著しい場合でなければ不当労働行為は成立しないと解することが相当であり,特にその給与の支給が組合の積極的な要求ないしは闘争の結果勝ち取ったものであるならばその給与の支給により組合の自主性が阻害される危険性はほとんどないと解すべきであり,それは同規定所定の不当労働行為に該当しないと解しなければならない。

同判例の傾向に対し組合専従者に対する給与の支払いに関連しそれを不当労働行為として禁止すべきであるという主張もある。

3　労改委における論議過程

1996年労改委で労働法改正論議の時に経営側は組合専従者に対する給与の支払禁止の法制度化を主張した。これに対し,企業別組合が支配的である現状では組合専従者に対する給与の支払いの禁止は組合活動の萎縮を招かざるをえないことを理由に労働側は法制化に反対した。

---

(26)　大法院1993.1.26.92ダ11695;大法院1994.2.22.92ヌ14502。
(27)　大法院1996.6.28.96ダ12733。
(28)　これに対し,正当な争議活動中の災害について業務上災害と認定しない判例には賛成できないという批判がある(金亨培,前掲書,445頁)。
(29)　大法院1991.5.28.90ヌ6392。

経営側は組合専従者に対する給与支払いの慣行により，団体交渉において組合専従者の数についての拡大要求が毎年問題となり労使対立の要因となっており，使用者が組合専従者に給与を支払うことは交渉相手方に資金を支援するものであり論理的に矛盾しているのみならず，企業から給与を受ける組合幹部は独立性・自主性を有しているとみることができず，組合専従者に対する給与の支払いを不当労働行為と規定し，これを制限しようと主張した。また組合専従者に対する給与支払いの禁止の問題を「無労働無賃金」の論理の延長線で主張し，複数組合の禁止条項の削除と交換することを要求した(30)。経営側はその後の労働法再改正過程においても組合専従者に対する賃金支払いの禁止は決して放棄できないとした(31)。

他方，労働側は組合専従者に対する給与の支払いは企業別組合を強制する過程で労働協約等を通じ慣行により長期間にわたって形成されてきたものであり，労使が自律的に解決する問題であり，組合専従者に対する給与支払いの制限を法制度化する場合，事実上組合の存立が困難であること，また組合組織形態が超企業的組合に発展していくと自然に解決できるものであり，またそれが望ましい方法であろうと主張した。

韓国労総は特にこの問題に敏感な反応をみせてきた。韓国労総には民主労総に比べて零細企業の組合が多く加入しており単位組合の財政的基盤が弱いという事情があるからである。他方，民主労総は相対的に多少柔軟な態度をとったが，複数組合が全面的に許容された場合，法改正以後に組合専従者に対する給与の支払問題を第2次制度改革課題として継続して論議する用意があるとした。

労使の激しい理解の対立により労使合意は成立せず，公益委員は複数組合の禁止条項と関連させ，この問題を論議した。そこで2つの案を中心に検討が行われた。第1案は，使用者が組合専従者に給与を支払う行為を不当労働行為とする案である。第2案は，組合専従者に対する給与の支払い

---

(30) 金栄培経総常務は，"組合専従者給与問題が解決される場合に複数組合を認める"といったことがある。1996年11月8日の『毎日労働ニュース』インタビュー。

(31) 経営側は総罷業後，政界が再改正を論議する時に主要日刊紙に，"組合専従者

と関連した団体交渉は可能であるが，それはあくまでも任意的交渉事項にすぎず[32]これを理由に争議行為をすることはできないとした案である。第1案は複数組合を原則的に許容し，交渉窓口を単一化する案と結び付けて論じ，第2案は超企業レベルでは複数組合を全面的に許容し，事業場レベルでは一定の制限を加える案と結び付いて論じられた。

数次にわたる論議を経て2つの案を折衷した形で公益案が作られた。公益案の内容は組合専従者に対する給与の支払いは使用者の不当労働行為とするが，経過規定をおき一定期間その施行を猶予するものであった。しかしこれに対し労働側が強力に反発し，公益案が修正されたが，その内容は改正法で組合財政自立原則を宣言的に規定し，その後複数組合を全面的に許容する時にその具体的な補完策を講ずるとした[33]。

4 現在の論議

(1) 現行法の内容

労改委論議を経て作られた公益案は，法改正の過程において相当部分修正される形となった。すなわち使用者の組合専従者に対する給与の支払いを禁止し，またこれを不当労働行為としたのである。現行労組法第24条第2項では"第1項の規定により労働組合の業務にのみ従事する者は専従の期間に使用者からいかなる給与の支給をも受けてはならない"とし，第81条第4号は"労働組合の専従者に給与を支援"する使用者の行為を不当労働行為と規定している。第24条第2項が新設され，仮に組合専従者に対す

　　　に対する給与支払いの禁止と無労働に対する無賃金の原則が守られない労働法改正は自由市場経済の基盤を崩すことになる"という表題の広告を掲載した（1997．2．24付の主要日刊紙）。この態度は組合専従者に対する給与支払いの禁止に対する経営側の強烈な執着をみせたものといえよう。

(32) 初期の労改委論議の過程において任意的交渉事項概念を立法化しようとの意見が提示されたこともあったが，それには組合専従者の給与，争議行為期間の中の賃金，権利紛争等があげられた。団体交渉事項と争議行為事項を区別し接近しようする試みは興味深いところであるが，その当時問題の解決のために真剣にこの問題が検討されたことを表す事例であるといえる。

(33) 労使関係改革委員会，前掲書，280頁。

る給与の支払いを内容とする労働協約が締結されたとしても,これは違法的交渉事項に該当するから労働協約としての効力が生じないものと解される。ただし同条項に対する罰則規定はない。法改正により組合専従者に対する給与の支払いが組合の自主性に影響を与えない場合には不当労働行為にならないとした従来の判例と学説の立場は維持できなくなったともいえる(34)。

　ただし労働組合の財政的基盤が弱いことを勘案し一定の猶予条項をおいた。すなわち附則第6条では,この法が施行された当時組合専従者に給与を支払っていた事業または事業場の場合には2001年12月31日まで組合専従者に対する給与の支払禁止規定の適用を猶予し(しかし,専従者問題も複数組合問題と同じく2006年末までさらに5年間その施行が見送られた。労調法附則6条1項),その代わりに当該労働組合と使用者は専従者に対する給与の支払いの規模を労使協議により漸進的に縮小するよう努力し,その財源を労働組合の財政自立に使用するよう規定した。古くから慣行として支給されてきた組合専従者に対する給与の支払いを中断することにより生ずる衝撃を緩和するための経過措置であるといえる。したがって2002年1月1日からは,組合専従者に対する給与の支払いが全面禁止になる予定であったが,2001年3月28日,同附則条項の改正によって,再び2006年12月31日まで延期された。

　新設の組合専従者条項と関連し解釈論については疑問が生ずる。支払いが禁止されるのは,'給与'の範囲を賃金に限定するのか,それとも組合専従者の範囲に半専従者または時間制専従者も含まれるのかである(35)。

---

(34) 韓国では不当労働行為の救済と関連し原状回復主義と処罰主義を併用している。旧労組法は不当労働行為の処罰と関連し"被害者の明示の意思に反し論ずることができない"(旧労組法第46条の2但書)とし,'反意思不罰罪'として規定していたが,1997年3月13日の労組法では同規定が削除され,不当労働行為に対する処罰がより強化されたといえる。したがって現行法の下では理論的に労働者の了解をえても使用者が組合専従者に給与を支給することが困難となった。

(35) 詳しくは,金裕盛『労働法Ⅱ』(法文社,2000年)110-111頁;林鐘律,前掲書,73頁;李炳泰,前掲論文参照。

しかしこの問題は，大部分の組合がこれまでに組合専従者給与の支払いを受けてきたし，その場合の給与の支払禁止は2006年12月31日までに留保されているし，他方，現在も禁止対象となる新設組合の設立もIMFによる雇用事情の悪化等で活発でないことから，実務的には争われることはなかった。労働側は後述のように組合専従者に対する給与の支払いの禁止条項の全面白紙化に焦点を合わせ，立法改正を行うための運動を組織的に展開してきた。

(2) 現行法に対する各界の立場と課題

労働側は組合専従者に対する給与の支払禁止を法制度化したことに対し強く批判した。この問題は労使自治の領域に任せるべきであるにもかかわらず，国が積極的に介入し，明文でそれを禁止したことは，企業別組合が支配的である現実にも附合しないばかりか，労使自治主義を否定し合理的労使関係を放棄したものにほかならないと主張した。特にこの問題に対しては，大企業および公共部門の組合が加入し相対的に組合の財政状況が良い民主労総よりは中小企業組合を主な軸として構成されている韓国労総の方がより批判的である。

　　企業別組合が一般的である韓国では組合が使用者（または使用者団体）と対等ではなく組織規模または財政規模が弱い。このような状況の下で組合に財政上の完全な自立を求めることは，現実性を無視し労働組合の活動を抑制しようとするものにほかならない。さらに過去数十年間労働組合に対する抑圧とともに組合費の使用に対しても規制してきた状況を5年間の猶予期間中に自発的に解決せよと言ってもそれは現実に合わないし，常識にも反するものといわざるをえない。

　　過去権威主義的な政権の下で組合専従者に対する使用者の給与の支払いは労働組合の活動のための最小限の措置で慣行化してきたものである。労使が自律的な交渉を通じ決定した組合専従者に対する給与の支払いを不当労働行為と法制化したことは過去権威主義的な政権の時の労働弾圧を遥かに超える労働組合抹殺行為であるといえる。不当労働行為制度とは使用者の支配介入から労働組合を保護するために導入された制度であり，その観点からみても労使合意で組合専従者の給与を支払うことを処罰することは理解できない。こ

のような組合専従者に対する給与の支払禁止の明文化は世界でその例をみることができず，労使自治主義を否定するものであり，産業平和を破壊し合理的な労使関係を放棄するものというしかない(36)。

経営側ではこれは誤った労使慣行を是正したものであるとしてそれを肯定的に評価している(37)。政府もまた合理的な労使慣行の定着の契機となると期待している(38)。しかし学説は分かれている。まず，組合専従者に対する給与の支払いを不当労働行為と規定したことは巨視的な観点から労働組合の自主性確保に肯定的に作用するものと評価する見解があるが(39)，他方，労使自治を阻害し附則で既存組合に対してのみ認めることは平等の原則にも反するとする見解(40)，有給組合活動の権利性の保障の問題とみて立法による禁止措置は廃止されるべきであるとする見解(41)，労使自治原則には基本的に同意しながら誤った現実（慣行）を是正するための法の先導的機能，秩序形成機能が期待できるという観点で当分の間は存置させるべきであるとする見解(42)等がある。

(3) 労使政委における論議過程
1) 背景

組合専従者に対する給与の支払いの禁止規定は労働側の激しい反発を買った。そこで労使政委員会ではこの問題が再び論議されるに至った。しかし第2期労使政委員会は両大労総のボイコットで正常に運営されず，交渉窓口の単一化と同様に誠実な論議は行うことができなかった。労働側が労

---

(36) 元正淵, 前掲論文。
(37) 趙南弘, 前掲論文。
(38) 労働部『わかりやすい労働法解説』(1997年) 45-46頁。
(39) 金亨培, 前掲論文。
(40) 辛仁羚「労働組合および労働関係調整法の内容と問題点Ⅱ」『改正労働関係法の評価と課題』(韓国労働法学会, 1997年度春季政策討論会, 1997.4.12)。
(41) 金湘鎬『組合専従者の法的保護に関する研究』(韓国労働組合総連盟中央研究院, 1998年)。
(42) 呉文玩「組合専従者制度の立法論的検討」『労働法学』第9号（韓国労働法学会, 1999年) 263頁。

使政委員会へ復帰するための説得や，また労働側の要求事項を受容し労使政委員会設置および運営等に関する法律の制定・公布，労働部長官と韓国労総委員長による労働懸案に対する労政合意等，労働側の労使政委員会への復帰のための雰囲気を助成し，そして両大労総のうち韓国労総のみは参加して，第3期労使政委員会が発足した。

しかし民主労総がボイコットしたまま発足した第3期労使政委員会も，2ヵ月で韓国労総が組合専従者の問題が解決されておらず，韓国電力民営化の一方的強行，公共部門予算編成指針の一方的措置等を理由に"労使政委員会に継続して参加する必要がない"といい，労使政委員会活動を停止すると宣言し，労使政委員会は両大労総がボイコットする状態となり，運営に大きな支障が生じた。

労使政委員会の各々の委員会では原則的に継続会議を開催し，労働側の参加がなくても論議の可能な事案を中心に議論し，具体的な案件および日程等は，該当小委または特委で決定し推進するという。それによって各級委員会の会議は継続して行われ，組合専従者に対する給与の支給の問題等労使関係の争点となっている懸案に対しては討論会等の活動を行った。また委員長と常勤委員は労使団体を訪問し最大懸案である組合専従者問題の解決方法に関し労使の立場を聴き，いくつかの代案を提示しその意見を交換したが労使間の立場の差は大きく調整できなかった。それどころか韓国労総は国民会議（現与党である民主党の前身）が組合専従者の問題を解決するとした約束を履行しなかったことを理由に政策連合を破棄するに至った。政府または政界においても労使間の頑固な立場の違いもあって一方的な立法の推進を躊躇し，労使政委員会の公益委員による仲裁案を期待している状況である[43]。

2) 労使の主張

労働側が組合専従者に対する給与支払いの正当性を主張する論拠はおよそ次のとおりである[44]。

---

(43) 労使政委員会『1999労使政委員会活動現況』（2000年1月）10頁。
(44) 李南淳『組合専従者給与および労働協約実効性確保』（韓国労働組合総連盟・全国民主労働組合総連盟共同主催労働時間短縮および専従者給与支払関連労・

①　組合専従者の給与は組合と使用者との間の問題であるからこれは支払わなければならない。
②　300名以下の事業（場）の労働組合が87%を占めている現実を考慮すると組合専従者に対する給与の支払禁止は労働組合を無力化させる意図だと考える。特に組合専従者の給与を労働組合自体の財政で自ら解決せよということは結局能力のある大規模の労働組合は生存し能力のない小規模の労働組合は存在できなくなる結果を招く。
③　組合専従者に対する給与支払いの問題は立法で解決すべき事項ではなく労使の自律的な交渉により決定すべき問題であり，協約自治の原則は組合専従者に対する給与の支払問題においても貫徹されなければならない。
④　組合専従者に対する給与支払いと関連する使用者の罰則条項は労働組合の自主性の侵害と無労働に対する無賃金の原則と関係なく不当であり撤回されなければならない。
⑤　ILOも組合専従者に対する給与の支払いを勧告しているから[45]，これを受容すべきである。
⑥　組合専従者に対する給与支払いの禁止の立法例は外国にも見られないばかりか，むしろ実際にも組合の要求により使用者が専従者の給与を支払う場合が多い。

以上の主張に対し現行労組法関連規定の存置を主張する経営側の論拠は次のとおりである[46]。

　　使・政大討論会，1999. 11. 5）；全国民主労働組合総連盟『専従者問題等労働懸案関連労使政委公益案検討意見』（1999. 12. 9）；韓国労働組合総連盟『専従者給与支払自律性確保に関する請願』（2000. 6）．

(45) Complaint against the Government of the Republic of Korea presented by the Korean Confederation of Trade Unions (KCTU), the Korean Automobile Workers' Federation (KAWF) and the International Confederation of Free Trade Unions (ICFTU) Report No. 309, Case(s) No(s). 1865, Document Vol. LXXXI, 1998, Series B, No. 1, para.160.

(46) 韓国経営者総協会『組合専従者給与支払に対する検討』（政策資料，2000年）．

① 無労働に対する無賃金の原則は"罷業または専従の故に会社のために労働を提供していない者に対し給与を支給してはならない"ということであり，これはすでに国際的に普遍化しているし，労働力提供義務の免除を受ける組合専従者は労働力を提供した事実がないから組合専従者に給与を支払ってはならない。

② 組合専従者に対する給与の支払いは力関係による労働運動の産物であり誤った労使慣行であるので是正されなければならず，現在の経済危機状況の下で組合専従者に対する給与の支払いが放置される場合，'韓国の労働市場は著しく歪曲され非合理的労使関係が存在している'と批判され，外国資本の国内市場への投資を困難にする等，経済危機の克服にも役に立たない。

③ 組合専従者に対する給与の支払いを許容する場合は，無労働に対する無賃金の原則を根幹とし，罷業期間中の給与の支給禁止・無給休職制等を根本的に否定する結果となり労使関係の全般に混乱を招く。

④ 労働組合も充分な財政能力を有しているから健全な労使関係の発展のために労働組合自体が組合専従者の給与を負担する慣行を定立していかなければならず，先進国の場合も組合専従者は労働時間中には正常的に労務に従事し，それ以外の時間に組合活動をするものと認識しているから労働組合の自主性・民主性の確保および合理的な労使慣行の確立のために民主的で透明な財政運用方法を講じなければならない。したがって組合専従者の給与はそのような財政運用の方法の一つとして労働組合自身が責任を負うべきものである。

⑤ 労働側が組合専従者の給与を支払う使用者を処罰する条項の削除を要求することは組合専従者の給与を継続して支払いを受ける意思がその中に潜んでいる。

⑥ 組合専従者に対する給与の支払いの禁止条項は1997年3月13日に与野党の合意により改正されたものである。労働基本権の保障ということで2002年から複数労働組合が全面的に自由化され，それと同時に組合専従者の給与もそれ以上交渉の対象になるものではないから必ず改革されなければならないという国民的な合意によるものである。

⑦ 組合専従者の給与は労働組合が負担するのが外国の立法例であり国

際的に普遍化している慣行である。特に大部分の国は使用者の組合専従者に対する給与の支払いを不当労働行為と規定している。他方，法律で明文化し組合専従者に対する給与の支払いを禁止していない国の場合も労働組合が給与支払いを要求していないし，また使用者が組合専従者に給与を支払う事例がないから法律はこれを規定していないのである。外国では組合専従者の給与は労働組合が自ら解決することが当然のことと考え，組合専従者に対する給与の支払問題が特に争点となる理由はない。したがって現行労組法関連の規定は維持されなければならない。

3）公益案の内容

労使政委員会が両大労総のボイコットにより正常な運営が困難となり，組合専従者に対する給与の支払問題等労使懸案に関する本格的な論議は行われていない。労使政委員会の運営委員会では組合専従者の問題に対し公益委員が解決方法を提示することとし，公益委員全員が参加する連席会議を通じ組合専従者の問題，複数組合の下での交渉窓口の単一化方法等の労働懸案について公益委員案を作り政府に提出することとなっている。

その一環として開催された公益委員連席会議において公益委員は公益委員が案を作ることが望ましいのかについて疑問を提起したが，何らかの形で組合専従者の問題の解決方法を提示することである程度意見の一致をみた。そして公益委員は使用者に給与の支給義務がないことを明示し，労働組合が給与の支給を目的に争議行為を行うことができないとすることが最も望ましい代案であるということに意見が一致した。ただし，労使の現実的立場を考慮し組合専従者に対する給与関連規定と事業場内の複数組合の許容規定の施行猶予期間をともに3年間延長する方法も検討することができるということで意見が一致し，次のような2つの案を提示し論議を進行させた[47]。

〈第1案〉

使用者に組合専従者に対する給与の支払義務がないことを明示し，労働組合は給与の支払いを貫徹する目的で争議行為を行うことができない

---

(47) 労使政委員会『1999労使政委員会活動現況』（2000年）96-97頁。

ことを明示し，現行法第24条第2項および第81条第4号を削除する。労働部長官をして事業場内の複数組合の許容による組合専従者に対する過多な給与の支払いを防止する方策を講じさせることを附則第5条に挿入する。
〈第2案〉
現行法附則第5条および第6条を改正し組合専従者に対する給与関連規定と事業場内の複数組合の許容規定の施行猶予期間を3年間延長する。

上の2つの案に対し労使は一斉に反発した。まず労働側は組合専従者に対する給与の支払禁止条項の削除は大統領の公約事項であり，この問題に対し経営側と交渉する理由はなく政府の迅速な決断を促した。経営側は組合専従者に対する給与の支払いを処罰する規定を削除すると無労働に対する無賃金の原則を破棄する結果となると主張し，異例にも労働側の政治攻勢に相応する政治活動を展開するとともに労使政委員会を脱退することもありうるとの意思を表明した。このような状況の下で公益委員連席会議は5回にわたり会議を開き，最終案を採択してそれを政府に提案し，結局，公益委員の最終案が採択された。その最終案の内容をみると次のとおりである[48]。

組合専従者に対する給与の支払問題と関連し，使用者に給与の支給の義務がないことを明示し，使用者は大統領令の定める専従者の数を超えない範囲内で労使合意により組合専従者に給与を支払うことができ，他方，労働組合は専従者の給与の支払いを目的に争議行為を行うことができないことを明示し，現行法第24条第2項および第81条第4号の専従者に対する給与支払いの禁止規定を削除する。

政府は公益委員案を反映した労働関係法改正法律案を作り，1999年12月28日国務会議で議決し，国会に提出した。それにもかかわらず労使両側は

---

(48) 前掲書，101頁。

公益委員案を受け入れることができないとし，政界も労使両側が反対する状況の下で立法化することに負担を感じ現在のところ立法化には至っていない状況である(49)。

5 小 結

1997年改正法において組合専従者に対する給与支払いの禁止条項が新設された過程をみると韓国の特殊性がみられる。権威主義政権の下で企業別組合を誘導・強制するとともに，政府が暗黙的に組合専従者に対する給与の支払いを助長してきた事実，組合専従者に対する給与の支払慣行に対し最高裁が合法性を認定した状況の下で，立法を通じその合法性を否認した事実，労改委の論議の過程で組合専従者の給与の問題が複数組合の許容と結び付いて論議された事実等から，経済的効率性と社会的衡平性の観点が錯綜しながら時代の状況に応じてその接近方式が異なっている。

これからこの問題の処理をめぐって激論が予想されるが，労使政委員会の公益案によると同禁止条項は再び改正されると考えられる。

組合専従者に対する給与支払いの問題と関連し，使用者が主張する無労働無賃金の原則と労働界の主張する労使自治の原則との間に優劣を判断することは容易ではなく，企業別組合が一般的である韓国の状況では労働組合の存廃とかかわる事案であるだけに，全部か零か（all or nothing）という方法で解決されうる問題ではないであろう。社会的衡平性と経済的効率性を調和させるために現行法上の全面的禁止を廃止し労使の自律に任せるが，この問題を争議行為の対象とすることを否定し組合専従者の適正数を法定化することで終結される可能性が大きい。場合によっては労働組合の組織が産別体制に転換されるまで，複数組合と組合専従者給与の問題を結び付けてその適用を2002年以後に猶予する可能性も排除することはできない(50)。

---

(49) 前掲書，10−11頁。

(50) 2001年3月28日の法改正で，複数組合と組合専従者給与と関連する規定等の適用猶予期間が2006年12月31日まで延長された（附則第5条，第6条）。

III '解雇の効力を争う者'の労働法上の地位：企業レベルでの衡平性と効率性の調和

1 '解雇の効力を争う者'の法的地位の明文化の背景

　労組法は制定時から'労働者でない者の加入を許容する場合'を労働組合の消極的要件の一つとして明示しているが，1987年11月28日改正法では'解雇の効力を争う者'の法的地位に関する但書を新設し，1997年3月13日の改正法では同但書を改正したことがあった。同但書は労働組合の設立において使用者の解雇権濫用から労働組合の設立および存続を保護する趣旨によるものであったが，使用者が労働組合の設立を阻止するために組合員を解雇すると企業別労働組合の下で解雇された労働者は'労働者でない者'に該当し，労働組合としての法的地位が否定される結果となるので，このような結果を防止し労働組合の設立と存続を保障しようとしたものであった。

　同但書を明文化する以前の判例では，使用者の解雇権濫用による労働組合の設立および存続自体が否定される危険を防止できる解釈論にはそれほど関心がなく，むしろ使用者が私法上の効力の有無を問わず組合員である労働者を解雇した場合に解雇された労働者が不当解雇救済手続または司法手続を通じ労働者としての地位が保全されない限り当該労働組合は'労働者でない者の加入を許容'したことと機械的に解釈していた[51]。

---

(51) 大法院1979.12.11.76ヌ189組合設立申告書返戻処分取消判決は，当該事業場の従業員でない者が加入した場合に労働者団結体としての自主性要件の該当如何に対し直接的に判断したものではなかったが，少なくとも解雇された労働者が加入している事実それ自体が労働組合の消極的要件に該当するものと解釈される可能性があることを示唆した。また大法院1980.3.11.76ヌ254全国出版労働組合東亜日報社支部設立申告返戻処分取消判決では，解雇された労働者が労働委員会の救済命令または司法上の手続により労働者としての地位が保全されない限り解雇の有効または無効を行政官庁が判断することはできないと判示した。また大法院1989.11.14.89ヌ4765労働組合設立申告返戻処分取消判決では，1987年11月28日に労組法が改正され'解雇の効力を争う者'の法的地位が明文化された以後に下された判決であるにもかかわらず，当該事案の事実関係が法改正以前であることを理由に従前の判決の立場をそのまま維持した。

このような現実に対する反省で1987年11月28日に労組法改正において'解雇の効力を争う者'の法的地位を明文化し，その後前記但書の解釈をめぐり実務的・理論的に混乱が生じた。

2　'解雇の効力を争う者'の法的地位の明文化
(1)　問題の所在

1987年11月28日の労組法が明文化した"解雇の効力を争う者を労働者でない者と解釈してはならない"という但書は，明文化以前，特に1980年代初めに使用者が労働者を解雇する方法により労働組合の設立自体を封鎖する事例が多かったことからそれに法的な制約を加える立法意図を有していた。ところがこれは労組法上の労働者概念と勤基法上の労働者概念の差について法理的に充分理解した法改正ではなかったと評価されている。したがって但書の文言上の意味と立法趣旨による適切な解釈をめぐり実務上多くの混乱が生じた。'解雇の効力を争う者'の法的地位を明文化した後争点となったのは，①解雇の効力を争う者が労働者でない者と取り扱われてはならない法律関係の範囲と，②労働者でない者として取り扱われないようにするために解雇の効力を争う方法であった。

(2)　労働者としての地位が認められる法律関係の範囲

労働関係は多様な側面を有する包括的な法律関係であるといえる。労働者が解雇の効力を争っている場合にその中でいかなる範囲の法律関係において労働者と認められるのかが問題となる。判例で問題となった法律関係として，①争議行為の参加と第三者介入禁止[52]，②組合事務室および事業場その他の施設への出入り[53]，③解雇の効力を争う者が組合委員長に立候補する資格[54]，④社員住宅の譲渡[55]，⑤復職問題を団体交渉事項に

---

(52) 大法院1990.11.27.89ド1579労働争議調整法違反等；大法院1992. 5. 8.91ド3051業務妨害等；大法院1999. 6.11.99ド43暴力行為等処罰に関する法律違反。
(53) 大法院1991.11. 8.91ド326労働争議調整法違反等；大法院1991. 9.10.91ド1666建造物侵入等；釜山地法蔚山支援1995. 4.21.95カ合320出入禁止等仮処分〈確定〉。
(54) 大法院1992. 3.31.91ダ14413組合委員長選挙無効確認。
(55) 大法院1993. 6. 8.92ダ42354建物明渡。

含むことを要求する印刷物の配布(56)，⑥解雇期間中に不法争議行為に参加したことが懲戒事由となるのかの問題(57)，⑦組合員選挙名簿への掲載(58)，⑧組合専従者の活動の保障(59)等があった。

　まず労働組合の設立，組合選挙への立候補，組合事務室への出入り，組合活動または争議行為参加，組合幹部の活動等の問題に関しては同但書が適用される。判例の中には労働組合の選挙管理委員会が解雇された者を組合員とみることはできないという労働部の質疑回示を根拠とし，組合選挙への立候補登録書類の交付を拒絶したことが違法ではないとしたもの(60)，旧労争法上の第三者介入禁止規定の解釈においては解雇の効力を争う者を介入の禁止の対象となる第三者とみるとしたもの(61)，解雇の効力を争う者の事業場出入りを業務妨害罪または建造物侵入罪に該当するとしたもの(62)がある。解雇の効力を争う者の法的地位は労働組合の設立問題に限られるというものであった。

　ところで最高裁は第三者介入禁止と関連する事案において，全員合議体判決でこれとは異なる立場を明らかにした。すなわち，"直接労働関係を結んでいる労働者が使用者により解雇されたとしても相当の期間内にその解雇が不当労働行為であり無効だと主張して労働委員会または裁判所に不当労働行為の救済申立てまたは解雇無効確認の訴を提起しその解雇の効力を争い，労働者の身分または当該労働組合の組合員また役員の身分を継続保有すると主張しながら，当該労使関係内部で争議行為に参加する労働者は，介入を禁止する第三者には含まれない者と解すべきであり，労働組合の定義に関する労組法第3条第4号但書が新設（1987.11.28）される前の

---

(56)　大法院1994．2．8．93ド120労働組合法違反等。
(57)　大法院1994．9．30．93ダ26496解雇無効確認等。
(58)　大法院1997．3．25．96ダ55457組合員地位確認。
(59)　大法院1997．5．7．96ヌ2057不当労働行為救済再審判定取消。
(60)　ソウル高法1991．4．3．90ナ45832組合委員長選挙無効確認〈大法院1992．3．31．91ダ14413の原審〉。
(61)　大法院1990．11．27．89ド1579労働争議調整法違反等判決での反対意見。
(62)　大法院1991．9．10．91ド1666建造物侵入等。

争議行為に介入した場合とその解釈を異にするものではない"と(63)判示し，その後多数の判例で先例として引用されている(64)。

全員合議体の多数意見に対し，同但書が適用される法律関係を具体的に判断することができる明確な基準が提示されていないにもかかわらず，あたかも'解雇労働者の地位一般'の問題を一挙に包括的に解決できる'司法的宣言'のようなものと理解することは誤りであるとの反論が提起されたが(65)，その後の判例をみると解雇された労働者の地位に関する問題を一挙に包括的・図式的に解決することができると解されてはいない。解雇の効力を争う者に労働組合の設立，組合選挙への立候補，組合事務室への出入り，組合活動または争議行為の参加，組合幹部の活動等の問題のように集団的労使関係から生ずる法律関係上の保護は与えられるが，その他社宅入居資格のような私法上の法律関係または兵役特例の認定のような公法上の法律関係にまで労働者としての地位を認めるものではない。すなわち，解雇無効確認の判決が確定した場合には特例補充役服務関係が存続すると

---

(63) 大法院1990.11.27.89ド1579労働争議調整法違反等判決の多数意見。
(64) 大法院1991.11.8.91ド326労働争議調整法違反等；大法院1992.3.31.91ダ14413組合委員長選挙無効確認；大法院1992.5.8.91ド3051業務妨害等；大法院1994.2.8.93ド120等労働組合法違反等；大法院1997.3.25.96ダ55457組合員地位確認等；大法院1997.5.7.96ヌ2057不当労働行為救済再審判定取消；大法院1999.6.11.99ド43暴力行為等処罰に関する法律違反等。ただし，上の判決の中で大法院1991.11.8.91ド326労働争議調整法違反等判決は，一般論としては全員合議体判決の多数意見を採択しているが，具体的な判断では"労働組合の設立存続の保護のために労働組合の構成員となりうる資格に関し規定したのみであり使用者と労働者との労働関係に関する規定ではないから一般的には解雇により労使関係は終了されこれを争う労働者といってもその地位を失うことになるが，労働組合法の規定が労働組合の設立および存続を保護し使用者の不当な人事権の行使により労働組合の活動が妨害されることを防止するためのものであるという趣旨に照らしてみると解雇された労働者といっても相当な期間内にその解雇の効力を争う者に対しては労働者または組合員としての地位を認めるべきである"といい，この見解は実質的には全員合議体判決の反対意見に近い。結論的にも解雇された労働者が組合事務室に出入する程度にとどまらず食堂で印刷物を配布したから住居侵入罪が成立すると判示した。
(65) 李鳳九「第3者の労働争議介入禁止」『法律新聞』(1991.1.31)。

した事例もみられるが(66)，一般に公法的法律関係では解雇の効力を争う者を労働者として取り扱わない(67)。そして個別的労働契約上の地位から由来する法律関係においても同様である(68)。

(3) 争訟の方法

訴訟の方法と関連し同但書の解釈上の問題は，'解雇の効力を争う方法'をどの段階まで認めるべきかである。実際に前述の全員合議体判決での反対意見の核心はまさにそこにあった。多数意見は，'労働委員会または裁判所に不当労働行為の救済申立てまたは解雇無効確認の訴を提起し'解雇の効力を争う場合と解したが，反対意見は，裁判所の仮処分等により解雇の効力が停止されない限り不当解雇救済手続または司法手続を通じ解雇の効力を争うだけで労働者の地位が存続するとは解していない。また反対意見の中には解雇が当然無効である場合には最初から解雇の効力は生じないが，逆に解雇が正当な場合には労働者がいくら解雇の効力を争っていても労働者の地位は当然に終了されると解する者もいる。

全員合議体判決およびそれに対するこのような見解の差は，具体的な事例の解釈方法においても生じ，労組法の改正論議の際には常に解雇の効力を争う方法を法規定の中に明文化すべきであると指摘されている。

判例で現れた事実関係をみると解雇の効力を争う方法は，そのほとんどが地方労働委員会に救済を申立てるか，あるいは裁判所に解雇無効確認または不当解雇救済再審判定取消の訴訟を提起するかであり(69)，この場

---

(66) 大法院1990．5．8．90ヌ1342防衛兵入隊処分取消。

(67) 大法院1990．3．13．89ド2399兵役法違反；大法院1990．5．11．90ヌ1335現役兵入隊処分取消。

(68) 大法院1993．6．8．92ダ42354建物明渡。社員住宅の入居資格が争点となった事案であるが，この判決は前述の全員合議体判決をめぐり生じた理論的な混乱状況を是正することに助力したものと評価されている。金英蘭「解雇の効力を争う労働者の個別労働契約上の地位」『大法院判例解説』第19－2号（1993年）参照。

(69) 大法院1990．3．13．89ド2399兵役法違反；大法院1990．5．8．90ヌ1342防衛兵入隊処分取消；大法院1990．11．27．89ド1579労働争議調整法違反等；大法院1991．9．10．91ド1666建造物侵入等；大法院1991．11．8．91ド326労働争議調整法違反等；大法院1992．3．31．91ダ14413組合委員長選挙無効確認；大法院1993．6．8．92ダ

合に最高裁は例外なく労働者としての地位を認めている。他方，労働委員会への救済命令申立てまたは裁判所へ訴えない方法で争われた事案では，就業規則上の再審請求権を行使した労働者に同但書により労働者としての地位の保護を認めた事例もみられるが[70]，使用者との協議を通じ解雇の効力を争う者に対し"解雇労働者が法律的争訟以外の方法で個別的または集団的協議過程を通じ解雇の効力を争っているとしても，それだけで第三者ではないと解することはできない。"と判断した事例もみられる[71]。

現行労組法は同但書が規定する'解雇の効力を争う者'の認定要件として争訟の方法を明文化していることから，一応立法論的には解決されたともいえる。しかし現行労組法の下でも集団的労使関係法上の労働者概念論から提起されうる根本的な問題点まで解決されたとはいえないであろう。

3　小　結

現行労組法第2条第4号（エ）は，"ただし解雇された者が労働委員会に不当労働行為の救済申立てをした場合には中央労働委員会の再審判定が出るまでには労働者でない者と解釈されてはならない。"と解雇の効力を争う者の法律的な争訟方法をもっぱら'不当労働行為救済申立て'に，しかも労働者としての地位を認める期間も'不当労働行為救済再審判定時'までにと明文で定めている。現行法の具体的な解釈に関する判例はまだみられないが，立法的に明らかであるから，法文言の範囲以上に拡張し，争訟の方法と労働者の地位が認定される期間に対し他の解釈論の余地はないといえる。

ところで同但書の立法趣旨が労働者の保護のためであるといわれるが，それは'解雇の効力を争う者'に限り労働三権を保障しようとした妥協の立法政策の結果であり，自ら根本的な限界を有していたのである。1987年11

42354建物明渡；大法院1994．9．30．93ダ26496解雇無効確認等；大法院1997．3．25．96ダ55457組合員地位確認；大法院1997．5．7．96ヌ2057不当労働行為救済再審判定取消。

(70)　大法院1992．5．8．91ド3051業務妨害等。
(71)　大法院1994．2．8．93ド120等労働組合法違反等。

月28日の労組法改正の以前にも，判例は'労働者でない者の加入を許容する場合'を'従業員でない者の加入を許容する場合'と解釈していたといえる。このような議論は当時の労働組合の組織形態も企業別組織形態が支配的であったことによるものでもあった[72]。同但書の新設は，1990年代には企業別組合の結成に一定の肯定的な役割を果たしたし，そして企業単位の集団的労使関係レベルでの労働法が衡平性と民主性を高めた事例であったとみることができる。

　企業別組織形態への立法的な強制が削除された現行労組法の下では，'労働者でない者の加入を許容する場合'という労働組合の消極的要件の意味（特定使用者との就業状態にある）は，'従業員でない者'と解釈せざるをえなかった1980年代当時の状況とは根本的に異なる。現行法の下では労働組合の消極的要件である'労働者でない者'の範囲は，労組法上の労働者の概念である'職業の種類を問わず賃金・給料その他これに準ずる収入により生活する者'（労組法第2条第1号）への該当性の有無により決定すべき問題と解さなければならない。この消極的要件は，労働組合の組織形態の多様性を考慮せず，企業別組織形態を前提とした結果，法規範の整合性を考慮せずに企業レベルにおける効率性の要請という政治的妥協による立法がいかに実務上の混同を招くことになるのかを表す一つの事例であるといえよう。

Ⅳ　組合代表者の労働協約締結権：経済的効率性の強調

1　問題の所在

　労働組合は団体交渉の結果である労働協約案の採択に対し組合総会等で最終的な決定権を行使する場合が多い。特に企業別組織形態が支配的である韓国では使用者と団体交渉に臨む際に組合員による賛成投票を前提に団体交渉を行う戦術が活用される傾向もあった。このような賛成投票は，労

---

[72]　また同但書の新設は，企業別組合組織に限り適用されるとの主張が学説上支配的であったこととも関連するものといえる。金裕盛，前掲書，64頁；林鐘律，前掲書，39-40頁；李炳泰『最新労働法』（玄岩社，1998年）114頁。

働組合が使用者と団体交渉を行う際に，より強力な力を持つ根拠ともなった。他方，使用者は団体交渉の結果が組合員総会で覆され労使紛争が長期化することを回避しようとして組合代表者に労働協約締結権限を要求しながら，団体交渉自体を拒否する根拠としてまたこれを援用する場合が多かった。

　これと関連し旧労組法第33条第1項は交渉権限というタイトルで"労働組合の代表者または労働組合から委任を受けた者はその労働組合または組合員のために使用者または使用者団体と労働協約の締結およびその他の事項に関し交渉する権限を有する"と規定していた。組合員による賛成投票の結果とは関係なく，また組合員による賛成投票を行うことなく妥結された労働協約案の内容のまま労働協約を締結する権限が組合代表者にあるのかが解釈上問題となった。その後，最も論難の契機となったのが行政官庁が組合員による賛成投票を規定した組合規約または労働協約に対して命じた変更・是正命令を適法であると判示した最高裁全員合議体判決であった。

2　労働協約締結権に対する最高裁全員合議体の判決
(1)　下級審判決

　下級審判決は行政官庁の変更・是正命令を違法であると判断した。

　組合規約の変更命令が争われた事案において，①旧労組法規定は組合代表者に団体交渉権限があることを定めたものにすぎず，それを労働協約締結権まであると解釈することはできないとしたこと，②労働組合から委任を受けた者まで並列的に規定している点に照らして，あくまでも使用者または使用者団体に対する関係で団体交渉をする権限があることを定めたものと解され，労働組合または組合員からいかなる制限を受けることなく合意に至った事項を以て独自に労働協約を締結する権限があると解釈することができないこと，③旧労組法第34条が当事者双方の署名捺印を要求したことは，労働協約は一定の期間労働条件を規律する規範の設定として重大な意味を有し，その後労働協約の内容をめぐって発生する可能性がある紛争を防止するための制度的な装置の一環として労働協約の要式性を規定したものにすぎず，組合代表者に独自に労働協約の締結権限を認定しようとする趣旨ではないとし行政官庁の是正命令の適法性を否定し，さらに④組

合員の賛成投票により妥結結果が覆され，新たに団体交渉を行うことは無用な団体交渉の反復による労使紛争の長期化を抑制すべきであるとの主張をも排除した(73)。

労働協約の変更命令に関する事例においても，①旧労組法第33条第1項は組合代表者または組合から委任を受けた者は労働協約の締結を目標とする団体交渉の権限を有することを意味すること，②同条項が組合総会の決議によっても制限できない組合代表者の独立的な労働協約締結権限を認定したものと解釈することができないこと，③旧労組法第34条第1項は労働協約の要式性に関する規定であることを根拠に組合規約に対する是正命令の適法性が争われた事案に対する判決と同様の判断をした(74)。

(2) 最高裁全員合議体判決

しかし労働協約変更命令に関する後者の事例の上告審において最高裁は旧労組法第33条第1項は組合代表者に事実行為としての団体交渉の権限のみならず法律行為としての労働協約締結行為までできる権限を与えた条項であり，行政官庁の変更命令は適法であると判示した(75)。

全員合議体判決の多数意見の要旨は，①労働組合も一つの社団であり組合代表者が労働協約締結権を有するということは団体代表の法理に照らし当然であること，②団体交渉権とは事実行為としての団体交渉をする権限のみならずその妥協の結果により労働組合の名で労働協約を締結する権限も含まれること，③団体交渉の委任，団体交渉拒否に関する他の労組法規定は組合代表者または受任者に労働協約締結権限があることを前提としていること，④労働協約締結権限がなければ団体交渉が円滑に行われず結果的に団体交渉の権限それ自体の意味がなくなってしまうこと，⑤労働組合が規約の定めるところにより代表者を選出し，あるいは交渉権限を委任した時にはそれですでに労働組合の自主的・民主的運営は実現されたものとみなされるべきであること等をあげている。要するに労働協約案の可否に

---

(73) 釜山高法1991．9．25．90グ3232労働組合規約変更補完是正命令取消〈大法院1993．5．11．91ヌ10787判決の原審〉。

(74) 釜山高法1991．10．16．91グ1332労働協約変更命令取消〈大法院1993．4．27．91ヌ12257判決の原審〉。

(75) 大法院1993．4．27．91ヌ12257労働協約変更命令取消。

対し再び組合総会を経ることを求めることは組合代表者または受任者の"労働協約締結権限を全面的・包括的に制限することにより事実上労働協約の締結権限を形骸化する口実にすぎないものとする"という立場である。

ところでこのような多数意見に対する反対意見は，①団体交渉の担当者と労働協約締結の当事者とは区別されること，②一般的な財産取引関係における団体代表理論を労働組合代表の場合に適用することはできないこと，③組合代表者が事業者と結託し労働者に不利な労働協約を締結することまで保護することこそ労働者・組合代表者・使用者の間で不和と闘争を反復させることになること，④組合代表者の団体交渉権限に関する規定が労組代表者等に労働協約締結権限に対しいかなる制限をも禁止する強行規定であると解されないこと，⑤労働協約の実質的帰属主体は労働者であり，労働協約は組合員の関与の下で形成された組合意思により締結されることが団体交渉の基本的な要請であること，⑥団体交渉の相手方である使用者または使用者団体の立場では労働協約締結のための条件の提示が不安で，労働組合代表者等が提示する条件が組合員の意思であるとはかぎらず，合理的で円滑な団体交渉が阻害されることがありうるから労働組合代表者等の権限を労働組合側が一方的で全面的・包括的に制限することは原則的に許されないが，このような法規定の趣旨を超えない範囲内で制限することができること，⑦特に労働組合側が一方的に制限したものではなく労働協約を通じ使用者と合意したものであるから労働協約締結の手続に対する自律的な合意であると解する余地があること，等の多様な論拠を提示し批判している。

3　労組法規定の改正

最高裁全員合議体判決を契機に多くの論議が提起されたにもかかわらず[76]，その後最高裁は，①全員合議体判決以前にあった前述の組合規約に対する是正命令の適法性が問題となった事案[77]，②組合代表者が組合総

---
(76) 金裕盛「組合代表者の団体交渉権限と協約締結権限」『司法行政』第392号（1993年8月）。

(77) 大法院1993. 5. 11. 91ヌ10787労働組合規約変更補完是正命令取消〈釜山高法1991. 9. 25. 90グ3232労働組合規約変更補完是正命令取消事件の上告審〉。

会を経ず締結した労働協約の効力が問題となった事案(78)，③組合代表者が労働協約を任意に締結したことに対し組合員が反発したことで激化した労使紛争の刑事責任が問題となった事案(79)，④就業規則の不利益変更に対し組合代表者が単独で同意したことを労働組合の同意があったとみるべきなのかが問題となった事案(80)等において，全員合議体判決の多数意見を例外なく受容している。そして憲法裁判所もまたこれを受容した(81)。

そして最高裁全員合議体判決の多数意見は，現実の労使関係に充分な規範的説得力を確保しないまま現行労組法で明文化された。現行労組法第29条第1項は"労働組合の代表者は，その労働組合または組合員のために使用者または使用者団体と交渉し労働協約を締結する権限を有する。"と規定し，従来"交渉する権限がある"と規定していた旧労組法とは異なる解釈論が要請される状況である。

学説の中には"組合代表者が労働組合により民主的な手続で選出され，団体交渉権限が与えられたならば，その代表者が署名・捺印した労働協約の効力は組合規約により内部的に組合代表者の協約締結権限を総会の認准に留保したとしても対外的に影響を与えない"とし，その根拠を"労働組合内部で発生する危険（Risk）（組合代表者が規約を守らず，対外的には何ら瑕疵のない正当な行為の効力）は労働組合自ら負担しなければならない"とする立場がある(82)。この立場は基本的に最高裁全員合議体判決の多数意見と同様の趣旨で現行法の改正を理解しているものといえる。

しかし学説の多くは組合認准投票を"不当な濫用の防止のための最終的な承認にすぎず，労働組合運営の根幹となる民主主義を貫徹するにおいて代表権制限は当然である"(83)，"改正法が特別に労働組合代表者の協約締結権を明示した趣旨は認准投票制自体を禁止しようとしたものでなく，労

---

(78) 大法院1995．3．10．94マ605決定賃金協約無効確認および効力停止仮処分。
(79) 大法院1998．1．20．97ド588暴力行為等処罰に関する法律違反等。
(80) 大法院1997．5．16．96ダ2507債務不存在確認〈ソウル高法1995．12．15．95ナ15164判決の上告審判決〉。
(81) 憲法裁判所1998．2．27．94憲バ13・26，95憲バ44（並合）決定。
(82) 金亨培『労働法』（博英社，2000年）594頁。
(83) 李炳泰，前掲書，214頁。

働協約の効力発生に影響を与える認准投票制を禁止することにあるとみるべきである"[84], また"法改正の趣旨に正面から反しない限り総会認准権条項の順機能が保護されるように解されなければならない"[85]等, 同条項の改正にもかかわらず労働協約の締結に対する組合認准投票の可能性それ自体を全面的に排除してはいない。

4 小 結

組合専従者について法が改正された後, 旧労組法規定の違憲性が争われた事案があった。憲法裁判所は, "1997年3月13日の法律第5310号により改正された労働組合および労働関係調整法第29条が, 第1項に労働組合の代表者に団体交渉権と労働協約締結権があることを, 第2項に労働組合から委任を受けた者に委任の範囲内で団体交渉権と労働協約締結権があることを明示したことは, 立法者が立法改善を通じ, この事件における法律条項の不明確性による解釈上の論議の余地を除去しようとする努力の結果であると解すべきであろう"と[86], 評価している。1997年の法改正とそれに対する憲法裁判所の評価にとり旧法の下での最高裁の立場はとりあえず確定されると考えられる。しかし法改正以後も多数の学者は直接民主主義の原則上組合員の真の意思の反映を最初から封鎖することは望ましくないという立場をとっていて, この問題はしばらく議論の余地があると予想される。

ところで旧労組法の下での最高裁全員合議体判決以降1997年の法改正に至るまでの一連の過程は, 法理的な妥当性よりは労使紛争の反復的長期化の抑制という政策的な考慮をより反映したものといえる。要するに組合代表者の労働協約締結権限に関する判例法理と現行法の規定は'社会的衡平性'の観点というより産業平和という'経済的効率性'を強調した代表的な例であるといえる。

---

(84) 林鐘律, 前掲書, 105頁。
(85) 金裕盛, 前掲書, 137頁。
(86) 憲法裁判所1998. 2. 27. 94憲バ13・26, 95憲バ44(並合) 決定。

V　争議行為の抑制：韓国的特殊性と効率性の強調

1　争議行為正当性論の機能

　労使紛争の抑制を通じて産業平和を図るという政策的な考慮が最も直接的に現れる問題として争議行為の正当性の問題をあげることができる。争議行為の正当性は主体・目的・態様・手続の側面から判断しなければならないという点では，多少の差はあるとしても，学説[87]・判例は大体一致している。争議行為の正当性の判断について，最高裁は次のような立場をとっており，それはその後争議行為の正当性に対する先例として機能している。

　"争議行為の正当性は，第1に団体交渉の主体となる者により行われること，第2に労使の自律的な交渉を造成するためのものであること，第3に使用者が労働者の労働条件の改善に関する具体的な要求に対し団体交渉を拒否し，あるいは団体交渉の場でその要求を拒否した時に開始し，特別な事情のない限り原則的に事前に申告をして行わなければならないこと（旧労争法第16条），第4に争議権の行使方法は労務の提供を全面的または部分的に停止するものでなければならないのはもちろんのこと，公正性の原則によるものであることは労使関係の信義則上当然であり使用者の企業施設に対する所有権その他の財産権と調和しなければならず，また暴力の行使は身体の自由，安全という法秩序の基本原則に反するものとして許されない（旧労争法第13条）"[88]。

　ところで最高裁は具体的な解釈の基準においては争議行為の正当性の範囲をより狭く解釈する傾向にあり現行法はこのような判例の立場を反映したものといえる。以下では判例で争議行為の正当性が争われた事例を中心に韓国における争議行為法理の特殊性をみることにする。

---

[87]　金裕盛，前掲書，223頁以下；林鐘律，前掲書，197頁以下；金亨培，前掲書（2000年），658頁以下；李炳泰，前掲書，342頁以下。

[88]　大法院1990．5．15．90ド357暴処法違反，業務妨害，労働争議調整法違反，業務上背任。

2 争議行為の正当性判断基準に対する判例法理

(1) 争議行為の主体

判例によると争議行為の主体は，団体交渉の主体すなわち労働協約の締結能力のある労働組合に限られる。これは争議行為の正当性を一般論として判示した多くの判例で確認されているが(89)，特に主体の正当性の要件が正面から争われたのは，1988年・1994年の2回にわたる鉄道機関士の罷業事件であった。この事件は鉄道組合の執行部の方針に反発し機関士が中心となって組織された'全国機関士協議会'が'特別団体交渉推進委員会'を結成・罷業を主導し，あるいは集団的な休暇使用や，各種示威集会を主導したこと等に対する刑事責任が問題となった。

下級審判決の中では鉄道機関士の罷業について，争議行為としての正当性を認定し職務遺棄罪の成立を否定した判決例もあった(90)。しかし大部分の判決は犯罪成立を肯定したが，その主な論拠の一つが団体交渉権のない任意団体により争議行為が主導されたものであり，その主体の面で正当性を認めなかった(91)。判例は"現行法上少なくとも労働組合が結成されている事業場における争議行為が，労組法第2条所定の刑事上の責任が免除される正当行為になるためには，争議行為の主体が団体交渉または労働協約を締結する能力があるか，労働組合であることが必要である"という(92)。

しかし最近労組法上の労働組合でない団体も争議行為の主体になりうるとしたもの(93)，公務員の職務遺棄罪の構成要件自体を厳格に解釈したも

---

(89) 大法院1990．5．15．90ド357暴処法違反，業務妨害，労働争議調整法違反，業務上背任；大法院1990．10．12．90ド1431暴力行為等処罰に関する法律違反等。

(90) ソウル刑地法1990．11．7 労働争議調整法違反，職務遺棄〈大法院1991．5．24．91ド324判決の原審〉。

(91) 大法院1991．5．24．91ド324労働争議調整法違反，職務遺棄；大法院1996．1．26．95ド1959業務妨害，職務遺棄，職務遺棄教唆；大法院1996．6．14．96ヌ2521罷免処分取消；大法院1997．2．11．96ヌ2125罷免処分取消。

(92) 大法院1995．10．12．95ド1016暴力行為等処罰に関する法律違反等。

(93) 大法院1997．2．11．96ヌ2125罷免処分取消〈ソウル高法1995．12．14．95グ5051判決の上告審〉。ただし，この判例は具体的な事案で労働組合としての実質的要件を欠く場合に該当するとした。

の[94]，公務員の罷業行為が職務遺棄罪で起訴された事案で公訴事実が特定されないと判断したもの[95]等，慎重な判断をしている事例も現れ注目されている。それはこれまで判例が争議行為の正当性を否定した場合に例外なく刑事責任を認定してきたことに比べると，一歩前進したものと評価できよう。

(2) 争議行為の目的

争議行為が賃金引上げ等典型的な労働条件の改善を目的とする場合にはその正当性が認められることには異論がない。問題は団体交渉の対象にならず，あるいは労働協約の締結によりその目的を達成することができない事項を要求条件とする争議行為の正当性をどう判断するのかである。判例はこのような労働条件を目的としない争議行為の正当性を否定する傾向にある。

1980年代末から1990年代初めまでの期間には自然発生的な争議行為が多く，このような自然発生的な争議行為の目的は労働組合の要求主張の貫徹というよりは，それまで統制的だった労務管理に対する反発または使用者の不当労働行為に対する抗議としての性格が強かった。この類型の争議行為に対し一部の判例ではその事情を勘案し，目的において正当性が認められうると判示したものもある。使用者の不当労働行為に対する抗議の目的[96]，政治的・制度的な事項に対する要求主張が含まれてはいるものの，全体的にみて意思表現ないしは抗議の目的[97]，研究所長の退陣要求を含む研究自律守護運動の一環としての目的[98]等に対し，争議行為としての目的の正当性を認定した事例がその例である。

しかし争議行為の目的が本格的に争点となったのは，不況になり賃金・労働時間のような典型的な労働条件よりは雇用安定が労働者に最も重要な関心事となってからである。1990年代半ば以後の景気悪化に対応するために経営側では労務管理の方法を多様化し，それは直接的に労働者の雇用不

---

(94) 大法院1997．4．22．95ド748職務遺棄。
(95) 大法院1997．8．22．95ド984職務遺棄教唆。
(96) 大法院1991．5．14．90グ4006不当労働行為救済再審判定取消。
(97) 大法院1992．1．21．91ヌ5204不当労働行為救済再審判定取消。
(98) 大法院1992．1．21．91ヌ5204不当労働行為救済再審判定取消。

安を招来した。労働組合は雇用安定を団体交渉を通じて確保しようとする交渉戦術をとり，雇用に影響を及ぼす経営上の決定（人事計画，下請，休業，整理解雇，配置転換，事業場閉鎖，事業分割等）に先立って労働組合と協議または合意を経ることを要求し，それを労働協約で具体化した。したがって使用者が労働協約上の協議条項であるにもかかわらず一方的に雇用調整を実施する場合に労働組合が労働協約上の協議条項を根拠に一方的な実施の撤回と協議を要求する中で労使紛争が発生し争議行為までに発展し，その責任が問われるのが最も典型的な場合である。下級審判例の中には小社長制（分社を通する業務の外部移転）の実施に反対する争議行為の正当性を認定した事例があるが[99]，判例は一般に雇用不安に反対し，あるいは抗議目的の争議行為が経営権に属する事項を目的とする場合に正当性を否定する傾向にある[100]。結局判例は争議行為の目的を労働条件と関連した事項に限定していると言える。またこの労働条件との関連性を広く認定していない。さらに労働条件である解雇反対の争議行為に対しても法律的争訟手続をとらず争議行為を行う場合もその正当性を認められないとし，争議行為の目的と補充性を同時に考慮する事例もある[101]。

ところで1996年末政府与党による労働関係法の国会での強行採決に抗議し，総罷業を行ったのが政治罷業として正当性が認められるか否かが争われた事例が登場した。判例は総罷業が労働条件に対する主張の貫徹を目的とせず，その相手方も使用者でないからその正当性を否定したもの[102]，

---

[99] ソウル地法南部支院1994．4．1．93ガ合5032解雇無効確認等〈ソウル高法1995．6．22．94ナ13819判決の原審〉．

[100] 大法院1994．3．25．93ダ30242解雇無効確認等；大法院1994．8．12．94ダ3261解雇無効確認等；大法院1999．3．26．97ド3139業務妨害；大法院1999．6．25．99ダ8377解雇無効確認等．

[101] 水原地法城南支院1996．10．24．96ゴ単331暴力行為等処罰に関する法律違反，業務妨害．

[102] 釜山地法蔚山支院1997．2．26．97カギ95決定違憲提請申請；大田高法1998．2．12．97ナ5372解雇無効確認等〈大法院1998．5．12．98ダ11840審理不続行棄却〉；大田地法1999．8．13．98ノ2837業務妨害，特殊公務執行妨害；大田地法1999．8．13．98ノ2805業務妨害，特殊公務執行妨害．

純粋な政治的目的の争議行為とは区別されるとしたもの(103)がある。また最近労働協約上の整理解雇問題に関する争議行為の正当性を認定した下級審判決(104)があったが，この事件は現在最高裁に係属中であり(105)その判断が注目される。

他方，現行労組法第2条第5号によると労働争議とは"労働組合と使用者または使用者団体（以下"労働関係当事者"という）との間で賃金・労働時間・福祉・解雇その他待遇等労働条件の決定に関する主張の不一致により紛争が発生した状態をいう。この場合主張の不一致とは当事者の間で合意のための努力を継続してもそれ以上自主的な交渉による合意の余地がない場合をいう"と規定し，旧労組法が‘労働条件に関する主張の不一致’のみを規定していたことと対比される。この法改正の意味は労働争議の範囲を利益紛争に限定し，権利紛争を除外するものと解される(106)。争議行為は最終手段として行われなければならないという争議行為の補充性は政策的な考慮が改正法上労働争議の定義規定に全面的に現れた。したがって権利紛争を対象とする争議行為の正当性を否定する意味で労使現場では通用されている(107)。この解釈は現行法の下では不可欠のことであると解釈する立場もある(108)。そこで‘労働条件との関連性’という概念要素を根拠に争議行為の目的を判断しようとする一部の下級審判決もあるが，最高裁の争議行為法理に対する判断が注目されるところである。

(3) 争議行為の態様

判例は争議行為の態様は労務提供の拒否という消極的な態様であることが原則であり積極的な態様の争議行為に対しては一定の要件の下でその正

---

(103) ソウル行法1999. 8. 19. 98グ19178不当解雇救済再審判定取消。だがこの判例が政治罷業の正当性を正面から認めたとはいえない。

(104) 春川地法1999. 10. 7. 98ノ1147暴力行為等処罰に関する法律違反，特殊公務執行妨害，業務妨害〈春川地法原州支院1998. 11. 16. 98ゴ単1093, 1123（並合）判決の抗訴審〉。

(105) 大法院99ド4799事件。

(106) 林鐘律，前掲書，161頁以下；李炳泰，前掲書，287頁以下。

(107) 労働部行政解釈1988. 2. 3. 労使32281-1704参照。

(108) 林鐘律，前掲書，203頁。

当性が認められるという立場をとる。たとえば全面的・排他的な職場占拠は違法であるが，部分的・並存的な職場占拠は正当であるとしたもの[109]，ピケッティングは平和的説得にとどまる限りおいてその正当性が認められるとしたもの[110]等がそれである。学説も一般的に同様の立場をとっている[111]。韓国の判例といっても特筆すべき特徴があることではないが，争議行為の態様と関連する判例法理の特徴といえば，争議行為としての正当性が否定されると消極的な労務提供の拒否にとどまる争議行為であっても業務妨害の刑事責任を認定していることである。

　最高裁は争議行為が暴行・脅迫等の違法行為をともなわない単純な集団的労務提供の拒否行為であっても，刑法第314条が規定する威力による業務妨害罪に該当し，それが正当行為であり違法性が阻却されない限り刑事処罰されると解する[112]。しかしこのような判例に対し，労務提供の拒否とは，債務不履行を理由に刑事処罰を加えることは強制労働を禁止している国際人権法規に反すること，また団結権を侵害すること，刑法での構成要件が著しく漠然的で包括的であり，罪刑法定主義に反し過度な法定刑を規定するものであって過剰禁止原則にも反すること，労働者という身分のみを理由に合理的な理由なく差別する結果となり，平等の原則に反すること等を理由として憲法訴願が提起されたことを契機に最高裁の判例の問題

---

(109)　大法院1990．5．15．90ド357暴処法違反，業務妨害，労働争議調整法違反，業務上背任；大法院1990．10．12．90ド1431暴力行為等処罰に関する法律違反；大法院1990．9．28．90ド602暴力行為等処罰に関する法律違反，業務妨害，労働争議調整法違反，業務上背任等。

(110)　大法院1990．10．12．90ド1431暴力行為等処罰に関する法律違反；大法院1991．6．11．91ド383業務妨害；大法院1991．7．9．91ド1051労働組合法違反，労働争議調整法違反，暴力行為等処罰に関する法律違反，業務妨害；大法院1992．7．14．91ダ43800解雇無効確認等。

(111)　金裕盛，前掲書，244頁以下；林鐘律，前掲書，207頁以下；金亨培，前掲書，664頁以下。

(112)　大法院1991．1．29．90ド2852労働争議調整法違反，業務妨害，集会および示威に関する法律違反；大法院1991．4．23．90ド2771業務妨害；大法院1991．11．8．91ド326労働争議調整法違反等；大法院1991．4．23．90ド2961業務妨害，労働争議調整法違反，労働組合法違反等。

点が浮き彫りになった。

　ところが憲法裁判所は，"それ（最高裁判例）は団体行動権の行使が本質的に威力性を有し，外形上業務妨害罪の構成要件に該当するとしても，それが憲法および法律の保障する範囲での行使であり正当性が認められる場合には違法性が阻却され処罰されないとした。すなわち最高裁判例は憲法が保障する労働三権の内在的限界を超える行為（憲法の保護領域の外にある行為）を規制するのみであって，正当な権利行使まで処罰するものではないことを明らかにしている"と (113) 判示し，違憲主張には同意しなかったが，その傍論で"ただし延長労働の拒否，定時出勤，集団的休暇の場合のように一面労働者の権利行使としての性格を有する争議行為であっても正当性が認められないということで直ちに刑事処罰ができると判断した最高裁判例（大法院1991. 11. 8．宣告91ド326；1996. 2. 27．宣告95ド2970；1996. 5. 10．宣告96ド判決等）の態度は刑事処罰の範囲を著しく拡大し，労働者の団体行動権の行使を事実上萎縮させる結果を招き，憲法が団体行動権を保障している趣旨に附合せず，労働者をして刑事処罰の脅威の下で労働させる側面がある"とした。これは従来の権利行使型の遵法闘争の争議行為の態様に対する判断であり，それが消極的な労務提供拒否の類型の争議行為の態様に対しその正当性が否定されるという厳格な態度による問題点を指摘したものと評価でき，このような憲法裁判所の最高裁判例に対する批判が最高裁判例法理にどのような影響を与えるのかが注目される (114)。

　(4)　争議行為の手続

　争議行為の現実的制限要件は労働争議調整制度の運営と関連するものが多い。1970－1980年代の政策基調は産業発展のために争議行為は可能な限り規制しなければならないというものであって，労働者が団体行動権を行

---

(113)　憲法裁判所1998. 7. 16. 97憲バ23決定。

(114)　憲法裁判所がこの決定を通じ，これらの問題点を指摘したにもかかわらず，この事件での最高裁判決は依然として"労働者が作業時間に集団的に作業を拒むことは他の違法な要素がない限り労務提供義務の不履行にすぎないものと言えるが，単なる労務提供の拒否であってもそれが正当な争議行為でなく，威力で業務の正常な運営を妨害する程度に至る場合には刑法上の業務妨害罪が成立する"と判断した（大法院1999. 3. 26. 97ド3139業務妨害）。

使することが実質的に不可能に近く，また罷業が行われたとしても具体的な事件で争議行為の正当性の問題として争われた場合はほとんどなかったと言っても過言ではない。結局，労働争議調整制度上の制限については自然発生的な争議行為が多発した1980年代後半になって初めて刑事事件で争議行為の手続が判例上問題となった。

　初期最高裁判決例の多くは法令上の手続遵守の如何が争議行為の正当性を判断する際に重要な基準として考えられていた[115]。判例の中には，"争議行為の時期と手続に関し労働争議調整法第14条は，争議行為は一定期間を経過しなければこれを行うことができないとした冷却期間を設けており，また同法第16条は労働争議が発生した時には関係当事者の一方が行政官庁と労働委員会に申告し，これを相手方に通告するという事前申告を要求しており，さらに同法第47条，第48条はこれらの規定の違反行為に対し罰則をおいていた。この冷却期間または事前申告に関する規定の趣旨は，紛争を事前に調整し争議発生を避ける機会を与え，争議発生を事前に予告させ損害防止措置の機会を与えることにあり，争議行為それ自体を積極的に禁止しようとするものではなかった。したがって上記の各規定に違反した場合罰則の適用の対象となることはともかく，それだけで直ちに争議行為としての正当性は失われず，その違反行為が国民生活の安定または使用者の事業運営に予想できなかった混乱または損害を与えるような不当な結果を招いたのか否か等，具体的な事情を考慮してその正当性の有無を判断すべきである"としたもの[116]，また争議行為の正当性は別個の問題であることを明らかにしながら，"すでに労働条件に関する労働関係当事者間の主張の不一致で紛争状態である労働争議が発生し，労働者が労働争議発生申告をし，冷却期間を経るなど正当な争議行為を行っている途中に，従

---

(115) 大法院1990．5．15．90ド357暴力行為等処罰に関する法律違反，業務妨害，労働争議調整法違反，業務上背任；大法院1991．5．24．91ド324労働争議調整法違反，職務遺棄；大法院1991.12.10.91ヌ636不当労働行為救済再審判定取消；大法院1992．3．13．91ヌ10473不当労働行為救済再審判定取消；大法院1992．9．1．92ヌ7733不当解雇および不当労働行為救済再審判定取消；大法院1992．9．22．92ド1855集会および示威に関する法律違反，業務妨害等。

(116) 大法院1991．5．14．90ヌ4006不当労働行為救済再審判定取消。

前の労働争議発生申告当時の労働条件に関する主張の不一致が解消されない状態で，その争議と関連して新たな争議事項が付け加えられたとしても，再びその争議事項に対し別途の労働争議発生申告および冷却期間を経る義務はない"とし(117)，その手続の厳格性を緩和しようとする態度をとったものがある。

しかし争議行為に対する制限規定の多くは実質的に争議行為の正当性の如何を左右し労働者の団体行動権を厳しく制限する結果となっており，またこの場合，その正当性を否定することを明示した判例もみられる(118)。

3 小 結

争議行為の'抑制'というタイトルからもわかるように，争議行為と関連した法理は一貫して争議行為の正当性の範囲を狭く解釈し，争議行為を抑制しようとすることに韓国的な特殊性を発見することができる。労働関係法の法理に対する理解が足りず市民刑法の法理に執着する最高裁の態度と経済的効率性の観点から労使紛争の抑制を通じ産業平和を図ろうとする労働政策および争議行為を社会の発展に役に立たない消耗的な行為であると(119)評価する一般世論の支援等を，その原因として指摘することができる。

上記の判例は団体行動権を憲法上保障している趣旨または当該争議行為の動機と社会的な必要性を考慮せず，産業平和の観点から争議行為の正当性を制限的に解釈している。また多くの批判があったにもかかわらず単純な労務提供の拒否の場合であっても業務妨害罪が成立すると解している。さらに1997年法改正を通じ争議行為に対する制限規定が大幅に導入され，

---

(117) 大法院1992.11.10.92ド859労働争議調整法違反。

(118) 大法院2000.3.10.99ド4838業務妨害。しかし事実関係が類似する他の事件において，組合員の賛成投票を行うことができない客観的な事情が存在することを理由に同判決の判断とは正反対の結論を導き出した判決もある（大法院2000.5.26.99ド4836業務妨害参照）。

(119) 過去の権威主義政府の時とは異なり，一般国民は諸般の抵抗運動または示威活動に友好的でなく，争議行為と一般政治に対する抵抗行為の態様が類似することから一種の錯視状況が生じ争議行為に対しても一般に友好的ではない。

最高裁が関連規定を機械的に解釈または適用し，争議行為の実質的な正当性の判断に消極的になる恐れがある。また労働争議の対象を'労働条件の決定'にとどまり，集団的な権利紛争に対しては全てその正当性を否認する可能性が高い。

産業平和と経済的効率性の観点から争議行為を抑制しようとする韓国的な特殊性はしばらく続くであろうしまた強化されると予想される。なぜならば今のところ最高裁の態度が変わるとは考えられず，またIMF管理体制以後の経済的な不況により争議行為に対する国民の世論も友好的ではないからである。ただし下級審の中では争議行為の法理に対しより進歩的な態度をとる判例も見られ注目される。

Ⅵ 公務員および教員の団結権：国際基準の採用と社会的衡平化

1 問題状況

韓国では公務員および教員の団結権は，これまで全面的に禁止されてきた。公務員・教員の団結禁止は憲法上の団結権保障精神に違反するのみならず，基本権制限理論からみても容認できないものであると指摘された。そこで公務員と教員の団結権を認める法案が国会を通過したこともあったが，盧泰愚当時の大統領がこの法案に対し拒否権を行使した。また教員の労働運動禁止規定の憲法適合性が憲法裁判所で争われる等[120]，この問題が学界と実務界においても本格的な理論の争点となった。それと同時に，1991年ILOへの加入をきっかけとして国際的な批判の対象にもなり，ILOも数次にわたり関連規定の改正を勧告してきた。

このような状況の下で，1990年度以後の労働法改正論議の際には，公務員・教員の団結権問題は重要な争点となり，特に労改委ではこれと関連した制度改革の必要性を認めるに至った。そして第1期の労使政委員会の合意において関連規定が前向きな改正の方向へと向かったが，いまなお制度の改善のための論議が行われつつある。

---

(120) 憲法裁判所1993．3．11．88憲マ5決定労争法第12条第2項憲法訴願。

2 公務員

(1) 問題の所在

制憲憲法では公務員の労働三権を制限する別途の規定をおいていなかったが，制定労組法第6条は"労働者は自由に労働組合を組織し，あるいはこれに加入することができる。ただし，現役軍人，軍属，警察官吏，刑務官吏および消防官吏は例外とする"とし，一部の公務員を除いては公務員の労働組合の結成および加入を原則的に制限していなかった。

その後5・16クーデター以後改正された憲法第29条では"公務員である労働者は法律で認定する場合を除いては団結権，団体交渉権および団体行動権を有しない"とし，公務員の労働基本権を原則的に否認した。その後1963年4月17日労組法では"労働者は自由に労働組合を組織し，あるいはこれに加入することができる。ただし，公務員に対しては別に法律で定める"（第6条）と規定し，国家公務員法第66条および地方公務員法第58条では"公務員は労働運動その他公務以外のための集団的行為をしてはならない。ただし，閣令で定める事実上労務に従事する公務員は例外とする"と規定し，公務員の団結権を否認した。その当時例外的に団結権が認められた'事実上労務に従事する公務員'には'通信部（郵便），鉄道庁所属の現業機関と国立医療院の作業現場で労務に従事する者'（公務員服務規定第28号）と定義し，それは大部分の公務員の労働三権を否認するものに違いなかった[121]。

1987年10月27日改正現行憲法では"公務員である労働者は法律の定める者に限り団結権，団体交渉権および団体行動権を有する"（第33条第2項）とし，以前の憲法規定の'原則的禁止'方式から'制限的認定'にその形式が変わった。

1989年，与小野大の国会は1987年11月27日労組法第8条を"6級以下の公務員を含む全ての労働者は自由に労働組合を組織し，あるいはこれに加入することができ，団体交渉をすることができる。ただし，現役軍人，警察公務員，矯正公務員，消防公務員はその限りではない"と改正し，公務

---

(121) 韓国の100万余の公務員の内'事実上労務に従事している公務員'は6万名程度にすぎなかった。

員の団結権と団体交渉権を認める法律案を可決させた。しかし同法律案は盧泰愚当時の大統領の拒否権の行使により立法化されず，当時の国会の任期完了により自然廃棄となった。

このような状況によりILO等から数次にわたり関連法の改正が求められた。周知のとおり第87号・第151号条約では軍隊，警察職公務員等を除いた一般公務員の団結権は保障される旨を規定し，韓国の基準は同ILO条約の基準に著しくかけ離れている状態であり(122)，'ILOの結社の自由委員会'は教員とともに公務員に対しても団結権を保障するよう韓国政府に要請した。

"委員会は他の全ての労働者と同様に公務員と教師に対していかなる差別もなく自らの職業上の利益を促進しそれを守るために，自らの選択により組織を結成し，参加する権利を有することを想起させる。私的部門の労働者が享有するこれらの権利を公共部門の労働者に否認することは，それらの者の'協議会'が'労働組合'と同様の利益と特権を享有することができなくなる結果となり，私的部門の労働者の組織と政府に雇われている労働者の組織とを差別することにもなる。"(123)

(2) 公務員の労働基本権制限に関する合憲性論議

一般公務員の労働基本権を否認する国家公務員法第66条第1項に対し，憲法裁判所は，職業公務員制度を保障する憲法第7条と公務員の労働三権に対する個別的留保条項である憲法第33条第2項に基づき，その合憲性を認めた(124)。

---

(122) 詳しくは，朴英凡・李哲洙『労働基準と国際貿易』(韓国労働研究院，1994年12月)参照。

(123) Complaint against the Government of the Republic of Korea presented by the Korean Confederation of Trade Unions (KCTU), the Korean Automobile Workers' Federation (KAWF) and the International Confederation of Free Trade Unions (ICFTU) Report No. 309, Case(s) No(s). 1865, Document Vol. LXXXI, 1998, Series B, No. 1, para.212.

(124) 憲法裁判所1992. 4. 28. 90憲バ27ないし34，36ないし42，44決定，国家公務員法第66条に対する憲法訴願。

憲法第33条第２項が公務員の労働三権を制限しながら労働三権が保障される主体の範囲を法律に委任したことは……公務員は国民全体に対する奉仕者であり，その担当職務の性質が公共性・公正性・誠実性および中立性が保障されなければならず，特殊な事情があるからこの事情を考慮し，国民全体の合意に基づき立法権者の具体的な立法により公的で客観的な秩序に寄与する公務員制度を保障・保護しようとするもの……立法権が国家社会共同体の歴史・文化により形成された公務員制度の維持・発展と公務員制度の他方の当事者としての主権者である国民全体の福利を考慮し，憲法上保障されている公務員制度自体の基本的な枠組みを害しない範囲内でその制度に関連する多くの利害関係者の権益を調和しつつ公共福利の目的の下に統合・調整することができることを意味するものである。

国家公務員法第66条第１項が労働三権が保障されている公務員の範囲を事実上の労務に従事する公務員に限定していることは，労働三権の享有の主体となる公務員の範囲を定める際に公務員が一般的に担当する職務の性質による公共性の程度と現実の国・社会的事情等をともに考慮し，事実上の労務に従事する者とそうでない者を基準にしてその範囲を定めたものと考えられる。この立法内容は……憲法上労働者に対する労働三権の実質的保障がその前提となっているにもかかわらず憲法第33条第２項が労働三権が保障される公務員の範囲を法律で定めるように留保し公務員の国民全体に対する奉仕者としての地位および職務上の公共性等の性質を考慮した合理的な公務員制度の保障，公務員制度と関連した主権者等の利害関係者の権益を公共福利の目的の下に統合・調整しようとする意図と矛盾するものとは解しがたい。したがって上記の法律条項は立法権者が労働三権の享有主体となる公務員の範囲を定めるために憲法第33条第２項が立法権者に附与した形成的裁量権の範囲を超えたとはいえず，したがって憲法に違反するものとはいえない。

上の憲法裁判所の判断に対しては多くの批判が提起された。

まず憲法裁判所は国会の立法裁量権を著しく認めている点である。憲法第33条第２項による国会の立法裁量権は憲法の基本原則である基本権の最小制限原則と本質的内容の侵害禁止の原則を侵害しない範囲内で認められるというべきである。憲法第33条第２項は，公務員の労働者性を否認せず，

同条第3項と比較してみると労働三権の制限よりは保障を指向する形式をとっているから，第33条第2項を根拠とした立法裁量は労働基本権を保障する方向に厳格で制限的に解釈しなければならないのである[125]。

同時に国家公務員法第66条第1項は，労働三権が制限できる公務員の範囲を余りにも拡大したことが問題点として指摘された。基本権最小制限の原則によると，その制限の根拠となる法益との比較衡量を通じ具体的に権利の制限の範囲が定められるべきであり，少なくとも公務員の担当する職務の性質を考慮し労働三権の制限の如何は制限の程度を設定すべきであったにもかかわらず事実上労務に従事する者を除く公務員一般に対し一律的・全面的に労働三権を否認することは妥当ではない[126]。

(3) 労改委での法制度改善論議

1) 労働側の立場

労働側は，全世界的に国および地方の公務員の労働基本権が認められている中で，韓国が1991年10月9日にILOに加入したにもかかわらず公務員の労働基本権を依然として制約することは労働弾圧国であるとの国内外的な非難を免れず，公務員の身分ということを理由に公務員組合が結成されると国の行政に莫大な支障を招くという漠然たる憂慮を以て公務員に対し憲法に保障されている労働基本権を全面的に否定することは，前近代的で行政便宜的な発想であり是正されるべきであると主張した。

韓国労総は，①6級以下公務員の労働基本権を保障すること，②軍人・警察・矯正・消防職等の公務員を除いては，団体行動権は公益事業に準じて認めることを要求した。

そして民主労総は，①軍人・警察を除く全ての公務員の組合結成権を認めること，②団体交渉権を認めること，ただし国会・地方議会の承認事項に対しては，その承認後協約の効力が生ずるようにすること，③団体行動

---

(125) 金裕盛，前掲書，41－43頁。

(126) 金裕盛，前掲書，40頁；許永敏「公務員の労働基本権論」『公法理論の現代的課題』（博英社，1991年）724－727頁； 辛仁羚「教員の労働三権：その保障と制限の限界」『梨花女大社会科学論集』第9輯（1989年）37頁。李哲洙・姜性泰，『公共部門の労使関係法』（韓国労働研究院，1997年）33－35頁。

権は公益事業に準ずるようにすることを要求した。
2) 第1期労改委公益案

公務員は，憲法上国民に対する奉仕者として営利目的の私企業または他の一般的公共性格の団体に従事する労働者に比べて公益追求の目的が顕著な業務に従事しており，その労働条件の向上は国民の負担となり，立法と予算により統制される点等の事情を勘案すると，公務員の組織および職務特性と団結権保障に対するより深い研究と国民の世論の形成のために時間的余裕をもって制度改革方法を議論する必要があるという認識の下で，この問題を第2次制度改革課題に移管することを提案した。

経営側もこのような公益案の立場を支持した。
3) 第2期労改委公益案

第2期労改委公益案は，公務員の労働者としての権利と公共利益が調和される方向で職場協議会と公務員組合とに二元化し，公務員の団結権を保障する方策であった。公益案は1997年12月23日に開催された第22次全体会議において公務員組合の施行時期に準備期間をおき，速やかに施行することに修正し，それを満場一致で議決した。その内容は次のとおりである[127]。

① 職場協議会：各部処，基礎自治団体およびその下部行政機関には組合設立を認めない代わりに苦情処理等のための仮称「職場協議会」を設置する。職場協議会は各職級・職能別に職員を平等に代表するよう構成する。

② 公務員組合
  ⓐ 加入資格：組合加入資格は6級以下一般職，機能職，雇用職に限定するが地位監督職責または人事・予算・保安等に従事する者，安全企画部等特殊機関従事者，軍人・警察・矯正等の特殊な職種従事者は加入の対象から除く。
  ⓑ 組織形態：国家公務員は所属部処を超えた全国次元の労働組合，地方公務員は広域自治団体（特別市・広域市・道）次元の地域労働

---

(127) 労使関係改革委員会『労使関係改革白書』(1998年) 358-359頁。

組合に限って設立することができる。ただし，現業公務員組合は既存の組織形態を維持することを許容する。
　　　ⓒ　団体交渉：公務員の報酬その他勤務条件および人事管理基準に関する団体交渉は許容するが団体協約締結は許容されず政策決定事項または管理権限事項に対しては交渉できない。国家公務員組合は総務処等関係部処で構成される交渉団と統一的に交渉できるようにし，地方公務員組合は広域自治団体と交渉することができる。交渉の結果，合意された事項があれば，政府はその履行に努め，法令または国会あるいは地方議会の議決内容と抵触しない範囲内で効力が生ずる。
　　　ⓓ　団体行動：団体交渉が決裂しても争議行為は禁止するが，既存の現業公務員組合は例外とする。
　③　段階的施行：職場協議会は1999年1月1日から設置・運営するが，公務員組合に関する事項は国民の世論の収集および関連法規の整備等を考慮し準備期間が経過した後に早速に施行する。
(4)　現在の論議
1)　現行法の主要内容
　第2期労改委公益案は，金大中政権になって公務員の団結権を認める主要参考資料となった。
　労使政委員会の合意を経て1998年2月24日制定された'公務員職場協議会の設立・運営に関する法律'は，公務員組合認定の前段階に，職場協議会を設置することを主な内容としている。
　すなわち労働組合の設立が禁止される公務員に対し所属機関の長と勤務環境改善・職業能率向上・苦情処理等の協議と，その結果の誠実な履行を保障することにより，公務員の職務上の権益を保護し，国民に対する奉仕者としてのプライドを持たせるために職場協議会の設立・運営を可能ならしめたものである。
　同法の主要内容は次のとおりである。
　第1に，職場協議会は国の機関・地方自治団体およびその下部機関に設立することにするが，機関別に一つの協議会を設立することができ，協議会の代表者はその設立事実を所属機関の長に通告する（第2条）。

第2に，協議会に加入できる公務員の範囲は，6級以下一般職およびこれに準ずる研究・特殊技術職の公務員，特定職公務員中6級以下の外務公務員，機能職・雇用職公務員，6級以下の一般職公務員に相当する別定職公務員とする（第3条第1項）。労働運動が許容される公務員と指揮・監督の職責または人事・予算・経理・物品出納・秘書・機密・保安・警備・自動車運転等に従事する公務員は協議会に加入することができない（第3条第2項）。公務員は自由に協議会に加入し，あるいは協議会を脱退することができる（第4条）。

第3に，協議会の協議事項は勤務環境改善・職業能率向上・苦情処理・その他の機関の発展に関する事項等とし，協議会構成員の意思を公平に代弁できる協議委員を選任する（第5条）。所属機関の長は協議に誠実に臨み合意事項の履行に最大限努めなければならず，協議会の組織および運営と関連し所属公務員に対する不利な措置をとってはならない（第6条）。

2） 現在の論議

同法の制定を契機として2000年現在設立対象となる全国2,400の機関の中で7.1%に該当する170余の機関において協議会が設置されているから，中央政府を相手に交渉の窓口を設けるために2000年2月19日に行政府，司法府，立法府を網羅した全国公務員職場協議会発展研究会（全公研）を創設する一方，大邱，釜山，ソウル地域等の地方地域を中心に発展研究会を設立し，国・公立大学校，司法府等に職能別発展研究会を設立し，全国単位または地域・職能単位で互いに協力し活動している。

労働側は公務員職場協議会の設立と運営に関連し，加入対象者の過多制限，連合会の設立禁止，合意事項に対する履行保障不備，役員身分の未保障，専従公務員の禁止[128]，勤務時間中の活動禁止等法律の制定の趣旨に反し，施行令で職場協議会の活動を制限し，あるいは規制するための悪法の条項が多いことを理由に関連法規を改正することを求めている。

---

(128) 最高裁は職場協議会活動に専念することを認定した地方自治体議会の条例案議決が無効であるとの判断を下した。大法院2000.5.12.99チュ78仁川広域市公務員職場協議会の設立・運営に関する条例案再議決無効確認。

職場協議会では公務員の社会的・経済的地位の向上に実質的に寄与することは限界があるからILO等の国際機構から法改正の勧告を受けている(129)。'結社の自由委員会'は次のような見解を述べた。

　　"広範な公務員に対する協議会への加入権の制限と関連し，本委員会は全ての公務員は（軍隊と警察を唯一の例外とする），自らの利益を図り，防禦するために自らの選択で団体を設立することができるという基本的原則に政府が関心をもつように促す。したがって委員会は政府に対し一定の範疇の公務員に対しては1999年1月1日から認められた協議会の設立・加入権を結社の自由原則により同権利を享有すべきである全ての範疇の公務員までに拡張することを考慮するよう要請する。"(130)

1999年5月に労使政委員会では公務員職場協議会の運営実態および問題点を扱っているが，本格的な問題解決のスタート段階にあるといえる。同委員会傘下の労使関係小委員会では労働側の提案でこの問題を議題として採択し，数次にわたり'全国公務員職場協議会発展研究会'と行政自治部の意見を聴き討論を行った。全国公務員職場協議会発展研究会は職場協議会間連合会設立を許容し，協議会役員の身分保障の強化等を要求したが，行政自治部では役員の身分保障は当該機関の事情により受容する余地はあるが，職場協議会間連合会の設立は現行法令上受容することが困難であるという立場をとっている。現在，労使関係制度改善の課題が一段落すると，その後本格的に議論されると予想される。

---

(129)　1997. 3. 26. OECD傘下の教育・労働・社会委員会（ELSAC）定例会議，1998. 3. 26. ILO第271次理事会，1999. 10. 5. PSI亜太地域執行委員会，1999. 11. 24. PSI世界執行委員会で公務員組合結成の自由を完全に保障することを韓国政府に促したことがあった。

(130)　Complaint against the Government of the Republic of Korea presented by the Korean Confederation of Trade Unions (KCTU), the Korean Automobile Workers' Federation (KAWF) and the International Confederation of Free Trade Unions (ICFTU) Report No. 309, Case(s) No(s). 1865, Document Vol. LXXXI, 1998, Series B, No. 1, para.144.

3　教　員

(1)　問題の所在

　教員組合は，1960年4・19革命直後に結成されたことがあったが，1961年に軍事政権により解体された。以後1980年代には教員の一部が結束力を強化していく中で1987年9月27日に全国教師協議会を結成するに至り，それが母胎となり1989年5月28に全教組が発足した。

　しかし全教組は教員の団結権を否定する実定法上の規定のために合法性が認められず，全教組に加入した教師が大量解職される等政府または学校から弾圧を受けた。他方，教育基本法第80条と教員の地位向上のための特別法では，教員団体の設立と協議権を認めていたが，活動経緯または設立目的等を理由に全教組は教員団体としての地位を得られなかったものと解された(131)。

　これに対し全教組は，解職教師復職運動および教員待遇改善のための事実上の活動を継続し，国際的な世論にも訴えながら団結権保障のための法改正を求めた。

　その努力の結果，ILOは1993年3月2日（第255次理事会），1993年11月2日（第258次理事会），1994年6月25日（第260次理事会），1996年6月21日（第266次理事会），1997年3月26日（第268次理事会），1997年6月20日（第269次理事会）等6回にわたって勧告をし，教員に対する自由な団結権行使の保障，全教組教師の復職措置および合法的認定等を要求した。1995年5月UN経済社会理事会傘下の経済・社会・文化的権利委員会は，韓国が1990年6月に批准した'経済・社会・文化的権利に関する国際規約'に従って，"教員の団結権が認められるよう関連法令を改正せよ"との勧告を決議した。またOECDの雇用・労働・社会問題委員会（ELSA Committee）の1997年拡大議長団会議（1997.1.22）および理事会（1997.1.23）において，一部会員国（ドイツ，米国，スウェーデン，デンマーク）は，韓国の改正労働法に関する説明を聴き公務員と教員の組合を認めないことは結社の自由という面で国際水準に至っていないと主張し，国会で再議論するこ

---

　(131)　政府樹立以後，韓国教員団体総連合会（前身：大韓教連）が唯一の教員団体として存在していた。

とを希望するという見解を明らかにした。

このような国内外の要請を受け,労改委では教員と公務員の労働基本権保障が主要な争点として討論が行われた。当時公益委員が中心となって公益案を作ったが,その後立法化の過程において労働側の反発や,政府部処内の意見の対立等により,法案までにはまとめられず第2期労改委においてもそれ以上議論されることはなかった。

以後金大中政権にはいって構成された労使政委員会の論議を経て教員の労働組合結成権を保障する,"教員の労働組合設立に関する特別法"が1999年1月6日に制定され,同年7月1日から施行された。そこで教員組合と関連した議論が新たな転機を迎えるようになった。

(2) 教員の労働基本権制限規定に関する論議

1) 関連規定

私立学校教員に対する労働基本権関連規定としては"労働者は自由に労働組合を組織し,あるいはこれに加入することができる。ただし,公務員と教員に対しては別の法律で定める"という,組合自由設立主義に対する例外を定めた労組法第5条但書とは別に,私立学校法第55条がある。この私立学校法第55条は,"私立学校の教員の服務に関しては国・公立学校の教員に関する規定を準用する"と規定している。

ところが国・公立学校教員の場合,教育公務員法第53条は,教育公務員の特殊性を認定し国家公務員法の適用を排除する規定をおいているが,これらの者には国家公務員法第66条第1項[132]により労働運動が禁止され,労働三権が全面的に禁止されている。そして教育公務員が国家公務員法第66条第1項に違反し労働運動をした場合にはその行為は国家公務員法第78条,教育公務員法第51条,第52条等により懲戒事由に該当し,さらに国家公務員法第84条により刑事処罰の対象となる。

私立学校教員の場合においても私立学校法第55条により国家公務員法第66条第1項が適用され,私立学校教員の労働運動は全面的に禁止されてい

---

(132) 国家公務員法第66条第1項は"公務員は労働運動その他公務以外のための集団的な行為をしてはならない。ただし事実上の労務に従事する公務員は例外とする。"と規定している。

る。他方，私立学校法第58条第1項第4号によると私立学校教員が'労働運動'をすることは免職事由となり，また私立学校法第55条によって準用される国家公務員法第66条第1項にも違反となり，私立学校法第61条第1項第1号により懲戒事由にも該当する。

韓国では教員組合がこれまで否認されてきたがその代案として教員の社会的・経済的地位の向上のために，各地方自治団体と中央に教員団体が設立されていた（教育基本法第15条）。教員団体は教員の専門性の向上と地位の向上のために教育監または教育部長官と交渉・協議する権限を有しているが（教員地位の向上に関しては，特別法第11条，第12条参照），校長・校監等の管理者もこれに加入していることから，これは一般労働組合とは異なる一般結社の一つといえる。

2) 違憲性如何と憲法裁判所の合憲決定

憲法裁判所は私立学校法第55条に対し合憲決定を下した[133]。

　　教員は学生に対する指導教育の労務に従事し，その労務提供に対する対価として賃金・給料その他これに準ずる収入により生活する者であるから教員も労働関係法で定義している通常の意味の労働者としての性格を有していることに違いないが，教員の職務ないし労働関係は……一般労働者のそれとは本質的に異なる構造上の差を有する。

　　このような教員の職務ないし労働関係上の特殊性を考慮すると，教員に対しては一般私企業体に従事する労働者を対象として発展してきた労働関係法の原理，すなわち労働者対使用者という二元的対立構造を前提に相互間の対立と妥協を通じ，また市場経済の原理による受給均衡と統制の下で形成・発展してきた伝統的な一般労働関係法をそのまま適用しがたい困難な事情があることが認められる。

　　教育のこのような性質に照らして憲法第31条第6項は"……教員の地位に関する基本的な事項は法律で定める"とし，教育の物的基盤となる教育制度とともに教育の人的基盤が最も重要な教員の労働三権を含む全ての地位に関する基本的な事項を国民の代表機関である立法府の権限として委任してい

---

(133) 憲法裁判所1991.7.22.89憲ガ106決定。

る。上記の憲法条項の趣旨は教員の地位を含む教育制度はある時代と国・社会共同体の理念および倫理と調和する中で形成・発展されるべき性格を有するものであるから，そのような制度の具体的形成と変更は国民の代表機関である立法府が担当する方が適当であるところにその根拠がある。したがって法律を制定するにおいては教育の本質による教育制度の構造的特性，教員職務の公共性・専門性と自主性，教育に対する韓国の歴史的伝統と国民意識および教育現場のあらゆる事情等を考慮すべきであろう。

憲法第31条第6項は国民の教育を受ける権利をより効果的に保障するために教員の報酬および労働条件等を含む概念である教員の地位に関する基本的な事項を法律で定めることにしたものであるから，教員の地位と関連する事項に関する限り憲法第31条第6項は教員の労働三権の保障を定めた憲法33条第1項に優先して適用されるものとみるべきであり，教員の労働三権は第31条第6項を根拠として制定される法律（私立学校法）により制限されうると解されるであろう。私立学校法第55条が私立学校教員の服務に関して公立学校教員に関する規定を準用し教員である労働者の労働基本権を制限しているとしてもそれだけで憲法第33条第1項に対する関係で直ちに憲法に違反すると断定することはできない。

だが問題は私立学校法が制限する基本権制限の程度が憲法第37条第2項との関連で基本権の本質的内容を侵害するものではないのかという点である。しかし憲法第33条第1項に保障されている労働三権は労働者の労働条件を改善することによりそれらの者の経済的・社会的地位の向上のためのものであり，自由権的基本権としての性格よりは生存権ないし社会権的基本権としての側面がより強く，その権利の実質的保障のためには国の積極的な姿勢が要求される基本権である。したがって国が特殊な仕事に従事する労働者に対し憲法が許容する範囲内で立法により特別な制度的装置(134)を講じ，労働条件を維持・改善させることによりそれらの者の生活を直接保障しているならば

---

(134) 憲法裁判所は制度的装置に対し次のように説示する。"教員に対し憲法第31条第6項により私立学校法・教育公務員法等教育関係法は教育制度の特殊性と教員職務の公共性・専門性・自主性および韓国の教育に対する歴史的な伝統等を参考し特別に教員の身分保障に関して直接的な規定をおいた。他方，教育法

実質的に労働基本権の保障によりその目的が達成でき，このような特定の労働者は仮に一般労働者に与えられた労働基本権の一部が制限されるにしても実質的に何の不利益を被ることはない結果となる。

3) 憲法裁判所の決定に対する学界の立場

憲法裁判所は教員の労働関係の特殊性に着目し，2つの根拠をあげて私立学校法第55条に対する合憲決定を下している。その一つは憲法が定める教員地位法定主義は労働三権保障に優先する意義を有することであり，もう一つは生存権的基本権の場合，一定の代償措置が行われると当該基本権を否認しても権利の本質的な内容を侵害することにはならないということである（いわゆる代償措置論）。

しかし，多くの学説はこのような憲法裁判所の立場に対し極めて否定的である。

まず，教員地位法定主義の意義が労働三権保障に優先すると解することに対しては，教員地位法定主義の趣旨および憲法第33条第2項・第3項の反対解釈に立脚した批判が提起されている。

教員地位法定主義の趣旨と関連し，教員地位法定主義は教員職務の特殊性に照らして教員の地位が行政権力により侵害されないようにその資格要件・身分保障等を法律で保障しようとするものであり労働三権保障とは両立しうるし[135]，学生が良質の教育を受ける権利と密接に結び付いている

第80条は教員の経済的・社会的地位を向上させるために各地方自治団体および中央に教育会が組織できる根拠規定をおき，実質的に団結権を保障しており，1991年5月31日に公布・施行の教員の地位の向上のための特別法は第3条第2項において，'私立学校法第2条による学校法人および私立学校経営者が設置・経営する学校の教員の報酬を公務員である教員の報酬水準に維持しなければならない'と規定し，また第11条・第12条では教育会が教員の待遇改善・労働条件および福利厚生と専門性の向上に関する事項をその対象とし，教育監または教育部長官と交渉・協議するよう規定している。"

(135) 李炳泰，前掲書，80頁；憲裁決定における李時潤・金亮均裁判官の反対意見参照。

との批判が提起された(136)。むしろ憲法第34条第4項で保障している教育の自主性と専門性を保障するためには，教員の労働条件の確保のための団結権の保障が不可欠であるとの主張もみられる(137)。また憲法が労働三権を禁止することは例外的な場合であって，憲法第32条第2項と第3項において公務員と主要防衛産業体労働者のみを規定していることから，基本権の最大限の保障の原則からその範疇に属さない限り私立学校教員に対しては労働三権の全面的な排除が不可能であるとの批判もある(138)。

次に憲法裁判所がとる代償措置論に対しては基本権の本質的な内容に対する観点および一般的法律留保条項の定める最小制限の原則を根拠とした批判がある。

前者の批判は労働三権の中で団体交渉権・団体行動権の土台となる団結権の存在さえ否定することはそれ自体本質的な内容を侵害するものであるのみならず(139)，さらに労働三権が有機的に一体となって機能することを考慮すると，この三権の中でいずれかが完全に排除されるならば労働三権の本質的内容に対する侵害を構成するということである(140)。後者の批判は一般的法律留保条項は基本権'制限'の授権規定であって基本権の'禁止'の授権規定でないことを根拠に労働三権を全面的に排除することは最初から権利そのものの否認にほかならず，一般的法律留保条項に内在する基本権最小制限の原則と両立しえないというべきである(141)。

その他にも労働三権の自由権性ないし複合的権利性(142)をあげ，代償措

---

(136) 金善洙「教員の労働基本権」『労働法研究』第1号（ソウル大学校労働法研究会，1991年）311頁。
(137) 申鉉直「教育公務員である教員の労働基本権」『民主法学』第4号（1990年）101-102頁。
(138) 辛仁羚，前掲論文，31頁；憲裁決定における金亮均・卞禎洙裁判官の反対意見。
(139) 李炳泰，前掲書，81頁；梁建「私立学校教員の労働基本権」『法律新聞』（1989.10.30付字）；憲裁決定における李時潤・金亮均裁判官の反対意見。
(140) 辛仁羚，前掲論文，32頁；憲裁決定における卞禎洙裁判官の反対意見。
(141) 辛仁羚，前掲論文，31-32頁。
(142) 労働三権の生存権性を肯定しながら自由権的性質をも有すると解する見解が支配的である。金裕盛，前掲書，22-25頁；金亨培，前掲書，148-152頁；林

置論に反駁する立場もある。すなわち生存権性の手段性を根拠に憲法裁判所が代償措置論をとることに対し，社会保障受給権のような生存権は政策的観点から任意的にその手段を選択することができるが，労働三権は複合的権利として自由権性をも有する権利であるから代償措置になじまないものであるという(143)。

(3) 労改委における論議

労改委では，教員の団結権問題に関し世論調査と数次の小委員会会議等を通じ多様な意見を聞き，そして結論的にいかなる形態であっても教員に労働者としての基本的権益を保障する方法が講じられるべきであると意見が一致した。労改委は1996年11月に教員の団結権に関する労改委の公益案を作った(144)。労改委の公益案の内容は次のとおりである。

①　団結権：教員団体の性格に対しては労組法が適用されない労働者団体として別途の法で団結権を許可する。'教員団体'という名称を使用することとするが，教員の団体活動に関する侵害行為に対し救済規定をおき，その他規約記載事項および団体活動と関連事項等は現行労組法を参考とし教員団体の性格に適合するよう規定する。組織形態は所属学校，担当科目を問わず広域地方自治団体別に組織し，上部連合団体結成も可能にする。教員団体の設立時には規約・人員等を教員紛争調整委員会に申告し，そして規約等が関連法規定に適合しない場合には交渉相手方は教員紛争調整委員会に意見を提起することができる。教員団体の設立・運営・活動と関連し学習権が侵害されないようにする。

②　団体交渉権：基本交渉単位は広域団体とし，また交渉の窓口は単一化し，学校単位では協議できるものとする。交渉および協議事項と除外事項を明確に規定する。

③　団体行動権：国・公立および私立学校を問わず争議行為を禁止する。

④　教員紛争調整委員会の設置：教員団体の設立申告，交渉決裂時の紛争調整等のために中立的な教員紛争調整委員会を設置（仮称）するこ

鐘律，前掲書，14－16頁。
(143)　金裕盛，前掲書，25頁；李哲洙「教員の団結権」『労働法学』第8号（韓国労働法学会，1998年12月）。
(144)　労使関係改革委員会『労働関係法改正要綱（案）』(1996年) 参照。

とができ，教員紛争調整委員会の設置・運営等に関しては施行令で定める。

その当時，上記の公益案に対し労働側は反対したが，経営側は賛成した。労働側は一般組合と同一の地位を与え，団結権，団体交渉権，団体行動権が保障されなければならないと主張しながら，公益的見地で団体行動権は公益事業に準じ取り扱うよう要求した。

同労改委案は政府に移送され，1996年11月に政府内で労使関係改革推進委員会（労改推）を設置し，労働関係法改正案に対する実務作業に着手した。この過程では教員の団結権問題を労働関係法に含ませようとする労働部側の立場と労働関係法に含ませることを反対する教育部側の立場とが対立した。1996年12月26日に強行採決で議決された改正労働関係法では教員の団結権問題が含まれなかったが，労改推は教育法と教員地位向上のための特別法の改正法律案を議決し，教員団体の複数化政策を確定した。教員団体の設立を制限し(145)また団体交渉が実質的に保障されない等労改委の公益案よりも遥かに後退し，激しい反発を呼んで，結局廃棄された。

(4) 労使政委員会における論議

1) 経過

労改委において行われた教員の団結権保障に関する議論は交錯状態に陥り，1997年法改正以後発足した第2期労使政委員会においても，この問題はそれ以上議論されることはなかった。

教員の団結権保障に関する論議は金大中政権にはいって労使政委員会で再開された。労使政委員会で1998年2月6日に未解決の争点に対し大きな妥協の過程で"政府は1999年7月から教員の労働組合結成権が保障されるよう1998年定期国会で関連法律の改正を推進する"ということで合意した(146)。その後，政府と労・使・公益専門委員で構成される教員組合関連実

---

(145) 市・道教員団体は教員数の5分の1以上を確保しないと教員団体として認められない。詳しくは，韓国教育開発院『韓国の教員団体発展方案研究』（1997年）27頁以下参照。

(146) '結社の自由委員会'は労使政委員会で教員組合を許容するとした合意に対し1998年3月に"委員会は他の労働者と同様に教師も，いかなる差別も受けることなく，またいかなる事前承認を受けることなく，自らの職業的利益を促進

務小委員会を通じ教員組合結成方法を集中的に論議し始めた。数次の会議でコンセンサスを得て、1997年10月22日第7次教員実務小委ではそれまでに数次にわたる公式・非公式の懇談会を開き、合意を得るために努力したが意見がまとまらず、結局、それまでの論議の状況を常務委員会および本会議に提出することに合意し、その後1998年10月31日に労使政委員会の本委員会で教員の組合結成権に合意した。

2）　関連団体の立場

イ）　全教組の立場[147]

全教組は一般労働者に保障されている団結権・団体交渉権の内容およびその水準が教員にも保障されなければならないことを前提として、次のような法改正の提案をした。同時に教員の団結権の保障に関し、特別法を制定するよりは'労働組合および労働関係調整法'上の関連規定を改正する方式を要求した。

第1に、団結権と関連し名称に法律上の制限をおかず、組織対象（加入の範囲）は教員のみならず教育機関に従事する職員も含め、自由な意思により何人も自由に組合に加入することができ、それにいかなる制限もあっ

し防禦するために自らの選択により組織を結成し参加する権利を有することを想起すべきである。したがって委員会は韓国政府が、労使政委員会合意の宣言のとおり、教師の団結権が可能な限り、遅くても同合意で言及された時期内で認められるように適切な措置をとることを要請する。しかし1991年から教師は教育協議会を設立し、当局と労働条件を協議できるにもかかわらず、それが組合員の利益を防禦し促進する責任のある一般の労働組合であるとは認められない。それは全教組がこれまでに認められなかった事実をみても明らかである。そこで委員会は韓国政府に対し全教組が合法的に自らの会員の利益を防禦し促進することができるよう教師の団結権が合法化されると同時に全教組を認定するよう要請する"という立場を明らかにした。Complaint against the Government of the Republic of Korea presented by the Korean Confederation of Trade Unions (KCTU), the Korean Automobile Workers' Federation (KAWF) and the International Confederation of Free Trade Unions (ICFTU) Report No. 309, Case(s) No(s). 1865, Document Vol. LXXXI, 1998, Series B, No. 1, para.143.

(147)　以下の内容は、全国教職員労働組合『教育改革政策代案』（全教組9周年記念資料集、1998年）参照.

てはならない。組織形態は産別単位とし，市・道と公・私立別，幼稚園・小・中・高・大学別に支部・分会をおき，教員組合は自由に上級労働団体に加入できる。

　第2に，団体交渉および労働協約と関連し，交渉単位は中央，市・道・学校単位とし，この場合それぞれ教育部長官・教育監・学校長（私立の場合財団を含む）を相手方とすることを原則とするが，事案によって教員組合と教育監または学校長とのクロス交渉も可能とし，また交渉内容に対しては制限しない。賃金，労働時間，休暇等の労働条件と教員の人事，予算編成等労働条件と関係が密接な内容，そして教育活動と直結する教育課程の編成および諸般教育政策等の事案を交渉の内容とする。労働協約締結権は認められるべきであり，労働協約の内容と相反する法規・教育規則・定款・内規の効力は否認される。

　ただし団体行動権と関連しては従前の立場を変え留保的な態度をみせた。団結権と団体交渉権が認められると，学習権保護の次元で団体行動権を譲歩することができることを表明した[148]。

　ロ）　韓国教員団体総連合会の立場[149]

　教育の特性と教員の労働者性を調和させるためには一般労働者の労働組合とは差別する専門職労働者団体の設置が必要であることを前提に，次のような特別法（教員団体の設立および団体交渉に関する法律）を制定することを提案した。

　第1に，団体権と関連し，市・道別に教員団体を設立し，全国規模の連合教員団体および市・郡・区・学校単位の支部をおくことができ，教員の教員団体への加入・脱退の自由を保障しなければならず，教員団体の設立

---

(148)　この資料集によると"教員の労働組合を法的に認定する問題と関連し最も大きな障害物となったのは，労働組合が団体行動権を行使する時に学生の学習権が侵害されるという憂慮であった。労働者のが団体交渉力の強化のために団体行動権の保障は必須的であり国際的慣行ではあるが教員が'授業を拒否し，あるいは妨害する争議行為'を展開する時に学生の授業を受ける権利が侵害されるとの国民の憂慮を受容することとした"ことがわかる。

(149)　以下の内容は，韓国教員団体総連合会『教員団体の設立および団体交渉に関する法律』（1998年9月）参照。

は教員団体権益調整委員会の所管業務とする。

　第2に，団体交渉および労働協約と関連し，市・道の教員団体と全国規模の連合教員団体にのみ団体交渉権を与え，支部の場合には協議権のみを与える。教員団体の交渉相手方は市・道教育監であり，連合教員団体の交渉相手方は教育部長官とする。複数の教員団体が存在する場合には過半数代表制・比例代表制を通じた交渉窓口の単一化が必要である。交渉の対象事項に教員の労働条件のみならず教育機関および教育行政機関の管理・運営事項，教権確保に関する事項，研究活動の育成および支援事項，専門性確保と研修等に関する事項，教育課程に関する事項も含める（教職・教育行政の専門化）。

　第3に，団体行動権と関連し，学校業務の正常的な運営を阻害する争議行為を禁止する。両当事者間の主張の不一致で交渉が決裂した場合には双方または一方[150]の申請により仲裁が開始される。仲裁は教員団体権益調整委員会が管掌し仲裁裁定の内容は労働協約と同一の効力がある。

　第4に，その他の特則として，教員団体の設立申告および教員労働関係の公正調節・仲裁・権利紛争等を扱うための'教員団体調整委員会（仮称）'を設置する。同委員会は国務総理所属とし，労・使・公の三者構成となる。労働協約および仲裁裁定が法令の内容と異なる場合には法令の内容によるが，国と地方自治団体が最短期間内に関係法令を制定・改正しなければならない。労組法上の不当労働行為類型の中で支配・介入を除いた行為を'不当行為'とし，これに関しては教員団体権益調整委員会を通じた救済を可能とする。

　ハ）　立場の相異

　韓国教総の法律案は労改委の公益案を基本としているようにみられる。国・公・私立学校を問わず特別法の制定を通じて統一的に規律する点，労働組合の名称よりは教員団体という名称を使用する点，中央・市・道を基本交渉の単位とし，学校レベルでは団体交渉を許容しない点，教員団体の設立申告と紛争調整のための別途の中立的な機構を設置する点がそれであ

　　（150）　合意に達しなかった日から1ヵ月が経過した場合に，一方の申請により仲裁の開始が可能である（案第37条第2号）。

る。ただし学校で支部または分会の設置が可能になるよう要求した点，交渉事項の範囲を教員の勤務条件のみならず教職の専門性と教育行政の民主的運営と関連した事項までに含めている点で差がある。

これに対して全教組は基本的に異なる立場をとる。すなわち全教組は国・公・私立学校の区別に関しては明らかにしていないが，教員の団結権に関して特別法によるよりは労組法で定めること，教員団体よりは労働組合の名称を使用し，また自由に上級連合団体に加入できることを強調していること，ユニオン・ショップ制を否定していないこと，韓国教総は学校レベルでは協議権のみを要求しているが，全教組は協議権でなく団体交渉権を要求している。

他方，韓国教総と民主労総の立場が類似する点も見られる。学校単位で支部または分会の設置を予定していること，複数の団体が存在する場合に交渉窓口の単一化を予定していること，交渉内容において教員の勤務条件のみならず教育行政と関連した事項まで含んでいること，団体協約締結権を認定し協約の法的拘束力を強化していること，団体行動権を要求していないこと等がこれに当たる[151]。

3) 労使政合意内容

労使政委員会では上記の全教組（民主労総）案と韓国教総案を参考としながら労働部と教育部関係者が議論し，次のような合意に達した。

① 立法体系：労使政委員会では教員組合結成は労働関係特別法制定を通じ，保障する。労働側では最初は'労働組合および労働関係調整法'の改正を主張したが，教員の特殊な地位および立法技術上の問題等を勘案し特別法を制定する。

② 組織単位：組織単位と関連しては広域市・道・全国単位で組合を結成することができ，広域市・道組合は全国単位の連合団体を組織することが可能であることに合意した。そして国・公・私立は区分せず，複数組合を許容する。

③ 交渉構造：交渉構造に対しては国・公立の場合と私立学校の場合を

---

(151) 李哲洙「教員の団結権」『労働法学』第8号（韓国労働法学会，1998.12）546頁。

分けて，国・公立学校の場合には全国的交渉は教育部長官と，広域市・道単位の交渉は教育監と交渉し，私立学校の場合には使用者が連合して交渉する。そして国・公・私立を問わず単位学校レベルでは交渉することができない。

④ 団体交渉事項：団体交渉事項は賃金，労働条件，福利厚生等経済的・社会的地位の向上と関連する事項とする。

⑤ 労働基本権保障の範囲：労働基本権は団体行動権を除く団結権と団体交渉権（労働協約締結権を含む）のみを認定し，ただし，法令・予算・条例等で定められている内容は労働協約としての効力を有しないが，教育部長官，市・道教育監および学校法人の代表者はその内容が履行されるように誠実に努力しなければならない。

⑥ 交渉窓口の単一化：教員労働組合は複数組合を許容するが，複数組合の場合には交渉窓口を単一化し，団体交渉を要求しなければならない。労働組合は2001年12月まで交渉窓口を自律的に単一化し，労組法附則第5条第3項の規定により交渉窓口の単一化案が作られた場合には2002年1月から教員労働組合もその適用を受ける。団体交渉または労働協約締結時に関係当事者は国民世論および父母の意見を聞き誠実に交渉し，労働協約を締結しなければならない。

⑦ 加入資格：教員とは初中等教育法第19条で規定している教員をいい，ここでは幼稚園教師は含まれるが，大学教授は除外される。学校設立経営者または教員に関する事項に対し学校設立経営者のために行動する者の加入を制限する。

⑧ 専従者：教員労働組合の専従者に対する地位は現行労組法（第24条）による。

⑨ 教員労働組合の政治活動：2000年2月16日の公職選挙および選挙不正防止法第87条但書の規定は，教員労働組合に対しては適用しないとし，教員労働組合の政治活動を禁止した。公職選挙および選挙不正防止法第87条は"団体は社団・財団その他名称の如何を問わず選挙期間中にその名義またはその代表の名義で特定政党または候補者を支持・反対するか，あるいは支持・反対することを勧誘する行為をしてはならない"とし，団体の政治活動を禁止している。しかし，その但書に

おいて"労働組合および労働関係調整法第2条の規定による労働組合と第81条第1項の規定により候補者等招請対談・討論会を開催することができる団体はその限りではない"とし，労働組合の場合には例外的に政治活動を許容しているが，教員労働組合には上記の但書の適用を否定している。

(5) 現在の論議
1) 現行法の内容
イ) 主要内容

労使政合意内容を反映し1999年1月29日に'教員の労働組合設立および運営等に関する法律'(以上'教員労組法' という)が制定された。同法は"国家公務員法第66条第1項および私立学校法第55条の規定にもかかわらず労働組合および労働関係調整法第5条但書の規定により，教員の労働組合設立に関する事項を定め，教員に適用する労働組合および労働関係調整法に対する特例を規定する"ことを目的とする法である (第1条)。同法の主要内容をみると次のとおりである。

① 労働組合の設立は特別市・広域市・道単位また全国単位に限って許容される (第4条第1項)。すなわち個別学校単位での組合設立は許容されない。

② 教員は任用権者の許可を受けた場合には労働組合の業務のみに従事することができ，この場合に給与は支給されず，また身分上の不利益を受けないことを保障している (第5条)。

③ 労働組合の代表者はその労働組合または組合員の賃金・労働条件・福利厚生等経済的・社会的地位向上に関する事項に対し，教育部長官，市・道教育監または私立学校を設立・経営する者と交渉し労働協約を締結する権限を有し，私立学校の場合には私立学校を設立・経営する者が全国または市・道単位で連合し交渉に応じなければならない (第6条第1項)。仮に組織対象を同じくし，あるいは2以上の労働組合が設立されている場合には労働組合は交渉窓口を単一化し団体交渉を要求しなければならない (同条第3項)。

④ 団体交渉の結果締結された労働協約の内容の中で法令・条例および予算により決定される内容と法令または条例の委任を受けて規定され

る内容は労働協約としての効力を有しない（第7条第1項）。
⑤　労働組合と組合員は罷業・怠業その他業務の正常的な運営を阻害する一切の争議行為をしてはならない（第8条）。
⑥　教員の労働争議を調停・仲裁するために中央労働委員会に教員労働関係調整委員会をおく（第11条第1項）。

ロ）一般組合と教員組合の相異

一般の労働組合と教員組合の相異をみると次のとおりである[152]。
①　組織形態と関連し教員組合は学校単位の設立を認めていない。
②　組合専従者を任命権者の許可事項とし，その地位は休職者に準じて取り扱う。
③　個々の学校とのクロス交渉は許容されず，また交渉権限を第三者に委任することはできない。その代わりに団体交渉の過程において国民の世論および父母の意見を聴かなければならない。
④　教員地位の法定から予算・法令に抵触する労働協約の効力を制限している。
⑤　労働協約の地域的拘束力制度とユニオン・ショップ制が教員組合には適用されない。
⑥　教員組合の団体行動権を全面的に否定し職権仲裁が可能である。
⑦　私的調整制度が許容されず，また教員労働関係委員会が調整を専担し，調整期間も30日に延長される。

2）法制定以後の論議内容

この法の制定で，これまで公式的に合法性が認められていなかった'全教組'は合法的な労働組合となった。以後韓国労総も韓国教員組合を結成（1999.5.15）したが，全教組に比べるとまだその勢力が弱い。

教員組合の合法化以後学校現場では教員組合の組織拡大が著しく，教育行政機関と学校との関係，学校現場での学校長と一般教師との関係等においても変化が出ている[153]。

---

[152]　李哲洙，前掲論文（1998年），549頁。
[153]　詳しくは，李哲洙「複数教職団体が教育現場に与える影響に関する研究」（教育部政策研究課題99-53，1999年）参照。

教員組合は組織形態，交渉単位，団体交渉の効力等において一般組合と区別されるから教員組合に特有な問題が生じた。まだ理論的な論議は本格化されていないが実務的レベルでは教育部は教員の組合活動の正当性[154]，団体交渉対象事項の範囲[155]，支部・分会の団体交渉当事者性，クロス交渉の可能性如何[156]等を検討している。

　また既存の一般結社団体である韓国教総が依然として存在するから教員組合と韓国教総の位置づけに関連した法改正論議が進行中である。すなわち教員団体は教員の専門性・地位向上とともに教員の勤務条件を交渉・協議することができ（教員地位の向上のための特別法第11条），したがって教員組合とその機能において重なり立法的に再調整する必要があるからである[157]。それは議員立法の形式で推進されているが，同法案は現在国会法制司法委員会に係属中である。

4　小　結

　教員労組法が制定される以前には労働三権の制限に関する限り公務員と教員は同一に取り扱われてきた点で韓国的特殊性がある。公務員の労働三

---

(154)　現行教員労組法では学校次元で労働組合を設立することができず，一般組合の組合活動の正当性論議をそのまま適用することには問題がある。教育部で検討中である問題を争点として，勤務時間中の組合活動と集団的団結活動および上級団体行事の参加に対する法理等がある。詳しくは，教育部「教員組合の場外活動等に対する法律的検討」（1999年11月）参照。

(155)　教員労組法または教員団体関連法は'教育課程・教育機関および教育行政機関の管理・運営に関する事項'を交渉または協議の対象から除外しているが，右事項を勤務条件と区別することが必ずしも容易ではない。教育部「教職団体懸案課題」（1999年10月）参照。

(156)　教員労組法で全国または市・道単位に限り教員組合を設立し，また交渉権限を第三者に委任することができず団体交渉の構図と関連した特有な論議が生ずる余地がある。詳しくは，教育部「団体交渉構図に関する争点検討」（1999年10月）；李哲洙「教員組合の団体交渉構図」『労働法学』第10号（韓国労働法学会）参照。

(157)　法案の正式名称は，'教員の労働組合設立および運営等に関する法律'であるが，政府はこの再調整に対し否定的である。

権と関連し特に憲法第33条第2項で個別的憲法留保条項をおき，それとは規範的構造を全く異にする教員に対しても国家公務員法を無差別的に準用することにより労働三権を全面的に否定してきた。これは教職と公職の公共性と特殊性に着目し，経済的効率性の観点から接近したものといえる。その他にも一般国民の儒教的法感情をあげることも可能である。実際に法改正の論議の際に常に公務員と教員の労働者性を否認しようとする主張が根拠もなく提示されたが，それはその一つの例として理解できる。

　旧法に対する国内外的な批判を解消するための努力の一環として，1998年の教員の労組法と1999年の公務員職場協議会法の制定により，教員の団結権と団体交渉権が保障され，政府の部処内での職場協議会を通じて公務員の苦情が処理できるようになったことは，社会的衡平の観点を制度的に反映したものと評価できる。

　しかし依然として労働三権の保障水準が外国に比べて低く，労働側はより前向きの法改正を要求している。公務員に労働組合の結成権を認めていること，教員の場合には学校レベルでの組合活動の活性化，団体交渉の対象事項の拡大，労働協約の実効性の確保等と関連し制度改善を要求している。これらの要求に対し政府がどのような立場をとるかは今のところ明らかではない。公務員および教員に対する儒教的認識，経済不況による公務員の忠誠義務の強調等の雰囲気がしばらく社会的衡平化への過程において妨げになることは容易に予想される。

第2節　個別的労働関係法

I　賃金債権優先弁済：衡平性と効率性との調和

1　賃金債権と労働条件の保護

　法改正とともに解釈論による労働保護法理の変化を典型的に見せているものが賃金債権の優先弁済の問題である。賃金債権の優先弁済に関する法規定は次のような過程を経て改正され現在に至っている。

　①1974年12月24日の勤基法第30条の2は，賃金，退職金，災害補償金その他労働関係による債権は質権・抵当権・租税・公課金の順位で優先弁済を受けるという規定を新設した。②1980年12月31日勤基法第30条の2は，賃金，退職金，災害補償金その他労働関係による債権を保障するために，従来の質権・抵当権・租税・公課金の次に賃金等という順位に，その保障を向上させた。③1987年11月28日の勤基法第30条の2は，'最終3ヵ月分の賃金' を質権または抵当権により担保された債権またはこれに優先する租税・公課金よりも優先するとしたものが賃金債権の最優先弁済制度である。④1989年3月29日の勤基法第30条の2は，労働者の最終3ヵ月分の賃金のみならず，'退職金および災害補償金' までも使用者の総財産に対し質権または抵当権により担保された債権，租税・公課金およびその他の債権に優先し弁済される。⑤1997年12月24日の勤基法第37条は，最優先弁済の対象となる賃金の範囲を '最終3ヵ月分の賃金，最終3年間の退職金，災害補償債権' に制限した。

　賃金債権の優先弁済は古くから明文化されていたにもかかわらず，次のような理由で実際に労働者に有用なものではなかった。

　第1に，担保付債権よりは後順位であった租税関連法規は租税優先主義を規定していたからである。賃金債権の優先弁済が認められたとしてもその弁済順位は最初は租税・公課金より後順位であったし，租税・公課金より優先的に調整された後にも依然として質権・抵当権よりは後順位であり，当時国税基本法第35条第1項は，国税・加算金または滞納処分費を公課金

またはその他の債権に優先し徴収する租税優先主義の原則を定め，その例外としては国税納付期限から1年前に設定された担保付債権のみを認めていたから(158)賃金債権の優先弁済はほとんど法規定上の形式的な優先弁済にすぎなかった。

第2に，労働者が賃金債権の強制執行を確保するために実務上使用者が第三者に対して有する債権（物品代金債権，事務室の賃貸保証金返還債権等）を差し押える方法がより多く活用されていた。しかしこのような方法も使用者の第三者に対する債権が債権譲渡等により他の債権者に移転された場合には，その実効性を確保することが困難となる。解釈論としては賃金債権の優先弁済の趣旨が使用者の債権が譲渡された場合にも準用しなければならないという主張が提起された。実際に下級審判決の中にはこれを認めた事例もあった。たとえば，使用者の第三者に対する債権を労働者が譲受した場合に譲受金債権が国の国税滞納処分による第三者に対する債権を差押通知より先であり(159)，あるいは（労働者の）"譲受金債権は賃金および退職金債権の確保のためであり，実質的にも賃金等債権に準ずるものであり，勤基法第30条の2の規定が準用され原告の仮差押債権に優先すると解すべきであり，被告が上の鄭某等に賃貸借保証金を返還したことは優先権がある正当な債権者に対する弁済として，仮差押債権者である原告に対する関係においても有効である"としたものがその例である(160)。しかし最高裁は"優先弁済権は債務者の財産に対し強制執行をした場合にその強制執行による換価金から一般債権に優先し弁済を受けるものにすぎない"とし(161)，あるいは"優先弁済権がある賃金債権の弁済のための方法として訴外会社から上の被差押債権の譲渡を受けたとして原告の債権差押の効力または原告の推尋金請求を拒むことは被告の地位に何ら影響を及ぼすもの

---

(158) 国税基本法の租税優先主義に対しては，憲法裁判所1990. 9. 3，89憲ガ95決定；憲法裁判所1990. 9. 3，89憲ガ95決定；憲法裁判所1993. 9. 27，92憲ガ5決定参照。

(159) ソウル地法1988. 11. 15. 88ガ合21300讓受金〈抗訴〉。

(160) ソウル高法1988. 5. 10. 88ナ2610推尋金〈大法院1989. 5. 23. 88ダカ15734判決の原審〉。

(161) 大法院1988. 6. 14. 87ダカ3222讓受金。

第2節　個別的労働関係法　315

ではない"と解し(162)、それは判例上確立しているといえる(163)。

　第3に、賃金債権の優先弁済が認められたとしても、その法的性格は法定担保物権であり使用者の総財産に対し強制執行がある場合にその換価金から一般債権より優先して弁済を受けることにすぎず(164)、使用者の債権が第三債権者により差し押えられた場合にその債権に対し賃金債権優先弁済は認められないと解されたのである。

　結局、賃金債権優先弁済が実質的に労働者の賃金確保の意味を有し、学説・判例上本格的に争点となったのは、相当の額に達する退職金債権に対し最優先弁済が認められた1989年3月29日の勤基法改正以後である。しかし債権の最優先弁済それ自体が既存の担保法体系では異例のものであるのみならず、勤基法が詳細に規定していなかったから、最優先弁済の具体的な内容は解釈論に委ねられていた状況であった。

2　賃金債権に対する解釈論上の争点
(1)　最優先弁済の法的性格

　法改正以後現れた判例の実質的な変化の中で最も注目されるのは、優先弁済が認められる対象手続の範囲を広く解釈したことである。すでにみたように従前の判例は賃金債権優先弁済の法的性格を法定担保物権として把握しながら、強制執行が開始された場合にその換価金から優先弁済を受ける権利と解していた(165)。したがって労働者の立場からみると、賃金債権自体を根拠とし強制執行等の手続を主導的にとり、あるいは強制執行手続でない他の手続では優先弁済を主張しえないものと認識されていた。

---

(162)　大法院1989．5．23．88ダカ15734推尋金〈ソウル高法1988．5．10．88ナ2610判決の上告審〉。

(163)　ソウル高法1993．12．8．93ナ11373供託金受領権確認〈上告棄却〉；ソウル高法1995．1．23．95ナ31678不当利得金；大法院1994．12．9．93ダ61611譲受金；大法院1994．12．27．94ダ19242譲受金；大法院1995．6．13．95ヌ2562債権押留処分取消；大法院1997．4．22．95ダ41611債権押留代金；大法院1999．5．14，99ダ3686推尋金。

(164)　大法院1989．5．23．88ダカ15734推尋金。

(165)　大法院1988．6．14．87ダカ3222譲受金。

ところで最優先弁済が新設された後，最高裁は，"強制競売の場合または強制競売を申立し任意競売手続に記録が添附された場合にのみ，優先弁済を受けるものではない"と判示している(166)。これは実質的には判例を変更したものとして受け入れられたが，最高裁は従前の判例においても強制執行の手続において優先弁済を主張することができるという当然の法理を確認したものにすぎず，任意競売手続による優先弁済を否定したものではないと解した。

上記の最高裁判示が法改正を契機に従前の判例を変更したものであるか否かは別論にしても，対象手続の性格の如何を問わず法定担保物権としての性格は貫徹されなければならず，それにより労働者の賃金確保がより容易となったことは明らかである。

(2) 最優先弁済の範囲

最優先弁済が新設され退職金等をも含めその範囲が拡大される以前までは，賃金債権の弁済順位は国税等または質権・抵当権より後順位であったのみならず，優先弁済の対象となる賃金範囲も最終3ヵ月分の賃金に限られていたので，労働者の賃金確保の手段としての実効性は少なかったことは前述のとおりである。しかし最優先弁済の対象が退職金までに拡大されると，多くの事例においてその具体的な範囲が解釈上の争点となった。

最終3ヵ月分の賃金はその額自体が少なく，また災害補償金は多くの事業場で産業災害補償保険法が適用されるから最優先弁済の対象範囲と関連し争われたことは多くなかった。しかし退職金は労働者の勤続期間によりその金額が大きくなるから，労働者はもちろん，使用者の財産に担保物権を確保していた金融機関には，重大な利害関係を持つ問題であった。

しかし勤基法は単に'退職金'と規定していたことから，その範囲が解釈上の争点となった。最優先弁済により保護される退職金の範囲が，(i) 3ヵ月の勤務期間に対応する退職金であるのか，(ii) 法定退職金は勤務年数1年に対し30日分以上の平均賃金と規定されているから3年の勤続年数に対応する90日分以上の平均賃金であるのか，(iii) 最終3ヵ月の期間に支給事由が発生した（すなわち労働関係が終了された）退職金全額であるのか，(iv)

---

(166) 大法院1990. 7. 10. 89ダカ13155不当利得金。

最終3ヵ月の期間に支給事由が発生した場合，その退職金全額であるか，最優先弁済の範囲に含まれる改正法の施行日以後発生した部分に限られる金額であるのか，等が解釈論において争われた。

　これに対して初期の下級審判例をみると，"勤基法第28条第1項は継続労働年数が1年に対し30日分以上の平均賃金を退職金として支給するとするが，労働年数が1年未満の場合には退職金を支給しないと規定し，これは勤続年数が1年以上である場合のみ退職金を支給し，そのような場合，勤続年数1年に対し1月分の賃金を退職金として支給しなければならないことをいい，この規定により優先弁済権のある3ヵ月分の退職金の'月'が勤続年数1年に対する1月の'月'と同一の概念であると解釈する根拠にはならない"ことを根拠に(i)の見解にたつもの[167]。"退職金全額に対し優先弁済権を認定すると場合によっては担保権を有する一般債権者が著しく不利となり衡平に反するおそれがあり，また法律の解釈は法規定の範囲内で行われるべきであること，仮にこの規定の表現に多少不適切な点はあるにしてもその立法趣旨または同規定の全体の形態および退職金の概念上同規定でいう退職金は賃金とは異なり，3ヵ月分という制限がないことを考慮すると上のように解釈することが妥当であろう"としたもの[168]。"労働関係上の債権を社会政策的に保護するために使用者の事業が廃止される3ヵ月前の間に発生したものに限って被担保債権より優先された。したがって同条項で'最終3ヵ月分の賃金と退職金および災害補償金'とは使用者の事業が廃止される3ヵ月前の間に支給事由が発生した賃金と退職金および災害補償金全額を意味するものとみるべきである"とし[169]，(iii)の見解にたつ事例もある。多くは，"労働者が退職により支給される退職金全額をいうものと解することが相当であると言えるが，ただし同法附則第2条（同改正の以後のもの）は'第30条の2第2項の改正規定により認められる優先弁済はこの法施行以後に発生したものに限って適用する。'と規定しているから，原告の主張のように同改正法が施行された

---

　(167)　ソウル地法1993. 3. 19. 92ガ合60081不当利得金。
　(168)　ソウル高法1994. 1. 18. 93ナ40173配当異議。
　(169)　大邱地法金泉支院1994. 2. 25. 93ガ合1681配当異議。

1989年3月29日以後に退職した労働者であるならば施行日以前の勤務期間に相応する退職金までも全額を優先して弁済されるとみることができず同規定により同法の施行日である1989年3月29日以後に発生した退職金部分のみが優先弁済の対象となると解すべきである。"とし[170]，(iv)の見解にたっている。

最高裁も多数の下級審判例と同様の立場をとっている。労働者の優先弁済権が認められる範囲を改正勤基法施行以後に発生した部分に限って認めたものがあり[171]，より明示的に1989年3月29日勤基法附則は遡及立法禁止原則によるものであり，"結局，同附則条項により全体退職金の中の同改正法律施行日以後の勤務期間に相応する退職金部分のみが同勤基法第30条の2第2項所定の退職金優先弁済の対象になると解すべきである"と[172]判断して以降それを維持しているから[173]，退職金の範囲に対する解釈上の争いは決着がついたといえる。

しかし退職金まで含めて賃金債権の最優先弁済を規定した勤基法は優先弁済的効力を本質とする質権と抵当権のような担保物権の本質的部分を侵害するものであり違憲であるという主張が提起され，最優先弁済の対象となる退職金の範囲が再び争点となった。これに対し憲法裁判所は"(最優先弁済規定は)退職金債権者に抵当権者に優先しその退職金の額に関し何の制限もなく優先弁済の受領権を認めているから，それにより抵当権の唯一の債権確保ないし回収手段に決定的な障害が生じ担保物権制度の根幹を揺るがした。"といい，企業金融の萎縮の可能性と企業倒産による雇用喪失

---

(170) ソウル高法1994．3．23．93ナ46546配当異議〈大法院1996．2．23．94ダ21160判決の原審〉；光州高法1994．12．16．94ナ4393配当異議〈確定〉；ソウル地法1994．10．14．94ナ28399配当異議〈大法院1995．7．25．94ダ54474判決の原審〉；昌原地法1996．6．5．95ガ合10013不当利得金〈抗訴〉。

(171) 大法院1995．4．28．93ダ28843貸与金。

(172) 大法院1995．7．25．94ダ54474配当異議．〈ソウル地法1994．10．14．94ナ28399判決の上告審〉。

(173) 大法院1995．7．28．94ダ57718配当異議；大法院1996．2．23．94ダ21160配当異議〈ソウル高法1994．3．23．93ナ46546判決の上告審〉；大法院1996．4．12．95ダ22894配当異議；大法院1997．1．21．96ダ457配当異議。

のような政策的考慮まで述べながら具体的な改正は立法府に任せるとし，憲法不合致の決定を下した(174)。

そこで1997年12月24日改正勤基法は最優先弁済の対象となる退職金の範囲を"最終3年間の退職金"に制限した。そして同法附則では，1997年12月24日の法改正以前の勤続期間に対する経過規定をおき，1989年3月29日以後の勤続年数に対する退職金全額に対しては最優先弁済を認める内容となっている（ただし平均賃金250日の範囲内に最高限度を制限した）。

(3) 使用者の総財産の範囲

賃金債権優先弁済の対象となる使用者の総財産の意味について，最高裁は'労働契約の当事者として1次的に賃金債権を負う事業主である使用者の総財産'に限定解釈している。したがって使用者の財産ではあるが譲渡された財産，合資会社・無限責任社員の財産，都給事業における直上請負人の財産に対しては賃金債権の優先弁済効力が及ばない。最高裁はその根拠を次のように述べる。

第三者に譲渡された使用者の財産に対する追及効に対し，最高裁は"労働者の最低生活を保障しようとする公益的な要請から一般担保物権の効力を一部制限し賃金債権の優先弁済権を規定したものであり，同規定の趣旨は最終3ヵ月分の賃金等に関する債権は他の債権と同時に使用者の同一財産から競合し弁済される場合にその成立の前後または質権もしくは抵当権の設定の如何に関係なく優先的に弁済される権利を有することを定めたものにすぎず，使用者の特定財産に対する排他的支配権を本質とする追及効まで認定したものではないというべきであり，使用者の財産が第三者に譲渡された場合においては譲渡人である使用者に対する賃金等債権の優先権はこの財産に対しそれ以上追及することができず，譲受人の譲受財産に対してまで優先権を認めることはできないのみならず，使用者が取得する前に設定された担保権に対してまで優先権を認めることができない。"(175)と判断した。

また合資会社に勤務していた労働者がその合資会社の無限責任社員の個

---

(174) 憲法裁判所1997. 8. 21.94憲バ19, 95憲バ34, 97憲ガ11(並合) 決定。

(175) 大法院1994. 1. 11.93ダ30938配当異議。

人財産に対しても最優先弁済を主張することができるのかについて、最高裁は"労働者の最低生活を保障しようとする公益的な要請から例外的に一般担保物権の効力を一部制限し、賃金債権の優先弁済を規定したものであり、その立法趣旨に照らしてみると賃金優先弁済権の適用対象となる使用者の総財産とは労働契約の当事者として賃金債務を１次的に負担する事業主である使用者の総財産を意味するというべきであり、使用者が法人の場合には法人自体の財産のみをいい、法人の代表者等事業経営担当者の個人財産はこれに含まれないと解するのが相当であり、さらに合資会社が会社財産で債務を完済することができず、あるいは会社財産に対する強制執行が容易でなく、結局合資会社の無限責任社員が労働者に対する会社の賃金債務を弁済する責任を負うとしても補充的である上記の責任の性質または一般担保権者の信頼保護および取引秩序に及ぼす影響等を考慮すると、これを会社が事業主として賃金債務を負担する場合と同一であるとみて無限責任社員の個人所有の財産まで賃金優先弁済権の対象となる使用者の総財産に含まれると解釈することはできない。"とし[176]、消極的に解釈した。

そして請負事業において直上請負人に連帯責任が認められる場合であっても直上請負人にまで最優先弁済を主張することはできない。すなわち"事業が数次の請負により行われる場合に下請負人が直上請負人の責めに帰すべき事由で労働者に賃金を支給できなくなり直上請負人が同法第36条の２第１項により下請負人の労働者に対し下請負人と連帯し賃金を支給する責任を負うとしてもその直上請負人を下請負人の労働者に対する関係で賃金債権の優先弁済権が認められる使用者に該当すると解することができず直上請負人所有の財産に対する強制執行手続において下請負人の労働者が直上請負人所有の財産を使用者の総財産に該当するものと解し、それに対し賃金優先弁済権を主張することはできないというべきである。"とし[177]、賃金債権優先弁済は当該労働関係の当事者である'使用者'の総財産を対象とすると判断した。

---

(176) 大法院1996．２．９．95ダ719配当異議。
(177) 大法院1997.12.12.95ダ56798配当異議；大法院1999．２．５．97ダ48388不当利得金返還。

第2節　個別的労働関係法　321

3　小　結

前述の最優先的に弁済される退職金の範囲に対する論議が,法理的に違憲論にまで進んだことと,最優先的に弁済を主張できる使用者の総財産の範囲を制限せざるをえないという上記の判例法理からすると,賃金債権優先弁済制度の限界と労働者の賃金確保のための根本的な制度の改善が必要となる。

たとえば,"ただし,企業金融制度または私法上の取引秩序を阻害しながら労働者の賃金債権に対するより実効性のある保護を附与するための方法として外国の立法例でみられるような社会保障的な立法の必要性はより高くなったといえる"という指摘[178]は,このような問題意識を反映したものと考えられる。憲法裁判所が最優先弁済の勤基法規定が担保物権の本質的な部分に対する侵害であるといいながら,具体的には"労働者の退職金保障のための各種の社会保険制度の活用,その制度による代替ないし補完,その制度との調和等の諸般の事情を考慮しなければならない立法者の社会政策的な判断の領域"であることを考慮したことも,このような立法の必要性の指摘と無関係ではない。

1998年2月20日の新しい制度設定の必要性が浮き彫りになったこともこのような衡平性と効率性との調和をその背景としたものであった。賃金債権優先弁済に対する上記の判例法理の解釈論は,望ましい政策論を提示した有益な経験であったし,担保制度の根幹を維持しながら労働者に賃金確保を通じた生存配慮をも同時に考慮しようとした均衡の模索として評価することができよう。

Ⅱ　法定労働時間の短縮：衡平性と効率性との緊張と調和の模索

1　問題状況

1953年5月10日の制定勤基法上の法定労働時間は1日8時間,1週48時間を維持したが,1989年3月29日の勤基法改正を通じ現行の1日8時間,

---

(178)　李聖昊「賃金優先弁済権の対象となる使用者の総財産」『大法院判例解説』第26号(1996年)。

1週44時間に短縮された。その後労働時間短縮に対する本格的な論議は1996年労改委で行われた。当時労働側は法定労働時間を1週40時間に短縮することを要求したが、このような労働時間短縮論議は'労働者の生活水準の質の向上'のための方策として論議されたものであり失業対策の一環として主張されたものではない。しかし1997年末経済危機に直面して大量失業事態が発生すると民主労総を中心に労働側が大量失業に対する代案として労働時間短縮を強力に要求し、法定労働時間を40時間に減らすことを主張した[179]。その後経済状況が好転し、法定労働時間短縮問題は労働者の生活水準の質の向上と企業の国際競争力の向上という次元で労使間において核心となっている争点の一つとして浮かび上がった。

　労働時間短縮問題に対し労働側は、法定労働時間短縮は長期的な次元の失業対策の一つであり、労働者の健康で豊かな生活のための必須条件であると主張してきた。これに対し経営側は、現在韓国経済のおかれた危機状況の克服と企業の競争力の回復のためには何よりも非合理的な事業と組織を整理し、その代わりに全ての力を核心分野の生産と販売に集中させる努力が必要であること、真の労働者の生活の質の向上を追求するとするならば、企業に人件費負担を加重させる結果のみを招く法定労働時間短縮方策よりは、実労働時間短縮のための現実的代案の提示に努めなければならないこと等を主張してきた。

　労働側と経営側の上記のような顕著な見解の違いにより労使政委員会は合意を導出することができなかった。そこで民主労総は1998年12月末頃整理解雇中心の構造調整強行等を理由に労使政委員会へのボイコットを宣言し、1999年2月24日に労使政委員会の脱退を公式に宣言した。労働側は労働時間短縮特別法制定を通じ、所得保全基金が作られる等の状況の下で労働時間の短縮または勤基法改正を通じ労働条件の改善とともに法定勤労時間を短縮すること等を主張した。しかし経営側は労働時間短縮と有給休

---

(179) 経済危機状況の下で1998年2月6日に90項目にわたり採択された'経済危機の克服のための社会協約'第46番項目で、"政府は労使政および関連専門家の参加する仮称'労働時間委員会'を1998年上半期中に構成し、労働時間短縮を通じた雇用安定方法を講ずる"と規定していた。

日・休暇および割増賃金制度の改編を結び付けて論議することを主張し、2000年10月23日に労働時間短縮に関する基本合意が成立するまでに労使の間の主張は平行線を辿った。

2 労働時間に関する現行法の主要内容

1997年3月13日の改正勤基法では、法定労働時間に対する変更はなかったが、労働時間制度運営の柔軟化を図る制度を新設した。

(1) 法定労働時間

現行法は、1週または1日の労働時間の限度である法定労働時間を労働者の年齢、作業により一般労働者、年少者、有害危険作業に従事する者の3つに分けて規定している。

一般労働者の法定労働時間と関連し、勤基法は"1週間の労働時間は休憩時間を除いて44時間を超えることができない"(第49条第1項)、"1日の労働時間は休憩時間を除き、8時間を超えることができない。"(第49条第2項)と規定している。1989年3月29日の勤基法改正時に従前の1日8時間、1週48時間を現行と同様に1日8時間、1週44時間に変えたものであった。しかし15歳以上18歳未満の年少者の法定労働時間は1日7時間、1週42時間であり(勤基法第67条)、有害危険作業従事者の法定労働時間は1日6時間、1週34時間である(産業安全保健法第46条)。

(2) 労働時間制度運営の柔軟化

第1に、労働時間運営の柔軟化を図るためのものとして、まず弾力的労働時間制規定をあげることができる。第50条第1項では"使用者は就業規則の定めるところにより2週間以内の一定の単位期間を平均し、1週間の労働時間が44時間を超えない範囲内で特定週に44時間を、特定日に8時間を超過し労働させることができる。ただし、特定週の労働時間は48時間を超えることができない"とし、就業規則による2週単位の弾力的労働時間制を定め、同条第2項では"使用者は労働者代表と書面合意により次の各号の事項を定めた時には、1ヵ月以内の単位期間を平均し1週間の労働時間が44時間を超えない範囲で特定週に44時間を、特定日に8時間を超えて労働させることができない。ただし、特定週の労働時間は56時間を、特定日の労働時間は12時間を超えることができない。"とし、労働者代表との

書面合意による1ヵ月単位の弾力的労働時間制を定めている。

第2に，第51条では"使用者は就業規則により始業および終業時刻を労働者の決定に任せることにした労働者に対し，労働者代表との書面合意により次の各号の事項を定めたときには，1ヵ月以内の精算期間を平均し1週間の労働時間が44時間を超えない範囲で1週間に44時間を，1日に8時間を超過し，労働させることができる"とする選択的労働時間制を導入している。

第3に，第56条第3項では"業務の性質に照らし業務遂行方法を労働者の裁量に委ねる必要がある業務として大統領令の定める業務は使用者が労働者代表と書面合意で定めた時間を労働したものと見做す"とする裁量労働制を規定している。

(3) 延長労働

延長労働に関しては当事者間の合意がある場合には，1週間に12時間を限度に1週44時間，1日8時間の労働時間を延長することができ（第52条第1項），また当事者間の合意がある場合には1週間に12時間を限度に弾力的労働時間制による労働時間をさらに延長することができ，選択的労働時間制を施行する場合には1ヵ月以内の精算期間を平均し1週間に12時間を超えない範囲内で選択的労働時間制で定めた労働時間を延長することができる（第52条第2項）。この場合の延長労働に対しては通常賃金の100分の50以上を加算して支給しなければならない（第55条）。

(4) 週休日等

休日に関しては，1週平均1回以上の有給週休日（第54条），1月に対する1日の月次有給休暇（第57条），1年の皆勤に対する10日の年次有給休暇，およびその超過1年に1日の加算年次有給休暇（第59条）等をあげることができる。

3 現在の論議の状況

(1) 労働側の立場

1) 韓国労総

韓国労総は勤基法第49条を改正し，法定労働時間が1日8時間，1週40時間を超えてはならないと主張する。その理由として，第1に韓国の年間

実労働時間は国際的にみて長時間労働といわれ，またそれは労働者の健康と生命を脅かす主な原因となっていること，第2に週当りの労働時間の短縮は時間外労働の短縮と関連して実労働時間を減らすことにより労働者の生活の質を向上させ，労働生産性を高める効果があること，第3に労働時間短縮は不景気の中で失業を予防し雇用を安定させる'ワークシェアリング（work-sharing）'の重要手段として活用されるから経済危機以後の失業の長期化による雇用不安を最小化し，労働市場の安定に貢献することができること等をあげている。

さらに法定労働時間短縮以外の具体的な改正要求事項としては，勤基法第50条を改正し，2週単位の弾力的労働時間制の下で許容される特定週の労働時間を48時間から44時間に短縮し，特定日の労働時間は10時間を超えないことにすること，1ヵ月単位の弾力的労働時間制の下で許容される特定週の労働時間を56時間から50時間に短縮し，特定日の労働時間は10時間を超過しないこと等があげられる。そして勤基法第52条を改正し，週当りの延長労働時間の上限を12時間から10時間に，また弾力的労働時間制・選択的労働時間制の下で許容される延長労働の限度も12時間から10時間に短縮することを要求している。

15歳以上18歳未満である者の労働時間制限（勤基法第67条）に対しては現在の1日7時間，1週42時間を1日7時間，1週35時間に改正し，延長労働の限度も現在の1日1時間，1週6時間となっているのを1日1時間，1週5時間に改正することを主張している。また附則で改正法施行当時に所定労働時間が週当り44時間以内である事業または事業場の使用者は法定労働時間短縮を理由に既存の賃金水準を低下させてはならず，他方，政府は労働時間短縮による雇用の創出のために各種の支援対策を講ずる規定を新設することを要求している[180]。

2) 民主労総

民主労総は，世界一の長時間労働と世界一の労災発生率の中で苦痛を受けている労働者の生活水準の質の向上と雇用の安定のためには法定労働時間の短縮とともに，実労働時間の短縮の促進を誘導するための特別法措置

---

[180] 韓国労働組合総連盟『法定労働時間短縮に関する請願』(2000年6月)参照。

が必要であると主張する。

その理由として，海外から韓国の労働時間が長すぎ，また労災の王国であるとの批判を受けていることは，世界の上位水準に属する韓国の経済水準にふさわしくないこと，労働時間が短縮されると余暇と文化生活を楽しむ余裕ができ，労働者の生活水準が豊かになること，さらに社会奉仕または環境保護・人権活動等共同体活動等の機会も増え公益的活動が活発になること，過重の業務負担から解放され能力開発または学習等を通じた自己開発のための時間を有することができること，仕事の能率が向上し労働者の創意性が高まり企業にとっても肯定的な効果が生ずること，そして労働時間の短縮は中期的に雇用を創出し，失業問題の解決と予防にも役立つこと等をあげる。

実労働時間短縮のためには法定労働時間を週44時間から週40時間に短縮し，週5日勤務制を実施するとともに超過労働の制限，休日・休暇の拡大，産業別労働時間短縮の協約の促進等の措置を並行しなければならないと主張し，実労働時間短縮の成果をあげるためには上記の内容を含む'労働時間短縮特別法'の制定が必要であると強調している。

労働時間短縮特別法の主要な内容は，全社会的に生活水準の質の向上のための労働時間短縮計画を樹立し，実労働時間の短縮を推進するために，20名以内の労使政同数で構成される'労働時間短縮委員会'の設置（第5条），産業別特性による実労働時間短縮のための労使同数で構成される'産業別労働時間短縮委員会'の設置（第6条），構造調整または景気沈滞等で大量の人員整理が不可欠な場合に労働時間短縮を通じたワークシェアリングの義務化（第7条），実労働時間の短縮を促進するための超過労働時間を週当り7時間に制限すること（第8条），国際的基準により生活水準を引き下げない実労働時間の短縮に関する基本原則を明示すること（第9条），労使間の労働協約を通じた生活水準の低下のない実労働時間の短縮を促進するために所得保全基金を造成すること（第10条）等を含めている[181]。

---

(181) 全国民主労働組合総連盟『労働時間短縮特別法制定に関する請願』（2000年6月）参照。

(2) 経営者の立場

労働時間短縮に対する経営側の基本立場は次のとおりである。

第1に，現在の時点で法定労働時間短縮は時期尚早であるという。現在の経済状況の下で法定労働時間の短縮は企業の過重な負担と勤務雰囲気の阻害を生じ，中長期的にはむしろ失業率が高くなる等副作用がより大きい。法定労働時間の短縮は産業社会の発展とともに将来持続的に推進していく性質のものであり，その時期と短縮方法を休日・休暇および労働時間制度等と結び付けて論ずる必要がある。法定労働時間はその国の社会・経済的な状況等を総合的に考慮し決定しなければならず，現在1名当りの国民所得が8,500ドルにすぎない韓国の現実からいうと週40時間への法定労働時間の短縮は無理であるとする。

第2に，法定労働時間短縮は賃金の削減を前提として論じなければならないという。実労働時間が短縮される場合にはそれに対応する賃金の削減はやむをえず，仮に労働時間が短縮されたにもかかわらず賃金は従来どおりに支給されるとするならば企業は過重な負担を負うこととなり，結局，企業の競争力を弱体化させる結果になる。特に労働力を維持する費用が相対的に高い韓国の人件費の構造を考慮すると労働側が主張する賃金の削減のない労働時間の短縮は企業の雇用調整を強いる逆効果が出るとする。

第3に，労働時間短縮は個別企業レベルで推進されるべきであるという。ワークシェアリングは個別企業レベルで実労働時間の短縮を通じて行われることが望ましい。実際に企業では解雇回避努力の一環として実労働時間の短縮を推進しているところが多い。政府も解雇回避努力の一環として実労働時間を短縮する場合，雇用維持支援金を支給している。

第4に，雇用の創出は企業の競争力回復を通じて生ずるものであるという。韓国経済が現在の危機状況を克服するためには何よりも極度に低下した企業の競争力を回復させる努力が必要である。それこそ韓国の企業の収益性を高めるとともに懸案となっている外国人投資を活発化させる契機となり，中・長期的には時間短縮より遥かに高い雇用を創出する効果が生じる。

その他に経営者側は月次有給休暇の廃止・年次有給休暇の上限の設定および有給生理休暇の廃止，割増賃金率の引下げ（現行50％→25％），弾力的

労働時間制の拡大，裁量労働時間制の適用範囲の拡大，労働時間および休日・休憩の適用範囲の縮小，退職金制度の改善等を決定，労働時間短縮と結び付けて論じなければならないと主張する[182]。

　(3)　労使政委員会のおける論議と労働時間短縮関連基本合意

　労働時間短縮の問題は，労使政委員会で論議が行われ，その推進と関連した基本原則に合意できた。以下ではその論議経過と合意内容，そして争点となった点に対する主張等についてごく簡単に述べることにする[183]。

　1)　論議経過

　労使政委員会では労働時間短縮の問題を同委員会傘下の労使関係小委員会で論議させた。そこで政府が法定労働時間の短縮に肯定的な姿勢をみせるや，経営側も正面から反対する態度を変え，関連休日・休暇制度等の改編を条件に論議できるとした。2000年5月17日労使政委員会本委員会では労働時間短縮の問題，関連賃金および休暇・休日問題を扱う特別委員会の設置を議決し，同年5月30日に同委員会は労働時間短縮の問題と関連し労使共同成長を前提に年度内に立法を推進することに合意した。

　2000年5月24日に発足した労働時間短縮特別委員会は労働者委員・使用者委員・政府代表・公益委員で[184]構成されこれまで毎週1回以上の会議の開催，各種の懇談会，政策討論会，ワークショップ，国内・国外の実態調査，専門家の招請討論，関連団体の意見の聴取等を行った。そして2000年10月21日に労働時間短縮特別委員会は労働時間短縮関連基本原則に対する合意に達し，同合意文は2000年10月23日に労使政委員会本委員会を経て，

---

(182)　韓国経総者協会『労働時間制度の現況と改善方案』（政策調査資料2000-01-07，2000年5月）参照。

(183)　労働時間短縮の問題をめぐる労使政委員会での争点および論議について詳しい状況は，金哉勲「労働時間短縮の争点と法政策的方向」『労働時間短縮および非典型労働者保護に関する労働法的検討』（韓国労働法学会，2000年度秋季学術大会，2000年9月）参照。

(184)　労働者側の二大代表団体のうち民主労総側は労働時間短縮の問題を労使政委員会でなく大統領直属機構である特別委員会で扱うことを主張し，労使政委員会での論議には参加していない。現在は韓国労総側のみが労働者委員に委嘱され論議に参加している。

労働時間短縮に関する基本合意書として採択され，現在ところ労働時間短縮の問題は社会的問題として議論されている。以下では合意文の主な内容をみる。

 2) 労働時間短縮関連基本原則に対する合意

 上の合意文の最も大きな特徴は，労働側では業種と規模を勘案した労働時間短縮過程を，経営側では労働時間短縮過程で労働者の生活水準が低下しないようにすることで各々譲歩したことである(185)。

 合意文では前文で，年間労働時間が2,500時間に上る韓国の労働実態から21世紀の知識情報化時代に対応し労働者の生活水準の質の向上および創意力の向上と国の競争力を高めるために労働時間を短縮し，関連賃金および休日・休暇制度等を改善する必要性が大きいことに国民的な共感が形成されたことを確認した。また労働時間短縮および関連賃金，休日・休暇制度の改善と関連し指向する基本目標は，可能な限り業種と規模を勘案し，年間の労働時間を2,000時間以内に減らすことにあると宣言している。

 上記の目的の達成のために勤基法の早急な改正を通じ法定労働時間を週当り40時間に短縮し週5日勤務制を定着させる一方，休日・休暇制度を国際基準にふさわしいものに改善・調整し，実際に使える休日・休暇日数を拡大するとともに，労働時間短縮の過程で労働者の生活水準を低下させず生産に支障が生じないように労使とも改善された労働時間および休日・休暇制度を効果的に活用していく方法を講ずることに合意した。このような制度の改善とともに過去の数量中心の経営方式から創意的で活力のある生産体制に変えていくように意識と慣行を改善していくよう努めることにも合意した。また労働時間短縮は国民の生活水準全般に影響を及ぼす重大な問題であり，社会各部門の関連制度および慣行も改善されなければならないという認識でも一致した。

 上記の前文内容の細部合意事項は，ⅰ)現在年間2,497時間に上る労働時

---

 (185) 労働時間短縮特別委員会での論議過程で，労働側は中小企業と大企業間の労働条件格差緩和のためにも全面的な法定労働時間短縮の施行を主張し，他方，経営側は無労働に対する無賃金の原則等をあげ，法定労働時間の短縮は賃金削減を前提としなければならないという立場をとって対立した。

間を関連賃金，休日・休暇制度の改善等を通じて，2,000時間以下に減らすこと，ii) 労働時間制度の改善は労働者の生活水準の質の向上および創意力を高めることにより雇用および教育訓練機会を拡大し，他方，生産性向上を通じた企業競走力の強化等を通じ共生の改革を推進すること，iii) 労働時間制度改善は経営・雇用システムおよび国民生活に及ぼす影響が極めて大きく国民的な共感を土台にして推進し，国際基準にふさわしいものにし国民全体の生活水準の質を改善すること，iv) 政府が年内に勤基法改正案を国会に提出し，法定労働時間を週40時間に短縮して社会全体に週5日勤務制を定着させていくこと，v) 長時間労働時間を減らし，時間当りの生産性向上を促進するために時間外・休日労働を自律的に減ずる方策を講じる等労働時間を効果的に活用できる方法を講ずること，vi) 政府は労働時間短縮を促進するために様々な施策を講じ，社会全体に週5日勤務制が順調に定着するように学校授業5日制，教育訓練および余暇施設の拡充等社会的環境を整備する方法を講じること，vii) 労働時間短縮の実質的な効果を高めるために国民全ての意識と慣行が改善されるよう努めること等である。

(4) 労働時間短縮に関連する細部争点に対する論議内容

労働時間短縮と関連した基本合意は成立したものの，その制度化の過程においては当然に労使の対立が生ずる。以下では上記の細部合意事項に対する労使の立場を簡単に述べておく。

1) 超過労働短縮に方法

現在長時間労働の相当部分は超過労働時間によるところが多く，労働側はその短縮の方法として日・月単位超過労働限度を新設し，週単位の超過労働時間の限度を短縮し（例；週10時間），時間外労働手当の割増率を引き上げ残業時間滞増による累進割増率の導入等を主張している。他方，経営側では現在の高い割増率（50％）は企業の負担を加重させ競争力を弱化させる原因となっているとし，割増率を25％に引き下げることを主張する。

それと関連し超過労働に対する補償を金銭補償と時間補償の中から選択できる選択的補償休暇制の導入と関連する論議が行われているが，経営側では選択的補償休暇制の導入において1年単位の弾力的労働時間制が採択されない場合には休暇補償比率は100％に設定することを要求している。

2）労働時間制度の弾力化方策

労働形態の多様化にともない弾力的労働時間の単位期間を延長し，裁量労働の適用範囲を拡大することが主張されている。これに対し労働側は先進諸外国のように実労働時間が週40時間未満になることを前提に日・週・月単位の労働時間の上限を厳格に規定し，産業別・業種別交渉体系が行われるならば労働時間の弾力化を前向きに検討することはできるが，裁量労働の場合に縦断的な労働市場・企業人事管理の非民主性・職務中心の労働市場の未形成等を理由として，その拡大に反対する立場をとっている。経営側は法定労働時間の短縮による企業負担を緩和するために1年単位の弾力的労働時間制を導入することを主張しているが，営業職・ベンチャー産業等における裁量労働制の導入，事業場外のみなし労働時間制度等の補完の必要性を提起し，韓国労働市場の内部的な弾力化を図ることを主張している。

3）労働時間の短縮による賃金

法定労働時間の短縮分の賃金をどう調整するのかをめぐって紛争が生ずる恐れがあるから，これに対する対策を講じる必要がある。労働側は労働者の生活水準の質の向上を図る労働時間短縮の趣旨に照らし労働時間短縮による賃金の削減を受け入れることができないと主張するが，経営側は労働時間が短縮された場合に無労働に対する無賃金の原則を適用し短縮された時間に対する賃金の削除は当然であると主張する。

ところで，2000年10月23日に労使政委員会本委員会で採択された労働時間短縮の基本原則に関する合意文では，労働時間短縮の過程において労働者の生活水準が低下しないようにするとし，この問題に対してはある程度労使間で意見が折衷されたといえる。

4）年・月次有給休暇制度改善の方策

韓国特有の月次有給休暇制度を年次有給休暇に統合する方策がいくつか提起されている。労働側は月次有給休暇制度を廃止することは不可能であり労働者が事業場の事情（厳密にいうと休暇をとりにくい雰囲気）と低賃金のために休暇の使用率が低い側面があるから，まずは所有と経営の分離等といった企業民主化の措置を先行することと定員維持および時間短縮の時の賃金保全や労働条件の大幅な改善等を通じて解決しなければならないと

主張している。また年次有給休暇制度に対しては使用要件の緩和（たとえば5割以上出勤した時にも与えること）とともに，休暇の消化率の低い原因は主に使用者側にあるとし，労働者が自由にそれを使用することができるよう時期変更権を廃止すること，一定の休暇日数の超過の時の手当代替規定[186]廃止等を主張し，経営側が主張するような上限線の設定に反対する。

他方，経営側は月次有給休暇は週6日勤務制を前提とするものであり，韓国の公休日または団体協約上の有給休暇が多いからこれを廃止することを要求し，また年次有給休暇に対しては上限線を20に設定し，使用者が休暇使用を勧誘したにもかかわらず労働者が使用しなかった場合に，手当の支給を禁止する方策を作ることを主張し，休暇を消化できる環境を作ると同時に，日数は合理的に調整されなければならないという立場をとる。

5) 有給週休制改善の方策

勤基法第54条では使用者は労働者に対し1週に平均1回以上の有給休日を与えなければならないと規定しているが，週40時間に法定労働時間が短縮され週休2日制が施行されるとその内1日の休日を有給とするのか否かが問題となる。労働側は有給週休の無給化に反対するが，経営側は有給週休制度は賃金体系を歪曲させ事実上無労働に対する無賃金の原則に反するものであり，無給としなければならないとする。

6) 女性・年少者保護規定の改善方策

勤基法第71条の有給生理休暇規定[187]，第68条の女性労働者の夜業・休日労働の原則的な禁止規定[188]，第69条の女性労働者の時間外労働日・月・年単位上限線の規定[189]，第67条の年少者の労働時間制限に対し[190]，

---

(186) 勤基法第59条第2項は，年次休暇総日数が20日を超える場合にはその超過する日数に対し通常賃金を支給し，有給休暇を与えないことができると規定している。

(187) "使用者は女子である労働者に対し月1日の有給生理休暇を与えなければならない。"

(188) "女子と18歳未満である者は，午後10時から午前6時までの時間に労働させてはならず，また休日労働に従事させることができない。ただし労働者の同意と労働部長官の認可を受けた場合にはその限りではない。"

(189) "使用者は18歳以上の女子に対しては労働協約のある場合であっても1日に

改正の論議が行われている。女性労働者の場合には過保護がむしろ就業を妨げる原因として作用しうる余地はないかが論議されており、年少者の場合には比例的に基準時間を短縮すべきかが問題となっている。

労働者は有給生理休暇制度を存置し、むしろそれを自由に使用できるようにし、女性労働者の労働条件関連規定の改善は女性および母性保護規定と結び付けて検討しなければならないとし、先進国に比べてみてもいまだに低いのが実情であり、それをさらに引き上げなければならないという。年少者の労働時間に対する勤基法規定も法定労働時間短縮によって実現しなければならないとする。他方、経営側は有給生理休暇制度は前近代的な過剰保護条項であり、経済活動の成熟化・医学の発達・週休2日制の導入にともなって廃止されなければならないと主張する。

7) 短縮日程

労働側では法定労働時間短縮を段階的に施行することを主張していないが、経済側は相当の猶予期間をおいて法定労働時間短縮を推進させなければならないとし、法定労働時間の短縮は単純な労使問題に限られるものではなく経済・社会・文化全般にわたりその影響が極めて大きい国家的な大事であるとし、特に猶予期間をおくことなくそれを実施すると超過労働が相対的に多い中小企業にとっては経営上大きな負担になるという。

しかし、2000年10月23日労使政委員会本委員会で採択された労働時間短縮の基本原則に対する合意文では労働時間短縮の日程を業種と規模を勘案し推進するとし、これから具体的な業種および規模ごとの推進日程が協議されるものと予想される[191]。

   2時間、1週に6時間、1年に150時間を超えて時間外労働をさせることができない。"
(190) "15歳以上18歳未満である者の労働時間は1日に7時間、1週に42時間を超えてはならない。ただし、当事者間の合意により1日に1時間、1週に6時間を限度に延長することができる。"
(191) 1989年法定労働時間を48時間から46時間を経て44時間に短縮するときに、300名以上事業場と金融保険業種に対し優先的に実施することにより、業種別・規模別段階的な移行措置をとったことがある。

8) 公共部門の役割

法定労働時間短縮の時に公共部門または民間部門のどちらが先導的な役割を果たすのか。労働側は韓国社会の特徴からすると政府および公共部門の先導的な役割が重要だとし，政府が模範をみせること，また比較的に公共部門労働者の労働条件の水準が高いことからみても，政府および公共部門で先に行われるべきであるという。これに対し経営側は，公共部門の役割は民間・政府部門等全ての部門を総合的に検討し論議されなければならないと主張する。

この問題に対する政府関連部署である行政自治部は民間企業において一般化し，その後社会的共感が形成された後に政府また公共部門で実施することが望ましいという立場をとり，他方，教育部は企業体および官公署における週5日勤務制の定着等，社会的条件が成熟した場合に週5日制の授業が可能であるという。また金融界である金融監督委員会では金融業が基本的に民間部門であり労使自治に任せることが原則であるとし，金融部門が先行することには慎重に考えることが必要であるとし，銀行および保険業種が先行することは困難であるというが，証券業はそれほど大きな問題は生じないであろうという見解を述べている[192]。

9) 政府の支援

労働時間短縮と関連する政府の支援に対し，労働側は法定労働時間の短縮による雇用創出ができるように支援金等の各種の支援対策を講じなければならないとし，あるいは'社会的労働時間短縮計画'による事業にともない生活水準の低下のない実労働時間の短縮を促進するために，所得保全基金および労働時間短縮支援センターを設立し，運営しなければならないとする。また政府支援の場合の財源は労使が負担することは望ましくなく，1989年の労働時間短縮の時の経験からみて財源の確保のない支援方策は実効性を欠くものにならざるをえないと指摘する。

---

[192] 労使政委員会労働時間短縮特委第8次会議 (2000.7.21) に提出した各関連官庁と団体の意見，労働時間短縮に関する立法論的論議については，李哲洙・姜賢珠，"労働時間短縮のための制度改善に関する研究"『法学論輯　別冊』(梨花女子大学法学研究所，2000年) 参照。

第2節　個別的労働関係法　335

4　小　結

　法定労働時間は1953年の勤基法の制定の時から1日8時間，1週48時間制で維持されてきたが，1989年法改正で　1日8時間，1週44時間制に短縮された。しかしその実効性には疑問が多い。多くの事業場において労働時間は守られておらず，監督機関である労働部も監督に消極的であった。1960年代のドイツ，1970－1980年代の日本の場合と類似する国民経済の発展のために熱心に働かなければならないという意識が社会の根底にあったからである。1987年以後労働側は主に賃金の引上げに努め，労働時間の問題に対する関心はそれほどなかった。1996年の労改委論議の過程においても労働側が労働者の生活の質の向上のために公式的に週40時間労働時間制を主張したが，それは当時の状況からいうと経営側が要求した変形労働時間制を防禦するための戦略的な立場から出たものと理解することができる。

　しかし1997年末，経済危機の状況の中で大量の失業が生じ，また新自由主義の旗の下で広範にわたる構造調整が行われ，労働側は労働者の生活の質の向上を図るとともに失業対策の一環として仕事の創出（job-sharing）のための有力な代案として法定労働時間の短縮を強力に主張した。

　最近労使政委員会では労働者の社会的衡平化の要求を受け入れ，1日8時間，1週40時間に法定労働時間を短縮することに合意した。同時に同合意の中には経済的効率性の観点から企業競争力を強化し，労働生産性を高めるために変形労働時間制の改善，休日・休暇制度の改善等の検討も含まれている。

　しかしこの問題が具体的にどのように制度化されていくのかは予断を許さない。全ての事業に一律的に適用することは考えられない。そのためには規模別，業種別に実態調査を行い，そして経済的な波及効果等を綿密に検討する必要があろう。ところが経営側は変形労働時間制と休日・休暇制度の改善を結び付けて論じることを主張するが，労働側はそれに否定的であり，これから相当の論争が生ずることと予想される。

III 就業規則の不利益変更：衡平性の強化と効率性の加味

1 韓国就業規則法理の特徴

勤基法第97条第1項但書で"就業規則を労働者に不利益に変更する場合にはその同意を得なければならない"と規定している。同規定は1989年3月29日法改正の時に明文化された。しかし就業規則の不利益変更に関する法理は明文化以前の段階ですでに確立されていたので、これを立法的に確認したものといえる。これは整理解雇と同様に判例の法形式の機能を確認した典型的な事例(193)だと評価できる。

1970年代後半から最高裁は一貫して就業規則の不利益変更の時には、労働者代表の同意をえなければならず(194)、あるいはその同意の方法は集団的な意思決定によらなければならず(195)、もしくは個人的に同意をしたとしても効力を有せず(196)、労働者の会議方式による同意が必要である(197)と判断した。判例法理が政策的な考慮でなく具体的に法理的な根拠を提示していることも特徴として指摘することができよう。最高裁は、①勤基法の保護法的精神、既得権保護の原則、②労働者は団体として行動する時に実質的に使用者と対等の立場に立つことができるということが労働法の基本的な立場であること、③個別的同意の効力を認定すると就業規則の基準に達しない労働契約の効力を否定する就業規則の強行的効力が無意味になる恐れがあること、④個別的同意の効力を認めると一つの事業場に多数の就業規則が存在する結果となり就業規則の統一性・画一性の要請に反すること、⑤集団に適用されるべきの法規範の変更に集団の同意が必要であることは一般の法規範の変更手続としても妥当であること等多くの論拠をあ

---

(193) 林鐘律「就業規則の性質と変更節次」『法律新聞』1388号12頁；李哲洙「就業規則に対する判例法理と問題点」『司法行政』392号。
(194) 大法院1976.7.13.76ダ983退職金。
(195) 大法院1977.7.26.77ダ355退職金〈ソウル高法1977.2.10.76ナ2596事件の上告審〉。
(196) 大法院1977.9.28.77ダ681。
(197) 大法院1977.12.27.77ダ1378。

げている(198)。このような最高裁の断固なる立場は合理性をその判断基準とする日本の就業規則法理より'進歩的'であると評価するものもいる(199)。

ところが韓国では明文化以後に法適用において混乱が生じている。すな不利益性'の判断をめぐって見解を異にする判決もあれば，新たな基準として'社会通念上の合理性'を導入する判決もあり，より複雑に展開している。また従来の見解を覆し，一つの事業場に2つの就業規則が並存することができるとしたことや，労働協約による遡及的追認を認める等法理的な根拠というより構造調整の過程で会社の支払能力等を勘案した政策的考慮が就業規則法理に影響を与えている。

以下では実際に事案として争われた就業規則の法理の展開過程と争点を紹介する。

2　解釈論上の争点
(1)　不利益性の判断の混乱

就業規則の不利益変更の判断は，原則的に事実判断の領域に属し，後述の就業規則変更の合理性問題とも連関している。すなわち合理的な理由がある限り就業規則の変更は最初から不利益な変更に該当しないとみる余地もあるからである(200)。

勤基法は不利益について具体的な解釈基準を定めておらず，それは解釈論に任されている(201)。問題は有利な変更と不利な変更が混在する場合である。

判例の多くは，有利な部分と不利な部分の対価性・関連性を重視し，総

---

(198)　大法院1977. 7 . 26. 77ダ355退職金〈ソウル高法1977. 2 . 10. 76ナ2596事件の上告審〉。

(199)　李鴻薫「労働者の同意を得ないで変更される就業規則の効力」『大法院判例解説』第11号 (1990年)。

(200)　実務では不利益の判断が不当であり，あるいは不可能な場合が多いから，むしろ合理性の判断が必要であると主張する者もある（金治中「就業規則の'不利益変更'如何を判断する基準」『大法院判例解説』第19－2号 (1993年))。

(201)　金亨培，前掲書，215頁；李炳泰，前掲書，878頁；林鍾律，前掲書，322頁。

合的に判断しなければならないとする。そこで改正前後の給与の水準を比較して給与が低くなったとするならば不利益変更に当たると判断した例がある(202)。就業規則の不利益変更が主張された事案において不利益性に関し判断したところをみると、賞与を退職金算定の基礎賃金から除外したとしても累進制を採択し勤基法が規定した退職金を上回る場合(203)、退職金を非累進制に変え賃金引上げ等の有利な変更が同時に行われた場合(204)、旧就業規則上の懲戒事由を類型化・細分化した場合(205)、新設手当を退職金算定基礎賃金から除外した場合(206)には不利益変更に当たらないとした例がある。他方、有利・不利が混在する事案に対する判例として、不利な部分は無効となるが不利でない部分は有効であるとした事例もあり(207)、労働者の一部に有利であるが一部に不利な場合には不利益変更と解した事例(208)もある。

(2) '社会通念上の合理性' 観点の導入

1980年代後半になって判例は労働者に不利であっても社会通念上合理的なものである場合には不利益な変更だと解することができないとしている。すなわち就業規則の不利益変更が労働者にのみ一方的に不利なものでなく合理性があるものと認められる場合には集団的な同意を要する '不利益変更' ではないから使用者が一方的に変更したとしてもそれは有効であると解する。

---

(202) 大法院1992. 4 . 10. 91ダ37522賃金。
(203) 大法院1979. 2 . 27. 78ダ2372退職金。
(204) 大法院1984. 11. 13. 84ダカ414退職金。
(205) 大法院1994. 12. 13. 94ダ27960解雇無効確認等；大法院1999. 6 . 22. 98チュ6647不当解雇救済再審判定取消。
(206) 大法院1997. 8 . 26. 96ダ1726退職金。
(207) 大法院1994. 6 . 24. 92ダ28556退職金；大法院1997. 2 . 28. 95ダ49233退職金〈大法院1994. 6 . 24. 92ダ28556判決の破棄差戻し審の上告審判決〉。しかしこれは事実関係の特殊性を考慮した結論であると思われる（金治中「15年の勤続期間に対する支給率のみ定められている退職金規定を15年までの支給率は引き下げその後支給率を改めることを内容とする改正の効力」『大法院判例解説』第22号（1995年）参照）。
(208) 大法院1993. 5 . 14. 93ダ18072；大法院1993. 5 . 14. 93ヌ1893退職金。

労働者にのみ不利な場合には合理性がないとした事例[209]，職員に公務員と同様の清廉性を要請した免職事由の追加が合理性があるとした事例[210]，免職事由の中で労働者の同意を必要としない部分（死亡，禁錮以上の刑の確定，限定治産・禁治産宣告，破産宣告，公民権の停止・剥奪）の変更の合理性が認められた事例[211]等が現れ，判例の傾向から就業規則の不利益変更時の'合理性'の判断が新たな解釈の課題となると予想された[212]。

　この種の議論は政府傘下機関の退職金請求事件を契機に本格的に論じられた。韓国では退職金規定がほとんど同じ時期に一斉に変更されたことがあった。1980年初め第5共和国政府が政府傘下機関の経営合理化の措置の一環として過多に策定されている退職金規定を改正することを指示し，1980年末から1981年までに大部分の政府傘下機関が従前の退職金規定を累進制から単数制に改正したが，その過程において労働者の集団的な同意手続をとらなかったことが問題となった。1980年代後半になり政府の強圧的な労働政策が後退し，また労働者の権利意識の向上により，政府傘下機関で下向調整された退職金規定により算定した退職金のみを支給された退職者による退職金請求訴訟が多発し，'社会通念上の合理性'の判断と関連して就業規則法理が争点となった。これらの事案はほとんど例外なく政府傘下機関の経営合理化のための政府の指示によった退職金規定の改正であり，'社会通念上の合理性'が認められなければならないとの主張もあった。また下級審判決例の中でも給与の水準が高いこと，経営合理化の必要性に比べて労働者の受ける不利益の程度が受忍の限度を超えるものではないこと等を根拠にその主張を受け入れたものがあった[213]。最高裁は経営

---

(209)　大法院1988．5．10．87ダカ2578退職金。

(210)　大法院1988．5．10．87ダカ2853解雇無効確認。

(211)　大法院1989．5．9．88ダカ4277解雇無効確認等。この判決は無断欠勤の部分は合理性がないと判断した。

(212)　大法院1989．5．9．88ダカ4277解雇無効確認等事件の判例評釈を通じ大法院の裁判研究官は，就業規則が事業場の行為準則である場合と基本的労働条件である場合とを区分する方法を代案として提示したこともこのような考え方によったものと理解できる。李鴻薫「労働者の同意を得ないで変更される就業規則の効力」『大法院判例解説』第11号（1990年）。

(213)　ソウル高法1992．4．10．91ナ33621退職金〈大法院1994．4．12．92ダ20309事

合理化の必要性だけで直ちに社会通念上の合理性が認められることにならないと解し，1980年初めの退職金規定の不利益変更を無効と判断した[214]。合理性要件が就業規則の不利益変更の効力の判断において重要な要件となっている。

すなわち，これまでは社会通念上の合理性という要件が，賃金または退職金請求事件をめぐって争われてきたが，経営体質改善のための人事・労働条件制度の積極的な不利益変更，雇用維持を前提に経営危機の克服のための不利益変更，経営環境変化に積極的に適応するための制度改革の過程における不利益変更等の場合に'合理性'があるものと認められる可能性がある[215]。したがって不利益変更の動機以外にも，不利益変更と対価的に改正された労働条件の改善内容[216]，改正手続の中で労働者の意見を反映させた程度等を含めて多様な諸般の事情がこれから訴訟において争われ

件の原審〉；ソウル高法1992．12．2．91ナ52646退職金〈大法院1993．5．1493ヌ1893判決の原審〉；ソウル高法1992．9．17．92ナ253退職金〈大法院1993．9．14．92ダ45490判決の原審〉。最近，ほぼ似ている事実関係の事件で，社会通念上の合理性が認められた判決例があった（大法院2001．1．5．99ダ70846退職金）。

(214) 大法院1989．8．8．88ダカ15413；大法院1990．3．13．89ダカ24780決定；大法院1992．9．14．91ダ46922；大法院1992．11．27．92ダ32357；大法院1992．11．10．92ダ30566；大法院1993．1．26．92ダ49324；大法院1993．5．14．93ヌ1893〈ソウル高法1992．12．2．91ナ52646判決の上告審〉；大法院1993．8．24．93ダ17898；大法院1993．9．14．92ダ45490〈ソウル高法1992．9．17．92ナ253判決の上告審〉；大法院1994．4．12．92ダ20309〈ソウル高法1992．4．10．91ナ33621判決の上告審〉；大法院1994．5．24．93ダ14493；大法院1994．6．24．宣告92ダ28556；大法院1994．7．29．93ダ28492；大法院1994．10．14．94ダ25322；大法院1995．7．11．93ダ26168（以上の退職金請求事件）。最近，ほぼ似ている事実関係の事件で，社会通念上の合理性が認められた判決例があった（大法院2001．1．5．99ダ70846退職金）。

(215) 林鐘律，前掲書，322頁。

(216) 同様に立場にたつものとして，合理性が認められる就業規則の変更まで労働者の集団的同意を要するとし，それを厳格に解するならば労働者と使用者との衡平に反する（特に不利益変更部分に対する補償的措置として有利に変更された部分のみを有効と解する場合）という主張もある。金治中「就業規則の'不利益変更'如何を判断する基準」『大法院判例解説』第19－2号（1993年）。

ると予想される(217)。

(3) 2つの就業規則の並存―新規入社者と既存労働者に対する分離適用

本来最高裁は不利益に変更された就業規則が集団的な同意を得ない限り無効であると解していたので，当然に新規入社者に適用する就業規則は変更される以前の就業規則であると解した(218)。就業規則の不利益変更において労働条件の労使対等決定原則が貫徹されなければならないとする初期の判例法理によると当然の結論であったといえる。しかし最高裁は全員合議体判決で次のような趣旨で従来の立場を変更し(219)，それはその後の多数の判決により支持されている(220)。

"使用者が就業規則で定めた労働条件を労働者の同意を得ずに不利に変更する場合に，その変更により既得の利益が侵害される既存の労働者に対する関係ではその変更の効力が及ばず，従前の就業規則の効力がそのまま維持されるが，その変更の後に変更された就業規則による労働条件を受容し，労働関係を有する労働者に対する関係では当然に変更された就業規則が適用されるのであり，既得利益の侵害という効力排除事由のない変更後の就労労働者に対してまでその変更の効力を否認し，従前の就業規則が適用されなければならないとみる根拠はない(221)。"

---

(217) 最近構造調整の一環として行われた賃金削減が就業規則の不利益変更または労働協約の限界の問題として争われる事例が多くみられる（ソウル地法2000.1.13.98ガ合104739賃金）。
(218) 大法院1990．4．27．89ダカ7754退職金；大法院1990．7．10．89ダカ31443退職金；大法院1991.12.10.91ダ8777, 8784退職金。
(219) 大法院1992.12.22.91ダ45165退職金判決の多数意見。
(220) 大法院1993．1．15.92ダ39778退職金；大法院1996．4．26.94ダ30638退職金；大法院1996．9．10.96ダ3241退職金；大法院1996．9．10.95ダ15414退職金。
(221) しかし全員合議体判決においては反対意見もあった。その要旨は，①多数意見は就業規則の改正は既存の労働者に適用させる目的を有していた一般的な法現実を外面した論理であること，②多数意見は就業規則の不利益変更を既存の労働者に対しては従前の就業規則を適用するという規定をおいた場合と同様の擬制をしたものであること，③新規入社者に既存の労働者には適用されない就業規則による労働条件を受容し就業する意思があったものと解するのは，就業

上記の全員合議体判決の意義に対し，学説は，最高裁全員合議体判決が法規範説から契約説にその立場を変えたものと解するものと[222]，同意を得ずに不利益に変更された就業規則の効力を絶対的に無効だと解するのか，それとも相対的に有効だと解するのかの問題にすぎず，法規範説の矛盾を正し契約説をとったものと解することはできないとするもの[223]に分かれる。しかし就業規則の法的性質に対する論議よりも重要なことは就業規則法理の現実的な機能に対する理解方法に変化が生じたことである。従来の判例は就業規則不利益変更法理の規範的要請は単に既存の就業規則の適用を受けていた労働者の既得権の保護にあるだけではなく，就業規則の保護法規的性格および労働条件の労使対等決定原則等複合的な規範的要請によるものと解していた。ところが最高裁全員合議体判決は労働者の集団的同意の規範的要請を既得権の保護の次元の問題とみて新規入社者には新たな就業規則が適用されるという結論となっている。それは就業規則法理の現実的役割ないし規範的要請に対する理解方法の変化を意味する。最近の判例として一つの事業場の現行の就業規則は変更された新就業規則であり旧就業規則は既得利益が侵害される既存の労働者にのみ適用されるとしたもの[224]，何らかの事情により既得利益を有していた労働者に既得利益がなくなった場合には新就業規則が既存の労働者にも適用されるという[225]趣旨で判断し，就業規則法理の規範的要請が既得権の保護にあることを確認している。

(4) 同意の方法

同意の方法と関連していくつかの争点が出ている。

第1に，不利益変更に個別的に同意ないし黙示的に追認した労働者に不

規則の法規範性に反すること等である。他方，多数意見の中には具体的な事案の事実関係に照して就業規則の不利益変更の問題ではなく労働協約の適用範囲と関連した問題としてみるべきであるとする主張もみられる。
[222] 金亨培，前掲書，214頁。
[223] 林鐘律，前掲書，324頁。
[224] 大法院1996.12.23.95ダ32631退職金；大法院1997．7．11.96ダ45399退職金等。
[225] 大法院1997．8．26.96ダ1726退職金。

利益に変更された就業規則を適用することができるのか。

　下級審判決例の中には同意の方式は明示的・黙示的で可能であり集団的意思決定方法が事実上不可能であり，あるいは期待できない困難な事情がある場合には個別的同意であっても差し支えないと解したものと[226]，使用者による強迫またはその他の特別の事情のない限り労働者の黙示的な承認があったものと解釈できるとしたものがある[227]。しかし判例の主な傾向は黙示的で個別的な同意の方法を否定する[228]。

　第2に，変更後の追認が可能であるかである。

　前述のように就業規則の不利益変更が争われたのは1980年代前半の退職金規定の改正をめぐってであったが，その当時大部分の政府傘下機関には労働組合が組織されていなかったため就業規則の不利益変更に対する労働組合の同意もありえなかった。しかし1980年代後半から多数の判決を通じ1980年代前半の退職金規定の不利益変更の効力が否定され，事後に追認を得ようとする事例が増加し事後追認が可能なのかどうかが争われた。最高裁は，不利益変更の効力は集団的な同意があった後にのみ発生し遡及されないと判断したものもあれば[229]，労働組合の労働協約締結等を通じ不利益に変更された就業規則に対し事後に遡及的に追認することができると判断した事例もあった[230]。また労働組合による事後追認には不利益に変更された就業規則が無効であるという事情を知りながらこれを補完するため

---

(226) ソウル高法1992. 4. 10. 91ナ33621退職金〈大法院1994. 4. 12. 92ダ20309判決の原審〉；ソウル高法1992. 9. 17. 92ナ253退職金〈大法院1993. 9. 14. 92ダ45490判決の原審〉。

(227) 金亨培，前掲書，217-218頁。しかし金亨培教授は，同意を得ずに不利益に変更された就業規則が異議なく長期間施行されてきた場合に労働組合が労働協約締結の時に不利に改正された就業規則を遡及し適用することを約束したものと解することはできないとした。

(228) 大法院1991. 3. 27. 91ダ3031；大法院1993. 1. 26. 92ダ49324；大法院1994. 4. 12. 92ダ20309；大法院1994. 5. 24. 93ダ14493；大法院1994. 6. 24. 92ダ28556；大法院1994. 7. 29. 93ダ28492；大法院1994. 9. 23. 94ダ23180（以上，退職金請求事件）。

(229) 大法院19920. 11. 27. 89ダカ15939；大法院1990. 12. 26. 90ダカ24311。

(230) 大法院1992. 7. 24. 91ダ34073；大法院1992. 9. 14. 91ダ46922；大法院1993. 3.

に同意し，あるいは労働協約を締結した場合でなければならないとしたもの(231)，遡及的に追認することができる労働組合とは追認の当時の労働組合でなければならないとしたもの(232)等がみられる。この判決に対して学説は批判的である。

　　労働組合が労働者を代表する受任人の地位にあったとしても労働者の既得権を侵害する権限まで有していると解することはできない。したがって労働組合は労働者に不利な退職金規定を遡及し同意することができず，その旨の労働協約条項は何ら効力も生じない。なぜならば第三者の権利を侵害し，あるいは義務を設定する‘第三者に不利な契約’は民法第103条により無効であるからである。したがって労働組合が不利な退職金規定に同意する場合にはその同意の効力は将来に対してのみ生ずるものと解する(233)のが妥当である。

第3に，集団的意思決定法とは何を意味するものなのか。
判例は労働者が同一の場所に集合した会議において個人の意見表明が自由にできる適切な方法でなければならないと解する(234)。したがって使用者側の介入または干渉が排除されるよう機構別部署別に意見を交換し賛否の意見を集約し，全体的に集める方式は可能であるが(235)，個別的な回覧・署名を通じた方法では不可能であるとする(236)。特に1980年代前半政

---

　　　　　23. 92ダ52115(以上，退職金請求事件)。
(231)　大法院1992. 2. 25. 91ダ25055；大法院1992. 9. 14. 91ダ46922；大法院1992. 11. 27. 92ダ32357；大法院1993. 8. 24. 93ダ17898(以上，退職金請求事件)。
(232)　大法院1995. 4. 21. 93ダ8870退職金；大法院1997. 2. 11. 95ダ55009退職金。
(233)　金亨培，前掲書，216頁。
(234)　大法院1977. 7. 26. 77ダ355。
(235)　大法院1992. 2. 29. 91ダ26065退職金；大法院1992. 12. 22. 91ダ45156退職金。
(236)　大法院1991. 3. 27. 90ド3031；大法院1994. 6. 24. 92ダ28556；ソウル地法1994. 12. 22. 94ガ合65189退職金；ソウル地法1995. 6. 16. 94ガ単50715退職金；ソウル地法1996. 7. 25. 95ナ45162退職金返還。したがって事業場が地理的に分散されているなどの事情があるとしても回覧の方式によることができないとした判例もあれば（大法院1995. 7. 11. 93ダ26105退職金），特別の事情がある場合に回覧の方式による同意を認めた判例もある（ソウル地法1995. 6. 2. 94ダ合

第 2 節　個別的労働関係法　345

府傘下機関の退職金規定の変更の効力が争われた事案において，政府投資機関管理法，政府投資機関予算会計法，政府投資機関管理基本法等の関連法令の改正手続[237]，主務官庁の承認手続[238]，理事会議決議等定款規定の改定手続[239]，幹部社員である部長と室長の書面同意[240]等による同意方式の効力を一貫して否定している。

　第4に，労使協議会の労働者委員の同意を集団的な同意として解することができるのか。

　労使協議会の労働者委員に就業規則の改正案に対する意見聴取を委任した事情をあげ労使協議会の労働者委員の同意の効力を認めた判例があるが[241]，多くの判決例は労使協議会と労働組合がその本質において異なるものであり，労使協議会の同意を以て労働組合の同意に代えることができないとする[242]。

　第5に，労働組合代表者の個人的な同意を労働組合の同意とみることができるのか。組合分会長が労働者に代わって同意する権限を包括的な委任を受け，あるいは事前に労働者の意見を聴き，その意思表示を代理し行使したものと解することができないことを根拠に組合分会長の同意を否定した事例もあるが[243]，同事例での上告審は組合代表者の労働協約締結権を対内的に制限することができないという最高裁全員合議体判決（大法院1993．4．27．91ヌ12257労働協約変更命令取消）の趣旨により，組合分会長の

　　　　116353退職金）。
(237)　大法院1990.11.23.90ダカ16907；大法院1991．3．12.90ダ15457；大法院1992．
　　　 4.14.91ダ43954；大法院1992．6．23.91ダ30835；大法院1992.11.27.92ダ32357(以
　　　 上，退職金請求事件）。
(238)　大法院1991．9．24.91ダ17542退職金。
(239)　大法院1991．2．26.90ダ15662退職金；大法院1995．7．11.93ダ26168退職金。
(240)　大法院1994．4．12.92ダ20309退職金。
(241)　大法院1992．2．25.91ダ25055退職金。
(242)　ソウル高法1990．3．2.89ナ27081退職金等〈確定〉；大法院1994．6．24．92
　　　 ダ28556退職金；大法院1995．2．10.94ダ42860；ソウル高法1995.12.15.95ナ
　　　 15164債務不存在確認〈大法院1997．5．16.96ダ2507判決の原審〉。
(243)　ソウル高法1995.12.15.95ナ15164債務不存在確認〈大法院1997．5．16.96ダ
　　　 2507判決の原審判決〉。

同意を適法な同意と解したことがあった(244)。

3 小　結

就業規則の不利益変更の法理は就業規則に対する使用者の一方的な作成変更権を認めながら就業規則の保護法的な機能に着目し，労働条件の労使対等決定の原則を最小限度の水準で担保することにその意義があり，実質的には未組織労働者が多数を占めている現実に対する考慮がその根底にある。

1980年代前半，政府の指示により一方的に不利に変更された退職金規定の効力を争った多数の訴訟は当時の強圧的な政府の労働政策に対する反作用としての性格も有している。しかし就業規則法理の規範的要請に対する理解方法は新規入社者に不利に変更された就業規則の適用を認めた最高裁全員合議体判決を契機に変化しているといえる。就業規則法理は労働条件の労使対等決定という労働関係の民主性確保をその法理念としていたにもかかわらず，それを既得権の保護の問題に稀釈したのが現実である。これは初期の判例法理が低い組合組識率の状況の下で就業規則の保護的な機能を考慮したものであったのに対し，変更後の判例法理はそれに効率性を加え始めたことを現す。

さらに最近景気悪化とともに労働条件の不利益変更が就業規則または労働協約の変更の効力問題として多数の訴訟が提起されていて(245)，実務的にも理論的な解明が至急に要請されている。しかも最近勤基法改正の時の整理解雇条項および労働時間条項等において労働組合とは区別される労働者代表による同意条項が多数導入されているのが実情であり，就業規則，労働者代表による同意，労働協約の全体を包括できる法理の体系化が要請されているといえる。

---

(244) 大法院1997. 5. 16.96ダ2507債務不存在確認〈ソウル高法1995.12.15.95ナ15164判決の上告審判決〉。

(245) ソウル地法2000. 1. 13.98ガ合104739賃金。

Ⅳ　整理解雇：衡平性と効率性との緊張と調和

1　韓国における整理解雇法理の比重

韓国では整理解雇が解雇制限法理において特殊に取り扱われることはなかった。懲戒解雇と整理解雇の差別性が問題となった事例を除くと[246]，学界で整理解雇法理の成立が必要であるとする主張が提起される程度であった[247]。ところが1980年代後半になって最高裁が整理解雇の特殊性を認定し従来の判例で断片的に提示されていた整理解雇の正当性を判断するための基準を4つの要件に分けて一般論として提示したことがあり[248]，整理解雇に対する特別な規律がない状況では重要な代案として評価された[249]。その後多数の判決が同判決を先例として引用していた[250]。最近整理解雇の要件の法制化の過程における論議を除くと，韓国では整理解雇の法理は判例が多数の事例を通じ蓄積してきた整理解雇の正当性の判断基準をめぐり発展してきたといえる。以下では判例における整理解雇の要件に対する判断の傾向を4つの要件を中心にみることにする。

---

(246)　大法院1987. 4. 14. 86ダカ1875免職処分無効確認。この判決に対する評釈として，梁泰宗「懲戒解雇と整理解雇における正当な理由」『大法院判例解説』第7号（1988年）参照。
(247)　金裕盛「整理解雇に関する小考」『法学』第25巻第2・3号（ソウル大法学研究所，1984年）。
(248)　大法院1989. 5. 23. 87ダカ2132賃金等。
(249)　整理解雇による社会的・経済的問題点の深刻性を考えると，韓国もドイツまたはイギリスの場合のようにこの分野に関する立法を急ぐべきであるが，現在は勤基法第27条第1項により整理解雇を規律するほかないから，同条項の解釈と関連し整理解雇の一般的基準を提示した本判決が同種の事件を解決するにおいてはもちろんのこと，これからの立法活動においても一応の指針になるものと思われる。李宇根「整理解雇の基準」『大法院判例解説』第12号（1990年）。
(250)　大法院1990. 3. 13. 89ダカ24445解雇無効確認，ソウル高法1991. 1. 17. 89ナ38159解雇無効確認等〈大法院1991. 12. 10. 91ダ8647判決の原審〉。

2 判例法理の展開
(1) 整理解雇の要件
1) 緊迫した経営上の必要性

前述した先例としての最高裁判決以前には'緊迫した経営上の必要性'が何を意味するかに関する事例はなかった。ただし事務量に比べて過多である日雇労働者の数が長年の赤字の要因の一つである場合にその赤字の解消のための日雇労働者の解雇を正当とした事例[251]，ベトナム戦争の局地的な戦況の変化による現地就業労働者の解雇（雇用契約の解止）が正当ではないとした事例[252]，"製品の品質向上と原価削減のための最新自動機械の導入により生じた余剰人員と収支均衡を図るために一部製品の生産中断による余剰人員の解雇は公平な基準により人員を減らしたものであるならば正当な解雇とみることができる。"とした行政解釈[253]，減員が必要であり，あるいは転職が不可能な特別な事情を例示した事例が[254]ある程度であった。

上記の先例となった最高裁判決も緊迫した経営上の必要性がなければならないという一般的な原則は提示したものの，具体的な判断においては経営悪化の如何に対する直接的な判断というよりは，他の諸般の事情を考慮する多少迂回的な立場をみせたものであった。すなわち経営悪化の事実自体は認めるが，他の事情をあげて（海外クレイムによる損失，解雇後の新規採用）緊迫した必要性を否定する方法をとった[255]。

整理解雇の正当性を否定した他の事例においてもこのような迂回的な態度は共通にみられる。たとえば，職制が廃止されたが減員対象人員がすでに減少していたから経営上の必要性が否定されたもの[256]，整理解雇の実施に際し当該事業部門の営業譲渡があったが財閥企業が莫大な費用で引き

---

(251) 大法院1966. 4. 6 .66ド204。
(252) 大法院1970. 5 .26.70ダ523，70ダ524賃金等。
(253) 法務部例規1978. 2 .22. 法務811－3671。
(254) 労働部例規1984.12.10. 勤基1451－24180。
(255) 大法院1989. 5 .23.87ダカ2132賃金等。
(256) 大法院1987. 4 .28.86ダカ1873解雇無効確認。

受けたこと，譲渡以後解雇時まで経営事情が悪化されたことの特段の証明がなかったこと，経営悪化自体が機構の放漫な運営によるものではなく収益性のない事業を行った結果であること，対外的に信用評価に有利な条件が造成されたこと等諸般の事情を考慮し，緊迫した経営上の必要性を否定した下級審判例が[257]その例である。判例は経営上の必要性の判断に対し問題となった当該事業部門に限定してはならず事業全体を対象としなければならないという[258]。

大部分の判例は経営上の必要性に関する判断において一応使用者の経営悪化の主張を受け入れる傾向にある。たとえば，造船業界の不況，生産物量の不足・受注の不均衡による赤字運営，生産物量未確保により生産職労働者を非生産部門に従事させてきた事情[259]，輸出減少・ウォン貨評価切上・労賃上昇により採算性が悪化された事情[260]，骨材採取会社の事業竣工により事業部が廃止された事情[261]等の場合に，経営上の必要性を認めている。特に職制自体が改編・廃止された場合には経営上の必要性をより広く認定する傾向にある。たとえば警備員職制の廃止による警備員の解雇が正当であるとした事例[262]，会社人事管理規定により経営合理化方法の一環として行われた職制改編により採用過程または勤務形態が特殊な役員専属の運転手の解雇が正当であるとした事例[263]，経営政策により職制を

---

[257] ソウル高法1991．1．17．89ナ38159解雇無効確認等〈大法院1991．12．10．91ダ8647判決の原審〉。

[258] 大法院1990．3．13．89ダカ24445解雇無効確認等；ソウル高法1990．11．1．89グ11734不当労働行為救済再審判定取消〈大法院1992．5．12．90ヌ9421判決の原審〉。

[259] 大法院1987．5．12．85ヌ690不当労働行為救済判定再審判定取消。

[260] 大邱高法1987．7．18．88ナ5281損害賠償（其）。

[261] 大法院1990．1．12．88ダカ34094解雇無効確認等。この事案は緊迫した経営上の必要性を"企業が一定数の労働者を整理解雇しなければ経営悪化で事業を継続することができず，あるいは少なくとも企業財政が著しく困難な状況におかれる蓋然性がある場合をいう。"とし，多少厳格な立場をとりながら経営上の必要性を認めた。

[262] 大法院1989．2．28．88ダカ11145解雇無効確認（警備員職制の廃止）。

[263] 大法院1991．1．29．90ヌ4433不当懲戒救済再審判定取消。

廃止することは業務上必要でありその正当性が認められ，それに応ずることなく従前職制に固執する労働者に対する整理解雇は正当であるとした事例(264)等がそれである。

　結局，前述の最高裁の先例において一般論として求められた'緊迫した経営上の必要性'という要件は，多数の判例の蓄積を通じ相当緩和されていることがわかる。しかも"事務局の職制を改編したことが，職員の数を減らすためのものではなく，機構と人員配置を調整することにより業務の能率化を図るためのものであるならば，被告が職制の改編に応じない原告を解雇したこと"は，初めから整理解雇に該当しないとした事例(265)もある。

　裁判所の消極性は論外としても，少なくとも整理解雇に'緊迫した経営上の必要性'が存在しなければならないという一般論は維持されていると評価できる。しかし"企業経営上の必要性とは，企業の人員削減措置が営業成績の悪化という企業の経済的な理由のみならず，生産性の向上，競争力の回復ないし強化に対処するための作業形態の変更，新技術の導入という技術的な理由とそのような技術革新により生ずる産業の構造変化を理由とし，実際に行われており，またその必要性が充分にあることを考えると必ずしも企業の倒産を回避する場合に限定する必要はなく，人員削減が客観的に見て合理性があると認定される時には緊迫した経営上の必要性があると広く解することが妥当である。"とし(266)，整理解雇の正当性を否定した原審を破棄移送した判例が現れた。

　この判決を契機に最高裁が従前のいわば'倒産回避説'の立場から'合理性必要説'にその立場を変更し，最高裁が労働者保護の趣旨を後退させたと批判され(267)，他方，実際に労働部は'最高裁判例変更による業務指

---

(264)　ソウル高法1991．3．29．90ナ11402解雇無効確認等。

(265)　大法院1991．9．24．91ダ13533解雇無効確認等。

(266)　大法院1991．12．10．91ダ8647解雇無効確認等＜ソウル高法1991．1．17．89ナ38159判決の上告審＞。

(267)　郭賢秀「整理解雇の要件の中で急迫した経営上の必要性の意味」『大法院判例解説』第16号（1992年）；金善洙「整理解雇要件としての緊迫した経営上の必要性」『労働法研究』第3号（ソウル大労働法研究会，1993年）；朴徹「整理

針補完'を通じ，行政解釈を変更したこともあった[268]。

　従前の最高裁判例が倒産回避説であったのか合理性必要説であったのかは理論的には意味のあるものといえる。しかし判例は最初から経営上の必要性に対する判断において消極的であったし，実質的には判例の基本的な立場が変化したものと断定することはできない。しかし上記判決を通じ最高裁が経営上の必要性の要件を広く認定し，最近の労働法改正の認定の有無をめぐって多くの論難が生じたこと，法規定の改正があった[269]ことは，このような判例の立場と密接に関連する。

　法規定の問題とは別に実際に法院は積極的な経営措置としての整理解雇の正当性を認定している。前述したように判例は事業全体を対象に経営上の必要性を判断しなければならないとするが[270]，具体的な判断過程で一部事業部門の経営悪化を理由とした整理解雇の正当性を認定しながら積極

　　解雇の要件としての経営上の必要性」『大邱地法判例研究』第3輯（1992年）。
(268)　従来の業務指針（1984.12.10. 勤基1451-24180）を変更した1992．1．7．勤基320003-9参照。
(269)　整理解雇の法制化の過程で‛緊迫した経営上の理由'に対する規定の変遷過程。
　　-1996.12.26：継続する経営の悪化，生産性向上のための構造調整と技術革新または業種の転換を緊迫した経営上の理由として例示，継続する経営悪化による事業の譲渡・合併・引受を経営上の理由と見做す規定。
　　-1997．3．13：例示規定，見做し規定削除。
　　-1998．2．20．：例示規定はないが，経営悪化の防止のための事業の譲渡・引受・合併を経営上の理由とみる見做し規定の復活。
　　整理解雇の要件がこのように頻繁に改正された背景には，IMF救済金融状況の下で企業の構造調整による整理解雇を許容する明示的な規定が必要であるという主張があった。林鐘律，前掲書，491頁の注24）参照。
(270)　労使紛争により一部の事業部門が廃業され一時的な経営上の困難がある事情のみでは整理解雇の正当性が認定されないとした大法院1993．1．26.92ヌ3076不当解雇救済再審判定取消；一部の事業部門を廃止したとしても他の営業所で事業を継続している以上，それは事業全体の廃止ではなく事業縮小にすぎないから一部廃鎖を理由にその事業場に従事する労働者全員を解雇することはできないとした大法院1993．1．26.92ヌ3076不当解雇救済再審判定取消参照。

的な経営措置の合理性を認定した判決(271)を契機に，その後判例は'経営上の必要性'よりは'合理性'の基準をより重視する傾向がある(272)。

具体的な例をみると，経営権の攻撃を目的とする限り放漫な委託経営以後会社更生のための経営上の必要性を認定した事例(273)，協力作業部門で下請化により発生した余剰人員を整理解雇する経営上の必要性に客観的な合理性があると認定した事例(274)，人的・物的に分離されていて労働者の交流もない独立採算制で運営されていた事業部門の経営状態を判断するにおいては必ずしも会社全体の経営事情を考慮し決定しなければならないことでもないとした事例(275)，すでに相当人員が名誉退職等で退職したとしても退職人員が整理解雇対象人員に達しない場合には経営上の必要性があるとした事例(276)，研究所で研究労働力に比べて行政支援労働力が多いという国政監査での指摘により警備と食堂部門を外部へと用役化することは社会の全般的な傾向であり，長期的な経費節約と労働力の効率的・弾力的運用を可能にするとし，合理性が認定されるとした事例(277)，累積赤字状態にある事業部門で事業転換を試みることにより発生する整理解雇は客観的に見て合理性が認められるから経営上の必要性が認定されるとした事例(278)，ビルの施設管理業務を専門用役業体に委託することにより廃止される職制に所属していた労働者の解雇に対し人員削減の客観的合理性を認定した事例(279)，等がある。

他方，整理解雇の正当性を否定した例をみると，"解雇当時までは緊迫

---

(271) 大法院1992．5．12．90ヌ9421不当労働行為救済再審判定取消〈ソウル高法1990．11．1．89グ11734判決の上告審〉。
(272) 大法院1992．8．14．92ダ21036免職処分無効確認等；大法院1992．8．14．92ダ16973解雇無効確認等。
(273) ソウル地法1994．7．21．93ガ合90072賃金。
(274) 大法院1995．12．22．94ダ52119解雇無効確認等。
(275) ソウル高法1996．5．9．95グ19784不当解雇救済再審判定取消。
(276) ソウル高法1996．5．9．95グ19784不当解雇救済再審判定取消
(277) 大法院1996．8．23．96ダ19796解雇無効確認。
(278) 大法院1997．9．5．96ヌ8031不当解雇救済再審判定取消。
(279) 大法院1999．5．11．99デュ1809不当解雇救済再審判定取消。

した経営上の困難がなかったにもかかわらず，将来の歳入の減少により経営上の困難が予想されるやこれを経営合理化等を通じ克服しようとする努力をせずに"解雇したものであり，不当であるとした事例(280)，資金事情の好転，乗用車の購入，乗用車運転手の採用等諸般の事情に照らして経営事情が回復されていると判断した事例(281)，会社側が経営悪化に対する具体的な証拠資料を提出しなかったのみならず他の事業収入があり整理解雇直前にむしろ資金の引上げがあったことを考慮すると経営上の必要性は認められないとした事例(282)，経営上の必要性は事業全体の経営事情を総合検討し決定しなければならないことを前提に会社全体の経営実態がわかるような資料を提出していないから一つの事業部門での営業利益が減少された事情のみでは経営上の必要性を認定することができないとした事例(283)，構造調整過程で経営状態が好転され当初減員対象に含まれていなかった者まで希望退職を申請し減員目標が超過達成されたことに照らして緊迫した経営上の必要性を認定することができないとした事例(284)，"1997年末頃IMF事態におかれ原告会社の当期純利益または売上額が減った事実があったとしても，このような事情のみで調整解雇をしなければならない緊迫した経営上の必要があるとみることができない"とした事例(285)等がある。

2) 解雇回避努力

解雇回避努力が必要であることは整理解雇に先立って他の措置を講じなければならず，経営上の必要性があったとしても整理解雇は最終的な手段でなければならないことを意味する。判例は調整解雇の正当性に対する一般論を説示しながら解雇回避の努力として，'①経営方針または作業方式

---

(280) 大法院1993.12.28.92ダ34858解雇無効確認（ただし，退職金受領以後の事情を考慮し労働者の解雇無効の主張が信義則の違反に該当するとみる余地があると判示した）。
(281) 大法院1995.11.24.94ヌ10931不当解雇救済再審判定取消。
(282) 大法院1997.10.28.97ヌ7059不当解雇救済再審判定取消。
(283) 大法院1999. 4. 27.99チュ202不当解雇救済再審判定取消。
(284) ソウル地法2000. 2. 11.99ガ合55101解雇無効確認。
(285) ソウル行法2000. 3. 28.99グ1914不当解雇救済再審判定取消。

の合理化，②新規採用の禁止，③一時休職および希望退職の活用'を例示したことがあり(286)，行政解釈は雇用保険法上各種の雇用維持支援金制度の活用をあげている(287)。判例上解雇回避努力の肯定例と否定例に分けてみると，次のとおりである。

事前に職級を低くし勤務する意向を問う勧誘措置(288)，操業短縮および配置転換(289)，配置転換(290)，単に一部労働者を選別し配置転換し，あるいは系列会社に再就業させることを約定する消極的な解雇回避努力だけでは正当性が認められず，解雇回避のために要求される経営合理化措置，新規採用の抑制，一時休職，希望退職者の募集のような積極的な解雇回避努力(291)，接待費節約等費用節約努力(292)，希望退職者の募集・説得等の方法による人件費節約・無給休職希望者募集・自然退職(293)，経営方針または作業方式の合理化・新規採用の禁止・一時休職および希望退職の活用・転勤(294)，等の解雇回避努力が可能であるにもかかわらずそれをしなかったこと等をあげ，整理解雇の正当性を否定した事例がある。

反面，事前に意思を聞き辞職を勧告する措置(295)，余剰人員の配置転換措置(296)，他の系列会社に入社させる等の救済措置(297)，経営方針または

- (286) 大法院1989．5．23．87ダカ2132賃金等。
- (287) 1998．3．23．勤基68201－586。
- (288) 大法院1987．4．28．86ダカ1873解雇無効確認。
- (289) 大法院1990．3．13．89ダカ24445解雇無効確認。
- (290) 大法院1993．1．26．92ヌ3076不当解雇救済再審判定取消。経営上の理由の存否に対する判断が問題となった当該事業場のみに限らず全体事業を対象としなければならないという判断を前提に解雇回避努力で事業場間配置転換により，廃止される事業場所属労働者の雇用を維持する余地があるにもかかわらず廃止される事業場所属労働者全員を解雇することは不当であると判示した。
- (291) 大法院1993.11.23．92ダ12285解雇無効確認。
- (292) 大法院1995.11.24．94ヌ10931不当解雇救済再審判定取消。
- (293) ソウル地法1995.12.15．94合106586解雇無効確認等。
- (294) 大法院1999．4．27．99チュ202不当解雇救済再審判定取消。
- (295) 大邱高法1989．7．18．88ナ5281損害賠償（其）。
- (296) 大法院1990．1．12．88ダカ34094解雇無効確認等。
- (297) 大法院1992．8．14．92ダ21036免職処分無効確認等。

作業方式の合理化，新規採用の禁止，一時休職および希望退職の活用およ
び転勤等の措置(298)，会社運営管理費の確保および休養施設の弾力的運用
を通じた経常経費の節約等経営合理化措置(299)，配置転換・希望退職・一
時休職等(300)，希望退職・配置転換・下請企業への就業斡旋努力(301)，新
規採用中断・余剰労働力の有給自宅待期・名誉退職・退職慰労金・転職訓
練等の一連の計画（ただし組合がむしろ対象者が高齢であることを理由に
整理解雇をその代案として提示し，それに応じた場合）(302)，転職不可能
の時の外部用役業体への就業斡旋(303)等の解雇回避努力を尽くし，あるい
は尽くさなかったとしてもそれに特別な事情があることを認定し，整理解
雇の正当性を認定した事例がある。

　これを総合的に評価すると，判例は使用者が何でも労働者に代案を提示
した場合には解雇回避努力をしたものと認定し，さらにそのような代案を
提示しなかった場合にもそれに事情が存在する場合には(304)整理解雇の正
当性を認定する傾向にあるといえる。したがって解雇回避措置の内容自体
に対し具体的に判断する事例は多くない。ただし最近の下級審の中では，
会社が停年がまもない労働者に名誉退職と契約職としての転換を勧誘する
解雇回避努力をしたと主張したことに対し，そのような措置が人件費節約
の効果がないことを理由に解雇回避努力を尽くしたものと見ることはでき
ないと判断した事例(305)，営業社員は既存の営業活動の基盤がない地域へ

---

(298) 大法院1992. 12. 22. 92ダ14779解雇無効確認等（この事案では他の工場に転勤
　　　させることができなかった事情を認定し，整理解雇を有効と判示した）。
(299) ソウル地法1994. 7. 21. 93ガ合90072賃金。
(300) 大法院1995. 12. 5. 94ヌ15783不当解雇救済再審判定取消。
(301) 大法院1995. 12. 22. 94ダ52119解雇無効確認等。
(302) 大法院1997. 9. 5. 96ヌ8031不当解雇救済再審判定取消。
(303) 大法院1996. 8. 23. 96ダ19796解雇無効確認；大法院1999. 5. 11. 99チュ1809
　　　不当解雇救済再審判定取消。
(304) ソウル高法2000. 5. 25. 99ヌ7373不当解雇救済再審判定取消。
(305) ソウル高法1998. 7. 16. 97グ47660不当解雇救済再審判定取消〈確認〉。この
　　　事例で法院は"特に停年を9ヵ月余り残していた参加人に対しては解雇回避努
　　　力の一環として名誉退職と契約職社員としての勤務を勧誘したが，その場合原
　　　告会社が得られる人件費節約の効果はほとんどないこと等に照らしてみると，

の出向を忌避しているのみならず，会社もそのような出向を可能な限り回避している事情および整理解雇に先立って営業所の統廃合，保有不動産の売却，年俸削減，賃金凍結，役員に対する勧告辞職，公開採用の全面中断等の経営悪化打開策をとったことを解雇回避努力を尽くしたものと認定した事例[306]等がみられる。そして現行勤基法は解雇者の優先再雇用努力義務まで新設したから（勤基法第31条の2），整理解雇法理は実質的に雇用安定を図ることができる解雇回避努力に集中されると思われるし，このような下級審判決の新たな傾向は整理解雇法理に重大な転換点となるものと予想される。

3) 対象者選定基準

整理解雇対象者の選定規準に対する判決例でその合理性と公正さを認定した事案としては，日雇職を対象とする場合[307]，勤務成績，賞罰関係，経歴，機能の熟練度等客観的で合理性のある規準により衡平に反しない基準で対象者を選定した場合[308]，観光休養業の性質上営業社員より管理社員を対象とし平社員は新規採用の中断，幹部社員は勧告辞職ないしは会社寄与度等を勘案し，勤続年数が短い者を対象者として選定した場合[309]，業務特性上英語の能力が必要であり英語能力が不足した者[310]，転職可能性が低く会社貢献度が高い長期勤続者を保護しようとし短期勤続者を対象としたもの[311]，審査委員が独立的な基準により評価されたとしても配点基準を定め対象者を選定しその結果が既往の勤務評定点数とほとんど一致

　　　　　参加人が原告会社の名誉退職の勧誘を受け入れないで参加人を解雇したことは整理解雇としての客観的合理性と社会的相当性を有するものと見ることができず，その他解雇の正当性を認定することができる資料がない。"と判示した。

(306) ソウル行法2000．3．15.98グ18472不当労働行為救済再審判定取消。
(307) 大法院1966．4．6.66ド204。
(308) 大法院1987．5．12.85ヌ690不当労働行為救済判定再審判定取消；ソウル行法2000．6．1.99グ5770不当解雇救済再審判定取消；ソウル高法2000．6．9. 99ヌ11235不当解雇等救済再審判定取消。
(309) ソウル地法1994．7．21.93ガ合90072賃金。
(310) 大法院1995.12．5.94ヌ15783不当解雇救済再審判定取消。
(311) ソウル高法1996．5．9.95グ19784不当解雇救済再審判定取消。

審査基準に客観性と合理性が認定される場合(312)，営業社員を対象とする整理解雇で経営悪化状態にあった最近10ヵ月間の営業実績を基準とし勤続1年未満である者と組合専従者を除外し選定した場合(313)，再就業の容易性を考慮した場合(314)等がある。そして外部用役化による一括解雇の時には対象者選定の問題が生じないと判断した事例もある(315)。

他方，合理性と公正性を否定した事例としては，労働協約上定められた基準によらない場合(316)，長期勤続者を対象者と選定した場合(317)，人事非理関与，職務遺棄，職務遂行能力等，整理解雇当時には主張しなかった基準を後で追加する場合(318)，労働者自らの主観的な事情（扶養義務，財産，健康状態等）を全く考慮せず，年齢，在職期間，勤務成績の３つの選定基準の中のいずれか一つに該当するとし，他の基準を考慮しなかった場合(319)，懲戒前歴者を整理解雇対象者とし非公式的な懲戒通報ないし警告を受けた者まで含ませる場合(320)等がある。

ところで整理解雇対象者の範囲を定めるにおいて全体事業場を対象としたのか，あるいは縮小対象となった部門に所属した労働者のみを対象としたのかの如何も問題となるが，下級審判例の中には整理対象部署に所属した労働者のみを対象者とすることは不当であるとした事例(321)もみられる

---

(312) 大法院1996.12.20.95ヌ16059不当降任救済再審判定取消。
(313) ソウル行法2000．3．15.9グ18472不当労働行為救済再審判定取消。
(314) ソウル行法2000．6．1.99グ5770不当解雇救済再審判定取消。
(315) 大法院1996．8．23.96ダ19796解雇無効確認。
(316) 大法院1987．4．28.86ダカ1873解雇無効確認；大法院1993.11.23.92ダ12285解雇無効確認。
(317) 大法院1993.12.28.92ダ34858解雇無効確認（ただし，退職金受領以後の事情を考慮し労働者の解雇無効主張が信義則違反に該当するとみる余地があると判示した。）；ソウル行法2000．6．1.99グ28247不当解雇救済再審判定取消；ソウル行法2000．7．7.99グ34600不当労働行為救済再審判定取消（最近の下級審判決は長期勤続のみを理由とした場合その正当性を否定した事案である）。
(318) 大法院1992．6．9.91ダ11537解雇無効確認。
(319) ソウル地法2000．2．11.99ガ合55101解雇無効確認。
(320) ソウル行法2000．3．28.99グ1914不当解雇救済再審判定取消。
(321) ソウル高法1998．7．16.97グ47660不当解雇救済再審判定取消。

が，"解雇対象者の選別においては減員の原因となった経営合理化措置で廃止される職務機能とその職級または職責の性質および賃金水準が相互代替が可能であるほど同一であり，あるいは類似した職務に従事している労働者のみを選別の対象とすべきであり，被告としては組織または職制改編により調整された職種および職級別定員と現員を比較し定員を超過する職種および職級に所属された労働者のみを対象とし各職種・職級別に解雇対象労働者を選別すべきであったこと"とした事例(322)，整理対象部署に所属されていない労働者を解雇したことは不当であると(323)判断した事例もある。

実際に対象者選定基準においては労働者保護という労働者側の事情と人件費節約という使用者側の事情が矛盾する。最も代表的なのは年齢，勤続期間，扶養義務の有無，財産，健康状態のような労働者側の事情を考慮する場合に長期勤続者の保護の必要性が大きい反面，使用者が人件費節約効果がより大きいのは長期勤続の整理解雇である。これと関連し人件費節約効果が大きくない対象者を選定した場合その正当性が否定されると判断した事例があるが(324)，まだ判例上では労働者側の事情と使用者側の事情の中でいずれを優先するのかは本格的に争われていない。下級審判決例の中に"整理解雇の場合労働者の一身上・行態上の事由でない使用者側の経営上の必要で解雇されるものであるから，年齢，勤続期間，扶養義務の有無，財産，健康状態等，労働者自らの主観的事情を基礎にその社会的位置を考慮し，相対的に社会的保護をより必要としない労働者の方から解雇しなければならず，勤務成績，業務能力等使用者側の理解関係と関連した事情等を副次的に考慮しなければならない。"(325)という一般的な基準を提示した事例があり，これからどのように判例法理として形成されていくのかが注目される。

---

(322) ソウル地法1995.12.15. 94合106586解雇無効確認等。
(323) 大法院1997.10.28. 97ヌ7059不当解雇救済再審判定取消。
(324) 大法院1995.11.24. 94ヌ10931不当解雇救済再審判定取消。
(325) ソウル地法1995.12.15. 94合106586解雇無効確認等。

4) 解雇協議手続

他の整理解雇の要件に比べると整理解雇の手続要件に対し裁判所は特に消極的である。

協議手続の要件の欠如を理由に正当性を否定した事例としては，協議手続の重要性を強調し解雇対象者が出張中である間に一方的に行った場合 [326]，労働組合の協議要求にもかかわらず形式的な資料のみを提示し，会社の経営事情が判断できる具体的な資料を提示しなかった場合 [327]，他の事情とともに解雇対象者と協議をしなかった事情もある場合 [328]，整理解雇の対象者が労働組合への加入資格がない労働者であった場合にはその対象者の過半数を代表する者と協議すべきであったにもかかわらず労働組合だけと協議した場合 [329]，労働組合の委員長が将来の整理解雇に対処するために新たな執行部の構成が必要であると判断し代議員大会を開催しようとする状況の下で会社が整理解雇を断行した場合 [330] 等がある。

しかし大部分の判例は解雇協議手続の要件の比重を大きく評価しない。たとえば"労働者と使用者双方が理解と協調を通じ，労使共同の利益を増進することにより産業平和を図り国民経済の発展に寄与するという労使協議会制度の目的または労使協議会の協議事項に関する労使協議会法第20条の規定に照らしてみると，整理解雇に関する事項が労使協議会の協議事項にはならないとすることができない。"とし，労使協議会を通じた協議手続のみで整理解雇に必要な協議手続をとったものと解する [331]，あるいは解雇に先立って原告が解雇の不可避性と就業斡旋等に関し誠実に説明しただ

---

[326]　大法院1989. 5. 23. 87ダカ2132賃金等。
[327]　大法院1993. 11. 23. 92ダ12285解雇無効確認。
[328]　大法院1993. 12. 28. 92ダ34858解雇無効確認（ただし，退職金受領以後の事情を考慮し労働者の解雇無効の主張が信義則違反に該当するとみる余地があると判示した）。
[329]　ソウル地法2000. 2. 11. 99ガ合55101解雇無効確認。
[330]　ソウル行法2000. 3. 28. 99グ1914不当解雇救済再審判定取消。
[331]　大法院1997. 9. 5. 5. 96ヌ8031不当解雇救済再審判定取消。

けで協議手続を経たものと認定したもの(332)，労働組合と協議を経たならば当該個別労働者と別の協議手続を再び経る必要がないとし(333)，あるいは"解雇する前に労使協議会を開催し人員削減の規模と削減の基準を合意し，労使協議会に出席した労働者代表も会社の経営状態悪化を認識し全員が人員削減案に賛成したことからすると，仮に訴外会社が原告との個別的な事前協議を経ず原告が事前にそのような労使協議会開催事実を知らなかったとしても，労働者側との誠実な事前協議をする手続の要件は満たされたものとみることが相当である"と判断したもの等がそれである(334)。

さらに整理解雇の実体的要件を備え，解雇の実行が至急に要請され，あるいは労働者側に労働者を代表する労働組合または労働者集団がなく，もしくは就業規則上の協議条項が存在せず，解雇措置以外に別の方法がなく，協議手続を経るとしてもその結果において異なることはない等の'特別な事情'が存在する場合には，協議手続それ自体がとられなかったとしても整理解雇としての正当性を認める事例が多くみられる(335)。すなわち労働組合または労働者側との協議を必要とする整理解雇の要件に対しては他の諸般の事情とともに整理解雇の正当性が否定される根拠にはなりうるが，協議手続の違反それだけで整理解雇の正当性が左右されないと解しているといえる。

5) 整理解雇の要件に関する最近の争点

韓国の判例法理は整理解雇の有効要件に対し一般論としては厳格な立場をとりながら，具体的な判断基準は相当緩和されている。しかし現行勤基法は整理解雇の要件を明示することにより判例法理に一定の修正が必要であるとの問題が提起される余地がある。

すなわち現行勤基法第31条第1項ないし第3項は，従来の最高裁の判例法理をそのまま明文化している。特に"使用者が第1項ないし第3項の規

---

(332) 大法院1996. 8 . 23. 96ダ19796解雇無効確認。
(333) ソウル地法1994. 7 . 21. 93ガ合90072賃金。
(334) ソウル高法2000. 3 . 29. 99ヌ5216不当解雇救済再審判定取消。
(335) 大法院1992. 8 . 14. 92ダ16973解雇無効確認等；大法院1992.11.10. 91ダ19463解雇無効確認等；大法院1995.12. 5 . 94ヌ15783不当解雇救済再審判定取消。

定による要件を満たし，労働者を解雇した時には第30条第１項の規定による正当な理由のある解雇をしたものと見做す．"（勤基法第31条第５項）という規定は，従来日本の最高裁判所事務総局行政局の1986年'整理解雇等関係事件執務資料'に影響を受けており，下級審判決の一部[336]で現れた整理解雇の要件緩和論は[337]これ以上維持されなくなったと解することができる．現行法は整理解雇の４つの要件を全て満たした場合にのみ正当な理由があるものと明文で規定しているからである．

学説は，法規定の趣旨により整理解雇の要件を全て満たさない場合に私法上の効力が否定されると解するが[338]，この問題を正面から論じた判決はまだみられない．しかし現行法上整理解雇の４つの要件が全て満たされた場合に限り整理解雇の正当性を認めるのか否かが解釈論において争われる余地があり，その結果の如何によっては従来の判例法理に重大な変化が生ずる可能性もある．

ただし勤基法でない他の法令で整理解雇に先立って特別な手続を要求する場合があるが[339]，この手続を経ない場合に人員削減の効力に対し"請願主がこのような請願警察配置の廃止・中止または人員削減に関する道知事の決定もしくは命令なく，また請願警察配置の廃止・中止または削減申請書を提出しないまま請願警察との間の私法上労働契約関係を解消したとしても，そのような私法上の行為の効力に何ら影響を及ぼすものではないとみるべきである．"と判断した事例[340]があることを勘案すると，整理解雇に関する法令上の制限の意味に対し法院が積極的に解していないとい

---

(336)　ソウル地法1990．１．18．86ガ合4699．

(337)　日本の最高裁判所事務総局行政局の立場の援用に対し警戒する見解としては，金善沫，前掲論文（1993年）参照．

(338)　林鐘律，前掲書，496頁．

(339)　請願主が請願警察の配置を廃止または中止し，あるいは配置人員の減員において請願警察の配置の決定者である警察官署の長に通告する義務，廃止または中止の事由を具体的に明示する義務を規定した1999年９月30日の請願警察法施行令第13条第１項，第２項参照．改正以前の同法施行令は管轄警察署長を経由し地方警察庁長に同申請を提出するよう規定していたこととは区別される．

(340)　大法院1997．８．29．97ダ12006賃金．

える。

　また多くの変化を経て(341)現行勤基法第31条の2は整理解雇以後2年以内に労働者を採用する場合には解雇された労働者に対する優先再雇用等を規定し，その法的な効力をどう解するのか議論されている。これに関する判決例はみられないが，従来の労働組合と締結した雇用保障協定等に対する最高裁の判決例としては，労働組合と締結した再就業保障に対する労働協約条項の法的性格を労働協約でなく第三者のための契約として把握し'企業分割方針により新設された系列会社に転籍される労働者が将来その新設会社側の経営事情でやむをえず労働関係を維持できない場合が生ずると，労働者を全て再雇用するという内容を含む労働契約を予め締結したものとみるべきである'とし，新設会社の廃業により解雇された労働者と新たな雇用関係が成立されたものと積極的に解釈した事例もあるが(342)，事業部門の一部を廃止する際にそれを外部用役化するにおいて用役業体と締結する用役契約上労働者の利益が侵害されないようにする当然義務事項を明文化しなければならないという労働協約においては，再雇用，就業斡旋，従来の収入相当額の支給を約定したものと解することができず(343)，労働組合が組合員の雇用保障に重要な影響を及ぼす経営上の決定に対し，労働組合と協議を経るようにする労働協約に対しても充分に協議する等，意思を最大限反映させようとの趣旨にすぎず，協議を経なかったとしてもそれ自体が労働協約違反にならないとし(344)，労働組合が雇用安定協定等を通じ整理解雇に対し制限する可能性は極めて制限されているといえる。したがって判例が衡平性の観点で積極的に労働者の雇用安定を配慮すべき必要性が高い。

---

(341)　1996年12月26日改正の1996年法は，一定の場合整理解雇者の優先再雇用努力義務を規定，1997年3月13日改正の1997年法は，再雇用義務を削除し，1998年2月20日改正の1998年法（現行法）は，2年以内採用時解雇労働者の優先雇用努力義務を規定した。
(342)　大法院1994．9．30．94ダ9092雇用関係存在確認等。
(343)　大法院1998．3．13．98再ダ53約定金。
(344)　大法院1999．6．25．99ダ8377解雇無効確認等。

(2) 整理解雇の概念

　整理解雇の正当性が問題となる事実関係において整理雇用としての性格自体を否定した事例もみられる。特に公務員の場合には廃職・過員の時に任命権者の職権免職に関する根拠規定（国家公務員法第70条第1項第3号，地方公務員法第62条第1項第3号）があることを根拠に，これを整理解雇の正当性の問題ではなく"任命権者としては合理的であるとし客観的な基準と根拠により免職処分をしなければならず，これに従うことなく恣意的に免職処分をしたならば裁量権を濫用し，あるいは逸脱したものとして違法である"とし，裁量権の逸脱・濫用の一般論の問題とみたもの(345)，任命権者の職権免職処分を法律上当然に発生した退職の事由および時期を知らせる単純な観念の通知にすぎず最初から行政訴訟の対象にならないと(346)判断したものがある。そして会社の事情により担当業務自体が終了された事情を理由としたものであるならば整理解雇ではないとした事例(347)，警備業務を外部用役化する際に依願免職に処し用役会社に入社させた場合には退職・入社であり解雇制限の法理が適用されないとした事例(348)等がある。

　要するに緊迫した経営上の必要性が何を意味するのかに対し，いくら法令上の基準が提示されたとしても窮極的には裁判所の事実判断に任せるほかなく，裁判所は経営上の必要性に対する使用者の主張を一応認定し，そのような主張を立証するほどの証拠資料を全く提出せず，あるいは経営事情悪化の主張と明白に矛盾する新規採用または資金事情の好転のような事実のない限り経営環境の変化を図ろうとする企業の経営政策としての整理解雇に合理性を認定する傾向にある。このような最高裁の立場に対しては

---

(345) 大法院1981. 7. 28. 81ヌ17；大法院1982. 7. 27. 80ヌ86；大法院1991. 12. 24. 90ヌ1007職権免職処分取消；ソウル高法1996. 12. 19. 94グ14324軍務員職権免職取消〈大法院1997. 10. 24. 97ヌ1686判決の原審〉。

(346) 大法院1997. 10. 24. 97ヌ1686軍務員職権免職処分取消〈ソウル高法1996. 12. 19. 94グ14324判決の上告審〉。（米軍の雇用解除による職権免職を単純な観念の通知とみた事案）。

(347) 大法院1996. 10. 29. 96ダ22198解雇無効確認等。

(348) 大法院1997. 8. 29. 97ダ12006賃金。

結局労働者保護に不充分であるとの批判が多いが、裁判所は緊迫した経営上の理由に対する判断よりは解雇回避努力または解雇対象者選定基準の公正のような他の基準により労働者保護の観点を補完しようする意図であるものと考えられる(349)。

　整理解雇法制の整備と雇用安定労働協約の効力問題とともに重要なのは整理解雇の概念自体に混同が生ずる可能性があるということである。問題は営業譲渡、不当労働行為、事実上の強要による辞職等が整理解雇の形態で行われている場合であるが、それに対する適切な統制を可能ならしめる制限法理が存在しないのが実情である。

　まず営業譲渡の時の労働関係の承継と整理解雇の関係が解明されなければならない。営業譲渡の時の譲受会社への労働関係の承継を拒否する労働者の解雇または譲受会社が労働関係の承継を特約等の存在を理由としてそれを否定する場合に、労働者の労働関係をどう把握するのかが問題となる。これに対し現在判例の基本的な立場は、営業譲渡は同一性が維持されるから当事者の間で労働関係の一部を承継対象から除外する特約があったとしても労働関係は承継され(350)、承継を排除する特約は実質的には解雇に該当し勤基法所定の正当な理由がある場合にのみ有効であり営業譲渡それ自体を理由として労働者を解雇することは正当な理由がなく(351)、解雇の主体は譲渡会社ではなく譲受会社であると解するのが判例の基本的な立場である(352)。ところが最近、新たな警備用役契約が締結された場合には従来

---

(349) 上記の大法院1991.12.10.91ダ8647解雇無効確認等〈ソウル高法1991.1.17.89ナ38159判決の上告審〉判決に対する大法院裁判研究官の判例評釈において、"ただしこのような経営上の必要性を広く認める時には労働者の生存権保護が倒産回避説をとる時よりも軽視される恐れがあり、それは整理解雇の他の要件をより厳格に適用することにより保護すべきものであって経営上の必要性自体を狭く解釈するものではない。"と指摘する。郭賢秀、前掲論文。

(350) 大法院1987. 2 .24.84ダカ1409退職金；大法院1991. 3 .22.90ダ6545退職金等；大法院1991. 8 . 9 .91ダ15225勤労者地位確認等；大法院1991.11.12.91ダ12806退職金；大法院1992. 7 .14.91ダ40276退職金等。

(351) 大法院1994. 6 .28.93ダ33173賃金；ソウル高法1999. 1 .22.97グ53801不当解雇救済再審判定取消。

(352) 大法院1997. 4 .25.96ヌ19314不当解雇救済再審判定取消。

の警備業務と同一であるとの理由のみでは営業譲渡に準じて従来の労働関係を承継したとみることができず，従来の労働者を業務から排除する行為が解雇に該当しないと解した判例が現れた(353)。これと関連し学説は現行勤基法に明示された'事業の譲渡・引受・合併'の時の整理解雇の主体と争点において接近している(354)。

また整理解雇の外観で行われる事実上の強要または不当労働行為を制限する必要性がある。下級審判例の中では，"希望退職に応じなかった者に被告銀行は配置転換，転籍等の雇用維持のための努力をせず，事実上退職を強要する手段として人事部調査役として人事発令をし，現職から排除させた後休職命令をし，解雇したことからすると，被告銀行が解雇回避のための努力を尽くしたとはいえない。"とした事例(355)，"組合が強い事業部門の労使紛争で経営事情が悪化したことは経営上の必要性でなく組合活動に対する報復であって不当労働行為に該当する。"とした事例(356)，部署統廃合による依願免職辞職書の提出を解雇とみて整理解雇としての正当性を欠くとした事例を(357)除くと，整理解雇の前後に起きた不当労働行為または(358)事実上の強要による辞職を人事上の不利益として(359)解釈する余

---

(353) 大法院2000. 3. 10.98ヅ4146不当解雇救済再審判定取消。
(354) 林鐘律，前掲書，493頁；金亨培，前掲書，440頁。
(355) ソウル地法2000. 2. 11.99ガ合55101解雇無効確認。
(356) ソウル高法1990. 11. 1.89グ11734不当労働行為救済再審判定取消〈大法院1992. 5. 12.90ヌ9421判決の原審〉。
(357) 大法院1997. 10. 28.97ヌ7059不当解雇救済再審判定取消。
(358) 積極的に組合活動をしていた組合員を整理解雇の対象者と選定し，表面上は整理解雇の名の下に行われた解雇であるが実質的には不当労働行為に該当するという主張に対し，"正当な解雇事由があり解雇した場合においては仮に使用者が労働者の組合活動を嫌った痕跡があり，あるいは使用者に反労働組合の意思が推定されるとしても当該解雇事由が単に表面上の口実にすぎないものとはいえず，不当労働行為に該当せず（大法院1999. 3. 26. 宣告，98デュ4672判決等参照)，右事件の整理解雇がすでにみたように正当である以上原告主張の事情のみではその解雇事由が単に表面上の口実にすぎない者であり解雇が不当労働行為に該当するとはいえない"としたものがある（ソウル行法2000. 3. 15. 98グ18472不当労働行為救済再審判定取消参照)。

地が認められていない傾向にある。

　たとえば，整理解雇を不当労働行為と判定した原審を取り消した事例(360)，整理解雇前後に使用者による事実上の強要による辞職の事実認定に消極的であった事例(361)，廃業で全員解雇された場合に不当労働行為としての偽装解散でなく真正の解散であり不当労働行為としての救済利益自体を否定した事例(362)，整理解雇の正当な要件を欠いた事情は解雇無効の事由にはなるとしても不当労働行為の成立の如何を決定する基準にはならないとした事例(363)，労使紛争で経営事情が悪化した事業部門のみを廃止することが不合理であると解することはできず，それが労働組合活動の故に，あるいは当該事業部門の廃止が労働組合活動に対する報復であるとして不当労働行為に該当すると断定することができないとした事例(364)，使用者が労使紛争で経営意欲を失い廃業することは，不当労働行為ではなく真の解散であり，不当労働行為としての救済利益がないとした事例(365)，労使紛争で正常な操業が長期間にわたり不可能となり，社員総会を開き適法に廃業して労働者に退職金を支給し，またその後再入社の過程においても労働者を選別し採用する等の事情がなかった場合には不当労働行為に当たら

---

(359)　整理解雇に先立って降任に同意するよう求めたことが不当な降任措置であるのかが争われた事案で，"降任という事実自体を真に心から望んだとはいえないが，何人かは減員の対象者と選定せざるをえない状況で客観的に妥当な審査基準により自身が減員対象者と選定された場合には職権免職を受けるよりは降任の方が望ましいと判断し右降任の同意の意思表示をしたと解すべきであり，それを降任同意の内心の効果意思が欠如された虚偽の意思表示であるとみることはできない。"と判断したものがある（大法院1996.12.20.95ヌ16059不当降任救済再審判定取消参照）。

(360)　大法院1987．5．12.85ヌ690不当労働行為救済判定再審判定取消。

(361)　大法院1989．2．28.88ダカ11145解雇無効確認；ソウル高法1996．1．26.94ナ43476解雇無効確認等〈大法院1996.10.11.96ダ10027判決の原審〉。

(362)　大法院1990．2．27.89ヌ6501不当労働行為救済再審判定取消。

(363)　大法院1990.10.23.89ヌ336不当労働行為救済再審判定処分取消。

(364)　大法院1992．5．12.90ヌ9421不当労働行為救済再審判定取消〈ソウル高法1990.11．1.89グ11734判決の上告審〉。

(365)　大法院1991.12.24.91ヌ2762不当労働行為救済再審判定取消。

ないとした事例(366)，整理対象の上級幹部に'職級の降任に同意しない場合には事業体として遺憾であるが，貴下を継続し雇用できないことに心が痛い.'という文章が記された降任の同意書を配布し，同意を受けた場合に"降任という事実自体を真に心から望んだわけではなかったが，何人かは減員の対象者に選定せざるをえない状況で客観的に妥当な審査基準により自身が減員対象者と選定される場合には職権免職されるよりは降任されるのが望ましいと判断し，降任に同意の意思表示をしたと解すべきであり，これを以て降任同意の内心の効果意思を欠いた非真意意思表示であると解することはできない"とした事例(367)，警備業務の外部用役化にともない，依願免職処理し，その後用役会社に入社したことは，退職してから入社した者であり解雇制限法理が適用されないとした事例(368)，整理解雇されるよりは退職し会社で就業を保障する用役業体に新規入社することが有利であると判断し，離職に自発的に応じたとした事例(369)等多くの事例において整理解雇が不当労働行為または辞職の形式を借りた解雇に該当するという主張を斥けている。

これからは新たに制定された勤基法の整理解雇条項の解釈問題のみならず実質的には整理解雇を前後とした事実関係の判断において，現在より積極的な法理の展開が必要であると思われる。

(3) 事業変動と整理解雇法理

整理解雇と関連した法規定の変遷史からもわかるように整理解雇法制の形成において最も争点となっていることは営業譲渡と合併のような事業の変動と整理解雇との関係に関するものである。事業変動と労働関係に対しては，勤基法等の労働関係法には直接的な規定を設けておらず，判例法理により規律せざるをえなかった。判例は商法上営業譲渡および合併法理と一定の相関関係を有しながら，また場合によっては緊張関係にも立ちながら形成されてきた。

---

(366) 大法院1993. 6. 11. 93ダ7457解雇無効確認。
(367) 大法院1996. 12. 20. 95ヌ16059不当降任救済再審判定取消。
(368) 大法院1997. 8. 29. 97ダ12006賃金。
(369) 大法院1998. 3. 13. 98再ダ53約定金。

まず事業変動における労働関係承継の可否に対し，最高裁はいわば原則承継説に立ち，判例法理を形成してきた。これに関するリーディング・ケースをみると，"営業の譲渡とは一定の営業目的で組織化された業体，すなわち人的，物的組織をその同一性を維持しながら一体となって移転することをいい，営業が包括的に譲渡されると反対の特約がない限り譲渡人と労働者との間の労働関係も原則的に譲受人に包括的に承継されるというべく，営業譲渡当事者との間に労働関係の一部を承継の対象から除外する特約がある場合にはそれにより労働関係の承継が否定される場合があろうが，右特約は実質的に解雇にほかならず，旧勤基法第27条第1項所定の正当な理由がなければ無効であると解すべきであり，営業譲渡それ自体を理由に労働者を解雇することは正当な理由のある場合に該当するとみることはできない"と解した[370]。この判例法理はその後も維持されている。

判例法理によると，まず営業譲渡の意義を人的・物的組織をその同一性を維持しながら一体として移転することと定義し，次に営業譲渡が行われる場合に労働関係を承継することの明示的な合意がある場合または何の合意もない場合には，労働関係を承継するという黙示的な合意があるものと解する。また一部の労働関係の承継を営業譲渡において排除するという当事者の間の合意は原則的には有効であるが，その結果は実質的に解雇にほかならないから解雇の正当な理由の制限の統制を受ける[371]。要するに判

---

[370] 大法院1994. 6. 28. 93ダ33173。

[371] 営業譲渡において労働関係が承継されるのかに対し，学説として，当然承継説，特約必要説，原則承継説等が主張されているが，多数は当然承継説または原則承継説の立場をとり，営業譲渡が行われると労働関係が承継されるという結論においては大差はない。そして両説のいずれも営業譲渡それ自体のみでは解雇の正当な理由にならないとする点において同一である。ただし営業譲渡契約の時に一部労働者を除外する特約の効力に対する接近方式においては差がある。当然承継説では，その特約は勤基法上の解雇制限規定を回避するものであり無効であると解するが，原則承継説はそのような特約も原則的には有効であるがその結果が事実上解雇にほかならないから勤基法上の解雇制限法理により規律される。営業譲渡で一部の労働者の承継を排除した時には営業の全部譲渡の場合にはその結果が解雇にほかならない場合が一般的であるから，両学説は結果的には大差ないものと思われる。要するに韓国における判例と学説は，営

例は解雇制限という観点から労働関係の承継の如何を判断し，営業譲渡または合併それ自体は解雇の正当な理由にはならないと解している。

　営業譲渡が行われると譲渡人はそれ以上当該事業を継続し運営することができない場合が一般的であるから，譲渡人の下で労働者はそれ以上労働を提供することができない。この場合，当該労働者は整理解雇により解雇されざるをえないであろう。他方，当該事業それ自体は譲受人にそのまま存在することになり譲受人は譲受した事業を継続し運営することができる。事業譲渡において労働関係の承継法理を認めないとするならば，譲受人は引き受けた事業を継続して運営することができるにもかかわらず，当該事業に結合している労働者のみが事業から排除されるという不合理な結果が生ずる。このような結果は労働関係の存続または保護という解雇制限法理の基本を形骸化する。そうすると営業譲渡または合併それ自体は解雇の正当な理由にはならず，その他の解雇の正当な理由，たとえば緊迫した経営上の必要がある場合にのみ可能となる。したがって事業がその同一性を維持しながら譲渡された場合に限り労働関係の包括的承継を認めることにより，一般的な解雇保護制度の欠如を補完し，労働関係の存続または保護を図る機能を果たすことになる。要するに営業譲渡の時の労働関係承継の法理は新たな解雇制限制度ではなく既存の解雇制限法理を補完する制度なのである。それはあたかも法改正以前の整理解雇に対する判例法理が解雇事由を新たに追加したものではなく解雇法理を具体化したものとして理解されるのと同様の論理である[372]。したがって判例が解雇制限法理との関連の中で事業変動における労働関係の承継を認めている態度は妥当であると思う。承継される労働関係の内容に対しては，合併と関連し合併以前の会社の退職金規定が単数制であり，合併以後の会社は累進制となっている場

　　　業譲渡が行われる場合にいずれも労働関係が承継され，また一部の労働者を営業譲渡を契機とし排除することは解雇にほかならないから解雇の正当な理由による統制を受けなければならないと解しているといえる（詳しくは，李承昱「事業譲渡と労働者の地位」（ソウル大学校法学博士論文，1997年参照）。

(372)　同旨，「労働法上事業譲渡の意義と限界」『労働法学』第10号（韓国労働法学会，2000年）41頁以下参照。

合に従来の会社で勤務した後合併会社で退職した労働者の退職金算定に対し，最高裁は会社の合併により労働関係が承継される場合には従前の労働契約上の地位がそのまま包括的に承継されるから，合併当時の就業規則の改正または労働協約の締結等を通じ合併後の労働者の労働関係の内容を単一化することに変更・調整した新たな合意のない限り，合併後の存続会社または新設会社は消滅会社で勤務していた労働者に対する退職金関係に対し従前と同様の内容で承継するものと解すべきであると解し(373)，またこの判断は営業譲渡においても維持された(374)。したがって判例によると営業譲渡と合併等事業変動が生ずる場合に承継される労働関係の内容も包括的に承継される。

　事業変動の時の労働関係の存続保護と労働関係の内容の保護を図る判例法理は労働者の雇用保障には有用であるが競争力を強化するための目的として行われる営業譲渡または合併において人員の調整が事実上不可能となる効果を招き使用者の立場からは事業の引受，合併を妨げることになる。経営側または政府側が事業の譲渡・引受・合併に対し緊迫した経営上の必要があることとみなす規定の立法化のために努力してきたことも，上記のような判例の立場によるところが多かった(375)。

　ところで，事業変動と関連し，裁判所が三美特殊鋼事件(376)を通しどの

---

(373)　大法院1994．3．8．93ダ1589。

(374)　大法院1995．12．26．95ダ41659。

(375)　しかし現行法は立法技術的には相当問題があるように考えられる。勤基法第31条第1項第2文は"経営悪化の防止のための事業の譲渡・引受・合併"という不明確な表現を使い，経営悪化を防ぐために事業を譲渡することができることを主張し，整理解雇の主体を，譲渡人ないし消滅する会社とみることもでき，譲受人ないし存続する会社とみる余地もある。私見によると，解雇権を有する者は原則的に労働契約の当事者としての使用者であるから譲受人ないし存続する会社は解雇権を有せず，したがって当該事業の譲渡または合併が完了する以前に経営悪化の防止のための事業譲渡または合併として緊迫した経営上の必要性があると主張する実益はない。すなわち事業譲渡または合併の状況でそれを理由とする整理解雇を行うことができる者は譲渡人ないし消滅会社に限られると解釈することが妥当であると思う。

(376)　ソウル高判1999．1．22．97グ53801。この判決の事実関係と意義に対しては，

ような法理を展開するのかが注目されている。この事件は営業譲渡が行われると労働関係は承継され一部の労働者を承継から排除することは事実上解雇に該当し，解雇の制限法理が適用されなければならないという判例および学説によって形成されてきた労働法上営業譲渡法理に新たな問題を提起した。三美特殊鋼事件では，契約当事者が営業譲渡ではなく資産売買契約にすぎないことを明示的に明らかにし，労働関係の承継を一切排除する合意をした。その実質が事業の一部を除き大部分を譲渡し労働関係も事実上大部分承継した場合に，それが労働関係の承継となる営業譲渡に該当するものといえるのか。契約当事者の主観的な意思にもかかわらず営業譲渡の実態を客観的に把握し営業譲渡の効果を認定することができるのか。三美特殊鋼事件が提起した問題は労働関係が承継されるための要件として営業譲渡をどのような基準で判断するのかであった。この事件で使用者は労働関係の承継をともなう営業譲渡ではなく資産売買契約の当事者にすぎなかったから雇用承継義務はないと主張し一部の労働者の承継を排除し，それに対し排除された労働者と労働組合は強力に反発し労使政委員会の合意事項でもこの問題の処理に言及しているほど同事件は社会に大きな波紋を呼んだ。まだ最高裁で上告審として係属中であるが，この事件の上告審は金融危機以来，市場から退出された不良金融機関の従業員の労働関係承継と関連し，不良金融機関処理方法であるP&A（Purchase of assets & Assumption of liabilities）方式が営業譲渡に該当するのか否かの判断に対するバロメーターとして作用するようになろうとの点で注目されていたが，これに対して最高裁は最近，従来の営業組織が維持され，その組織が全てまたは重要な一部として機能できるか否かで決定すべきだと判示した(377)。

　　李興在・李承昱「営業譲渡と解雇制限」『法学』（ソウル大法学研究所，1999年）254頁以下参照。
　(377)　大法院2001．7．27．99デュ2680不当解雇救済再審判定取消。

3　小　結

　1997年の改正で整理解雇が法制化されるまでは，韓国の整理解雇法理は判例を通じて形成されてきたことはすでにみたとおりである。さらにそれは労働市場の変化に応じ経済的効率性を強調する方向に進行した。代表的なのは，'緊迫した経営上の必要性'の要件に関するものであるが，裁判所は1990年代にはいり構造調整が本格化される以前までは社会的衡平性の観点から倒産回避説の立場をとってきたが，その後経済的効率性の考慮から経営合理化説に変えた。他方，下級審の判決の中には[378]日本の最高裁判所事務総局行政局の'整理解雇等関係事件執務資料'に影響を受け，いわば要件緩和論の立場をとる事例も現れた。

　ところで1997年以後の法改正は極めて複合的な意味をもつ。まず1997年に整理解雇の4要件を法定化し，要件緩和論を遮断したことは社会的衡平性を図ったものといえる[379]。またIMF以後1998年の事業の譲渡，引受，合併を'緊迫した経営上の必要性'がある場合とみなす規定[380]を新設したことは経済的効率性を考慮したものといえる。

　整理解雇の法制化は原論的視角からいうと効率性と衡平性との間の緊張を調整しようとする立法政策的な試みとして解釈できるが，その後韓国の

---

[378]　ソウル地法1990. 1 . 18. 86ガ合4699。

[379]　しかし1997年に4要件を法定化したことに対し労働側が反対し総罷業を断行した事実はアイロニカルな現象ともいえる。この疑問に対する答は整理解雇の法制化の有する'象徴性'に求めるほかない。すなわち韓国の労使現場では整理解雇を法制化すると使用者が恣意的に大量の整理解雇が可能になることと受けとられ，1990年代にはいって本格化した構造調整の進行と新自由主義的な時代思潮はこのような先入見が公論化することの一助になったことを想起する必要がある。

[380]　同規定の新設はIMFの圧力によるものであったから経済的効率性の観点が前面に現れざるをえなかった。外国の投資家は'緊迫した経営上の必要性'の要件の不明確性に疑問をもち外資誘致のためにその疑問を解消する必要性があった。すでにみたように三美特殊鋼事件において中央労働委員会は原則承継説をとり解雇自由の法理（employment at will doctrine）に慣れていた米国の資本はこの問題に関する明確な立法政策を要求した。

労使現場では構造調整の激動の中で労働の柔軟性を高めるために整理解雇が一層本格化していくものと予想される。事業譲渡時の労働関係の承継と関連した三美特殊鋼事件において中央労働委員会とソウル高裁が展開した法理は重要な意味をもつ。なぜならば経済的環境により使用者が攻勢的な雇用調整に必死であり，判例の全般的な流れが経済的効率性を強調する方向に向かう状況の中で，整理解雇法制の基本趣旨を尊重し，社会的衡平性を高めようと努力しているからである。同事件に対する最高裁判決で，社会的衡平性と経済的効率性の緊張関係の中で韓国の整理解雇法理がどう解釈されるのか注目される。

第3節　総　括

　以上，近年の韓国労働法の主要争点を，集団的労使関係法と個別的労働関係法の双方にわたって，韓国労使関係の特徴と関連させて考察した。

　その中で，複数組合と交渉窓口の単一化の問題，組合専従者に対する給与支払いの問題，公務員および教員の団結権，法定労働時間の短縮については，主に制度的な観点から法改正の背景と議論の過程を中心にみた。また解雇の効力を争う者の労組法上の地位，組合代表者の労働協約締結権，争議行為の抑制，賃金債権優先弁済，就業規則の不利益変更，整理解雇については，主に法解釈論的な観点から判例の立場を追跡した。

　その中で大部分は1990年代半ば以後，労改委と労使政委員会等を通じ，効率性と衡平性の調和を模索する方向で発展してきたといえる。

　このことを争点別に要約していくと，複数組合の争点については1970年代以後韓国労総の独占体制を法的に支える政策が1997年法を契機に後退せざるをえなかったが，このような変化は経済的効率より社会的衡平を重視する過程として理解することができる。現在，2002年には事業場単位の複数組合の設立を許容することを前提に，その場合の団体交渉上の困難を防止するため，交渉窓口を単一化する方法を講じているが，これは衡平性と効率性との間の調和を模索する過程として理解できよう。

　組合専従者に対する給与の支払禁止の問題は，他の争点とは異なり特異な経路を辿ってきたといえる。企業別体制を誘導ないし強制し複数組合を禁止する政策がとられた過程では，組合専従者に対する給与の支払いは暗黙的に奨励されたが，このような経済的効率性を優先させる政策は，社会的衡平化を図る過程では見直しを余儀なくされた。1997年の法改正は，こうして組合専従者に対する給与の支払いを禁止するに至ったが，この改正も仔細に見れば韓国労使関係の事情を反映したものでもある。つまり，労改委の議論の過程で，複数組合と組合専従者に対する給与の支払いの問題を結び付けて一括に処理されたことから，1997年改正法では複数組合を原則的に許容したことに対する反対給付として使用者の要求を受け入れ，組合専従者に対する給与の支払いを禁止したのである。そこで現在の労使政

委員会の論議においては，現行法上の給与の支給禁止条項は改正されるべきであるとの意思が強い。組合専従者給与の問題は韓国労働組合にとって存廃にかかわる問題であるだけに，同委員会は，全面的な禁止規定を廃止し労使の自律に任せることとするが（衡平化），組合専従者に対する給与の支払いを要求する争議行為を禁止し，組合専従者の適正数を法定化する（効率化）ことで調和を模索している。

　法定労働時間の場合には，1953年勤労基準法の制定時から法の実効性が確保されず，現在の1日8時間，1週44時間制が労使当事者に規範的なものとして認識されていなかった。社会全体が国民経済の発展のために懸命に働くことを最高の善と認識していたのである。しかし新自由主義の波により広範に進行している企業の構造調整の過程の中で，雇用を創出し(job-sharing) 労働者の生活の質を向上させるための有力な方法として法定労働時間の短縮が主張されてきた。最近の労使政合意文は，労働側の主張を受け入れ，1日8時間，1週40時間制を導入することを約束しながら（衡平化），かかる時間短縮を規模別，業種別に段階的に実施すること，休日，休暇制度の改善，変形労働時間制の改善等と結び付けて論じること（効率化）を提案している。

　公務員および教員については，これまで職務の特殊性と公共性を強調し労働三権を否認してきた。このような政策基調は，社会全体的にも教職を神聖視し公務員の忠誠心を強調する儒教的伝統に支えられ，より強化されてきた。すなわち効率性重視の政策が強力に持続的に行われてきたのである。しかし1998年の教員労組法の制定によって国・公立の教員の団結権，団体交渉権が保障され，ついで，1999年の公務員職場協議会法の制定によって政府各部処における職場協議会の活動が制度化されて，社会的衡平性を図る方向で漸進的な改善が行われた。公務員労使関係については，それにもかかわらず，一般事業場の労使関係に比べて衡平化の観点を制度的に進展させることが遅れている。衡平化はいまだ試験段階に止まっており，当分の間は儒教的伝統を理由に効率性を重視する政策が維持されると考えられる。

　次に判例を通じた法形成の過程をみると，効率性の観点がより重視されているといえる。しかし判例上の効率性の意味を一律的に評価することは

困難である。

　まず集団的労使関係の領域においては，判例は，自律的決定等の直接民主主義の原則よりは法的安定性を重視し，組合代表者に無制限的な労働協約締結権を承認し，あるいは市民法的な思考から争議行為を抑制するとともに，効率性を重視するあまり憲法上の労働基本権の保障趣旨を尊重しなかったと評価することができる。

　これに対し個別的労働関係の領域では，判例は，効率性を重視する傾向を見せたが，韓国の保護法制の硬直性を緩和することには肯定的に機能する側面もあった。すなわち硬直的な保護法制については，判例は柔軟で弾力的な解釈を試み，社会的衡平性と経済的効率性との間の調和を図ったと評価することができる。賃金債権優先弁済条項の解釈と関連し最優先弁済の範囲等において独特の解釈論を展開したこと，就業規則の不利益変更と関連し社会通念上の合理性の観点を導入し合目的的な結論を導出したこと等がその代表的な例である。また，整理解雇の要件の中の「緊迫した経営上の必要性」の概念を経営合理化説に立って判断することにより，IMF以後の法改正に一定の指針を提供したこともあった。

　こうして，韓国労働法の展開を全体的に見ると，若干の争点を除いては，おおむね経済的効率性を強調した時期を経て，1987年を契機に社会的衡平化の観点が制度的に反映され，現在は両者の間の調和を模索する段階にはいり，法の政策や解釈が産業民主主義を高める方向に進行してきたことがわかる。韓国の労働法制の変遷史を振り返ってみると，1987年以前を‘集団的労使関係法の制約に対する反対給付として労働保護法の強化’の時期であったというならば，それ以後は，集団的労使関係法については労働側の立場に立って産業民主化を図った社会的衡平化の過程であるといえる。また，個別的労働関係法の場合には，労働保護立法の硬直性を緩和し，使用者側の経済的効率性を考慮した民主化の過程であると評価することができる。

おわりに
――韓国労働関係法の特徴と展望――

1　韓国労働関係法の発展過程の現状と特徴

　韓国の経済が急成長してきたように，韓国の労働法もダイナミックに変遷してきた。第2章で分析したように，それは，おおむね，経済的効率性に固執した時代から，1987年を起点として，政治的民主化と社会的衡平性を強化していく方向に展開してきたといえる。また，第3章で各主要争点について検討したように労働法の政策や解釈においては，効率化，民主化および衡平化がそれぞれの経路を経ながら進行しているが，少なくとも現在においては，過去のようにある一つの要因が一方的に優位を占めることは見られなくなった。

　1987年から1997年に至るまでの法改正の内容を振り返ってみると，それまでの効率性の強調の時期とは異なるいくつかの特徴が見られる。それは何よりも，それまで抑制されてきた労働側の民主化要求が制度的に反映されたことである。集団的労使関係法がほぼ国際水準まで改善された事実がこれを示している。そして以前のように，労働側を排除したまま密室で労働関係法を改正するのではなく，労改委等での公論化の過程を経る等，手続的な側面での公正さの維持に努めたことも特記できる。また，1987年以後，労働者の権利意識の高揚にともない，労働関係に対する法的争訟が急増し，それにより判例法理が飛躍的に発展したことも，もう一つの特徴である。さらに1990年代にはいって構造調整が本格化する過程においても，政府は，労働側を対話のパートナーとして参加させ，いわば社会的コーポラティズム（social corporatism）を多角的に実験している。他方，1990年代の新自由主義的時代思潮は労使関係に大きな影響を及ぼし，使用者側が提起する労働市場の柔軟化の要求が強化された。筆者は，以上の特徴を総括して，この段階を政治的民主化と社会的衡平化の模索の時期と名付けた。

　この段階では，韓国の労使関係秩序は全面的に再編され，東アジア諸国の「開発体制の労働法」[1]といわれるものとは大いに異なるものとなった

と思われる。韓国では，もはや憲法上の労働基本権を無視し，経済成長という効率性の観点のみで労働立法を改正することができない段階にはいった。産業民主化を労使の自律的な参加により共同の理解の増進を模索していく過程として理解するならば，韓国の労働関係法は経済的効率性と社会的衡平性との間の弁証法的な止揚を通じて産業民主主義を進展させていく方向に発展してきたと評価することができる。

　金大中政権になって，IMF経済という国家経済の危機の打開策として，1998年2月の「経済危機克服のための社会協約」の採択により，1997年には未解決の状態として残されていた争点が妥結をみることとなった。一方では労働市場の柔軟性（経済的効率性）を高めるための整理解雇法制の改正，派遣労働者法の制定が，他方では社会的衡平の観点から教員と公務員の団結活動に対する前向きの法改正が行われ，また選挙関連法の改正を通じた労働組合の政治活動が完全に自由になった。こうして，これまで長い間労使間の争点となってきた条項に対する法改正の作業はほとんど終わったといえる。1998年以降の法改正はいくつかの事項にとどまったが，1987年以後10年にわたる労働法改正の大事業に終止符を打ったという意味がある。

2　韓国労働関係法の今後の方向

　労使政委員会では，現在も交渉窓口の単一化や組合専従者に対する給与の支払いのような後続的問題に関する法改正の論議が行われている。しかし過去のような違憲性ないし規範的妥当性を争うよりは，新たな労働法制を今後どのように現場に適応させるのか，また労使環境の変化に対応して制度的な枠組みをどう形成していくのかが労使関係の主な関心事となると予想される。このような立場でなされていくであろう法改正の内容を現在の時点で予見することは容易ではない。なぜならば韓国の労働法の歴史をみるとわかるように，現在は政府の労働政策，立法政策および労使の力関係が過去とは異なっており，また労働市場が厳しい構造調整の過程にあるなど，変数が多いからである。ただし労働法制がある程度整備されている

---

(1) 林和彦「開発体制と労働法」『日本労働研究雑誌』第469号（1999年8月）。

から労働法の形成と展開において裁判所の役割と比重が増加し，労使関係の全般的な法化（Verrechtlichung）が進行することは予想される。

以下で現在懸案となっている労使関係の争点についてごく簡単に紹介しておく。

現在最も活発に論議されている主題は法定労働時間の短縮の問題である。労使政委員会では週40時間に短縮することで総論的な合意には達しているので，この基本政策は事業場の規模と業種によって段階的に実施されていくと思われるが，これと関連した具体的な法改正がどのように進行していくかは現在のところ予断できない。ただし，法定労働時間の短縮と密接に関連させて，休日・休暇制度の改善，弾力的労働時間制における単位期間の延長，割増賃金率の調整等が論議されているので，これらの問題を含む法改正が行われる可能性は高い。

韓国の労使関係において最も重要な意味を持つと思われるのは，産別体制への移行の問題である。韓国の労働組合の組織形態は，1970年代前半から権威主義的な政権が企業別体制を誘導または強制してきたこともあり，現在のところ企業別組合となっているが，韓国労総と民主労総はともに産別体制への移行を組織目標としており，今後の変化が関心事となっている。しかし，現在のところは，事業場レベルでの単位組合と地域または全国レベルでの連合体との間に主導権争いの紛争が発生しているなど，具体的な進展はみられていない。それは基本的に労働組合内部の問題ではあるが，現行法上は企業別体制を好み，またそれを前提とする法規定が残っているので，これらの部分をどう整理していくかも法改正において重要な争点となると思われる。

経営参加の問題も労使関係の枠組みを再編するうえで重要な変数として作用すると予想される。1997年制定の労働者参加法では，共同決定事項を新設する等旧労使協議会法よりは改善されたところが多いが，労働側はそれに満足せず，より広くより直接的に経営決定に参加できるように求めている。1980年代に経営参加を組合の投降主義ないしは敗北主義といい評価しなかったことを想起するならば，その認識に変化が生じていることがわかる。この問題は，今後産別体制に移行した場合に事業場レベルでの労使

関係をどう整理し解決していくべきかという問題と関連するものであり，法改正の論議の過程で多くの変数が介在していて，現在のところでは予断を許さない。

　韓国の労働市場について最も議論されているのは，非典型労働の問題である。非典型労働者は1990年代に急激な構造調整の過程で全体従業員の過半数を占めるに至ったといわれる。今後，経営側は非典型労働者の雇用を加速化していくことは容易に予想され，これに対する労働組合の対応も注目されるところである。労働側は，その対応に遅れたとはいえ，最近は臨時労働者を原則的に使用しないこと，また派遣法を廃止すること等を要求しているが，これまではこの問題は本格的に論議されていない。しかしこの問題も，これからの法改正論議において激しい論争を呼ぶと予想される。

　韓国労働法においては，いまだに国際基準に達しないものとして批判される部分も残されており，改正の論議が提起されると思われる。公務員の団結権の保障と必須公益事業範囲の縮小問題が代表的なものであるといえる。現在，公務員職場協議会が設置されているが，それは労働組合とはいえないものであり，しかも公共部門の構造調整が続くと予想されている中で，労働側では国際水準に見合う公務員の団結権を保障するよう要求している。労働側はこれまで複数組合の交渉窓口の単一化，組合専従者に対する給与支払いの問題に精力をとられ，公務員の団結権問題の解決には本格的に対応できなかったが，今後は本格的に取り組むものと思われる。また必須公益事業についても現行法上職権仲裁が可能であって事実上団体行動権の行使が不可能な状況であり，労働側では国際基準に見合うようにその範囲を縮小することを要求してきた。この問題も2001年からはより本格的に論議されることと予想される。そして教員労組法の改正も，大学教授の団結権保障の問題と関連して論議されると予想される。

著者紹介──

金　裕盛（キム・ユソン）
　　1940年　ソウルに生まれる
　　1964年　ソウル大学法学部卒業
　　現　在　ソウル大学法科大学教授
　　〈主要著書・論文〉
　　『判例教材労働法（共著）』，法文社，1987年。
　　『労働法Ⅱ──集団的労使関係法』，全訂版，法文社，2000年。
　　『韓国社会保障法論』，第4版，法文社，2000年。
　　「団体交渉の対象事項──米国の場合を中心として──」，
　　　『判例月報』，第134号，1981年11月。
　　「整理解雇に関する小考」，ソウル大学校『法学』，
　　　第25巻第2・3号，1984年10月。
　　「新雇用政策時代のいくつかの課題」，『労働法研究』，第4号，1994年10月。
　　「韓国における1996・97年労働関係法改正」，
　　　JILL Forum 特別第2号，1998年2月。
　　「韓国における整理解雇法制の導入背景とその実際」，
　　　日本九州大学『法政研究』，第99巻第4号，2000年3月。

韓国労働法の展開
　　──経済的効率化・政治的民主化・社会的衡平化──

2001年10月10日　初版第1刷発行

　　　　　　著　者　　金　　　裕　　盛
　　　　　発行者　　今　井　　　貴
　　　　　　　　　　渡　辺　左　近
　　　　　発行所　　信　山　社　出　版
　　　　　〒113-0033　東京都文京区本郷6-2-9-102
　　　　　　　　　　電　話　03（3818）1019
　　　　　　　　　　ＦＡＸ　03（3818）0344
　　　　　印　刷　　エーヴィスシステムズ
　　　　　製　本　　大　三　製　本

Ⓒ金　裕盛，2001. Printed in Japan. 落丁・乱丁本はお取替えいたします。
ISBN-4-7972-2209-3　C3332